沈福存

科班最后的男旦

张之薇 著

文化艺术出版社
Culture and Art Publishing House

图书在版编目（CIP）数据

沈福存：科班最后的男旦 / 张之薇著. -- 北京：文化艺术出版社，2025.5. -- ISBN 978-7-5039-7841-8

Ⅰ．K825.78

中国国家版本馆 CIP 数据核字第 2025AV0757 号

沈福存：科班最后的男旦

著　　者　张之薇
策　　划　重庆市文化和旅游研究院
统　　筹　李梦希
责任编辑　刘　颖　李梦希
书籍设计　孙江宁　程　杰
出版发行　文化艺术出版社
地　　址　北京市东城区东四八条52号（100700）
网　　址　www.caaph.com
电子邮箱　s@caaph.com
电　　话　（010）84057666（总编室）　84057667（办公室）
　　　　　84057696—84057699（发行部）
传　　真　（010）84057660（总编室）　84057670（办公室）
　　　　　84057690（发行部）
经　　销　新华书店
印　　刷　鑫艺佳利（天津）印刷有限公司
版　　次　2025年5月第1版
印　　次　2025年5月第1次印刷
印　　张　23.5
字　　数　350千字
开　　本　787毫米×1092毫米　1/16
书　　号　ISBN 978-7-5039-7841-8
定　　价　158.00元

版权所有，侵权必究。如有印装错误，随时调换。

推荐语

  在我二十多岁时，曾于西安人民剧院看过一场十分精彩的演出，主演是沈福存先生，他扮演的是《玉堂春》里的苏三，男旦在那时对于一个青年人是很稀罕的事情，但沈先生的表演与唱功令所有人深为震撼，谢幕长达十余分钟，几次返场，观众热情不减，至今令我记忆犹新。先生已逝，幸喜《沈福存：科班最后的男旦》付梓，他的优雅音容与生命历程得以存续，当属幸事。先生以川人之魂魄书写京剧之血脉，实乃无愧于时代的艺术创造典范，敬佩并缅怀之。

——陈彦
2025 年 3 月 7 日

  有人说我桀骜不驯、恃才傲物、目无尊长，其实不对，也不准确。当代戏剧圈里能够让我心生敬意的同行还真的不多。多年前有人竭力推荐我看看沈福存先生《玉堂春》和《春秋配·捡柴》的视频，真是让我惊叹不已。一直以为，此生再无缘欣赏到这样的京剧男旦大家了。看过视频后，我觉得对他的艺术成就怎么评价都不为过，他值得我尊为真大师。后来我向更多的人举荐了沈福存先生的艺术。我相信，在当代中国京剧史上，一定有沈先生的一席之地。今日，喜悉沈先生的评传《沈福存：科班最后的男旦》将要出版，我由衷地致贺。这将是一件功德无量、惠及未来的益事，它让后辈晚生甚至同行进一步了解、认识一个当代不多见的京剧大家！

——裴艳玲
2025 年 5 月 2 日

我与京剧跨着行，川蜀之地又被山隔，虽和川剧著名演员沈铁梅早就相识，但很晚才知晓她父亲沈福存先生是极了不起的京剧男旦表演艺术家。沈老辞世，铁梅相告，并用手机发来其父于80年代演出《玉堂春》的视频片段。刚看了几个招式便惊叹其精彩，先生扮相、嗓音俱佳，且表演生动，这水平，我相信任何人看了都会眼前一亮。后来，推荐给同行们看，个个竖起大拇指。再问京剧界朋友，他们都面生敬意，都知道重庆这位大师级的名角儿是出自厉家班的，可谓京剧史上最后一位科班男旦。

　　木心先生说，求知要寻到精华中的精华，否则连精华也是不懂的。

　　京剧艺术的鲜明特征是将人的生活真实虚拟为程式化表演，而沈福存先生在唱念做打都好的同时，跨界借鉴融入极逼真的心理写实表演，特别是在利用行韵拖腔和间奏过门的当口，夸张又恰到好处地将人物角色内心动作表现出来。我还听说沈福存先生立志工男旦艺术，然而岁月不给机会，在只能演"样板戏"的年代，他竟用大嗓演了《红灯记》中的李玉和，可见他有多么好的艺术条件。所幸很快艺术春天来临，80年代又能演老戏了。年近五旬的他"只争朝夕"重拾男旦技艺，好戏连台，红遍西南，并巡演大江南北，名声大震。

　　我自愧眼界窄，诸多前辈艺术大家的舞台风采没有看过，继承传统便隔着一层，跨界艺术更是难事、憾事。现在有好事一桩，今年纪念沈福存先生九十诞辰，他的传记要出版，我们表演艺术学科的后人，能有机会拜读，从他的生命历程和从艺经验中，寻到"精华中的精华"，争取做一名像沈福存先生那样的好演员。

——濮存昕

2025年4月19日

沈福存是当代中国京剧界的一个奇迹。他最大的遗憾在于，可以用自己卓越的艺术悟性和能力把控舞台上的每一个角色，却无法掌控自己。他人生的每一步仿佛都在与他开玩笑，出生于男旦的余晖之中，选择踏入即将戛然而止的科班时代；地处偏僻的山城却爱上了京剧；选择男旦艺术之后，男旦却被终止。职业选择、时代机遇、地域环境，在沈福存这个伶人的一生中全部错位。他充满韧性的生命历程告诉世人：当命运递来破碎的镜片，真正的大师会将其拼成照见永恒的棱镜。

——阿来

2025 年 4 月 12 日

沈福存先生是我非常尊敬、喜爱的艺术大家。沈老师的表演有着独特的艺术风格和艺术魅力，非常感谢沈老师生前对我艺术上的指点，沈老师对艺术的执着追求是我们后辈的楷模！祝贺《沈福存：科班最后的男旦》一书面世出版。

——张火丁

2025 年 4 月 28 日

最後的男旦

2025 年，著名书法家孙晓云为沈福存题字情不减,後来互重庆有幸见到沈先生,知他是叫剧领军人物。沈铁梅的父亲那晚与沈先生在一個俯瞰城市全景的地方喫火锅,并大谈京剧叫剧艺術。先生的优雅良知把憂令我記忆犹新。遵铁梅嘱故记之。癸卯岁冬陈彦在我二十幾歲時，曾於西安人民劇院看過一場十分精彩的演出。主演是沈福存先生。他扮演的是玉堂春裏的蘇三，旦角那時對於一個青年人是很稀罕的了。但沈先生的表演與唱功會所有人深為震撼。謝幕長……重見天日……

著名作家陈彦为沈福存撰写题记

序　言

安　葵

沈福存先生是一位有独特造诣的京剧演员，他毕生热爱、钻研男旦艺术，追慕学习四大名旦及张君秋等杰出的艺术家，而又有自己独到的心得和出色的表现。由于种种原因，他长期被遮蔽，直到20世纪80年代重庆市京剧团全国巡演，他在北京、上海等地演出了《玉堂春》《凤还巢》《王宝钏》《春秋配·捡柴》等剧目，引起了强烈反响，受到业内外一致称赞，人们才意识到这是一位不可多得的艺术家。他把对戏曲艺术的热爱之情也倾注在对女儿铁梅的培养上，今天，人们从沈铁梅的精湛的表演中可以看到沈福存艺术生命的延续。2025年是沈福存先生诞生90周年，重庆市文化主管部门要举行隆重的纪念活动，沈先生的女儿沈铁梅、沈红梅、沈冬梅积极参与筹备此事，我认为这不仅是对前辈的致敬，更是传承弘扬中华优秀传统文化之举。要研究学习沈福存的艺术成就，就必须对他的生平和成长道路有全面的了解。张之薇研究员的《沈福存：科班最后的男旦》一书正是适应广大读者需求的著作。

该传记的撰写有很大的难度。沈先生已不在了，不能与他直接交流，也不能现场观看他的演出了。2009年，安志强先生出版了他对沈福存先生的访谈——《水滴石穿：沈福存的艺术人生》，留下了宝贵的艺术资料。但除此之外，关于沈先生的文字资料就很少了。张之薇为了撰写这部传记，下功夫进行学术准备。她对沈铁梅进行访谈，不仅细致地了解了沈铁梅的成长过程和艺术成就，而且从沈铁梅的叙述中真切地感受到沈福存对京剧艺术的赤子之心。

张之薇认真收集阅读散见于各种报刊的文章,并访问了多位与沈福存合作过的艺术家。她把这些资料融汇为对传主的同情之理解。读过《沈福存:科班最后的男旦》一书,我感到沈福存先生的形象栩栩如生地展现在面前,而且从他的成长道路、他的艺术成就、他对京剧表演的思考中,得到很多思想的启迪。我认为这是一部具有很高学术价值又有很强可读性的著作。

该传记真实地记述了沈福存成长的社会环境。他学艺和长期从艺的厉家班对他的影响是一分为二的。旧班社的陈规和家族班社的观念对他有限制和束缚,但在当时艰苦的条件下,班社保障了他的生活,班主厉彦芝的严格规范和厉慧良等艺术家的指导对他有切切实实的帮助。在一个革故鼎新的时代,人们要重新审视一切事物,"男旦"也成为被质疑的对象。但梅兰芳、程砚秋、尚小云、荀慧生"四大名旦"以及张君秋的艺术对沈福存有巨大的吸引力。对男旦艺术的热爱和追求使他成为时代的"逆行者"。加之他身处山城重庆,当时交通还比较闭塞,他要学习,要展示自己的艺术,都是困难重重的。在不利的条件下,沈福存为什么还能在艺术上取得成就?传记写出了客观的条件和主观的原因。多位懂得艺术规律并爱护人才的领导给与了他有力的支持;更重要的是沈福存有一股"韧劲"——一种百折不回的执着精神。传记以生动的事例和细节写出了这种精神的难能可贵。

沈福存进入戏班,很快由厉彦芝归行为小生、青衣"两门抱",后来却都不能再唱,即又转唱老生。他扮演的罗成和李玉和等古今人物都很精彩,但他最挚爱的还是旦角艺术。"四大名旦"中,沈福存与程砚秋、尚小云、荀慧生有较短时间的接触(与程砚秋还有过一次同台演出的机会),与梅兰芳则从未谋面。但他寻找一切机会钻研各位艺术家表演的特点和长处,并分析他们之间的不同。他对每个流派的表演都认真学,但又不为流派所拘,真正做到了转益多师。他对京剧表演的精髓有透彻的理解,有同行评价他:"脸上有戏，眼里有神，身上有谱，脚下有根。"在表演中，他又吸取了川剧、昆曲乃至话剧、电影的因素，特别是融进了生活的体验，因此他的表演生动活泼，能引起观众强烈共鸣。他在舞台上塑造的苏三、王宝钏、程雪娥、姜秋莲等形象既吸收了前辈表演的精华，又有自己的特点。他尊重观众，理解观众，不断在与观众的交流互动中提高自己的艺术。这些，对于我们今天在如何继承和发扬流派艺术的问题上都有重要启示。

沈福存是一位勤于思考、善于思考的艺术家，他在表演上取得的成就与他的理性思考是分不开的。在表演中，在后来的教学中，在对女儿铁梅的指导中，他都不断总结艺术创作的经验。张之薇在记述沈福存艺术经验的同时，进一步做了理论的提升，比如在如何对待程式，戏曲表演需不需要"体验"等问题上提出自己的看法。这些理论观点因为有沈福存表演实例的支撑，所以有更强的说服力。

每一位对事业有贡献的历史人物都从一个侧面反映了历史。沈福存的一生也从一个侧面反映出当代戏曲舞台历史的变迁。传记的作者对与传主有各种联系的人物、对同时代的许多演员，都有记述和注释，为我们留下众多的资料，因此这不只是一个人的传记，也是一个时代的侧影，具有重要的文献价值。

《沈福存：科班最后的男旦》一书文笔生动流畅，能够引人在"悦读"中对艺术和人生进行品味。因此我愿意把这些感受与读者诸君分享。

是为序。

2025 年 3 月

目 录

绪　言　1

第一章　生活之杯　3

　　第一节　生活以痛吻我，我却报之以歌 >>> 3

　　第二节　天赋初显的文艺骨干 >>> 8

　　第三节　蹭戏的日子 >>> 12

第二章　入厉家班　18

　　第一节　风雨厉家班 >>> 18

　　第二节　小嗓惊艳厉彦芝 >>> 20

　　第三节　学艺经历 >>> 25

　　第四节　玉喉初展 >>> 30

第三章　破茧而出　33

　　第一节　从龙套到主配的递变 >>> 33

　　第二节　神秘筱兰英 >>> 37

　　第三节　选择旦行 >>> 44

　　第四节　四方"凑"艺 >>> 54

第四章　星芒闪耀　61

　　第一节　看戏偷艺 >>> 61

　　第二节　与尚派结缘 >>> 69

　　第三节　博各家之长 >>> 73

第五章　一鸣惊人　85

　　第一节　特批青衣 >>> 85

　　第二节　突破流派壁垒 >>> 89

　　第三节　扬名云贵 >>> 94

第六章　困龙潜行　112

　　第一节　连升三级 >>> 112

　　第二节　生死契阔 >>> 119

　　第三节　男旦覆灭 >>> 124

第七章　碎片十年　143

　　第一节　夹缝求存 >>> 143

　　第二节　挑战老生 >>> 149

　　第三节　蓄势等待 >>> 164

第八章　惊动伶界　173

　　第一节　重回旦行 >>> 173

　　第二节　寻找琴师 >>> 183

　　第三节　从山城到全国 >>> 188

　　第四节　大青衣出 >>> 202

　　第五节　拜入尚门 >>> 227

第九章　沈门传承　244

　　第一节　女儿的成长 >>> 244

　　第二节　收徒传艺 >>> 269

　　第三节　粉墨重生 >>> 285

第十章　以何成己　301

　　第一节　天赋与悟性 >>> 301

　　第二节　万宝归宗 >>> 306

　　第三节　京川合流 >>> 311

尾　声　317

附　录：沈福存艺事年表　319

后　记　356

绪　言

美国文化人类学者露丝·本尼迪克特曾经在《文化模式》一书中以迪格尔印第安人的箴言开篇——"开始，上帝就给了每个民族一只陶杯，从这杯中，人们饮入了他们的生活"[①]。本尼迪克特关注到了个体行为与一个种族、一种文化的关系，并以生活的"陶杯"来论定不同民族下皆拥有一个群体的习俗、信仰、思考方式等文化的模式，认为每一个个体与他的行为选择皆是上帝给与的"陶杯"对其群体灌溉的结果。如此，人与群的关系在这里汇合交融，群体以逐渐形成的文化整合滋养着个体的人，而个体的人则通过无意识或有意识的适应，从而夯实了某一文化模式下的群体性格。的确，想深入探寻一个个体不可回避的起点，大概就是人与群体文化之间密不可分的关系吧！因此，本书的宗旨是研究一个人，就得从一座具有千年历史且独具性格的城市开始说起。

重庆，位于四川盆地的东南部，地跨东经105°17′—107°04′，北纬28°22′—30°26′，海拔高度为168—400米。它东接湖广、南接黔贵、西靠四川、北连陕西，因为地处中国西南腹地，加之其北部和南部分别有明月山、华蓥山、金山、石壕山等环绕，地貌以丘陵、山地为主。自古以来，鬼斧神工的自然地貌造成了这里与外界交流不便的特点，因此，神秘而恣

[①]　[美]露丝·本尼迪克特：《文化模式》，王炜等译，社会科学文献出版社2009年版，扉页。

意的巴人文化在此孕育。重庆又是长江和嘉陵江交汇之地，支流乌江在此汇入长江，临水而居的重庆人深谙"智者乐山，仁者乐水"的道理，包容、乐观、幽默在他们的血脉中生长。长江水自西向东横穿重庆，又劈开巫山，形成瞿塘峡、巫峡、西陵峡这条瑰丽的三峡水路，这也成为古时巴人唯一外出的水路通道。那湍急的江水、两岸的险峰、悠长回荡的猿啼、江上的号子声，无不塑就着巴人粗粝质朴、桀骜不驯的本性。还有重庆那一到冬季就散不尽的雾，更是令这座城市的人拥有了与众不同的生活习性。当雾季来临之时，人们便生活得慵懒闲散，待到春夏阳光明媚时，人们走出大雾又迅速满血活血，以惊人的速度去建设和劳作，如此的反差成就了属于这座城市的光影变幻。

这样一座由山、江、雾包裹环绕着的城市，本身就充满奇绝和瑰丽的色彩，又怎会不孕育出属于这片土地与众不同的人呢？本书的主人公沈福存就是一个打着重庆烙印的男人，他还是一个富有生活气息、温润如玉的父亲和丈夫，他更是对艺术和舞台充满渴望，一生执着于京剧旦行艺术却命运多舛的京剧表演艺术家。生活与艺术的不同镜面在他的身上集于一体，最终汇聚成一个复杂丰富的沈福存，一个值得后人纪念的乾旦。[1]

---

[1] "乾"在汉语中是同"坤"相对的，原本是《周易》中的两个卦名之一，意为为天、为君、为父、为男，故而男人演旦角被称为"乾旦"。"乾旦"更具体的解释是：男人通过模仿来表现戏曲中的女性人物。

第一章　生活之杯

第一节　生活以痛吻我，我却报之以歌

　　沈福存（1935—2021），原名沈永明，1935年1月5日在重庆炮台街①的一个普通人家中呱呱坠地。沈永明的父亲沈青山是个孤儿，9岁时就离开家乡巴县（今巴南区）木洞在重庆的小餐馆做烧火工，因为人很聪明，有心的他学会了做一手好菜。又过了几年，他便与人合伙在重庆督邮街开了一家不大的饭馆，也算是有了自己安身立命的生计，渐渐地，他积攒了人生的第一桶金，生活就这样按部就班地过着。沈青山到了该成家的年龄，自然顺理成章娶妻生子。妻子淦银碧，也就是沈福存的母亲，是一名小脚女子，个子高高的，长得很出挑，而且天生嗓音嘹亮。沈母是个急性子，与沈父的好脾气不一样，沈家很重礼仪，与邻里的关系处得很好。

　　以小本买卖营生的沈家，虽然日子还过得去，却有一件令母亲唉声叹气的事情。原来，初为人妻的母亲急着给沈家传宗接代，遗憾的是怀孕三次都以失败告终，那时她虽然又怀上了第四胎，但也是提心吊胆的，为沈家传香火的事情着实令她有些焦虑。一天，一个怀抱三岁小儿的妇人走进了沈父的餐馆乞讨，沈父看这对母子十分可怜，赶紧安排吃食给娘俩，没

---

① 炮台街，1943年更名为沧白路。1903年，在这条老街上的东川书院改为重庆府中学堂，杨沧白以府中校长为掩护，于1911年在此领导革命党人一举推翻了清王朝渝城政权，建立蜀军政府。1942年8月6日，杨病逝后，府中故址被改成"杨沧白纪念堂"。次年，觐阳巷、炮台街、书院街、香水桥街被统一命名为沧白路，以纪念杨沧白所作的贡献。

想到待他们吃饱后，妇人向沈青山讲述了自己的经历。原来，这个妇人的孩子患有大肚子病，而她又身无分文，无力为孩子医治。妇人看出沈青山是个有善心的人，希望他能够收留自己的孩子，让他活下来。沈青山夫妇听了妇人的哀求后，虽然有些为难，但一来周围人都劝说他们收下这个孩子，可以作为"押长"[①]，二来他们夫妇二人的确始终没有生下一男半女，而面前这个孩子，面黄肌瘦且肚子明显鼓胀，很是可怜。于是，沈青山（图1-1）和妻子淦银碧（图1-2）决定收下这个孩子来延续沈家香火，孩子在沈家的精心照料下很快恢复了健康。沈青山十分高兴，为孩子取名为沈永锡，以"永"为辈分，也许寄托了沈父对这个家未来的希望。有趣的是，沈母6个月后很顺利地生下了沈永惠，也就是沈永明的大姐，随后便一发而不可收，沈永厚、沈永明、沈永秀接连在这个家庭中诞生。由开始的无

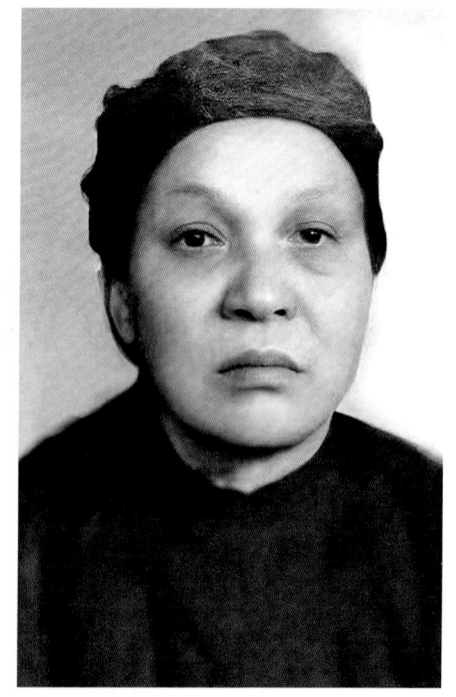

图1-1 沈父沈青山　　　　　图1-2 沈母淦银碧

[①] 押长，是四川较为独特的风俗。已婚不孕或者孩子带不大的夫妇收养一个男孩，收养的这个娃娃就是"押长"的。"押长"大概就是为以后孩子的出生"领个头""带个路"的意思。这个娃娃往往被称为"长娃儿"。

子嗣到一下子有了5个孩子,大哥永锡、大姐永惠、二哥永厚、妹妹永秀,永明排行家中老四,男丁中的老三。这下沈家算是人丁兴旺了。可是,沈永明和他的兄弟姐妹相继出生之时,正是战火纷飞的年代,虽然有父亲的小营生,但生活还是艰难的。母亲除了照顾这一家人的生活之外,还通过帮别人家洗衣服来补贴家用。

  沈永明从小就是在炮台街上的一间吊脚楼中长大的。在那时,吊脚楼是重庆最寻常的建筑,一般是一些贫苦人家依山就势,沿江而建的。沈家的房屋,和所有人家的房子一样,是由木板和楠竹筒捆绑在一起的。在重庆这个夏季多雨、冬季阴冷潮湿的气候环境中,住这样的屋子其实最是难熬的,因为房子四季走风漏雨,而人在房屋里行走又嘎吱作响,要是家里的小孩子调皮蹦跳,整个房屋都会有摇摇欲坠的感觉。而这样的竹筒吊脚楼一间挨着一间,形成一道既是立体的,又是平面的独特景观,煞是壮观。但是,这种独特房屋建筑一旦遇到火情却又非常危险。从炮台街向山下蜿蜒而行,半山腰处就是重庆著名的洪崖洞,而洪崖洞的下面正对着的则是每天浪涛滚滚的嘉陵江。随着沈家人口的增多,小屋子越来越拥挤,在不大的空间中常常还存放着父亲的货担和母亲为别人浆洗的衣服。所以,自沈永明记事起,他的玩耍世界就是自家门前的这一片天地:高低起伏的蜿蜒坡道、运输繁忙的朝天门码头,还有那时而风平浪静,时而潮涌浪翻的江水。最令他感到亲切和熟悉的,则是每天伴着他醒来的轮船汽笛声。

  在江边生活,游泳自然就成了彼时小永明最喜欢的玩耍项目。很小的时候,他就和小伙伴们一起在江水中扑腾了,大自然的魔力滋长了孩子们的天性,几乎所有在江边长大的孩子都自然而然地练出了非同寻常的水性,那时的小永明的水性即使在同伴中也是出众的。他喜欢从江边的礁石上一个猛子扎入水中,然后就像一条自由的鱼儿般在江水中沉潜,他可以憋很长时间气而不觉得有危险。于是,常常是一群小伙伴在江水中嬉戏打闹,小永明则蹲入水中,待水面恢复平静后许久,他才在很远处露出一颗小脑袋,并显露出顽皮而得意的神情。那时他就知道自己的肺活量比一般人强些。

  少时的沈永明之所以特别享受在翻滚的江水中沉潜和漂浮的感觉,还有一个很有趣的原因,那就是当他看着江面上不远处的货船穿梭时,总是被那些掌着船舵的水手们吸引,水手们健硕的身体和坚定的神情好不威风。在沈永明的心中,水手是一个令人心驰神往的职业。所以,那时沈永明的梦想就是成为一名可以远航的水手,而且这个愿望一直缠绕着他,尤其是在父亲去世之后,小永明为了家中生计便想着在船上找份差事,但最终苦于没有合适的保人而作罢,直到13岁正式入了厉家班,他才彻底打消这个念头。但他对江水的这份亲近一直在他的心中,而且始终没有消失,这或许也是后来的沈福存不愿意让女儿离开重庆这座城市最重要的原因吧!(图1-3)

图1-3 20世纪40年代的朝天门水域(照片由重庆中国三峡博物馆提供)

重庆,这座城市带给沈永明的记忆全部都是温情脉脉的,纵然沈永明刚开始记事之时,这座城市就被大轰炸侵袭,他对这座城市的情感也不曾有半点减损。1937年,中国国土深陷日本帝国主义的侵略之下,重庆地势险峻,处于云、贵、川要道,因此成了抗日战争期间国民政府考虑的退守城市,国民政府将重庆定为战时陪都。于是,重庆一下子从一座相对封闭的西南城市上升为世界反法西斯战争的远东抗日重镇,成为中国政治、文化、经济、外交、军事的重要舞台,不仅一些著名的高等院校、文化科研机构、文化文学社团迁至重庆,而且当时中国的诸多工商企业也迁至那里。

因为抗日这一契机，重庆迅速成为一个五湖四海之人会聚之地，既有全国的文化精英奔向那里，也有全世界支援反法西斯战斗的文化友人去到那里，重庆的人口从1935年前的30余万，至1937年跃升为将近50万，至1945年之时达到了120多万。

陪都的角色，使重庆在20世纪历史上获得最高光时刻，但也正是因为陪都的这一角色，让重庆在1938年2月18日到1943年8月23日的五年半的时间内，遭受着日本敌机近万架次，2万多枚炸弹的大规模无差别的摧毁。可以说，沈永明就是在无休止的大轰炸日常中长大的。1938年2月的一天，重庆上空第一次响起刺耳的警报声，因为邻居家的孩子生病了，此时，沈永惠带着3岁的沈永明正在帮邻居大婶送孩子去医院的路上。红色的警示灯笼被高挂出来，人头攒动的街市顿时大乱，毫无躲避轰炸经验的人们慌乱地寻找着遮挡处。彼时，重庆还没有建立起足够完备的防空警报系统和民防建筑，炮弹无情地落下，黑烟顿时蹿上了天空，刹那间房屋尽毁，砖块和人的残肢飞溅。虽然有惊无险，他和姐姐在轰炸结束后安全到家，但仍被母亲痛骂了一通，那次经历令他刻骨铭心。这是山河破碎之际属于重庆人的梦魇。

不过，值得玩味的是，据沈福存后来回忆，他觉得童年最有趣的事情居然是大轰炸时与家人在防空洞中躲避。为什么呢？原来20世纪40年代前后，沈家的生活也日益艰难，吃好吃的，就成了沈家几个孩子最幸福的时光。而只有在躲避轰炸的时候，父母才会带足伙食以备不测。每当大轰炸的警报响起，习惯了轰炸的重庆人早已没有了最初的慌张，反而总是从容地带上吃的喝的，不急不缓地走向距离最近的防空洞，直至警报解除。这时候，对于孩子们来说，防空洞就是使其快乐的封闭空间。在防空洞中避难，一般短则数小时，久则一天，不仅有好吃的，而且还可以听大人们摆龙门阵，俨然一个让时间暂时停滞的所在。

没过多久，沈家的小餐馆也在日本敌机的轰炸下荡然无存，沈父只得拿着这些年开餐馆攒下的银圆回木洞老家置办些田地。可不知怎的，他将装银圆的口袋放在滑竿的座位下面，到了木洞老家后却发现钱不见了，这些可是省吃俭用的辛苦钱啊！一瞬间天旋地转，沈青山恨不得投江了结自己的生命。不过,福兮祸之所倚,祸兮福之所伏,虽然置办田地的计划泡汤了,但沈福存在1949年后因为标准的贫农身份被划为农民阶层,反而躲过了很多劫难。

将生活中所有的不幸自我化解,以最强大的适应能力和修复能力面对惨淡的现实,可能就是今天我们要讲述的这位生于重庆、长于重庆的京剧表演艺术家沈福存深藏在血液中的性格特质,正所谓"生活以痛吻我,我却报之以歌"。生活在20世纪三四十年代的中国人,苦难是寻常的,但是谁也无法想象,世间最沉痛的生活际遇在沈福存的心中生出的竟然是美好。这种让苦难蒙上绚烂光泽的乐观是难得的,也显现出他超乎寻常的生命力,而沈福存的艺术,也好似在最坚硬的石头缝中顽强生长出的最灿烂的花朵,有着无比旺盛的生命力,这是重庆这片土壤赋予他的底色。

第二节　天赋初显的文艺骨干

1943年,沈永明8岁了。父亲只能靠摆小摊子卖油条、豆浆、香烟养活家里。可能是从小就出来闯生活,父亲虽然没有读过书,但是对孩子们读书上学这件事从没有动摇过。家中的姐姐和哥哥都是读的私塾旧学,而到了永明,父亲决定让他入读一所教会学校——文德女子中学附属小学,这所学校的学费显然是比私塾旧学高的,从这样的选择可以窥见沈父对永明的未来寄予了很大的希望。

这所教会学校由基督教加拿大英美女布道会四川分会创办,学校里有很多身着黑袍的外国修女,对于小永明来说,她们的穿着,还有叽里呱啦听不懂的洋文都引起了他的好奇,天性顽皮的沈永明喜欢用恶作剧的方式来表达对她们的陌生感和新奇感。一次,他和同学正在学校门口玩儿,两个修女从他们身旁走过,沈永明突然上前有模有样地朝她们说了一串话,兴许是他的语气,抑或他的神情,这一番不知所云的"洋话"竟把修女惹恼了,她们告到了校长那里,说这个孩子公然侮辱她们。这一个恶作剧也把沈永明吓傻了，他原本只是觉得好玩才模仿修女说话，自己都不知道说的什么，可就是这样驴唇不对马嘴的外国话，却以假乱真，连修女们都以为他说的是自己的母语，但是因为根本没听懂沈永明说了什么，干脆就当作不敬的话了。幸好班主任替他解围，因为班主任知道沈永明根本不会说英语。不过，这一件事其实已经显现出沈永明具有超高的模仿力。

后来，沈福存在自己的京剧表演艺术上，之所以能够无师自通，集各派之长来塑造人物，是因为敏锐的观察力和超强的模仿力对他的表演是一种助力。他总是能够很准确地捕捉到对方的神情，并模仿得神似。小的时候，同伴总是被他的模仿能力逗得哈哈大笑，大了之后，他超高的模仿能力成为他在一众同行中迅速崛起的重要条件。

其实，沈家并没有任何艺术氛围，沈永明的嗓子遗传了母亲的清脆，他相貌乖巧可爱，喜欢唱唱跳跳，常常一条街都能听到他嘹亮的歌声。所以，当他转到重庆八省小学后，沈永明在文艺上的天赋进一步显露了出来。八省小学是一个文艺活动很频繁的学校，20世纪40年代的重庆无愧为一个大都市，这还体现在学校的教育方面，当时不仅有各种私立教会学校，公立学校中的文体社团活动也很丰富。沈永明的艺术启蒙大抵可以从这时算起。沈永明总是最活跃的那一个，民歌小调等各种歌曲都能信手拈来，渐渐地，他因演唱天赋在学校里出了名，竟然被选中代表学校参加重庆市的儿童歌咏比赛，还得了第二名，这无疑给小永明增加了巨大的信心。那一年，他正好10岁，舞台的吸引力开始在他心中萌芽。

一切似乎都是命定的安排，他出于本能对舞台产生了朦胧的兴趣，但此时京剧突然闯入了沈永明的懵懂世界，同学家留声机中的京剧旋律为他推开了戏曲那扇门。

陪都，给重庆这个城市带来了身份的变化，但与所有重庆本土人更为紧密联系的，则是大批"下江人"[①]的涌入。这些来自长江中下游富庶地区的人群，虽然是来避难的，但也带来了现代文明，这对重庆人的生活和文化产生了不小的冲击。沈永明上小学的时候，与一个叫张定妹的同学很是

---

① 下江人，重庆人对川外长江中下游一带外省人的称呼，是对湖北、湖南、江西、安徽、江苏（包括原属江苏的上海）乃至浙江、福建等各省人的统称。

要好,她家是从宁波逃难来的"下江人",家境殷实。放学后,他和一些同学经常去这位张同学家玩。在她家的客厅里摆放着一个很稀罕的玩意,一个方盒子,旁边伸出一个大喇叭,手摇几下,各种歌曲便从喇叭中传出,这个玩意着实让沈永明开了眼界,这就是留声机。出身寒苦的沈永明哪里见过这东西,他第一次从这台留声机中听到了一个婉约动人的女声腔,但是听张定妹说,那是个男人唱的,那个男人是梨园界很火的明星,他的名字叫梅兰芳。(图 1-4)

第一次接触京剧,就撞上了梅兰芳的旦行艺术。当雌与雄那么完美地融于一体,余音绕梁的绝美声音从留声机中发出,纵然无从得见梅兰芳的身段,却已经很令沈永明陶醉了。1945 年,坤旦早已流行全国,男女合演也见怪不怪了,但是资深戏迷对京剧旦行艺术的巅峰认可,还得看男旦。在大多数资深戏迷眼中,女人演女人,韵味还不够醇厚,而男人演女人,却多了一重需要克服的难度,更因为性别的跨越,男人皮囊下的女人更满足了观者对旦行艺术的期待。扮上的男伶美轮美奂,丝毫不亚于女伶的妩媚,他们的技艺也因了男性的力量而更具张力,令无数观众为之痴狂。当时,代表旦行最高艺术巅峰的无疑是最负盛名的"四大名旦",他们皆以色艺双绝而为戏界所赏。

是"黄金时代"的男旦艺术,让那一颗旦行的种子就此在沈永明的心中落下,命运的齿轮已经开始转动。

留声机作为第一启蒙,让沈永明听到了最美妙的旦行唱腔,而真正对他的京剧艺术进行启蒙的第一人,则是学校里一位会拉京胡的老师,他的名字叫李焕霖。那时的沈永明对京剧渐生兴趣,忽然一日,他发现班上的另一位女同学居然会哼唱几句京剧,虽然并不知哼的是什么,但让沈永明萌生了向她学唱的想法。历来嘴甜的沈永明向女同学表达了自己的想法,这位同学一口答应。于是,从同学那里他学会了《甘露寺》中乔玄的老生唱段"劝千岁"和旦行的《汾河湾》唱段"儿的父去投军",没想到的是,这两段懵懂的学唱经历竟成了他后来进入厉家班的敲门砖。对于沈永明来说,因为懵懂,自然也不知什么行当的壁垒。他既唱得大嗓的老生,又唱得尖细小嗓的旦行,他在初学阶段没意识到自己有什么特别,而沈永明在

图 1-4 梅兰芳

踏入京剧科班之后,才知道嗓子音域宽,拿捏大、小嗓不费吹灰之力,是京剧男伶难得的嗓音天赋。

沈永明的嗓子好,也被学校的李焕霖老师发现了。他是一位酷爱京剧的票友,因为喜欢拉京胡,常常把学校里会唱、爱唱的孩子喊到自己家里。沈永明和那位女同学就是李老师家的常客。在那里,沈永明明白了什么叫"吊嗓子"。每当放学之后,李老师操琴,沈永明和他的同学一起练习京剧的发声，之后二人还在李老师的伴奏下唱个两段。这种自娱自乐的京剧启蒙，让沈永明对唱戏的兴趣越来越浓厚。于是，跑去戏院蹭戏、跑到影院看电影成了他少时最喜欢的事。

第三节　蹭戏的日子

1938年至1945年的这一段时间，是民国时期重庆外来人口达到顶峰的几年，也是重庆作为文化中心最五彩斑斓的几年。这五年，大众文化消费市场极度繁荣，但与从前占据主流的茶馆文化相比却发生了微妙的变化，戏曲和电影分庭抗礼，深深地影响着沈永明的童年时代和少年时代。

从武汉迁入的中国电影制片厂和从南京迁至芜湖，再从芜湖迁入的中央电影摄影场，都落地重庆黄家巷，吸引了大量电影界的精英人士入渝，白杨、赵丹等一大批影星、知名导演、知名编剧，纷纷从上海逃难而来，一时间重庆成为当时中国首屈一指的"东方好莱坞"。除了拍摄电影，电影放映业也极度繁荣，以"八大电影公司"[①]为代表的好莱坞电影从东部沿海地区进入中国腹地，相差无几的上映时间，让战时重庆的电影上映几乎与世界同步。历史数据显示：1941年，陪都电影市场影片供应总量达到311部，其中国产电影为121部，占总量的38.91%，进口电影为190部，占总量的61.09%，美国电影为144部，占总量的46.30%，苏联电影为29部，占总量的9.32%，英国和其他国家电影为17部，占总量的5.47%。[②] 鼎盛时期，好莱坞电影的票房几乎占据了国内电影票房的半壁江山。可以想象少年时代的沈永明，没事了就偷偷溜进电影院，沉浸在斑驳的光影世界中，几乎忘了时间。那时的他，最喜欢看的竟然是各种外国电影，无论是好莱坞的，还是苏联的、英国的，金发碧眼的外国人晃动在银幕上，彻底打开了他的

[①] 早期美国八大电影公司为华纳兄弟、哥伦比亚、二十世纪福克斯、派拉蒙、环球影片、雷电华、米高梅、迪士尼。
[②] 参见余纪《抗战陪都电影市场的好莱坞景观》，《电影艺术》2006年第5期。

精神世界，有好奇，也有吸引。或许正是少时的这段经历奠定了他成年后更倾向洋派风尚，更喜欢优雅帅气的审美方向。

各种需要营生的戏班也纷纷躲避战火，从北平、上海、南京等城市辗转进入山城，并驻扎下来，这与曾经的外来戏班来渝流动演出，演完急匆匆离去的情形有质的不同。话剧、影视、京剧、昆曲、汉剧、楚剧、评剧等各种艺术争奇斗艳，令重庆热闹非凡。如醉丽君[①]、赵荣琛[②]这样的旦角，沈永明都是在那时看到的。

重庆市中心的各种戏园子特别多，沈永明和他的邻居小伙伴唐立方常去那里玩耍。他们并没有看戏的钱，但是那时的戏园子有一条不成文的规矩：一个成年人可以免费带一个孩子进园子看戏。嘴甜乖巧的沈永明进戏园子并不那么难，他常常缠在陌生的成年观众后面，求着带他进去，进去之后，沈永明就窝在角落，如痴如醉地沉浸在戏中。醉丽君是令沈永明为之倾倒的一位旦角儿，永明一有机会就跑去看他的戏。《龙凤帕》《八宝公主》，乃至《吕布与貂蝉》中的前貂蝉、后吕布，他都看过。舞台上的那个男人扮演的女人，那可真的比生活中的女人还女人，风情万种。前面是英俊的吕布，后面则变成了柔媚的貂蝉，竟然是一个人饰演的，这是怎么做到的？12岁的沈永明对台上的男旦充满了好奇。舞台上，唱腔或高亢如裂帛，或婉转如莺鸣，流光溢彩，翻转腾挪，伴随着阵阵掌声、喝彩声，戏园子里的热闹裹挟着沈永明，仿佛那一刻，他也有跳上台去成为所有人仰慕的角儿的冲动呢。

1944年11月之后，斌良国剧社，也就是被戏迷们称为厉家班（图1-5）的戏班辗转云、贵、黔之后又回到重庆，那一年沈永明9岁，这为沈永明与厉家班结下不解之缘提供了契机。20世纪40年代中期，重庆的

[①] 醉丽君，男，京剧旦行演员。1937年率班社入川渝演出，一时间盛况空前。从此醉丽君辗转云、贵、川各地演出，红遍天府之国，享誉西南。被观众推选为"西南四大名旦"之首，时人誉之为"西南梅兰芳"。

[②] 赵荣琛，男，京剧旦行演员。1937年抗日战争全面爆发，山东省立剧院迁往大后方重庆。赵荣琛是剧院的主力。毕业后，成立了以他为首的"大风剧社"，在重庆演出了《玉堂春》《战金山》《宝莲灯》《探母回令》《十三妹》《御碑亭》等剧，这些戏都是按照程派路子演出的，当时赵被誉为"重庆程砚秋"。

图 1-5 厉家班民国时期戏单

京剧戏班很多，但最火爆的就是厉家班了。厉家班经常在正阳街上的一川大戏院开锣唱戏，一天三场，场场爆满。厉家班不仅有厉慧斌、厉慧良、厉慧敏、厉慧兰、厉慧森这卖座的"厉家五虎"，在1946年之后全梁上坝的连台本戏《西游记》也甚是卖座。这其实是一台名震上海滩的戏，1932年在上海更新舞台时期，厉家班就演出过"童伶"版连台本戏《西游记》，并在苏州、无锡、南京巡回演出。此时，在山城重庆上演的连台本戏《西游记》持续火爆并不意外。这部连台本戏以故事奇诡，异怪神兽，场面壮观，情节紧凑，机关布景，灯光火引，表演生动，阵容整齐为招牌，加上各种武打，魔术变幻，雅俗共赏，在重庆山城极其火爆。每次混进去蹭戏的沈永明也最爱看这个戏，每每看到厉慧良的孙悟空、厉慧兰的唐僧、厉慧斌的猪八戒，总是令人忍俊不禁。这些台上的名角，在沈永明眼中是可望而不可即的。

据晚年的沈福存回忆，少时的他还有一段与厉慧兰狭路相逢的趣事。那时，他闲暇间总是和三五好友在街市上玩耍，调皮捣蛋的孩子们手痒痒了，总喜欢对着滑竿上或是黄包车上穿着摩登①的行人"投鱼泡"②，做恶作剧。一次，众人瞄准了一个坐着黄包车的摩登小姐，正打算扔鱼泡的时候，小伙伴们中有人喊了一声："是厉慧兰，她有武功！快跑呦！"大家顿时慌张地扔掉"武器"，一哄而散。在孩子们心中，厉家班的人，那都是身手不凡的啊！可见，当年在重庆的厉家班真的是名声响亮，妇孺皆知。

如果说，这之前对厉家班都还是远观，那么，当1945年沈永明10岁时，小伙伴唐立方突然报考了厉家班之后，报考厉家班的想法便开始在沈永明的心中蠢蠢欲动起来。听唐立方说，厉家班有饭吃，有宿舍住，有人教戏，还不用交学费，这样的地方，沈永明也想去，于是，他迫不及待地回家找父亲商量。没想到，平时脾气很好的父亲，一听沈永明要学戏却坚决回绝了，并抛下一句话："我们家的孩子，一不吃开口饭，二不穿黄皮皮。"③当时的社会观念是"家有三斗粮，不进梨园行"，唱戏人被称为"戏子"，虽然能挣大钱，但是在一般人家看来吃戏饭并不是什么光彩的职业，地位在社会上属于下九流，比妓女地位还低，好人家的孩子是绝不下海唱戏的。在沈父看来，正经上学才是沈家孩子的正道。

那时的沈家，哥哥永锡和姐姐永惠都已经出去工作了，二哥永厚正处于青春叛逆期，在社会上混袍哥。每日清晨，当天空泛起鱼肚白的时候，替父亲到朝天门进货的任务本应该由二哥担纲，可他总是起不来。这时沈青山都会轻声叫醒小永明："幺儿，你乖，去帮参取油条，好吗？"每当此时，永明总是一骨碌爬起来就出门了。重庆的冬天阴冷潮湿，没有鞋穿的小永明奔跑在去朝天门的青石板路上，他被冻得直跳脚。拿到油条后，又冷又饿的他走在回家的路上，小心地揪掉油条尾部的小揪揪，吃着热乎香脆的油条揪揪，他总是很满足。到家后，他才发现自己的脚早已流出脓血，这时，他就将香炉里的香灰敷在伤口上，然后上学去。（图1-6）

---

① 摩登，外来语，是英语"modern"的译音，有现代的、时髦的含义。
② 鱼泡，鱼鳔俗称鱼泡，是鱼在水中的位置调节器，也是鱼游泳时的"救生圈"，可以通过充气和放气来调节鱼体的比重。投鱼泡，指小孩子将鱼泡灌水后投掷，灌水后的鱼泡经过碰撞，瞬间绽开，水会溅出。
③ 开口饭，指的是唱戏饭；黄皮皮，指的是穿军装，当兵。

那时的永明正是上学的年龄，而永明又是男孩，沈父对沈永明寄予了很高的期望。可是，沈永明似乎对学校的课业兴趣并不大，随后的日子，他继续去电影院看电影，去戏院蹭戏，还常常跑去厉家班看戏，闲暇时，他还约唐立方出来玩。唐立方，进了厉家班之后就入了福字科，改名唐福广。此时，沈永明对京剧的兴趣越来越大，于是，他把所有对厉家班的好奇都攒着，等见面之时，他们的话题基本都围绕在厉家班上。唐立方告诉他，厉家班里一切都要听师傅的，每天练功，学戏总是要挨打的。不过，戏班里会发崭新的制服、军靴，还管吃饱饭。这些条件对穷苦人家的孩子的诱惑是很大的。

最终，一个家庭变故还是让命运之神把沈永明拉进了厉家班的大门。

1948年的一天，沈父正在一家药铺门前摆摊子的时候，不幸被一块从楼上突然掉落的搓衣板砸中头部，顿时鲜血淋漓，当家人匆忙赶来的时候，旁边看热闹的人都怂恿沈家人去楼上追责。可是，沈父天性良善，并不愿

图 1-6 20 世纪 40 年代的朝天门码头（照片由重庆中国三峡博物馆提供）

找别人家麻烦，只是收摊回家了。回到家后，沈父自己上了点药对付着，可没想到，这之后就落下了头晕的毛病，之后更是一病不起，没过几个月就去世了。那一年，沈永明才13岁。

父亲一直都是家中的顶梁柱，这突然的遭际让母亲不知所措。大姐在外做工，仅靠大哥一人工作和母亲为人家洗衣赚钱根本无法养活这一大家人。二哥和大嫂关系又不和。此时，大嫂身怀二胎不愿意养活吃闲饭的兄弟姊妹。唐立方的父亲——沈永明一直亲切地称呼他为唐伯伯，此时见状让永明随唐立方去厉家班混口饭吃，他承诺为永明做担保。于是，沈永明再次向母亲提出了入厉家班学戏的请求，无奈的母亲只能含泪默许了。

跟着邻居唐伯伯，沈永明见到了厉家班班主厉彦芝。为了摆脱家庭困境的穷小子，就是在这样的情形下开始了他吃戏饭的生涯。无论是厉彦芝，还是唐福广的父亲，谁都不会想到，这个忐忑、胆怯、青涩的小孩子，未来会成为厉家班唯一的男旦"沈福存"，他们也不会想到这个福字科的男孩竟然承载起了未来重庆京剧男旦艺术的希望。

很多事情，似乎都有冥冥之中的缘分，在沈福存的命运中，戏和舞台就是他冥冥之中注定的缘分。

第二章　入厉家班

第一节　风雨厉家班

20世纪30年代，北方京剧界的"富连成"科班最具盛名，其中"富连成"娃娃学员更是最大看点。以童伶叫座，慢慢成角儿，成为一代名伶，是"富连成"很多学员的发展轨迹。而几乎同时期的南方，则同样有这样一个班社以童伶的方式崭露头角，并逐渐招收学员，实现演与学并行，最终发展壮大。该班社在京剧界亦被人称道，它就是厉家班。

厉彦芝（图2-1）就是厉家班的创始者，是出生于京城的满族旗人，父亲是清朝吃军饷的军官。清朝倾覆之后，家中就断了俸禄。厉彦芝少年时对梨园行很痴迷，于是学习老旦，兼习京胡，倒仓后，专研京胡，向著名琴师孙佐臣学艺，曾为京剧名伶唐韵笙、金少山、孟小冬等人操琴。他虽然是北平人，却长期在南方闯荡，不仅琴艺令人倾倒，而且善于班社管理方面的事务，后来与上海更新舞台的老板周筱卿[①]长期合作，将更新舞台推上了一个高峰。在这一时期，厉彦芝聘请名师教授五个尚在幼儿、少儿期的孩子，然后让他们在更新舞台粉墨登场。从杂扮些边边角角的角色到逐渐绽放，孩子们快速成长起来。更新舞台的童伶戏俘获了一大批观众，

[①] 周筱卿，布景师，剧场经理。广东人，原为海轮上的厨师，后改布景绘画。曾与文明戏演员顾无为在南京合开戏院，兼做布景工作。1927年，与赵锦堂、王永山合股接办闸北更新舞台。其时，上海连台本戏、机关布景盛行。周细心观摩研究，在更新舞台相继排演出《天下第一桥》《山东响马》《斗牛宫》《梦游广寒》《西游记》等戏，以机关布景新颖奇巧而轰动上海。

第二章 入厉家班

而这样的京剧环境也成为孕育之后被称为"厉家五虎"的厉慧斌、厉慧良、厉慧敏、厉慧兰、厉慧森，以及"慧氏三杰"陈慧林、邢慧山、陈慧君的"摇篮"。

1935年，厉彦芝在好友的支持下在南京初建科班。1936年，在上海扩大招生，正式组班，形成了以厉家子女为主体的四梁八柱。时年最大的厉慧斌仅15岁，厉慧良13岁，厉慧敏12岁，厉慧森9岁，最小的厉慧兰年仅8岁，一支以童伶为班底的演出团体真正在沪上戏界站稳了。在不断扩大招收外来学员的情况下，厉彦芝决定让自己的妻子，也是坤伶老生的韩凤奎离开舞台，专心管理学员的生活，再有针对性地聘请教习。如此，这个最初无资金、无财东赞助，甚至无班名的南方科班，在厉彦芝出色的管理经营下形成以演养教、以演促学的科班模式，并逐渐赢得沪上观众的良好口碑。这种以厉彦芝为班主，以厉家子女为台柱，以招收学员为辅助，以厉家家族成员为生活管理者的家庭式班社形式，被沪上观众很自然地唤为厉家班。以童伶戏起家，一帮小孩子与成年名伶的魅力不相上下，而且各个独擅其场，在上海滩唱红的厉家班自然能够游走于南方各大城市，甚至远赴新加坡等地，一时风头无两。厉家班走到哪里都能够赢得一众响名，大概离不开厉彦芝这个灵魂人物。皇城边出生的厉彦芝，京朝派的梨园血液恐怕是天然的，但是长期在沪上闯荡，求新求变的海派思维也渐渐深入骨髓，所以，厉彦芝管理下的班社融京朝

图2-1 著名琴师、戏曲艺术教育家厉彦芝

19

派的功底与南派剧目思路于一体，这种杂糅是厉家班自成立以来具有的先天特点，也是最终在梨园界名留青史的原因。

1937年，日本全面侵华的战火在中华大地燃起，搅乱了所有中国人的生活轨迹。但似乎并没有搅乱厉家班班主厉彦芝的心，他依然按部就班地带着班社的人马练功、排戏、演戏，足迹遍布江西南昌、湖北武汉、湖南长沙等地，所到之地无不叫好卖座。日本人的战火和老百姓看戏好像并没有太大的冲突，实际上，厉彦芝的内心却是忧心忡忡。随着战局越发严峻，日本人占领了大半个中国，他一直在思考着哪里才是最安全的稳定之所，班社里这么多人的生命都是需要他顾及的。

重庆，这座城市适时地出现在厉彦芝的视野里。1938年，重庆章华大戏院的经理邓兰轩来武汉找厉彦芝，邀请厉家班赴山城重庆演出。国民政府已经迁都重庆，此时作为陪都的重庆，在厉彦芝的考量中或许也是最合适的暂避去向。戏班历来是四海为家的，战争纷飞时选择到陪都重庆继续给观众演戏，让戏班能够营业存活下来，是厉彦芝必然的想法。但是厉彦芝决计不会想到，自他们历经千辛万苦踏上朝天门码头这一刻，厉家班将与重庆这座城市彻底紧锁在一起，厉家班的艺术根脉也将落地生根在这里……

1938年8月5日，厉家班于重庆的首演在章华大戏院正式开锣，报纸上登载"章华大戏院敦聘誉满全国独树一帜复兴国剧运动生力军厉家班演唱伟大国剧"的大字。厉家班以全本《杨家将》一炮打响。这一年，沈福存3岁。

第二节　小嗓惊艳厉彦芝

1948年的沈永明，已经13岁了。从9岁开始对京剧懵懂，到天天蹭戏看重庆各家戏台的戏，尤其是厉家班排演的连台本戏《西游记》①，看着那一群群和自己年龄相仿的"小猴子"在台上翻腾，沈永明对这个舞台心驰神往。13岁的沈永明终于下定决心入厉家班，9月19日（农历八月十七）那一天，他跟着唐伯伯踏进了正阳街一川大戏院。见到仪表堂堂、气度不凡的厉彦芝时，他首先感受到的是作为厉家班班主的那独具威严的气场。

  小永明有些羞涩、紧张地站在那里。唐伯伯向班主说明了来意，令沈永明没想到的是，厉彦芝没多想就爽快地答应了："行，留下吧，这儿正缺个龙套呢！"彼时的厉家班，除了唱得一台好戏名声在外，其实对于穷苦人家的孩子而言，还是一个有饭吃的庇护所。厉彦芝侠义济贫的名声在重庆山城也早已远播。对于贫苦人家的孩子，厉彦芝常常是只要想来，就照单全收，在条件上并不十分苛刻。进入科班如此顺利，倒是让沈永明没想到呢！

  13岁的沈永明初来乍到（图2-2），按照厉家班规矩把脚洗干净，领了一套学生帽、崭新的衣裤、高筒皮鞋、高筒袜，便被安排在剧院后台睡下了。据晚年的沈福存回忆第一天进厉家班的经历："第一天晚上我没睡着觉。为什么呢？因为换了个环境。高兴，热闹。您瞧我们这个舞台，楼上是师傅他们吃饭的地方，舞台上练功，排戏，晚上学员睡觉。池子下面吊嗓子，各尽其用。……那天晚上没睡着觉还有一个原因，就是我和师弟张福海睡的是下场门，那里有用布、木条搭起来的场面楼，我们睡在木板条上面，睡不着又觉得身上痒，把木条布一掀，敢情下面全是臭虫。"② 当年的厉家班在外虽然风光，但是显然入得梨园的孩子没有吃苦中苦，怎么

---

① 《西游记》，连台本戏。上海更新舞台时，由陈嘉祥编写，一共六本。1930年，头本首演，后相继排出二本、三本、四本，直至1932年淞沪抗战时，以第六本终结。《西游记》以出奇制胜、千姿百态的机关布景赢得极大的票房号召力，一经推出即轰动上海，也让更新舞台在上海戏界的竞争中打开局面。1944年厉彦芝将其带至重庆，1946年7月至1950年重新排演，一共十四本。由戴国恒、刘慧峰对剧本进行补缀，厉慧良任导演，陈慧君任舞台美术设计，施灵管任画师。该戏情节奇异，场面壮观，阵容整齐，行当齐全，魔术变幻，可谓雅俗共赏，热闹非凡。正是《西游记》为厉家班在重庆培养出一大批京剧观众。

② 安志强编著：《水滴石穿：沈福存的艺术人生》，新星出版社2009年版，第19页。

可能成为人上人呢？那一夜的沈永明对自己未来的学戏生活开始了无限憧憬，当他想到自己终于可以给母亲减轻负担时，心中更是有一种莫名的欣慰。

第二天早晨，沈永明正准备和戏班的师兄们在台上练功，楼梯上传来咯噔咯噔的声音，周围的学员们顿时紧张了起来，有人喊着："师傅来了！"此时，穿着一双硬底皮鞋的厉彦芝从楼上走了下来，看着并不是很威严的样子。沈永明好奇大家为什么这么惧怕厉彦芝，后来才知道，师傅对厉家班的每一个学员都要求很严格，包括自己的孩子，谁要是犯了班规，打通堂①是常有的事情。新来的沈永明当然还没尝过这种滋味，所以并不理解学员们看到师傅就好像耗子见到猫的样子。

图 2-2　1948 年，进入厉家班后的沈福存

中午时分，厉家第六个孩子厉慧庚叫住沈永明，让他帮着到楼上拿东西。这时的厉彦芝一家正在楼上吃中饭，桌前的厉慧敏抬头看到了沈永明之后，好奇地问父亲："爸，这孩子是哪里来的？"

厉彦芝随口答："昨天来的新来军②。"

厉慧敏说道："都这么大了，那功还怎么练啊？"

---

① 打通堂，在旧时科班的演出当中，如果有某个人犯了严重过失，把戏演砸了，那么，凡是参加这出戏演出的人就都得挨打，这就叫"打通堂"。"打通堂"时，男打屁股，女打手。

② 新来军，厉家班对新入科学员的称呼。

厉彦芝说："这倒也是，那一会儿叫人把他送回去吧！"

听见这番对话的沈永明内心咯噔一下，心想："这下完了，可别把我退回去啊！"但是，"新来军"并不敢在正吃饭的师傅和厉家子女面前说什么，只能有些心烦意乱地跟着厉慧庚拿上东西后下楼了。到了楼下大厅，二人正好碰上了正在拉京胡的刘慧新，厉慧庚问沈永明："新来军，你会不会唱戏呢？"

沈永明赶紧说："我会！"

厉慧庚又问："会唱什么戏呢？"

沈永明说："我会唱'劝千岁'……"

"还会唱什么呢？"厉慧庚又问。

"我还会唱《汾河湾》中的'儿的父去投军……'"沈永明答道。

厉慧庚一听："呀，还会唱旦角呢？"他立刻让刘慧新操琴拉了起来。

没想到沈永明一亮嗓，居然找到了自己小嗓的位置，一段【西皮原板】唱得有板有眼，令正在练功的师兄师姐们都情不自禁跑出来围观。楼上的厉彦芝班主也听到了，大声问道："这是谁在唱呢？"

厉慧庚冲着楼上喊："爸，是刚来的新来军在唱！"

厉彦芝说："嗓子不错嘛，那就留下吧！"

沈永明恍如被特赦一般，兴奋极了，他欣喜而激动地朝着楼上一跪，砰砰砰，三个响头，大声说："谢谢师傅！"

厉彦芝哈哈笑着，走到楼梯口，大声说："谢什么，好好学吧！"于是，靠着一段和同学学的【西皮原板】，沈永明就这样闯进了厉家班的门槛。

沈永明生得浓眉大眼，端正俊秀，但是从练功学戏的角度，年龄的确有些大了，一米六多的个头对于扮猴崽之类的龙套来说又略微高了些。但是，这脆亮的小嗓瞬间让熟谙梨园人才培养的厉彦芝感到了意外的惊喜，于是爱才惜才的厉彦芝就什么都不管不顾了。毕竟是在梨园浸润了大半辈子的人，厉彦芝知道光这个圆润的小嗓就是一块可以雕琢的璞玉。

实际上，厉家班自建班之始就从来没有过男旦，也没有培养过男旦，这既因为明清到民国时期，社会上关于男旦狎邪之风和相公堂子的负面评价，也因为厉家班创办的20世纪30年代，厉家长女慧敏出生之时，坤伶早已占据了旦行的半壁江山。理所当然，这个以厉家子女为台柱的舞台上，旦行就是由坤旦担纲的，慧敏也自然是被培养的绝对旦行台柱。因缘际会，一切皆是上天的安排。班主厉彦芝这一次冲动，让厉家班在后来无意中有了一名男旦。但是，最初留下沈永明之时，厉彦芝对他并没有明确的归行。一个13岁的孩子，身上和腿脚都已经开始硬起来了，功是没法练了，怎么成角儿？厉彦芝或许也没有再往下想，暂且就当添一个龙套演员吧！

进了厉家班，对于沈永明来说，就是进入了梨园伶人的圈层。沈永明进入了厉家班第二科——福字科，厉彦芝为他取名沈福存，寓意福泽永存。从沈永明成为沈福存，是师傅对他梨园身份的确认，但是，从龙套沈福存到站在台心的大青衣沈福存，却要经历一条无比漫长而坎坷的路……

沈福存在学戏上是有慧根的。

1949年之前，厉家班学员入科之时，都会签下一份关书，类似于今天的合同，大意是：

××人将亲子××委托于戏班，拜在厉彦芝先生名下为徒，学习平剧，四方生理由师带领，言明××年为满，后自立事业不与师傅相干。唯在××年限内师傅负教育指导之责，徒更当遵师训。倘有不用心习艺以及越轨顽皮等行为而不服教训者，听凭师傅无条件退还。原保交与原订约人领回。……唯在××年限内，该徒之衣食住宿以及台上应用各项，并延师薪水均归师傅负责，该徒限内所入财帛包银，亦任师傅支配，徒之慈严戚友方面无过问之权。……以上均系双方同意立此志愿书，各无反悔，凭此为证。[①]

沈福存的关书是唐福广的父亲、班主厉彦芝和保人三方捺手印签订的，过了一个月后才转交给沈母，沈母不得不接受了儿子的选择。沈福存当然不知道这份代表他成为厉家班一员、被他万分珍惜的关书会在不久的将来瞬间转变为科班班主压迫学员的罪证，并被那些为翻身求解放而盲目兴奋

[①] 参见厉慧森著，唐少波整理《京剧厉家班小史》，中西书局2015年版，第84页。

的师兄师弟师妹们一把火烧掉。

沈福存入科时已经13岁了，才一年多的时间，中华大地就迎来了翻天覆地的变化，象征师徒契约的关书被废止，取而代之的是新式的师生形式。这种巨变对于沈福存来说有些像命运和他开的玩笑。入得旧科班，本是学戏的正途，而入得享大名的厉家班对沈福存来说更是自己所愿，对于沈永明这个对京剧情有独钟，却没有踏出过重庆的少年来说，无疑是实现了人生理想的第一步。但是，造化弄人，仅仅入科一年的"旧社会"学徒被时代的洪流裹挟进入了新社会。沈福存很自然地被贴上了"旧"的标签。以1949年11月30日重庆解放为界限，厉家班的学员被生硬地划成两个阵营，沈福存属于1949年11月重庆解放之前旧戏班的旧学员，就必须在"改人、改戏、改制"的戏改政策淘洗下接受从内到外的改造。当然，这是后话了。

此时，刚入厉家班的沈福存受到师傅厉彦芝对戏的耳濡目染，慧斌、慧良厉家两兄弟对艺的耳提面命。这些伶人身上对戏的执着专一，这种厉家班的精神传统，如果属于"旧"的话，的确是在他的血液中凝结沉淀了下来。不过，属于沈福存在京剧艺术上的野蛮生长还是在新中国成立之后，而他真正的学戏方式又离不开与各派各家各种机缘巧合下的偷艺。

第三节　学艺经历

1948年农历八月十八（1948年9月20日），是沈福存正式入科第一天。当时梨园行科班对于初入科的学员是不分行当的，在教习的监督下一起练基本功是学员的第一课。沈福存早早爬起来，加入了福字科学员的练功行列，练功的地点就是一川大戏院的舞台上，那时的戏院就是一个戏班驻扎的大本营。（图2-3）

厉家班的作息时间是严苛的：早上6点起床，拿大顶约一炷香功夫，然后各自练下腰和翻跟斗。上午10点左右休息片刻，班社给学员发一个

图 2-3　少年时期的沈福存

烧饼，吃完之后开始练跑圆场、打把子等。中午饭后睡午觉。下午一般为排新戏的时间，此时，配角跟着主角一起排，没有任务的，可以自觉练习踢腿、跑圆场、拉山膀等。晚上就是最热闹的迎客演戏时间了，化妆扮戏，每一个人都在自己的岗位上忙忙碌碌，一晚上演下来大约要六个小时。然后，喧嚣归于寂静，连尘土都仿佛睡着了……

厉家班常年来之所以能成为票房的"常胜将军"，赢得了观众良好的口碑，是因为有一个众所周知的秘密，那就是班底齐全、戏路宽广、台风严谨，一句话"底围子"好，整台"一棵菜"。不像当时有些戏班光有角儿，且只能看角儿。而厉家班"底围子"的训练，离不开一位要求严格的武功教习——郭三增[①]的把关。

厉家班的"底围子"是出了名的齐整好看，开打的时候不仅节奏不乱，每个上下手的跟头旋子更是花样百出，"打档子"根据演员的条件各显其能，有的小翻又直又快，有的则是小翻变虎跳前扑，小翻提、垛子前扑等，反正是人人都将自己的绝活亮出，使得整个场子热闹无比，台上整齐干净利落，有精气神，让人眼睛一亮，看得舒服。这其实都离不开郭三增每天对科生们的训练。

那天早上，郭师傅看着眼前这个大个子的"新来军"，笑着对沈福存说："小子，你该早点来啊！"郭师傅知道沈福存和三年前入科的唐福广是邻居，又是要好的伙伴，如果三年前沈福存和唐福广一起进入戏班开始练功，要比此时入科强得多。13岁的沈福存，正处于男孩子的青春发育期，不仅腿脚都长硬了，个子也开始进入猛长期。而戏曲练功首先练的就是腰功和腿功。练功的时候必须空腹，否则是会吐的。不妨摘录一段程砚秋初学艺的经历，或许可以对旧戏班学员练功的苦有所体悟。

> 初学戏的人练撕腿，的确是一件很痛苦的事，练习的时候，把身子坐在地上，背靠着墙，面向外，把腿伸直撕开，磕膝盖绷平，两腿用花盆顶住，姿势摆好后，就开始耗起来。刚练习的时候，耗十分钟，将花盆向后移动，第二天就增加到十五分钟，以后递增到二十分钟、三十分钟，练到两条腿与墙一般齐，身子和腿成为一条直线才算成功。开始练的时候，把腿伸平不许弯曲，到不了几分钟腿就麻了，感到很难坚持。练撕腿的同时，还要练下腰、压腰。这种功，乍练起来也不好受，练的时候要把身子向后仰，什么时候练得手能扶着脚后跟了才算成功。练下腰最忌讳的是吃完东西练，学戏的练功，全是一清早戴着星星就得起来练，不论三伏三九全是一样。[②]

---

① 郭三增，男，京剧武生、武净，武功教师。生于北京。厉家班成立后被聘为专职武功教师。郭三增深谙毯子功各种筋斗的要领，擅长武功教学，成效显著。厉家班的慧、福两科上百名学员，基本功扎实，筋斗动作规范、准确，又正、又高、又飘、又帅，皆由他精心训练所致。

② 程砚秋著，丁纪红编：《身上的事：程砚秋自述》，中国广播电视出版社2009年版，第4页。

在厉家班同样如此。劈叉、拿大顶、下腰这些基本功都是"新来军"必练的。（图2-4）初来的沈福存对一切都好奇，这里摸摸、那里碰碰，丝毫不知道戏班里"打戏"的威慑力，更不知道眼前的这位郭师傅被学员们私底下唤作"郭阎王"。当郭师傅拿着戒尺问"你怕吗"时，沈福存用重庆话笑嘻嘻地说："我不怕。"郭师傅言道："这孩子也该去去他的老豆皮啦！"郭师傅就用手中的藤条以迅雷不及掩耳之势打在了他的背上。挨了一顿揍后，沈福存知道了戏班里不守规矩的学员是要被打的，而练功练不好体罚挨打更是家常便饭。在戏班里，谁也不会认为这是不对的。

对从未接触过基本功，又超龄的沈福存来说，拿顶、下腰无异于霸王硬上弓。当郭师傅让他试着练一下甩腰时，沈福存竟然差点一脚把郭师傅踢开，师傅又急又气。常年把关厉家班学员功法的郭师傅，自然对沈福存僵硬的状态不满意，所以，又是一顿"藤条雨"打了下来。在他看来，功是必须要练的！

藤条打在了沈福存的身上，也打在了沈福存的心中。实际上，沈福存的性格最是好强、要面子，他也苦恼万分，不知道该怎么突破自己的练功瓶颈。此时，班主厉彦芝看到他的情形，干脆对郭师傅说："不用练了！"有了师傅的这句话，沈福存好像是拿到了"特赦"的令牌，自此之后，就没人盯着沈福存练功了。沈福存在练武功上并没有遭受太大的罪，但这并不意味着沈福存在学戏

图 2-4　1940 年，厉家班慧字科在练功

上可以有半点的懈怠。之后，聪明的沈福存把专注力都放在了文戏唱、念、做的功法上，他明白扬长避短也是一条道路。另外，沈福存也意识到他必须以加倍于旁人的心力去塑造文戏中的人物。

实际上，作为班主的厉彦芝深谙戏班人才的培养之道。首先，他意识到沈福存的年龄和现有的生理条件已经不适合用常规的练功方式来苛刻要求；其次，厉彦芝已经看到了沈福存那一条好嗓子的价值，加之这孩子还有一个很不错的扮相，这些对于唱戏人来说都是难得的先天条件。他知道，沈福存主攻文戏也是一条可行的出路，所以要求沈福存在圆场、身段、水袖表演方面多下功夫。显然，在戏班教育上，班主厉彦芝比郭师傅更有方法，不仅经验丰富，而且懂得因材施教。

厉家班是练演结合，以演促学的机制，给所有演员提供了舞台实践的机会，"座儿"说了算，有彩头就有市场，就有出头的机会。旧时科班的这种给学员更多登台机会的机制常常能让一个条件不算太好的演员通过另辟蹊径创造惊奇，只要这个学员有心、勤奋，老生谭鑫培、青衣程砚秋皆如此。沈福存能有后来的成绩，绝离不开初学戏就拥有的登台磨炼。

晚上，厉家班开锣迎客的时候，其师兄弟便忙忙碌碌地扮装成可爱的小猴子，然后一只只的"小猴子"从台左一直翻筋斗到台右，又从台右一直翻到台左，再从台左挥一面小旗一直跑到台右，掀开下场门门帘躬身回到后场。而沈福存仅能扮演一些文戏打底的小猴崽、云雀之类的龙套。为了招揽更多的观众进剧场看戏，厉慧良还会把扮上猴子的一众小师弟们带到街上，让他们翻跟头飞旋子，颇有些今天快闪[①]的意味。此刻的沈福存不免还是有些落寂的。因为，在属于主角唱念做打之外的龙套表演中，掌声更多的是给那些翻腾跌打的演员的，而站在舞台上，只能演文戏龙套的他，心底也是渴望掌声的……

准确地说，初入厉家班的沈福存，并没有受到太多苛责。厉彦芝认为，收留一个穷孩子，让他有口饭吃，有一个本事就成。厉家班自创办之始就

---

① 快闪，在一个指定的地点，在指定的时间，出人意料地同时做一系列指定的动作，然后迅速离开。又称为"快闪行动"，是一种国际流行的嬉皮行为，可视为一种短暂的行为艺术。

是一个以培养厉姓子女为主的科班，而招收社会学员更多是为了打造出一堂训练有素的"底围子"。所以，沈福存和他的师兄们起初是在戴国恒老师的教授下，以老生行启蒙打底的，学了《八义图》《朱痕记》《举鼎观画》等文戏。这也为他在"文革"时另辟蹊径改唱老生埋下了根基。不过，因为当年福字科中并没有像样的小生演员，且沈福存大小嗓都得心应手，所以师傅很自然地让他同时学小生戏。有意思的是，在最初的科生阶段，沈福存就具备了一个"多面手"的潜质。

但最终让沈福存迅速从龙套演员中脱颖而出，扮演上有唱词的角色，还得益于他那条漂亮的小嗓。

第四节　玉喉初展

1948年下半年，厉家班最受欢迎的连台本戏《西游记》正如火如荼地上演着，当时这个戏的导演就是厉家班的少班主，也是厉家班的头牌厉慧良[①]。刚入戏班没多久的沈福存，就被厉慧良点名。厉慧良早听父亲说他的小嗓很漂亮，那就让他在《西游记》"女儿国"一段戏中亮个相，开个口吧！"女儿国"一段戏中的旦角众多，厉慧良看着瘦瘦高高的沈福存，琢磨该派他什么活呢？这时，被称为厉家班"戏篓子"的戴国恒师傅发话了："福存，你就演一个女儿国女朝官吧，报个名就成，一句话。"沈福存高兴地答应着，接下了自己第一次正式亮相的活儿。

虽然是仅有一句台词的女朝官，但也比一句台词都没有强，沈福存自然要好好表现，不能辜负师傅们的信任。于是，从第二天开始，他就更早起来，跑到城墙根下喊嗓子，咿咿呀呀地找小嗓的位置。一遍一遍地喊，害得周围的住户都睡不好觉。而仅仅"户部尚书海棠蕉"一句自报家门，

---

① 厉慧良，京剧武生演员。满族，祖籍北京，生于江苏南通海门。出身梨园家庭，父厉彦芝是京剧琴师、教师，早年曾在天津演出，母韩凤奎、姨母韩凤英都是京剧演员。

沈福存白天背，睡觉也背，甚至连做梦都在背，还琢磨如何抑扬顿挫。毕竟是第一次在舞台上开口，沈福存根本抑制不住自己的紧张和兴奋。

终于到上台的那一刻了，扮上女朝官的沈福存俊极了，粉黛略施，容颜如画，妩媚可人，身材窈窕，婉约恍如天成。只是，站在侧幕的沈福存看到台下满坑满谷的观众，顿时心又怦怦跳了起来，平时生活中略微有些口吃的沈福存知道，此次可比不得之前在一群猴崽中间滥竽充数了。厉慧斌[①]看出沈福存的紧张，拍着肩膀轻声地安慰他："别怕，不管台下坐了多少人，你就当他们都是大西瓜、大石头，你该说什么词照说！"自从10岁起就经常上台表演的沈福存，对舞台很是享受，但这一次算是他的职业首秀，莫名的害怕向他席卷而来……一时间，他眼前的舞台上人影晃动，虽然锣鼓喧天，他却仿佛什么都听不见了……（图2-5）

突然，把场师傅推了他一下："福存，快到你了啊！"把他拉回到了喧嚣的戏场。只见慧琴师姐从容地走到台心，顿挫清脆地念道"兵部侍郎菊儿燕"，随后，终于轮到沈福存上场了。他迈着小碎步，身子却紧张地僵硬起来，仿佛走了好远终于在台中央站定，正待开口，目光却被台下密密麻麻的"座儿"牵引，有嗑瓜子的，有抽烟的，有喝茶的，有站着的，蹲着的，坐着的，人挤人，还有好多缠着绷带的伤兵歪歪斜斜地靠着。台心的沈福存突然有一种眩晕感，他仿佛被抛到了茫茫的大海上，思绪断片了，那一句台词也被忘得九霄云

图2-5 青年时期的沈福存

---

① 厉慧斌，京剧净角。北京人，满族。"厉家五虎"之一，厉彦芝长子。

外……情急之下，他丹田运气，就像平日里喊嗓子一样，奋力喊出了一声透亮的"咿"，而且拉了好长好长。这一声"咿"突然让台下安静了下来，仿佛一条看不见的长龙穿透层层叠叠的人群，回旋在了戏院的上空，抵达最后一排观众的耳中，那长长的拖音竟然颇有余音绕梁之感。

台上13岁的沈福存僵在那里，时间仿佛停顿了片刻，台下却炸开了，笑声、掌声、跺脚声响成一片。沈福存只知道自己闯祸了，狼狈地跑入下场门哭了起来。他为自己第一次登台如此狼狈的亮相而沮丧，可他万万想不到，这次亮相却开启了厉家班乾旦、坤旦双生花并举的新局面。重庆的观众在这一夜发现厉家班还有男旦，而且这个龙套的嗓音竟然如裂帛一般。

沈福存的这一嗓也着实吸引了站在侧台的师傅、师兄们的注目，还掺杂着难以置信的惊诧之情。这小子，还真是块能唱的料子！侧台的厉彦芝、厉慧良在旁边哈哈大笑，似乎并没有特别生气。当晚，令沈福存更为意外的是，彦芝师傅既没有对他训话，也没有"打通堂"。他的第一次舞台失误就这么不了了之地过去了……

沈福存却不知道，这一声"咿"为他的舞台生涯打开了更大一扇门……

第三章　破茧而出

第一节　从龙套到主配的递变

　　1949年9月2日，重庆朝天门附近发生了一场大火灾，俗称"九二火灾"，造成数千人烧死，数万人受灾的惨痛局面，大火一连烧了10余小时，令整个重庆陷入汪洋火海之中。这是发生在重庆解放前的一次空前绝后的火灾，据说，不过是因为一户人家的孩子将油灯碰倒落地而起。

　　这之后，重庆各戏院班社举行募捐义演，在这次义演中，厉家班拿出《举鼎观画》[①]一戏。排演时小生行薛蛟扮演者恰巧生病，厉彦芝果断决定让沈福存顶替。排戏时间不长，沈福存就对薛蛟的唱词念白了然于心，上台了。如果《西游记》中的女朝官算一次并不成功的首秀的话，那么《举鼎观画》中的薛蛟，则是沈福存以小生行当亮相的成功首秀。值得一提的是，沈福存一路走来，其实很多个角色都是在救场的机缘下获得的，别人上不了，那么他顶上去，并超常发挥，拿住了这个角色。一般没有悟性和

[①]　《举鼎观画》，又名《双狮图》。情节为唐武则天时，薛刚闯祸，满门抄斩。薛刚逃出，占据寒山，积粮招兵，为报复之计。时薛刚兄薛猛，全家被武三思诛戮。有儿薛蛟，尚在襁褓，亦将受戮。薛猛有挚友徐策，服官在朝。闻信后，往法场祭之，暗将己儿藏之金斗，换出薛蛟，以留薛门后裔。行刑时徐策子被狂风吹去。迨薛蛟年长，臂力过人，徐策亦拜相。一日徐策往朝堂，薛蛟与书童至门外，将石狮举起戏玩。适徐策回府，见狮易处，问书童，知薛蛟所为，乃唤薛蛟入祖先堂，观薛家蒙难图。薛蛟依旧莫明其故。徐策为其细讲当日冤情，声明薛蛟并非他亲生子，实薛门后裔。薛蛟闻言大哭，誓必报仇。徐策乃修书交付薛蛟，嘱至寒山助叔报仇。主要角色为老生行徐策，小生行薛蛟，丑行书童。

应急反应的伶人，是难以办到的。《西游记》女朝官失误之后，厉彦芝不仅没有限制他登台，反而尝试给他派有更多唱词、念白的配角戏份。

当然，厉彦芝让沈福存试演小生，无疑也是有用意的。与老生需要运用宽嗓不同，京剧的小生唱腔是采用真假声结合的演唱方法。虽然用假声，与青衣的演唱方法有相近之处，但又绝不能与青衣腔混同。梨园界前辈常以"龙音""凤音""虎音""膛音"来界定小生行的发声方法。所谓"龙音"是小生唱法之源，接近老生腔，声音高亢，用宽嗓演唱并配合整个胸腔，唱时如行云流水一般。"凤音"则接近青衣的唱腔，但劲头更为棱角分明，大小嗓结合，演唱时既有委婉之音又要带阳刚之气。所谓"虎音"，则是在演唱时，吐字、行腔、起落都要有力，声音发至胸腔，显得气宇轩昂、虎虎生威。而"膛音"则运用小嗓的低音，在低音区将小嗓放宽放亮。可见小生行的发声方法是介于老生腔与青衣腔之间的一种方法。厉彦芝决定让具备小嗓优势的沈福存再试试小生行当，看看他的大小嗓转换能力到底如何，以薛蛟一角粉墨登场。这一次，沈福存站在台上已经没有了第一次的慌乱，不仅嗓子发挥得格外顺畅自如，而且以真假声结合运用，完完整整地演了下来，几句【散板】甚至还博得了观众的满堂好。

过去的戏班，"座儿"是衣食父母，沈福存的唱获得了观众的叫好，厉彦芝也高兴。所以，下戏后，他把沈福存叫到了跟前，郑重其事地问："福存，今天表现得不错！你今后到底想学什么呀？"这一问倒把沈福存吓住了，也不知道自己做得好还是不好，最后，只是怯怯地从嘴中挤出："师傅叫我学什么，我就学什么？"厉彦芝看着他，想了想，笑着说："今后你就青衣、小生两门抱[①]吧，唱好了，将来吃香的、喝辣的，不愁没戏演！"说完还塞给他两块银圆。沈福存这才知道自己的表演被师傅认可了。才入厉家班不到一年的沈福存，心中是千般欢喜。

这是入科班后，师傅厉彦芝第一次给沈福存指明未来的方向。那一年，他14岁。一条好嗓子让沈福存在福字科一众学员中迅速脱颖而出。（图3-1）

很快到了1949年10月1日。这一天，毛泽东在北京天安门城楼上郑

[①] 两门抱，演员能扮演两种不同行当的角色或某一出戏中的角色可由两个不同行当的演员来演。

图 3-1 《宝莲灯》（1953），沈福存饰三圣母，厉慧良（右）饰沉香

重宣布：中华人民共和国、中央人民政府成立了！此时，中国大地山河易色，地处西南的山城重庆则风雨飘摇，人心惶惶，很多人离开了重庆，看戏的人明显少了。

10月，厉家班照旧按从前的思路开始排演海派剧目《洛阳桥》①。当年厉彦芝离开上海的时候，特意从更新舞台抄出了这部戏的本子，以前只在农历新年之时才上演，属于以热闹好看著称的灯彩戏，也属于戏班票房的"救命戏"。重庆解放前夜，在厉彦芝看来，必须上这个戏才能挽救越来越冷清的票房。厉彦芝对政治并不敏感，更没有意识到自己的戏班将面临怎样的变化……改朝换代，哪一朝不听戏呢？

这本戏是一部传统戏，早在光绪六年（1880）的正月里，就由天仙茶园搬演过全本。这是一本集皮黄、梆子、昆曲多种声腔为一体的大戏，但是它最大的看点还是满台制作精良的灯彩砌末，如可以行走的采莲船，金碧辉煌的宝藏库，晶莹剔透的水晶龙宫，各种云灯、九莲灯、八仙手携灯，令人眼花缭乱。民国时期沪上的更新舞台，其执掌者周筱卿以舞美师起家，更被称为沪上的"机关布景大王"，他的灯彩设计与清朝相比自然是更胜一筹。1925年，厉彦芝还在更新舞台的时候，《洛阳桥》就是周筱卿的票房"杀手锏"。据说在"海滩边龙宫"一场戏（夏得海下海）中，台上灯光全灭后，随着一阵镁粉亮光，台上海滩一下子变成了富丽堂皇的水晶宫。②所以，1949年10月的厉彦芝，决定重排灯彩戏，提振票房。

在《洛阳桥》中，以往皆是由厉家班坤伶来扮演夏得海的妻子，尤其

---

① 《洛阳桥》，又叫《天下第一桥》，属于应节灯彩戏。讲的是玉皇大帝派文曲星下凡投胎至蔡姓人家，取名蔡襄。蔡得中状元后，为母行善还愿，舍金建洛阳桥于海滨。因风涛险恶不能下桩，乃招募往龙宫投文者。公差夏得海因名字与"下得海"谐音，误而应征。他醉卧海滩，被海神引入龙宫。龙王批一"醋"字，夏得海回去复命，蔡襄勘破字义，为"二十一日酉"时动工。如期下桩果然顺利，桥落成后，居民扮灯戏庆祝。

② 参见贤骥清《民国时期上海舞台研究》，上海人民出版社2016年版，第165页。

是《别家》一场为该戏"戏胆",其中一段五音联弹①的唱腔最为有彩头,由夏母、夏妻、夏得海三人对唱,不仅唱腔需要功力,而且情感表现也要在三人你一句我一句的咬合拉升中掀起热度。这次,夏妻的戏份派给了沈福存,并由厉慧兰②演妈妈,厉慧森③演夏得海。让沈福存与"厉家五虎"的慧兰、慧森配戏,显然是厉彦芝对沈福存的巨大信任。对于沈福存来说,他从没有在台上这样唱过,于是,师傅一句一句地现教。这绝对是不可多得的机会。果然,聪明好学的沈福存没有辜负师傅。那一天,沈福存唱完"又谁知飞灾到大祸临头",腔调一落,掌声四起。沈福存的自信心也足了起来。

男旦,而且是厉家班从来未有过的男旦,无疑吸引了更多观众的注意……

第二节　神秘筱兰英

说起沈福存的师承,其实还绕不开一位京剧大家——筱兰英④。

这个筱兰英又是何许人呢?原来,她是清末民初以来京剧舞台上第一代坤生中的代表人物,就连我们所熟知的"冬皇"孟小冬⑤都是她的后辈。

---

① 五音联弹也叫换手联弹,是北方戏曲梅花大鼓的演出形式之一。它由四人相互协作——从右边起第一个人右手抚琴,左手却按第二个人手中的三弦;第二个人右手弹三弦,左手按第三个人手中的四胡弦,如此,四个人能同时演奏五种不同的乐器。海派京剧借用这个名词,却并非如法炮制,而是改为由多位演员轮唱、对唱、合唱。这段唱词,就是由几位演员以合唱开头,中间轮唱,最后再以合唱结尾的。

② 厉慧兰,女,京剧老生。"厉家五虎"之一。出身梨园家庭,父厉彦芝、母韩凤奎、姨母韩凤英都是京剧演员。

③ 厉慧森,京剧丑角。"厉家五虎"之一。出身梨园家庭,父亲厉彦芝,母韩凤英。

④ 筱兰英,又名小兰英,本名姚佩兰。祖籍河北香河大窑上村,生于天津。1884年在其6岁时便入天津的宁家班(坤班)学艺,11岁就能登台演出。

⑤ 孟小冬,原名孟令辉,幼名若兰,出生于上海,梨园世家,早年京剧优秀的女老生,京剧余派的优秀传人之一,被称为"冬皇"。

20世纪初，离北京城不远的天津梆子腔戏班中就有女伶，这个梆子就是当今河北梆子的雏形状态。这时往往是男女合演的形制，就连剧种上，那也是梆子与皮黄新腔两下锅。

天津的坤伶，自然要提到以坤伶陈长庚为台柱的"陈家武班"，这个坤班之后还被上海群仙茶园①邀至沪上演出，以其武旦的行当特色在上海地界闯出了名堂。而在最早一批来沪的坤伶中，就有筱兰英。筱兰英是坤生中的佼佼者，坤生就是女人演男人，与坤旦所不同的是，同样是跨性别表演，坤生更多的是靠她们日益精进的技艺在男伶世界里赢得一份尊重与市场。

当时的坤班惯例，是不分声腔，不分流派，不分行当，生、旦、净、丑各行角色，文戏武戏，坤伶都可上台扮演的。所以，筱兰英开蒙虽然是唱功老生，但除旦行之外，她做功老生、小生、红生、武生甚至花脸戏码，无不兼长。她还京梆昆徽全通，多派归宗，是一位一专多能难得的通才。这也为之后沈福存与筱兰英相遇，被她一眼识才缔造了可能性。

筱兰英（图3-2）扮相魁梧，不见女气，台步潇洒，嗓音洪亮，更为难能可贵的是她唱老生没有"雌音"，唱花脸也能有"炸音"，在当时绝对"自成一家"。当然，今天的我们已看不见初代坤生在舞台上的飒爽英姿，幸好还有老唱片可以给予今人有限的想象空间。筱兰英在天津起家，跑过京城，在群英聚会的紫禁城还敢与谭鑫培对台，十几岁被邀至上海群仙茶园演出，于此名传全国。民国初年，杨月楼之子、著名武生杨小楼南下上海演《连环套》的黄天霸，筱兰英还为其配戏窦尔墩。之后，南派京剧"麒派"老生创始人周信芳演这两场戏，也是得益于筱兰英的教导。

在那个新旧交替的时代，坤伶虽然在舞台上与男伶们共同创造了精彩绝伦的戏界，甚至不乏力压男伶风光之态势，但因为女子传统婚姻的宿命而令她们的艺术生命戛然而止。筱兰英也不例外。1902年，24岁的筱兰英嫁给了姚长海。姚长海是她同一科班的乾旦，艺名"一斗金"，唱的是梆子青衣，男扮女。二人结为伉俪的佳话在当时也算得大事一桩，只不过后来

---

① 群仙茶园，清末民初上海开办时间最长、规模最大的京班髦儿戏戏园。位于上海市四马路胡家宅（今福州路平望街口）。光绪二十五年（1899）由童子卿创办。

图 3-2　著名京剧表演艺术家筱兰英

梆子被京剧替代,风头易主,姚长海逐渐退出了演艺舞台,由筱兰英维持一家生计。婚后第二年,筱兰英生下大女儿姚玉兰①,1907 年又生下小女儿姚玉英②。二女的名字皆来自筱兰英的艺名,也都是全才型的京剧演员,

① 姚玉兰,工青衣花衫,后工老生、老旦,宗汪(笑侬)派,还能演出关公戏,擅演剧目有《玉堂春》《贵妃醉酒》《刀劈三关》《哭祖庙》《完璧归赵》《献地图》《洪洋洞》《上天台》等。
② 姚玉英,工武生,宗黄(月山)派,兼擅丑角、青衣、花旦、小生,擅演《狮子楼》《独木关》《连环套》《落马湖》《花田错》等,因肺病病故于上海。

算是继承了母亲在表演上的天赋。二姊妹年少成名，一登台就唱红了京津大地，像极了母亲。可惜的是，1927 年，20 岁的小女儿玉英因病在上海早逝。大女儿于1929 年经人撮合嫁给杜月笙，成为他的四姨太，之后还将自己的好闺蜜孟小冬托付于这个民国年间叱咤风云的青帮男人。

命不随人，筱兰英接受不了这个现实。小女儿玉英刚刚永远离开，大女儿却嫁与杜月笙，对女儿的选择，做母亲的筱兰英极为不满。此时，丈夫姚长海也一蹶不振，贪恋他欢。筱兰英感觉红尘中再无可恋，于是遁入空门，法号"常越居士"。就此，筱兰英息演剧坛25 年的漫长时光开始了。

有些事仿佛冥冥之中自有定数。因为都曾在沪上梨园界叱咤风云，筱兰英与厉彦芝成为旧时好友。20 年来，筱兰英虽常伴青灯古佛，焚香展卷。但也常常外出寻访佛教圣地，拜佛进香。1949 年冬季，筱兰英赴中国佛教圣地——四川乐山的峨眉山进香，为了看望旧时好友厉彦芝，她在重庆做了短暂停留。那一次，师傅厉彦芝向一众厉家班学徒介绍了筱兰英，尚是青葱少年的沈福存看到这位身穿僧袍、不苟言笑的小脚师太，颇觉新鲜、好奇。那次，沈福存并没有与这位师太多说什么，只是远远地看见师傅陪师太小坐寒暄了一会儿，就和陪同来的人离去了。

沈福存与筱兰英的初次见面草草作罢，却给沈福存留下了深刻的印象。之后大家都叫这位神秘的师太为"老姑"。

一年之后的1951 年，筱兰英又一次去峨眉山进香，再次途经重庆，照例出现在了厉家班。这次，师太住了下来。厉彦芝将其安排在重庆市一川大剧院的一个阁楼上，还特意嘱咐沈福存、唐福广、况福莲、阎福德、朱福艳等几个年轻学徒对兰英师太多加照顾。于是，沈福存与唐福广就经常相约到后楼看望师太，一来二去，沈福存与兰英师太走得更近了些。

有一天晚上，厉慧良演《挑滑车》，筱兰英在台下观看，恰好沈福存为厉慧良演前垫一出《玉堂春·起解》。等到散了戏，兰英师太到了后台，拉住沈福存小声说："明天上午你到我那儿来。记住，什么话也不要说。"这让沈福存颇觉神秘，不知道师太是什么意思。

第二天上午，沈福存一个人如约来到筱兰英的暂住处。一进门，兰英师太就让沈福存跪在了菩萨像前,说"先给菩萨磕个头",沈福存照做,扑通一下便跪了下来。筱兰英又说,"再给我磕头",沈福存依旧照着做了。起身的沈福存看着筱兰英,还是有些懵懂的样子,此时,师太终于发话了:"你就是我的徒弟了!你就叫沈玉秋吧。"[①]菩萨为证,一代坤生筱兰英与年轻的沈福存在山城重庆缔结了师徒盟约,从此,沈福存成了筱兰英的入室弟子。

在以后的一年多里,沈福存和唐福广等一众师兄弟经常流连于师太的房间,到长安寺给师太买素斋,听师太给他们讲旧梨园戏坛的故事,好不开心!

好学的沈福存自然是逮住兰英师太就不停地求教、问询。而他们的师徒缘也主要是集中在一些演戏方法的交流上。师徒俩闲暇了,兰英师傅还会给沈福存讲很多梨园的逸闻趣事,这样一对一的梨园熏染对年轻的沈福存来说自然是极其珍贵的机会。

兰英曾经给他讲述宫里的趣事。比如,她进皇宫给太后演戏,太后是这么给演员额外的银份的:在老佛爷的座位旁设置一张条案,条案上搁着一排银票,从五两到十两不等。哪位演员逗得她开心喜欢,她就吩咐下人给赏,演员立马得磕头叩谢太后恩典,然后老佛爷点点头,顺手从条案上拿起一张她自己觉得合适的银票,往上面吐口痰,揉一揉丢在地下,这就是额外的赏银了。

还有民国往事。筱兰英告诉沈福存:一次,她正在院子里吊嗓,那时,她的嗓子好啊,唱出来的【西皮】【二黄】犹如黄钟大吕,音调又高低没挡,正好碰上总统府管事的来点戏。管事的一听,这个老生的嗓子怎么那么好,点了筱兰英就往总统府送去。去总统府唱戏,一路换了两三辆洋车才到。因为唱得好,筱兰英被留在了总统府吃饭。大家坐在一个大圆桌前,桌子中间有一个大锅,唤作共同锅,里面什么菜都有,有一二十道菜,想吃什么菜,有专门服务的人帮你取。

---

① 安志强编著:《水滴石穿:沈福存的艺术人生》,新星出版社 2009 年版,第 37 页。

这些旧事从兰英师太的嘴中说出，对于从来没有走出过重庆的沈福存来说就好似在听奇闻天书。晚年的沈福存回忆："筱兰英可以说是见过世面的人。吃的、穿的、用的、戴的，都是很讲究的。"[①] 他记得有一次，师太打开了一个箱子，从中取出一个由鲨鱼皮包裹的精美盒子。剥开鲨鱼皮外层，里面藏着一块金表，表链同样是金色的，并配备了一个三角形的支架，支架中央镶嵌着一颗璀璨的钻石。打开表盖，令人惊叹的是，表盘上的每个数字都由钻石构成，特别是"12""6""3"和"9"这些关键数字，镶嵌的是大颗钻石，而其他数字则由小钻石点缀。打开表的后盖，更是惊人，因为表内的所有机械部件竟然也都装饰有钻石。她让沈福存拿着这块表去找修表师傅修理一下，并顺手递给弟子另一块手表作为日常使用。在那个年代，拥有一块手表是非常难得的事情，沈福存兴奋得难以入眠。第二天，他就把师太的金表送去了亨得利钟表店，请那里的师傅帮忙检查。师傅看了一眼就急忙将表还给了沈福存，并告诫他说："小沈，赶快拿回去，放在这儿招事儿。"沈福存迅速返回兰英师傅的住处，告诉她修表师傅不敢接手，因为怕惹事。兰英师傅听后只是笑了笑，说："这算什么啊！不过，这个表卖了，走半个中国没有问题。什么好东西我没见过呀！那时候，家里还有杜月笙、冯玉祥送的宝贝，其中还有慈禧给的戒指，现在也不知道到哪儿去了。"

从言到行，发生在筱兰英身上的一桩桩、一件件的事，都在无形中影响着沈福存这一偏居西南、初涉艺坛的青年的艺术观与职业见识。授戏反倒并不是主要的，筱兰英教给沈福存唯一的戏是《朱砂痣》，是他和唐福广一起学的。换言之，筱兰英为沈福存在戏曲表演之路上的扬帆起航至光辉灿烂提供了无穷的榜样力量，最为主要的，她激励着沈福存向自己的艺术高峰攀登。对于当时10多岁的沈福存而言，筱兰英就是这么一座高峰，一座有形的、欲攀登比肩的高峰。

拜师筱兰英，对于沈福存这位旦角演员来说，在剧目上能学的是有限的，毕竟筱氏是不演旦行戏的。实际上，筱兰英传承给沈福存更多的是一

[①] 安志强编著：《水滴石穿：沈福存的艺术人生》，新星出版社2009年版，第39页。

种表演观念。一个是坤生，一个是乾旦，都是超越性别本身来塑造人物，又都是京剧，他们在对表演的体悟上应该是有相通之处。改造原有性别本来的生理机能是一种发动全身技能来塑造人物的表演形态，此种表演，既要吃童子功，也要有艺术的悟性，这两点在沈福存未来的艺术道路上都有体现。另外，筱兰英虽以老生为主，但是文武昆乱不挡，与沈福存后来的成长之路，竟然有异曲同工之妙——"一专多能"，这大概是二人表演指向的最终境界吧！

1951年，筱兰英要从重庆返回上海参加捐献飞机大炮、支援抗美援朝义演活动[①]，徒弟沈福存将她送至码头，师徒二人于长江边依依惜别。

筱兰英还俗重登舞台，只为抗美援朝的义演，这一壮举轰动了上海伶界，梅兰芳、周信芳对其赞赏有加。7月16日，筱兰英在义演中的压轴场演出了她驰名天下的《朱砂痣》。（图3-3）据说，73岁的筱兰英在后台走路时还要别人搀扶，可是京剧锣鼓一响，她立马就来精神了，台上一段【二黄慢板】"借灯光对娇娘……年半百又做新娘"，不仅唱腔委婉动听，而且身段利落干净，一句一个好，赢得了满堂彩。1953年，筱兰英来到北京，与王则昭[②]共同组班，在北京开明戏院演出全本《伍子胥》，当然主要演出部分由王则昭承担，筱兰英身子虚弱，只演了《鱼藏剑》和《刺王僚》两折。

1965年，沈福存因团里公务来到北京，经由北京京剧团的叶德霖陪同去看望兰英师傅。[③]见到沈福存的筱兰英不禁感慨："嚯！福存呀，都成了

[①] 1950年，抗美援朝战争爆发。1951年，全国戏曲界人士开展义演捐机活动。上海京剧界于7月16、17、18日三夜，借人民大舞台，也举行了"捐献飞机大炮"义演，可谓盛况空前，轰动上海。参加义演的有50多位老艺人，如梅兰芳、周信芳、盖叫天、筱兰英、郭蝶仙、赵如泉、张少甫、苗胜春、姜妙香、盖三省、应宝莲等。

[②] 王则昭，女，京剧老生。拜谭小培先生门下继承"谭派"衣钵。并拜余派名宿张伯驹先生为师，是伯驹先生的唯一入室弟子，学习钻研余派艺术。亦曾得到夏山楼主、王凤卿、李适可等多位老先生的亲传和悉心教诲。她祖谭宗余，博采众长，高腔神完气足，中音运用自如，低腔苍劲浑厚，听来如行云流水，自然大方。

[③] 据《京师梨园故居》载，筱兰英于1954年病故，享年76岁，可是沈福存在1965年时还见过自己的师傅，因此，筱兰英逝世时间存疑。

沈福存：科班最后的男旦

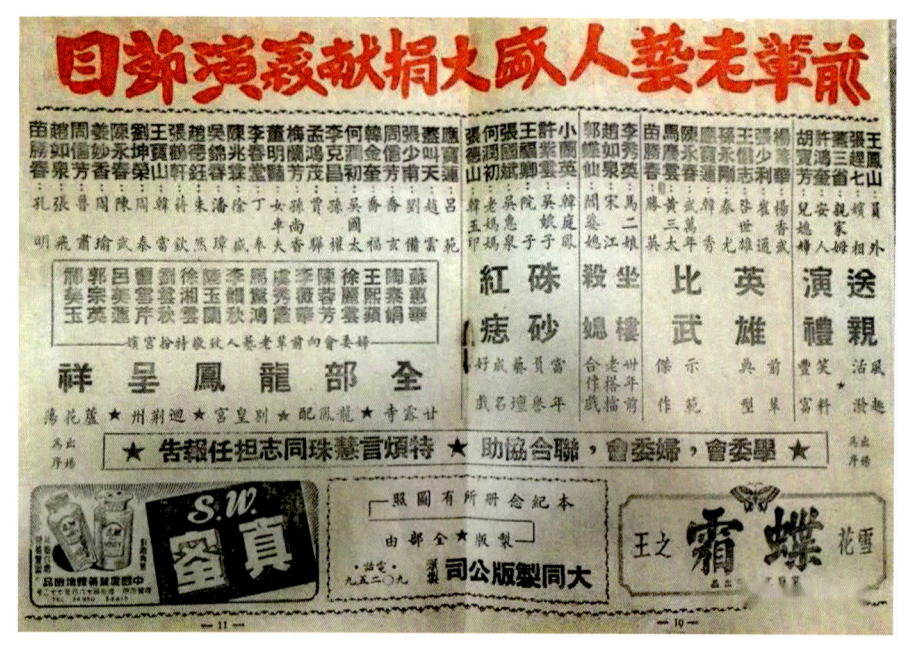

图 3-3　1951 年，上海京剧老艺人义演节目单，筱兰英在《朱砂痣》中饰韩庭凤

大老爷们了！"是啊，时隔 15 年没有见面的两人，当时的少年沈福存早已成家立业，而兰英师太也已是耄耋之年。师傅颤颤巍巍地拿出四块钱，对沈福存说："福存啊，拿去给铁梅买双鞋。"而立之年的沈福存感念地接下这笔钱，他知道兰英师太是希望自己的孩子也能把脚下的路走好！

岁月的沧桑留在了两人的脸上，沈福存情难自抑。自此，二人再也没有见过。[①]

第三节　选择旦行

众所周知，以老生创派是京剧正式形成的标志，著名的老生"三鼎

[①] 参见安志强编著《水滴石穿：沈福存的艺术人生》，新星出版社 2009 年版，第 39 页。

甲"[1]前后统领了菊坛半个多世纪,那一时期的旦行仅仅是配戏的角色,挂不了头牌。[2]而到了民国,随着审美大变,戏曲革新,生逢其时的梅兰芳以旦行崛起,接过了老生行谭鑫培"伶界大王"的招牌,为旦行挑班开了先锋。从1927年《顺天时报》对"五大名伶新剧夺魁投票"的票选直至之后对"四大名旦"的成功运作[3],再到1936年《立言报》对童伶的选举[4],可以看出人们对京剧旦行的追捧呈愈演愈盛之势,后来几乎到了无旦不欢的地步。彼时的旦行,虽然坤伶人才辈出,坤旦[5]已然成为一种风尚,但是,男旦才是真正主流,当时观众对旦行艺术的最高审美还是以男旦为标杆的。所以,民国的梨园行有"跟着旦,吃饱饭"的说法,意思是在旦行挑班的戏班里,一定是有饭吃的。

为什么在观众心中,旦行的最高标准终究还是男旦呢?

一方面,男人演女人肯定比女人演女人难度更大,不同性别带来的心理、生理的差异性导致了男性和女性在面庞、肢体语言及嗓音条件上的刚柔对比,这些反差恰是男演女的障碍,但是只要跨越了这些障碍之后,性别反差给观众带来的则是陌生化、新鲜感的审美享受。欣赏一个七尺男儿在舞台上浑然天成般的美目盼兮、翩若惊鸿、清脆玉喉、婀娜多姿,显然

---

[1] 京剧"三鼎甲",亦称京剧老生三杰。在京剧的形成与成熟时期先后出现了两组杰出的老生行表演艺术家,领袖剧坛,彪炳菊圃,对京剧艺术的形成与发展起了突出的推动作用,被时人称为京剧"三鼎甲"。前"三鼎甲"指的是道光年间的程长庚、余三胜、张二奎;后"三鼎甲"指的是光绪年间的谭鑫培、汪桂芬、孙菊仙。

[2] 在京剧正式形成之前,徽班中皆由以艳色著称的花旦行挑班,直至道光二十五年(1845)《都门纪略》中出现"而今特重余三胜,年少争传张二奎"的梨园杂咏,标志着京剧老生挑班的风气正式形成。

[3] 1927年,《顺天时报》进行"五大名伶新剧夺魁投票"之后,"白党"(荀慧生的捧角家们)对梅兰芳、尚小云、程砚秋、荀慧生四位旦行伶人进行了一次成功的捧角运作,推出"四大名旦"。

[4] 1936年,北平《立言报》举行公开投票选举,推选出当时尚在科班或尚未满师的京剧旦角李世芳、毛世来、宋德珠等,之后这三人又加上张君秋,这就是后来的京剧"四小名旦"。

[5] 1930年,天津《北洋画报》"戏剧专刊"举办"四大女伶皇后"选举,选出胡碧兰、孟丽君、雪艳琴、章遏云。

远比欣赏一个天生就娇俏婀娜的女性，更令人兴奋！不可否认，男旦这一行当，在原本就是对生活表现，而不是再现的京剧艺术范畴下，最大化地展现了戏曲离形得似、求神忘形的魅力。实际上，男旦艺术的魅力恰是与戏曲艺术本身于有限中寻求无限自由的规律相呼应的。

另一方面，不是哪一个男人都有条件演得女人的，男旦可谓各行当伶人的稀缺人才，恰如李渔所言："男优之不易得者二旦，女优之不易得者净丑。"① 也就是说，男性伶人要想跨越性别扮演旦行，完美胜任旦行，不仅需要经年累月的艰苦练习，更需要身形、面貌、嗓音上得天独厚的先天禀赋。更值得一提的是，男旦在舞台上是生活中的男性伶人对"他性"无时无刻的探幽，是将生活中的女性变为舞台上的女性，从外在到内在的细腻体察，是男性眼中、心中的女性最有韵致的样态。当这种男性体验凝结在旦行艺术之中时，就赋予了男旦艺术更多维、更丰富的心理视角。这种视角下的艺术呈现无疑是一种从形到神韵的美感，更多满足了京剧的内行观众。

而最值得强调的是，虽然装扮成女性，男人看似有先天的障碍，但其先天的优势是远甚于坤旦的。雄性与雌性先天力量不同，导致男旦往往具有比坤旦更充分的肺活量。精深的"场上"大家——李渔在论述生、旦发音之时强调了气的重要性。正所谓"喉音清越而气长者，正生、小生之料也；喉音娇婉而气足者，正旦、贴旦之料也"② 。由于生理因素，男性的肺活量更为强大，底气更足，胸腔体容量大，声带弹性更柔韧，吸气肌群更有力，这都使其运气行腔更加自如。而青衣的嗓音讲究圆润、清脆、嘹亮、稳重，更需要在高亢和幽咽之间婉转行腔，男旦的生理条件则让声音的可塑性和表现力比坤伶具有更大的空间。另外，身体的力量也是一个重要的层面。京剧旦行在男性的创造下蓬勃发展，男性的参与，也导致京剧

---

① （清）李渔著，陈如江、汪政译注：《闲情偶寄：插图珍藏版》，人民文学出版社2013年版，第108页。意思是男伶人中最稀缺的是正旦和贴旦，女伶人中最稀缺的是净行和丑行。

② （清）李渔著，陈如江、汪政译注：《闲情偶寄：插图珍藏版》，人民文学出版社2013年版，第108页。

旦行一系列超群技艺的出现。京剧的鼻祖——秦腔花旦魏长生①首创跷功就是一例，此后，跷功流行于京剧旦行表演中。将男旦的脚绑在用木头削成的模仿三寸金莲的跷板上，使脚的三分之二竖立起来，用跷带子将脚和跷板固定，套上裤腿后，看起来好似古代女子的三寸金莲。形似仅仅是第一步，更重要的是在形态之上对技艺的追求，最终达到对女性神韵的呈现。踩跷运步、奔跑、跳跃、跌扑、蹲跪，无不尽显男旦技艺。人常说：一戏一技。旦行的繁荣少不了诸多绝技的加持，"四大名旦"的梅尚程荀，哪一个不是唱做俱佳？而这少不了力量的运用。

沈福存生在一个以男旦为主流，以男旦为旦行表演制高点的时代。既然入了梨园行，师傅又给了他青衣、小生两门抱的方向，成为一名可以挂头牌的旦角的志向就渐渐在他心底酝酿起来。当然，选择旦行最朴素、最直接的原因还是师傅说的，挂头牌才能吃香的、喝辣的、赚钱养家。这对于贫寒家庭的孩子来说是最大的愿望。（图3-4）

学旦行，对于沈福存来说其实并非一个轻松的选择。

人们对男旦优童的陈旧观念依旧弥漫在社会上。明清以降，更多的豪客将男旦当作

图3-4　青年时期的沈福存

---

① 魏长生，字婉卿，四川金堂县人。因排行第三，故人称"魏三"，清乾隆时著名秦腔旦角演员。1779年在京演出《滚楼》一剧，引起轰动。后又去苏州、扬州演出。1802年在京演完《背娃入府》后死于后台。魏长生是京剧形成之前在京城最具影响力的秦腔花旦，由魏长生演出而引发的北京剧坛"花雅"之争，实质上正是以秦腔为代表的地方剧种与昆曲的较量。

玩赏对象,清末私寓①盛行即是这一现象的最佳说明。进入民国,虽然私寓被禁,但男旦这一行当始终被蒙着暧昧的阴影。更何况厉家班历来并无男旦,沈福存对旦行的执念仿佛让他成为异类,招致一同坐科的学员们的指指点点。这些世俗的偏见强烈地挤压着15岁的沈福存。更为令他痛心的是,这种世俗偏见也对其母亲造成巨大压力。听说自己的儿子永明在厉家班最终选择了男旦这一行当,想想儿子将来要在戏台上学扮女人,母亲淦银碧再次萌生了阻止儿子学戏的念头。最终,还是厉彦芝化解了这一矛盾。他派人告诉沈福存的母亲,福存是块唱戏的好材料,他不仅可以唱青衣,还可以唱小生,他是可以当多面手的!母亲才尊重了儿子的选择。

1949年11月30日,重庆迎来了解放……没过多久,中国共产党的"军代表"②进驻了厉家班。

厉家班开始有了一些微小的变化,最明显的就是师傅们不能随便打骂学员了,最严厉的郭三增师傅也只得不情愿地收起了他的藤鞭,这让很多还是孩子的学员拍手称快。但孩子们不知道,郭师傅打人不是随便打的,越好的苗子才越打,打,是为了孩子们未来在台上立得住、成角儿。进入1950年之后,"打戏"彻底被禁止。对于沈福存来说,学戏本来也没有怎么挨过打,反而因为他从福字科学员(图3-5)中脱颖而出,使他的学戏历程进入了一个新阶段。

在沈福存时期的厉家班里,除了武功师傅郭三增,还有赵瑞春③、戴国恒两位座师。他们各司其职。郭三增,专职抄功,兼管学生的起居生活,与学员们一起睡"大公房"。戴国恒,少年时学青衣、小生,变声后学场面,在厉家班专门辅助厉慧良排大戏,补场子、补本子等工作,因为会戏极多,人称"戏篓子"。他为科生们说文戏,以丰富学员的表演经验。赵瑞春,武生出身,虽是厉慧良的师傅,也负责教学员们武戏,专门细抠工架

---

① 私寓,本指私人住所。清末嘉庆至宣统年间,由伶人在京城创建的有着学戏、侑酒等功能的私人寓所。从业者则是被称为"相姑"的少年优童。
② 军代表,实际上中国共产党取得政权之后,指派进驻旧戏班掌管文化的军人,也即"戏改"干部。
③ 赵瑞春,京剧生行演员,京剧教师,尚和玉之师弟。厉家班资深老师,教授厉家班包括慧字科、福字科的武生演员。

图 3-5 1955 年，厉家班福字科全体毕业生合影

与规矩，演戏的时候则负责管理后台。还有一位花脸出身的吴永桐师傅，他负责说花脸戏，还专门为福字科学员开蒙。看得出，厉家班的教戏师傅各个一专多能。

沈福存平时自是与福字科学员们一起跟着郭三增、戴国恒、赵瑞春、吴永桐这些师傅们学开蒙戏和练基本功。随着他内心对旦行的坚定，戴国恒师傅那里成了他常去叨扰之处，这不仅仅因为戴师傅满肚子的青衣戏、小生戏，还因为戴师傅的夫人吴芷香[①]。吴芷香，人称"鲜牡丹"，着实是有一番传奇经历的女人。30 年代的时候，可谓红极一时，曾被某军阀看上，为了躲避他的纠缠，干脆与丈夫戴国恒一起逃离，落脚厉家班。从 1938 年到 1956 年，始终在厉家班以教戏为生。吴芷香本身就是色艺双绝的旦角，而戴国恒因为人很和善，教戏从不打人，对戏又极其熟稔，福字科的学员们都喜欢这两位师傅，沈福存也不例外。

---

① 吴芷香，京剧花旦演员，艺名"鲜牡丹"，后与丈夫戴国恒在厉家班教习。

图 3-6　1984 年，画家黄本贵为沈福存表演的《起解》作画

厉家班并没有专门的师傅为沈福存启蒙旦行，更没有为他提供系统而循序渐进打基础的条件。中国戏曲历来是口传心授，但在沈福存进入旦行初期，最大的遗憾就是缺乏老师从口到心的传与授，所以，沈福存，能成为后来的"大青衣"沈福存，这实在是一个奇迹。选择了学旦行要演出名堂实属不易，除了平时向各位老师学习，也要向当年班里的旦行头牌厉慧敏学习。沈福存请求慧敏师姐给自己说说《起解》，那时的厉慧敏因为年轻且颇有大小姐脾气，说道："好呀！要学可以，得先帮我洗头，洗完头还得跪着学。"面对厉慧敏的大小姐作风，穷苦人家出身的普通科生沈福存选择了隐忍。在他心中，只有把戏学到自己身上才是最重要的，这点苦他可以一笑而过。（图3-6）

那时，有那些肚子里装满了"干货"的老师在沈福存的身旁，这是他的大幸。戴国恒会戏极多，无论京昆，还是生旦戏，都不在话下，妻子吴芷香因为是旦行演员，对身段比较复杂的戏更为熟稔细致。于是，在学戏上，沈福存与他们夫妇二人走得更亲近些。乖巧嘴甜的沈福存常常私下央求戴国恒夫妇为自己说戏，一些旦角戏，小生戏（图3-7、图3-8、图3-9、图3-10）就是在那时跟这二位师傅学会的，比如《群英会》《罗成叫关》《奇双会》《黄鹤楼》《辕门射戟》等小生戏，及旦行戏《春秋配》。不过，戴国恒最初是按照黄桂秋的戏路教的，这为沈福存的代表作"三出半"中那精彩绝伦的"半出戏"——《春秋配·捡柴》奠定了良好的基础。

那一段时间是沈福存如海绵一般吸收营养的时期，由于他具有极佳的天赋，在唱腔上总能赢得老师的夸赞。而每当从老师那里学完戏后，他就找个僻静的角落将旦行的基本功练起来，水袖功、圆场，手眼身法步样样不落。他知道，自己的武功是短板，就必须在文戏的基本功上弥补回来。此时的一丝不苟也成就了沈福存之后绝佳的台风。

从不同的人那里汲取营养，正所谓无师，无门，反而转益多师，这就是沈福存基本的旦行学戏路径。一次次看似无路可走的自我突围，最终成就了沈福存的一生。

图 3-7 《桃花扇》，厉慧敏（中）饰李香君，沈福存（右）饰侯方域

图 3-8 《花田错》，沈福存饰卞玑，厉慧敏（中）饰春兰，厉慧森（右）饰院公

图 3-9 《蝴蝶杯》,沈福存饰田玉川,况福莲(左)饰胡凤莲

图 3-10 《吕布与貂蝉》,沈福存(前右)饰吕布,况福莲(前中)饰貂蝉,厉慧福(前左)饰董卓

第四节　四方"凑"艺

少年沈福存，在学戏方面不放过任何一个可能学习的机会，自然非常努力勤奋。幸好，他极聪明，这一阶段，是他与生俱来的模仿力在神助他。

其实，早在演完《西游记》的"女儿国"后，沈福存就开始对唱旦角有了自己的偏爱。那时，他想学旦行最脍炙人口的《起解》，却因为没有专门的老师，只能常常东一句西一句地学，结果，最后学到了厉家班武生演员刘慧鑫的妹妹那里。刘慧鑫的妹妹刘慧兰，比沈福存小一岁，两个半大的孩子，一个敢教，一个敢学，成天在一起咿咿呀呀的。这下可让"小老师"的父亲刘鸿楼气不打一处来。一个刚来的学员天天拽着自己的女儿，不知在聊什么，两个人莫非在谈恋爱？刘鸿楼将他的猜测告诉了赵瑞春师傅。赵师傅一听，暴脾气上来，叫来沈福存就打。这一切，被正在台上排戏的厉慧良听到了。厉慧良对沈福存进行了一番问话，才知道原来沈福存不过是在和刘慧兰学戏。

最初学《起解》的尴尬经历，令沈福存永生难忘。当时的他决计不会想到，《起解》中的苏三会成为他一生中最爱琢磨的角色。1950年的秋天，沈福存首次登台表演《起解》，他演苏三，由"厉家五虎"之一的厉慧森演崇公道。稚嫩的沈福存在舞台上又出了状况，腔不由自主地转到了前面的腔上，就好似小孩子背诗背串了行。台上的沈福存急得直冒汗，琴师也拉得冒汗，下场门的师娘吴芷香看着台上的他，喊道"宝贝儿，看你今天怎么下来"，正待没法子收场的时候，"啪"的一声，剧场的灯灭了，漆黑一片，全重庆都停电了……仿佛有神助的沈福存终于下得台来。

讲究戏比天大的厉家班的舞台就这样历练、塑造着沈福存。虽然没有专门的旦行师门，却有三个无论从人格上，还是从艺格上都深远地影响着沈福存的恩师，他们就是师傅厉彦芝和"厉家五虎"的两位大师兄——厉慧斌和厉慧良。

在厉家班中，师傅厉彦芝对沈福存越来越喜欢，常常把他叫到身边耳提面命。每天上午，沈福存都被师傅叫到房间，师傅蹲马桶的时候，或者是给师傅搓澡的时候，师傅就会纠正沈福存尖团字的发音，每次学完戏后师傅还会专门赏给他烧饼夹油条，以示鼓励。沈福存则边服侍师傅，边学了本事。能够如此贴身地服侍师傅，而师傅又能够如此私下教他，这种待遇在福字科学员中还是不多见的。有此待遇，是因为厉彦芝慧眼看出了福存是块唱戏的好料，并且勤奋好学。就是在这样近距离的交往中，师傅告诉他："演戏一定得精，先是由少到多，再是由多到少……你一生中只要有几出戏演得精美，就算成功了。"自古，师如父，厉彦芝在沈福存的心中就如父亲一样。这样的告诫也永远地刻在了沈福存的心底。

厉慧斌（图 3-11），比沈福存大 13 岁。在厉家班中，无论是慧字科还是福字科的学员都极其尊重他，这不仅仅因为他是厉彦芝的长子，更因为厉慧斌的艺术能力和对文化的好学精神。他是净行，有着一副又宽又亮的嗓子，声音如黄钟大吕一般。他演的每一个角色都极具感染力，如果后来没有英年早逝，或许会成为继金少山[1]之后的又一名大净。虽唱净行，厉慧斌却并非粗莽之人，他在古典文学、书法等方面样样精通。由于求知好问，在艺术鉴赏和理论水平上，慧斌在众兄妹中也是高出一筹的。纵然是班中头牌厉慧良，常常也得垂手侍立，听大哥对自己的表演"评头论足"。

厉慧斌不仅爱戏，也最是爱才。自从沈福存在福字科学员中脱颖而出，厉慧斌就注意到了这个孩子。每次下戏之后，他都对沈福存的表演进行指点，不管是好的地方，还是不好的地方，均一一指出，毫不保留。那时的沈福存在学戏上还有一个途径，就是听广播。没法亲眼见梅兰芳这位旦行的大师，那就在广播里听着学。可是至于唱词中具体是哪些字，以及对唱词的理解，文化程度不高的沈福存却也是模棱两可的。厉慧斌看到沈福存如此好学，对他也是喜欢极了。于是，傍晚时分，拉着沈福存遛弯，从小什字到朝天门，一直走到校场口再折返回来。一路上，厉慧斌给沈福存分析一些戏中的剧情和人物的历史背景，还讲解平上去入四声在京剧中的

---

[1] 金少山，本名仲义（一说名义），北京人，京剧净行演员。金少山于 1937 年由沪返京，自组"松竹社"，以花脸挑班，享誉京城。20 世纪三四十年代，金少山在上海、北京灌制了一批花脸剧目的唱片，还曾与梅兰芳合演《霸王别姬》，有"金霸王"之称。

图 3-11　厉慧斌

运用、京剧的十三辙，他不仅教沈福存怎么用，还要让他知道为什么这么用。然后示范给沈福存看，再由沈福存模仿学习，看嘴形，听发音，一个字一个音地纠正，真是不厌其烦。作为重庆人的沈福存，自然在 n 和 l 上很难分清楚，就"了"和"鸟"这两个音，不知道厉慧斌为沈福存纠正了多少回。

这样的滴水之恩，也体现在厉慧良对沈福存的帮助上。厉慧良是一位大角儿，是角儿就有性格，有傲气，但他对沈福存却常常夸赞有加。

20世纪30年代，沪上厉家班创建初期，十二三岁的厉慧良就已成名，并逐渐显露出文武兼善，南北派结合的大角儿气象。20世纪40年代，厉慧良的艺术渐渐进入成熟期。此时，他已是厉家班的少班主，并成为为蒋介石、毛泽东这两位20世纪上半叶的风云人物演过戏的京剧演员。他不仅技艺精湛，而且博采众长，颇有些杨小楼的风范。1950年，厉慧良的社会活动渐渐增多，他曾远赴首都北京参加全国戏曲工作会议，并于会后在北京鲜鱼口大众剧场为抗美援朝义演了《挑滑车》《战宛城》，他的这次北京亮相让梅兰芳大加赞赏，这使得他的声誉更加响亮。才27岁的厉慧良意气风发，踌躇满志。

重庆解放之初，60余名福字科学员依旧坐科学艺。虽然，那时文化局已经派出"戏改"干部进驻厉家班，班社里实行了一些民主化的管理，比如，在派角色上采用民主投票的方式，但是在教学上依旧沿袭之前以班带科的坐科制度。科生由正副队长负责管理，而厉慧良正是福字科的正队长。

1951年，一川大戏院与斌良国剧社（厉家班）合并为重庆一川大戏院。旧的厉家班也被时代的潮流裹挟着轰轰烈烈地进入"戏改"阶段。厉慧良导演了多部新戏作品，而就在那时，沈福存与厉慧良渐渐在排戏中多了许多交集。

1952—1953年，厉慧良第一次入狱[①]，一年后得以释放，导演了《墨

[①] 1952年年初，"三反""五反"运动开始。1952年7月11日，厉慧良以虐待学徒等罪名入狱，获两年徒刑，缓期执行（监外）。1985年，重庆市中级人民法院撤销1952年的判决。

子》[1]和《宝莲灯》，也让厉慧良发现了沈福存在表演上的才能。

　　沈福存这时17岁，正逢倒仓[2]。为了尽快让自己的嗓子恢复，沈福存经常清晨5点就同师兄弟一起去嘉陵江边喊嗓，想借着江水喊出水音，直至喊到河对岸都能清楚地听见才肯罢休。那时的沈福存并不懂，倒仓期如果过度用嗓可能会让他终身抱憾。他就是不懈怠地反复练习，常常是同去的师兄弟不一会儿就找个空船睡上一觉了，他还在那里喊嗓。万幸的是，虽然方法不科学，但他两个月左右就出了倒仓期。

　　就是那一段时间，作为导演的厉慧良排《墨子》，厉慧良让沈福存扮演婉姬。这个角色是个配角，唱并不多，沈福存很怕自己发挥不好，但是，厉慧良却不要求他唱，而是给他详细讲剧情、分析人物，把婉姬这个前宋王妃盗取机密的心情一一说给沈福存，并让他在舞台上做出娇媚的表情以获得王的欢心。这样的点拨纵然是点滴，对沈福存来说却是终身受益的。因为，从厉慧良这位极具创新精神的大角身上，他悟到了一个对他之后的表演产生巨大影响的法则——京剧表演，讲究程式精到，技艺超群之余，更不要把人物丢掉，只有将这些老祖宗留下的程式和技巧注入人的底色和光辉，所有的一切才有价值。这也就是英国艺术理论家克莱夫·贝尔所言的"有意味的形式"。

　　在京剧发展很长的一段时间里，旦行中正宗青衣是重唱不重做的，一般皆是有一副好嗓子，相貌稍逊色的人来学。但是，自王瑶卿、梅兰芳以降，这种青衣"抱着肚子唱"的表演方法受到挑战。随着时代审美的变化，旦行的伶人们开始自觉意识到做工和表情与人物之间的联系。17岁的沈福存，因为受厉慧良导演新戏时求新观念的熏染，也早早明白了这一点。

---

[1] 《墨子》，曾佑石编剧。取材于《墨子·贵义》《墨子·公输》和《墨子闲话》等史料。由厉慧良扮演墨子，刘慧峰扮演宋王，张慧忠扮演魏越，厉慧福扮演楚王，厉慧斌扮演公输般，童慧苓扮演屈固，李慧来扮演风立，沈福存和蒋慧凤扮演婉姬。

[2] 倒仓，戏曲界术语。指戏曲演员在青春期变声的一个特殊阶段。从十二三岁开始，到十六七岁结束，由于喉头、声带发生一系列的变化，声音变得低沉嘶哑，音域狭窄，发音容易疲劳。此阶段，对男性，尤其是男旦伶人的影响很大，大约持续半年才会过去。这一时期，从少年人稚嫩清脆的嗓音，会变成成年人沉厚稳重的嗓音，如果保养不当，男旦的嗓子可能会毁掉。

接着，1953年排演《宝莲灯》（图3-12），仍然是曾佑石的本子。当时在角色分配上采用民主选举制，70%的人投了阮福蓉[①]，但是最终厉慧斌、厉慧良力主让沈福存来演三圣母。在这次与厉慧良排戏过程中，对生活细节在舞台上如何表现的认识，奠定了沈福存今后表演思维的成长之路。《宝莲灯》中有一场戏，三圣母举灯观读石壁上刘彦昌的一首诗。就"看诗"这一动作，厉慧良告诉他："题诗的落款一般要比诗文字体小，你举灯观看的时候，就应该向前走一步，把灯举到落款处，这样看才显得真实。"一个"看"的戏曲动作，原来要调动如此细腻的生活体验，这对于18岁的沈福存来说是醍醐灌顶的。而且慧良还告诉他："舞台就是放大了的屏幕，所以我们在舞台上的动作就需要夸张一些，不仅仅是要美，而且要让人们看清楚，理解。"[②] 演人物，不仅需要表情细腻的表演，更要意识到艺术夸张的重要性，其目的不仅是让观众看得分明，吸引观众，更重要的是要意识到美感的重要性。这些对人物刻画中具体情境的想象和揣摩，让沈福存在表现三圣母时从眼神到细微的动作都有了不一样的表演效果。

京剧表演中到底要不要有生活体验，直至今天依旧是一个被争论的话题。对于行当和程式性极强的京剧这一剧种来说，很多人认为，只要有了程式，就可以不要体验，不要生活了。殊不知，程式是对生活形态的提炼，每一个戏中的演员要想让人物活起来，又怎么可以放弃程式的来路呢。时代在变，观众在变，审美在变，经历了"五四"西方文化的洗礼，"人"的觉醒意识同样也影响着戏曲伶人的思想。是演技艺，是演人物，还是二者兼备？随着时代潮流的变化，伶人的观念实际上也在发生变化。20世纪50年代，具有创新思想的厉慧良提倡用程式和技艺的手段来表现人物，从生活出发，从人物的身份性格和具体情境出发，这种创作的方法深刻影响着初出茅庐的沈福存。

---

① 阮福蓉，1934年生，1947年入厉家班习旦行，归行青衣。为厉彦芝第六子厉慧庚的夫人。

② 安志强编著：《水滴石穿：沈福存的艺术人生》，新星出版社2009年版，第49页。

图3-12 《劈山救母》,沈福存饰三圣母,李慧娟(左)饰朝霞

第四章　星芒闪耀

第一节　看戏偷艺

新旧政权交替对所有人的影响是渐进而深远的,其影响不仅仅之于如沈福存这批从解放前就开始招收的福字科旧学员们,也之于这个1938年之后来到重庆,并深扎下来,拥有无数观众的厉家班。

1950年2月10日,重庆市军管会在一川大戏院召开全市民间职业艺人大会,成立全国戏曲改进协会重庆分会筹备会,厉慧良等23人被选为筹备会委员。前所未有的时代热情激荡着厉慧良,也影响着厉家班所有的人。在20世纪50年代,被时代的热浪席卷是所有人的必然归宿。开展政治学习、政策学习成了当时厉家班的一项很频繁的活动。1951年5月5日,《关于戏曲改革工作的指示》由中央人民政府政务院发布,其中提到了"旧戏班社中的某些不合理制度,如旧徒弟制、养女制、'经励科'制度等,严重地侵害人权与艺人福利,应有步骤地加以改革,这种改革必须主要依靠艺人群众的自觉自愿"[①]。旧戏班究竟有没有严重侵害人权与艺人福利呢?反正,在厉家班里,常年有一条不成文的规矩,艺人入了科班,不仅科生可以在戏班吃饱饭,帮家里减轻负担,而且遇到家里特别困难的,厉家班还给予科生家属吃、住上的特殊优待。沈福存的妹妹沈永秀就是在哥哥入了厉家班没几年之后,住进了一川大戏院的女学员宿舍,吃集体饭的。在厉家班里,无论是坐科的,还是坐科学员的家属,都是一家亲,人们自然

---

① 《关于戏曲改革工作的指示》,《人民日报》1951年5月7日第1版。

地称她为"存妹"。女生宿舍就在戏院的楼上，打开窗探出头就可以看到舞台上的风景。所以，对于沈永秀来说，也算是听着戏班的锣鼓声长大的了。正是有了这种便利，才有了中学时代年长沈永秀一岁的许道美经常与永秀相约蹭戏的经历，也才有了后来沈福存与许道美相识相伴一生的姻缘，当然，这都是后话了。

20世纪50年代之后，对改制的渴望也在厉家班的学员中弥漫开来。1951年，政府将没收的一川大戏院无偿交给了厉家班使用，前后台合并，实行集体所有制管理，命名为"重庆一川大戏院"。由此，斌良国剧社社务委员会更名为"一川大戏院院务委员会"，厉彦芝任主任委员。由私人所有制改为集体所有制是厉家班进入新中国之后的第一步，最大的变化是，厉家班中的所有成员开始拿国家发放的工资了。1950年11月，厉慧良等重庆代表前往北京出席全国戏曲工作会议。1951年4月19日，重庆市戏改会成立，厉慧良当选为副主席。（图4-1）

此时，坐科还未满三年的沈福存也感受到了周围的变化，虽然入科时的关书上写了既做学徒，又要帮师，但时代的车轮轰轰烈烈地前行，他可以翻身做主人了，在沈福存的心中和他的师兄弟们一样涌动着那个时代给

图 4-1 沈福存与厉慧良（左）合影

人的兴奋感和安全感。不过，沈福存并没有觉得这一切变化对他学戏有多大的影响，在这一阶段，他只有一种心思，那就是学戏、演戏。

1951年年初，对于潜行的沈福存来说是至为兴奋的，因为有一个重要人物即将来重庆演出，而且这位大人物将与厉家班合作公演，这不仅是一个学戏的好机会，更是一个能够在剧场观摩顶流旦角的绝好机会。1951年3月，"四大名旦"之一的程砚秋如约到达重庆。

程砚秋此行是率秋声社赴中南地区考察地方剧种兼演出，一行人于1951年2月先抵达武汉停留十数天，然后搭轮船西上，由于彼时正值长江枯水期，至宜昌后需要改换小一些的船，于是在宜昌再停留数日。他们于3月2日正式抵达重庆。3月13日至22日，程砚秋在一川大戏院，以厉家班为班底公演了10场大戏。在这10天中，程砚秋上演了《柳迎春》《六月雪》《锁麟囊》《荒山泪》《朱痕记》。这是沈福存第一次在剧场中看到像程砚秋这样的大角儿，他竟然还有了一次与程砚秋同台演戏的机会。观看大师的作品，对沈福存来说还是一个"得搂"偷艺的好时机。

最令沈福存惊叹的是，已经47岁，身材高大且发福的程砚秋，在台上的风采却丝毫不逊色。那10场戏之中，沈福存有幸和程先生同台演出《柳迎春》，才17岁的沈福存竟然在剧中饰演程先生的哥哥柳大洪，倒是一件趣事。在台上更为近距离地接触程先生，与坐在台下看戏当然是不一样的。最令沈福存震撼的无疑是在旦行中独具特色的程腔。程砚秋的发音结实、宽厚、圆润，并且上下贯通，低音浑厚深沉，高音则用"脑后音"，能将音量收放到极弱和极强的范围内。程砚秋在对声音的运用和气息的操纵上也有特殊之处，他极善于结合剧情，运用力度的变化，细弱时如一缕游丝，但不飘不浮；宽放时如长江大河，但不粘不滞。对于顿、断、连、撒，甚至跳音等多种技巧的掌握更是娴熟灵巧。沈福存在晚年之时回忆，程先生戏中的【哭头】的感染力是超乎想象的，可以令每一位观众动容、掉眼泪。这都说明程腔极具张力、表现力和感染力。令沈福存看在眼里的还有程先生的台步和水袖。他在台上走起台步来恍若打太极，微微存腿，静如处子，显得很有文气。这种台步显然是程先生扬长避短，为自己量身打造的，远看在一定程度上会消弭他身圆体胖的视觉效果。戏曲讲究"四功五法"，而步法更是演员至为重要的，这种太极形态的程氏步法在沈福存之后排演的《锁麟囊》中也得到模仿并复现在了舞台上。

程先生的水袖是一绝，除了在戏中水袖技法的运用之外，有的时候，水袖还会成为吸引观众注意力的杀手锏。程砚秋先生在重庆上演《荒山泪》一戏时，沈福存就坐在台下观看。开场时，剧场里人声鼎沸，始终安静不下来，当场面响起，即将上场的程先生在台帘后便翻飞舞动水袖，"出将"帘后影影绰绰，人未出戏先来，这怎会不收拢台下人的注意力呢？果然，这些被少年沈福存看在眼里的大师经验成了他一生的记忆，也让他意识到一个伶人要懂得扬长和避短的道理。

程砚秋在重庆的演出期间，沈福存与程先生同行的王吟秋、李丹林，以及给程砚秋先生包头的师傅都熟悉了。于是，沈福存被他们领进了程先生的化妆间，近距离接触到了生活中的程先生。初见到程先生的沈福存如朝圣一般，略微腼腆紧张，没想到程先生极为和蔼，还关心地询问他："唱过《玉堂春》《凤还巢》了吗？"别人都没有进入程先生化妆间的机会，所以，每次出来师兄弟们都拽着沈福存问东问西，而厉慧斌则好奇地问沈福存："程先生为什么不问你唱《锁麟囊》了吗？"想必在程砚秋心中，《玉堂春》是青衣启蒙戏，《凤还巢》则在旦行中比较经典，又是唱段较少的戏，17岁的沈福存应该是接触过了。殊不知，此时的沈福存只能靠着东一句西一句向别人求教钻研《起解》，而《凤还巢》，是他在1953年之后学会才登台出演。

程先生不仅和蔼，还幽默。那时，厉家班演《辕门斩子》，沈福存饰杨宗保，没有一句唱词，一上场就被捆绑在那里直到整场戏结束。第二天程先生见到他，开玩笑道："昨儿个你受累啦！"说完还拍拍沈的肩。

观摩，记身段、记唱词、记水袖、记场次，沈福存晚上将刚看过的戏仔细琢磨，白天则付诸身上揣摩，地处边缘重庆，沈福存只能靠这种方式将艺偷到自己的身上。那时，沈福存正处于倒仓阶段，倒仓结束之后，他就将偷来的《锁麟囊》搬演在观众面前，他饰演薛湘灵一角，台上的他学起程腔来惟妙惟肖，而太极形态的程氏步法也被模仿复现在了舞台上。当然，沈福存超群的模仿力在此刻又发挥了作用。而当他将偷到的《荒山泪》

排出的时候，赶上了1964年的现代戏高潮，之后又开始了"文化大革命"，他的这出程派戏便再没有机会上演，也只好永远尘封在他的身体里了。晚年的沈福存回忆起自己这些难得的过往，觉得程砚秋实在是一个豁达、幽默的伶人。

在沈福存的一生中，他亲眼看过的"四大名旦"，除了程砚秋，还有尚小云和荀慧生。1961年去世的梅兰芳在1949年之后没有到访过重庆，于是，沈福存早年最喜欢的梅派，他却未曾亲眼得见大师，对于他来说这是甚为遗憾的。而梅派，却是最早引领沈福存痴迷旦行艺术的那一道光。人生从来没有圆满，他只能将自己对梅派艺术的渴望寄托到一位票友的身上，这人就是沈啟和。

1951年12月，沈福存参加重庆市川、京、汉剧和通俗剧界捐献抗美援朝飞机"鲁迅号"三天义演，他演《金山寺》。1952年年底，最终坐科四年的沈福存出科了。出科后的沈福存，虽定下了小生、青衣两门抱，但其实还是个"戏补丁"，生旦净丑，龙套上下手，哪里需要他就去哪里演，不过青衣是他内心最渴望的行当。厉家班创办的初衷是培养厉家子女为角儿，因此重金聘请名师只是为厉家兄妹教授戏目，慧字科学员虽可以看，但并不被传授，而福字科的学员却连看的资格都没有。因为，他们是以龙套的角色被招收进来的。于是，如沈福存这般具有良好天赋，内心有学习追求的学员，在学戏这件事上无疑也面临巨大的困难。怎么办呢？

幸好，在厉家班有丰富的实践机会。1952年，厉慧森导演新编剧目《节烈千秋》（图4-2），派他和厉慧敏演同一个角色的A、B角，饰演女主角佃户女儿张春姑。1953年，厉慧森排《秦香莲》，再派他饰演秦香莲B角。此时的沈福存初出茅庐，在舞台经验、程式身段和上演剧目方面，远不具备如厉家班头牌旦角厉慧敏那样的优势，但是，厉慧敏也有短板。她的嗓音条件属于大嗓青衣，调门比较低，在青衣旦行中嗓音上的局限性明显，为了弥补她的嗓音缺憾，真正挑起厉家班旦行头牌的重任，她的上演剧目为青衣、花衫、刀马旦"一脚踢"[①]，试图以"文武昆乱不挡"的号召力

---

① 一脚踢，一个人包揽所有工作。

图 4-2 《节烈千秋》(1952),沈福存饰张春姑

挑起厉家班的旦行舞台。与此同时，比厉慧敏小 11 岁的沈福存风华正茂、扮相俊美、嗓子脆亮圆润，这使得这位年轻男旦的观众缘开始飙升。实际上，1952 年，坐科四年、才出科不久的沈福存即在重庆戏界名声初显，他成为厉家班继厉慧敏之后的又一个值得注意的旦行伶人。

此时，沈福存最迫切的是学戏。而在学戏这件事情上，他更是不拘一格，不论身份、名气、地位的大小高低，谁有自己身上没有的长处，他就向谁学。这可能就是沈福存晚年将自己戏谑为"杂家"的原因吧！1953 年，他偶然地结识了一个精通梅派的票友，他就是沈啟和。

沈啟和大沈福存七八岁，四川成都人，家居重庆，父亲是四川大军阀刘文辉手下的军需处长，管理财政，因此家境优渥。他本人则眉清目秀、身材瘦高，身上被浓浓的书卷气包裹着，这与他早年在黄埔军校接受军事化训练的经历极其不符，可能他的气质与他喜欢梅派青衣戏有很大的关系。据说，他常常乘着飞机到北京、上海去听梅兰芳的戏。这种观戏条件，穷苦人家出身的沈福存是望尘莫及的。当时，重庆票界称他为"成都梅兰芳"。

一次，正在人民公园唱戏的沈啟和引起了沈福存的注意。票友唱戏，历来在一些职业伶人眼中是不以为然的，但是沈福存不这样，他经常去票房看票友演戏。那天，他正遇上沈啟和演《武家坡》。台上的沈啟和虽然在扮相、身段、脚下都缺乏扎实的童子功，但是，他的唱腔却让沈福存一下子领悟到了什么叫"梅腔梅韵"。沈福存此生最大的遗憾就是在梅兰芳有生之年没看过他的戏，而过往皆是在唱片中与梅先生相遇。此时的票房里，沈啟和的梅派唱腔柔婉大气、字正腔圆、深长隽永，显然在行腔唱法上与厉家班中旦角的唱法不太一样。于是，在沈啟和完戏之后，沈福存主动找到了他，他介绍了自己的来意，并表达了想和沈啟和学习梅派唱腔的想法。而沈啟和也是一个温和、谦虚之人，当得知眼前这个青年人与自己同样喜欢梅兰芳时，他爽快地答应了，直说以后可以相互学习，共同研究梅派，两人还写下了字据：沈啟和教沈福存唱腔，沈福存教沈啟和身段。

在很长一段时间里，沈福存与沈啟和总是相约在茶馆里研究唱腔和表演，经常一聊就是一整个下午。不仅二人相互为师，互通有无，沈福存还向其他唱得好的票友请教，倒也是尽兴。如此对梅派的唱腔进行研磨，短短不到一年的时间，沈福存就对梅派唱腔有了更深的理解和认识。1953年，团里排《秦香莲》，都是沈啟和为沈福存编的腔。那一段时间，沈福存还跟沈啟和（图4-3）一字一腔按照梅派的唱法学习了《生死恨》《凤还巢》《三娘教子》等戏。在学戏这件事上，他从来没有避讳，只要看到别人会的自己不会，他就主动学习、吸收养分。

和票友学戏，又让沈福存遭到周围人的讥讽，但沈福存全然不顾他人的非议。据此可以发现，沈福存这条学戏之路着实艰辛坎坷。后来，因为沈啟和会拉二胡，还识简谱，又对梅派艺术有精到的研究，使得厉慧斌也看中了沈啟和，于是将其吸收进了重庆市京剧团[①]，主要为厉慧敏拉二胡，附带也为沈福存拉。这个因为沈福存票房邂逅而进入重庆市京剧团的沈啟和，后来与厉慧敏在演戏排戏中日久生情，竟然谈起了恋爱，最终结为夫妻。沈福存与沈啟和的相识纯粹是出于对艺术的追求，然而，"文革"期间，沈啟和被红卫兵冠以"被沈福存为重庆市京剧团引来的一个特务"之名，也为沈福存招来了麻烦。

实际上，重庆京剧团成立之前的1954年，因为厉慧良的出走[②]，头牌自然落在了厉慧敏的肩上。慧敏虽然很全面，但是因为嗓音条件的问题而在青衣正工戏上较为吃力，加之重庆京剧团成立之后团长职务的重压，京剧团人才短缺的困境初现，越来越显现出缺乏独当一面"角儿"的困境，而这从另一方面为旦行声名日渐崛起的沈福存提供了空间。厉慧敏常常外出出席各项事务性工作，出于无奈就由崭露头角的福字科学员顶上去，机会总是留给有准备的人，福字科中的佼佼者沈福存自然就从这时开始上演了一批旦行主角的戏。

在尚小云来重庆之前，沈福存通过自己不断的努力，渐渐在刚成立的重庆市京剧团内站稳了脚跟。他与福字科学员小生行朱福侠[③]搭档，被观

[①] 重庆市京剧团，1956年5月5日，在斌良国剧社的基础上正式成立重庆市京剧团。1953年8月，斌良国剧社经上级文化主管部门批准改为民营公助的演出单位。1955年9月，即以重庆京剧团的名义赴成都做汇报。

[②] 1954年9月，厉慧良因为各种原因辞别重庆北上北京，之后在天津组建天津京剧团。

[③] 朱福侠，祖籍山东济南。厉家班福字科，京剧小生。

图 4-3 20 世纪 50 年代初，沈福存与沈啟和（中）、李慧娟（右）、蒋慧凤（前蹲）合影

众们唤为"福字双星"，星芒开始闪耀，似乎前途一片光明。但是，沈福存并不知道，此时"戏改"正在如火如荼地进行着。一种传言在戏界暗流涌动，逐渐扩散，那就是国家并不鼓励戏界男演女、女演男，今后也将不再鼓励培养此类演员。

第二节 与尚派结缘

虽然在 20 世纪 50 年代后期的京剧戏界，男演女、女演男这种"反性别"的表演开始不被鼓励，但是，那时的戏界好像对此并未泛起太强烈的反对声音，更没有人对这一导向未来可能引发的戏曲表演上的断裂进行思考和发声，因为，那时刚刚翻身做主人的戏曲演员们正被新社会充满激情的热浪裹挟。一方面,作为"四大名旦"之一的梅兰芳、程砚秋无论是艺术上,还是政治地位上都被社会无限尊崇,犹如众星捧月一般;另一方面,程砚秋、尚小云、荀慧生依旧活跃在舞台上,还有如"四小名旦"中的张君秋正处于蒸蒸日上之势,赵荣琛、王吟秋等旦角也在程砚秋逝世之后相继扛起程派大旗。男旦在当时似乎并不稀罕,旦行艺术也似乎并没有因此而受到任何影响。与此同时,如言慧珠、李玉茹、童芷苓、杜近芳等一批坤旦也拥有无数的观众,在戏界同样具有极大的号召力。

此种环境下,国家并没有如"禁戏"一般通过政策文件对男旦明令废止,而是采取温水煮青蛙的方式由首都到地方默默实施着。男旦就是在这种不大张旗鼓地使其边缘化的国家导向中伴随着被选择与被抛弃,而地处山城,刚刚星芒初现的沈福存则是被生生掐断了极具上行势头的旦行之路。

1956年,沈福存正值21岁(图4-4),这是男旦最好的年龄。扮相、嗓音、个头均出众的沈福存无奈只得向"两门抱"中的一端——小生行当倾斜,而当时,团内已有何有智、朱福侠等小生演员为厉慧敏搭戏。本已经在重庆市京剧团旦行中站稳了脚跟,甚至可以与其时已经成为副团长、主持团里工作的厉慧敏一样,成为担起团里青衣头牌的中坚力量,可惜,沈福存的青衣之路就这样在猝不及防的时代变化中刹了车……

只是,沈福存仿佛总是有在夹缝中求生和迅速掉头转向的适应能力。1956年,虽然不提倡男旦了,但是对传统戏曲的整理上演还是被重视的。一出浙江来的昆曲《十五贯》轰动全国,更是掀起了对传统戏挖掘整理改编的风潮。沈福存的道路虽然窄了,但是他尚可以在传统戏中寻找自己小生行的位置。那一年,他参加了四川省戏曲青少年观摩演出,一出小

图4-4 1956年,21岁的沈福存

生戏《罗成叫关》（图 4-5）令他荣获"二等奖"。当时的川剧表演艺术家阳友鹤[①]看了他的表演后直夸他，并告诉他，别把评奖当回事，只要用心学戏，多学多演，日后必能成才。虽然得的是二等奖，年轻的沈福存也是欣喜的，尤其是阳友鹤对他的鼓励让他一生受用，从此，他们也成了忘年交。当沈福存抱着奖杯回来的时候，同辈的福字科学员们也惊叹，才出科以唱旦角为主的沈福存竟然以小生行得奖了！

显然，如果在一个风平浪静的年代，以沈福存的天赋加上他的努力，无论是小生，还是旦行，成为名角都只是时间早晚的问题。可惜的是，处于艺术黄金期的沈福存有些生不逢时，那一时期，属于沈福存旦行的登台机会被冷冻了起来，团里认定他的行当是小生。但是，这并未浇灭沈福存内心对于青衣的执念。

1958 年，先是周信芳来到了重庆，麒派艺术丰沛而饱满的情感给沈福存的震撼是无法用语言形容的，他有幸看到了周先生表演的《萧何月下追韩信》，还有《徐策跑城》，不仅在唱腔上尽显苍劲雄浑，而且在念白上抑扬顿挫，夹白夹唱，节奏感十足。给年轻的沈福存留下最深印象的是：周信芳不仅仅是在唱戏，而是在全方位地做戏，既表现在大开大合的身段上，也表现在手、眼、身、法、步的细节上，这让他强烈感受到了大师在舞台上塑造人物的能力。可以说，周信芳的艺术表现力，对沈福存后来塑造人物的自觉是产生了巨大影响的。

1958 年，现实中的沈福存遭遇到旦行表演上的限制，但是在艺术享受上，却是一个接着一个。接着，尚小云带着尚小云剧团也

图 4-5 沈福存演出《罗成叫关》节目单

[①] 阳友鹤，男，川剧旦角演员，艺名筱桐凤。8 岁入金兰科社学艺并登台演出，后拜陈翠屏为师，专工旦行。

来到重庆，自然是又给了沈福存一个"得搂"的学习好机会。那一年，尚小云已经58岁。

在1927年《顺天时报》征集"五大名伶新剧夺魁投票"的活动中，曾经以6628最高票当选的名旦尚小云，以文武兼备、唱做兼善的全面功力而从梅兰芳、程砚秋、荀慧生、徐碧云一众旦行中拔得头筹，但是在进入新社会之后却着实有些失落。1949年之后，他响应戏曲改革的号召创排了《洪宣娇》，这部作品以太平天国领袖洪秀全义妹洪宣娇为主人公，以农民起义为主题，却因为在结尾处渲染了太平天国运动的失败而未能获得上级文化主管部门的公演批准。北京的文化主管部门认为尚小云的《洪宣娇》渲染的悲剧色彩与新中国成立的喜庆气氛不符，而实际上，尚小云是从艺术规律出发揭示洪宣娇的悲剧命运。可见彼时，艺术创作的政治表态倾向已经初现端倪，在作品中个体的悲剧命运让位于昂扬的宏大叙事成为时代的需要。这种失衡，让为此戏倾尽心力的尚小云心灰意冷，从此展开了自己的八年巡演。

从1950年到1958年，尚小云带着他的尚小云剧团遍及全国大大小小的城市、乡村、厂矿、部队。

1958年，来到重庆的尚小云上演了《武家坡》《梁红玉》《峨嵋酒家》等几部戏。沈福存场场必看，细心揣摩。尚派表演中刚健与豪放的风格相辅相成。而更令人兴奋的是，沈福存发现尚先生那极具金属感的嗓音，音区宽广，音色浑圆，高、中、低音皆运用自如，不仅能满宫满调，声音坚实、响亮饱满，而且能高低起伏跌宕，节奏鲜明、顿挫分明。他的《梁红玉》，和别人的演法很不一样，不扎靠，穿改良靠，戴帅盔，他极具魅力的唱腔配着侯二爷侯长清[①]的单皮鼓，简直是将遇良才，绝了！

而说到《武家坡》，沈福存有幸亲身体验了尚先生和程先生的《武家坡》的不同魅力，尚先生台上那扑面的生活气息和程先生诠释王宝钏时的高贵婉约，都令他永生难忘。这是曾经无比辉煌的"四大名旦"的最后余韵，沈福存赶上了、见过了！这种滋养对于沈福存来说就是难得的宝藏。

[①] 侯长清，人称侯二爷，是尚小云的鼓师，侯长山、侯长清、侯长松三兄弟中的老二。在京剧的武戏中，单皮鼓的司鼓者可谓武场伴奏的灵魂。

厉家班的武师郭三增与尚小云是师兄弟，所以，尚小云演罢戏便来到了已经是重庆市京剧团的厉家班。那一天，京剧团里所有的年轻人都很兴奋，接待尚先生的是厉彦芝、戴国恒、厉慧斌、厉慧敏、厉慧兰、厉慧森、厉慧福，而厉家班里的年轻人更是里三层外三层地把尚小云围在了中间。他与郭师傅在那里叙旧，这是沈福存第一次近距离见到尚先生。人群中的沈福存，看着神采奕奕的尚先生，内心也是澎湃的，此刻的沈福存决然不可能想到，自己在多年之后与尚门的缘分。

尚小云此次到来，厉慧敏还邀请尚先生观看了她演出的《破洪州》，之后有幸得到了尚先生的示范指导。那天，沈福存也在场。对于年轻的沈福存来说，这是一次千载难逢的机会，于是，他向尚先生请教了《武家坡》中王宝钏的唱腔，并得到尚先生的点拨。这对沈福存未来的旦行艺术是有决定性影响的，也是沈福存旦行艺术的重要节点。看似偶然的交集为沈福存未来风格的奠定埋下了伏笔，也为80年代后与尚门结缘埋下了伏笔。

沈福存的嗓音条件实际上与尚小云有极大的相似性。之前，一直靠听唱片、看影片来学梅兰芳的唱和表演，梅派是他初入旦行的引导力。此时，对艺术已经具有思考力的沈福存找到了唱腔发展的方向——学习尚派的刚劲，结合自己的嗓音条件，树立刚柔并济的特色。之后，沈福存着迷张君秋的唱腔也可以从此中溯源，因为，早年的张君秋被尚小云赏识，而从尚派唱腔中获取滋养早已是一个公开的事实。

第三节　博各家之长

厉家班出身的沈福存，虽然被班主厉彦芝发现有一副旦行的好嗓子，但是，其实在旦行学艺道路上并没有被着意栽培，这与厉家班创办时打造自家子女成才、塑造"厉家五虎"的初衷是分不开的。沈福存的好嗓子固然是成角儿的最大优势，但是一山容不得二虎，在厉家班里，厉姓的优势是不容小觑的，尤其是在一个戏台上。

这个舞台上早已有了旦行的台柱子，沈福存作为外来人，如果没有天赋，或许也就是靠龙套安度一生。但与厉家班招收进来的大多数学员不同，沈福存天赋逼人，扮相漂亮，聪明好学，那么，他的存在反而有些许尴尬，甚至被认为是一种潜在的威胁。进入新中国，班社改制了，但梨园的风气并未消散。所以，随着他的星芒越发闪耀，他的头顶处仿佛聚拢了一个隐形的天花板，限制着他自由地向上生长，这种压制感与观众的热情形成一种莫名的对抗。

始终缺少真正的旦行师门，是沈福存最大的遗憾。但是，对于不服输的沈福存来说，这种遗憾或许也是其一生最大的优势。靠自己默戏、无师自通学戏，练就了他思考琢磨的常态，没有门第的阻隔，练就了他对艺术的准确判断力，而且他总能够看到别人所长，用不断学习他人的方式完善自己，这一切使得他养成了终生思考和终生背戏的习惯。正是如此，才有了晚年时他对自己表演的调侃——"自由派"。学不同流派之神韵，博采众长，他自由的艺术观念在并不自由的环境中逐渐确立。

1957年，沈福存在舞台上演小生，在台下却不放弃私学青衣的那一阶段，轰动全国的浙江昆苏剧团的昆曲《十五贯》[①]也来到重庆，与此一起上演的还有昆曲本戏《白蛇传》《风筝误》，以及传统折子戏《玉簪记·琴挑》。在这次舞台上，一个叫徐冠春[②]（图4-6）的小生演员引起了沈福存的注意。私下结识之后，他才知道这位徐冠春原来是昆曲名家俞振飞[③]的大弟子，早年从事京剧，后来转为昆曲小生。他出生在一个京剧戏迷家庭，从小随父欣赏京剧，因此，对京剧有一种天然的情感。更令沈福存自愧不如、无比羡慕的是，他几乎看遍了民国鼎盛时期京剧名伶的戏。看过戏并

[①] 昆曲《十五贯》，是由浙江国风昆苏剧团（即后来的浙江昆苏剧团、浙江昆剧团）对清代朱素臣传奇《双熊记》挖掘整理改编之后的作品。1956年，在北京上演，引起强烈反响，被称作"一出戏救活了一个剧种"。

[②] 徐冠春，工小生。俞振飞之大弟子。早年从事京剧。1956年，经俞振飞介绍，参加昆曲《十五贯》电影的拍摄工作，饰熊友兰一角。随后，便转入浙江国风昆苏剧团任演员。

[③] 俞振飞，京剧、昆剧演员，工小生。他的表演有浓郁的"书卷气"，他将昆曲中边歌边舞的特殊表演手段引入京剧表演；同时把京剧明快强烈的风格引入昆曲，促进了两个剧种的相互交流和共同提高。

图 4-6 沈福存与徐冠春等合影。一排左起：徐冠春、厉彦芝、沈啟和，二排左起：沈福存、何有智、朱福侠

演过戏，且对京昆都非常熟悉，这让沈福存与徐冠春一见如故。浙江国风昆苏剧团在重庆的那一段时间，二人只要有时间就聊戏，昆曲小生细腻的身段程式魅力成为他们经常探讨的话题。而趁着这一时机，沈福存也向徐冠春学了昆曲《琴挑》。

《玉簪记·琴挑》是昆曲中非常有代表性的巾生主戏，通过对台步的变化、眼神的流动、扇子的运用等来塑造人物，抒发情绪。其唱段由四支【懒画眉】和四支【朝元歌】组成，唱腔规范。这折戏以其唱做的规范和程式的丰富，成为昆曲小生的开蒙戏之一。主动提出学《琴挑》的沈福存知道，昆曲打底是京剧伶人能够更上一层楼的法宝，而对昆曲小生身段的学习，可以促进他京剧小生技艺的精进，其实与他青衣行当的艺术追求也并不抵牾。

通过向他人学戏，成为"角儿"是沈福存在心底为自己设定的高峰。1958年的一个事件更坚定了他的这个想法。

1958年，重庆市京剧团有过一次败走麦城的南方巡演，演出第一站是湖北武汉人民剧院，打炮戏《穆桂英大破天门阵》，厉慧敏、厉慧斌、厉慧森、朱福侠全梁上坝，但是，仅仅有七成上座率。第二天，遭遇武汉市京剧团擂台比武，作为东道主，他们贴出了高盛麟、陈鹤峰、郭玉昆、李薔华、杨菊萍、关正明的强强阵容，结果，重庆市京剧团第二天的上座率迅速落到更为惨淡的三成。沈福存作为亲历者，更是体会到了角儿的力量。他想到了还是厉家班的时代，厉慧良在1952年曾只身前往武汉演出，当时慧良师兄的戏天天客满，票房飘红，可谓热烈火爆，可如今重庆市京剧团却因为少了角儿的力量，而只能败于人下。沈福存意识到唯有不断修炼自我，才能真正在舞台上立得住。那时，《罗成叫关》的罗成是他常演的角色。20世纪50年代末期，风风火火的"大跃进"时代，全国上下掀起了一股现代戏的狂潮，而距离首都极远的南方尚可演传统戏，这对于小生和青衣两门抱的沈福存来说还算是一丝可怜中的万幸。

那时，虽然团里对他的定位是小生行当的演员，但是有的时候也会让他顶个包、应个急，出演他更拿手的旦行。从1957年到1961年，虽然他名义上不演旦行了，但是《法门寺》中的宋巧姣，《王宝钏》中的王宝钏，《三娘教子》中的王春娥，他都偶尔出演过。而后来作为他标志性作品的《王宝钏》就是在这个特殊时期首次出演的。那是1959年，贵阳市京剧团、太原市京剧团和重庆市京剧团在重庆联合演出《王宝钏》。原定《武家坡》一出由厉慧兰和李慧娟[①]出演，而贵阳市京剧团的邱步云和陈少卿出演《大登殿》的大轴。这次演出本来并没有沈福存的任务，可意外发生了，李慧娟为了养嗓子，在前一天喝了一些盐水，那时人们传说，喝盐水有助于提高嗓子的亮度。没想到的是，或许是盐水喝多了，第二天李慧娟反倒发不出声了。于是，团里紧急让沈福存以旦行救场。沈福存旦行的舞台机会其实是逼仄的，这使得他不得不靠一次次完美的救场来为自己打下一片片谁也夺不走的江山。而从人群中的那一个替补到最终的无可替代、闪闪发光，有多少艰难和苦涩，恐怕只有沈福存自己知道。

那一次的临时救场，厉慧兰正宫调的高调门被这个从未演过王宝钏的沈福存稳稳地接住了，剧场效果极好，反倒显得《大登殿》演出效果稀松平常。最后演出结束后，老局长裴东篱到后台对他们说："你们是主人，人

---

① 李慧娟，1937年入厉家班，工旦行。

家是客啊！"言外之意，也不谦让一下，不过，老局长的高兴溢于言表。从此之后，沈福存才开始演《王宝钏》这个戏码。

纵然是出去巡演，沈福存也不放过每一个可能求教学艺的机会。只是，身在曹营心在汉，青衣一直是他的执念。在武汉巡演之时，他遇到了著名程派青衣李蔷华①。这位程派青衣，曾被与"四大名旦"齐肩的徐碧云亲授基本功，又得程派琴师周长华亲传学程腔，1947年，徐碧云将李蔷华引荐给程砚秋大师，得程师指点。虽然，因为程砚秋先生不收女徒，使得李蔷华并没有入程门，但是，李蔷华研习程派，颇见功力。而且在程门弟子中，李蔷华更是因唱、念、做悉遵程师，不越雷池一步而得"保守派"之名。当沈福存亲眼看到了李蔷华演出的《春闺梦》，便被深深吸引，其声高，如霜天鹤唳；其声幽，如空谷泉鸣，高低徐疾，操控自如；尖团四声，拿捏得当。这份功力让沈福存产生了向李蔷华女士求教学戏的念头，于是，在武汉演出期间，沈福存竟然忙里偷闲向李蔷华女士学了这出程派名剧《春闺梦》。（图4-7）

旦行各流派的精华就是在这段时间一点一滴熔铸于他一身的。20世纪50年代末，张君秋，这位进入新中国之后旦行的最后一个高峰人物进入了沈福存的视野，也就是在这时，曾经痴迷梅派的沈福存开始转而研究张派。从梅派到张派的递变预示着沈福存对旦行唱腔的精研又向前迈进了一步。有意思的是，与沈福存一样，张君秋竟然也是从13岁才开始真正学戏。

实际上，在民国时期位列"四小名旦"之一的张君秋，与梅兰芳是同宗同源、一脉相承的。他13岁开始学戏，14岁正式"写给"了李凌枫②，是李凌枫的弟子。李凌枫以教戏为生，他虽是票友出身，却是王瑶卿③的亲

---

① 李蔷华，程派青衣，代表作《锁麟囊》《二堂舍子》《春闺梦》《亡蜀鉴》《朱痕记》等。
② 李凌枫，京剧旦角。王瑶卿亲传弟子，张君秋曾拜他为师。李凌枫曾担任荣春社教师。1933年，拜著名琴师锡子刚为师，改习胡琴。
③ 王瑶卿，京剧表演艺术家、教育家，在梨园界被尊奉为"通天教主"。因"塌中"而离开舞台，致力于戏曲教育事业，在戏曲教育方面堪称一代宗师，其入室弟子数以百计，主要传人除"四大名旦"梅兰芳、荀慧生、程砚秋、尚小云之外，还有芙蓉草（赵桐珊）、筱翠花（于连泉）、荣蝶仙、徐碧云等。

图 4-7 2009 年 10 月，沈福存与李蔷华（左）合影

传弟子，他拉得一手好胡琴，在唱腔上颇有研究。当李凌枫发现张君秋是一个青衣的好苗子之后，对他的教学开始越来越上心，不仅在唱、念上花心思严格教授，而且在做、打上给他找来了武功老师姜玉佩①，教他刀枪把子和毯子功，耗腿、下腰，样样训练下来，张君秋进步迅速。很快，李凌枫就带着这个得意弟子走进了师傅王瑶卿大马神庙胡同的古瑁轩了。嗓音条件极好的张君秋颇得师爷王瑶卿的赏识，就这样，除了李凌枫所授开蒙折子戏之外，他之后大部分学的戏都直接受教于教出了诸多名旦的师爷王瑶卿。②

除了学戏，还有熏戏。在大马神庙的寓所内，令张君秋获益匪浅的还有那天天人来人往的高谈阔论，不仅有如梅兰芳、程砚秋、尚小云、荀慧生这些旦行的引领者，也有生行、净行、丑行的角儿们登门请教，往往是

---

① 姜玉佩，田际云"京梆两下锅"玉成班的武行演员。
② "李先生为我开蒙的几个折子戏，我很快就掌握了，于是，王先生就单独给我说戏了。事实上，我以后学的戏，大部分都是王瑶卿先生教给我的。"参见张君秋《念昔绛帐里　谆谆频发蒙——纪念王瑶卿先生诞辰一百年》，载谢虹雯、安志强整理《张君秋戏剧散论》，中国戏剧出版社 1983 年版，第 139 页。

经王师一点拨，问题就解决了。所以，正在成长的张君秋的起点是极高的。王派艺术的滋养，加上古瑁轩的浸润，使张君秋不仅在表演知识和表演技巧上受益匪浅，在学戏的思想上也颇受王瑶卿海纳百川、有容乃大观念的影响。

1935 年，15 岁的张君秋开始登台，并很快声名鹊起，而这一年，沈福存出生了。两个梨园中男旦的因缘际会还尚未开始，但是，以张君秋出道的时运相济、众人托举来对比沈福存颇为坎坷的艺术际遇，实在是令人唏嘘感慨。

张君秋采取先搭班，到一定火候才自己挑班的方式，先通过与一众著名生角，如马连良、王又宸、孟小冬、雷喜福、谭富英配二牌青衣的戏码而自我精进，同时对自己的青衣正工戏进行精磨。这种厚积薄发和定力，使得才 20 岁上下的张君秋相继获得尚小云、梅兰芳、程砚秋的青睐。尚小云收他为义子，给他说了《春秋配》《祭塔》《汉明妃》等戏；梅兰芳收他为徒弟，教他《宇宙锋》《霸王别姬》《奇双会》《凤还巢》等；而程砚秋更是亲自登门，主动给准备独立挑班的张君秋说旦角本戏。所以，张君秋这位被称为"最后一位男旦"的养成之路是平坦的。王派起底，宗梅派和尚派，又有程派之韵味，同时汲取了荀派之风华，说他是真正的"幸运儿"并不为过。小了 15 岁的沈福存无论是在时运上，还是在师运上，都没法比拟。

当然，幸运并不能让一位伶人真正走上高峰，张君秋还不放过任何一个可以吸收营养的机会，如南派旦行伶人冯子和，如昆曲"传"字辈伶人朱传茗、郑传鉴，都曾给张君秋亲授戏码。所以，在张君秋身上，正统和广博并不矛盾，也正是这样的积累沉淀，才有了进入 20 世纪 50 年代真正崛起的张派新唱腔。这种艺术的连贯性，对于艺术家来说是至关重要的，也决定了艺术实践者最终可能到达的高度。在这一点上，后起的沈福存与张君秋是心灵相通的，正是如此，才可能有二人于 60 年代的惺惺相惜。

人与人的吸引，常常是镜像的显现。一个人痴迷某个人或者某件事物，即是能从对象中找到自己、看到自己。沈福存痴迷张君秋，大抵也是如此。

沈福存天性的不拘泥和后天的无师门，使得他极其认可张君秋先生这种转益多师，不为某流派所束的成长道路。前提必然是真正学会、真正研究清楚别人究竟好在哪里，唯有如此才能灵活地变通、组合、运用旧有的程式。此时，所有的"四功五法"都将建立在剧中人物的情感基础上。从学习程式到重组程式，这是一个漫长的过程，而最终是要以人物的情感依据为落脚点的。正如张君秋在纪念王瑶卿先生的文章中所言："所谓'博学'，是指王瑶卿先生熟练地掌握了京剧的生、旦、净、丑等各种行当的各种不同板式的唱腔，这些都是他设计安排唱腔的创作素材；'灵活'则指王瑶卿先生不为旧有的程式所拘，而是以人物的情感需要为依据，在传统唱腔的基础上，灵活地加以变通、组合，各行可以相通，板式的变化又十分地机巧。"[①] 京剧伶人的进阶过程离不开从"广博"到"灵活"的蜕变。这个过程是张君秋能够树立张派艺术的关键，也是后学沈福存对自己的期望。

遗憾的是，嗓音条件、扮相和天赋都极好的张君秋在1949年之后仍然能够在"四大名旦"各自创派的基础上仰赖自己的独特唱腔树立"张派"，而比1920年张君秋出生晚了15年，同样嗓音、扮相条件和天赋俱佳的沈福存，在艺术的发展上却没有那么顺遂了。

随着张派艺术的风靡，沈福存开始痴迷张君秋。20世纪50年代后期到60年代初期，是进入新中国后中国京剧的一个相对繁盛的阶段。此时，张君秋先生正值艺术的成熟期。1956年至1962年，张君秋创作了很多作品。根据川剧《谭记儿》创排的《望江亭》，可以说是其走上创新之路的一个里程碑。《望江亭》赢得巨大轰动前后，张君秋主演或联合主演了《彩楼配》《珍妃》《楚宫恨》《诗文会》《状元媒》《赵氏孤儿》《怜香伴》《春秋配》《大保国·二进宫》《玉堂春》《金山寺·断桥》《别宫·祭江》《四郎探母》等。这些剧目的上演掀起了一股张派旋风，拥趸甚众。那时，一批张君秋主演的京剧电影艺术片成了沈福存接触张君秋艺术的媒介，也引导了沈福存艺术从梅派向张派的转折。

[①] 张君秋：《念昔绛帐里 谆谆频发蒙——纪念王瑶卿先生诞辰一百年》，载谢虹雯、安志强整理《张君秋戏剧散论》，中国戏剧出版社1983年版，第148页。

1958 年，京剧影片《望江亭》上映，这可是沈福存"得搂"的又一好机会。他约上团里会记谱的沈启和，以及记忆力超群的鼓师吴福汉，潜入了当时的山城宽银幕电影院，去偷戏！黑暗的空间里，大银幕上张君秋饰演的谭记儿美极了，令沈福存更为倾倒的是张君秋那美轮美奂的唱腔。坐定的三人来不及沉浸欣赏，而是分别铺开了自己的小本本，沈启和负责记录曲谱，他的注意力全放在了唱腔上；吴福汉负责记录锣鼓经，他的注意力自然是在音乐场面上；而沈福存则负责记录演员的身段和场面调度，他的注意力则是在表演上。三人各司其职，齐心合力，结束后再凭着记忆力补足笔记。

　　就是这样，在电影院中，沈福存一边欣赏着君秋先生的《望江亭》《秦香莲》等，一边在本子上写着，看过后再回家琢磨。1961 年，沈福存终于正式在重庆上演了《望江亭》，他饰演谭记儿，朱福侠饰演白士中，厉慧森饰演杨衙内。此外，他还与朱福侠合作上演了张派的《春秋配》。模仿、学习、搬演，对于沈福存来说都是在自我的推动下完成的，如此艰难的条件，沈福存倒也乐在其中。

　　广播和指针唱片也是沈福存学戏的一个寻常的途径。据晚年沈福存回忆：20 世纪 60 年代初，他不仅工资低，而且团里的任务重，当时全国人民都遭受着饥饿的侵扰，他哪里会有钱买唱片呢！所以，他的内心是痛苦的。

　　更令他痛苦的是，每当团里选送去外地进修学习的人才时，他总是被排除在外，这使有着渴望学习的心的沈福存总是因为环境的荒芜而被压得喘不过气来。1959 年，从中国戏曲学校学成归来的师兄周慧江打算排《西厢记》[①]，当听到这一消息的时候，沈福存兴奋极了。这是一出张派名剧，在他看来，崔莺莺这个人物，无论是扮相、嗓子，还是身高，他都是最合适的人选。可最终团内宣布角色时，他却只能演配角张珙。这无异于一盆冷水浇了个透心凉。他内心太不平了！为什么不让他演？他向天发问。有

[①] 京剧《西厢记》，1958 年由田汉根据元代王实甫创作的杂剧《崔莺莺待月西厢记》改编。1959 年 1 月 5 日，由中国京剧院（今中国国家京剧院）及北京京剧团联合首演于北京，张君秋、杜近芳、叶盛兰、李金泉、娄振奎等出演。

的时候，他只能将自己内心的苦楚说与自己最亲密的姐姐，那时的他，恨不得把自己的这条好嗓子"毁掉"。

学习的机会如此稀奇，所以，不管什么时候，一旦广播中传来各家各派旦行的唱腔，他就会放下手里的事情专注地听完。而听到张君秋的唱腔，"戏痴"沈福存就更走不动路了，不在电线杆下从头听到尾是不会回家的。据沈福存的妻子许道美回忆，那时她正在与沈福存谈恋爱，二人经常在马路上走着走着沈福存就突然停在那里了，原来是被电线杆上广播中传出的张君秋的唱段吸引了。每当这时，许道美就陪着沈福存静静地在电线杆下听完。每次当二人从广播中回到现实中时，总是会发现远处站着一些陌生人在冲着他二人指指点点。原来，当年在重庆已经小有名气的沈福存拥有了一帮"铁粉"戏迷，当他们认出街上的沈福存时，都好奇这个舞台上的"角儿"在现实中究竟是怎样的，而他身边的女子又是谁？这些尾随的戏迷后来都成了相伴沈福存一生的好朋友。（图4-8）

就是在那样的艰难时刻，团里的一个名叫张德升的党支部书记，某一天将一台收音机、一台电唱机和一些程砚秋、张君秋等艺术家的唱片交到了沈福存的手中，接过这些极其宝贵的礼物之后，沈福存热泪盈眶。令沈福存一生感念、无法忘记的总是在他最困窘的时刻雪中送炭的那些人，而不同的时期，总有这样的人出现在他的生命中，给他以光亮，支持他继续前行……也正是有了这些"宝贝"，在接下来的两三年里，他得以专心精研张派唱腔和程派唱腔，并将一些大戏创排出来，搬上了舞台。

当然，最令沈福存着迷的还是张派艺术，值得思索的是，张君秋的艺术究竟是什么吸引了年轻的沈福存，并且深刻影响他之后的艺术观念呢？

在安志强先生于2009年编著的《水滴石穿：沈福存的艺术人生》一书中，有一段沈老对张派的评价，或可见得。他说："张派的唱是公认的。但是有人说，张不注重表演。我说不对。张君秋的演唱，有着深厚的感情内涵，没有情感的依据，能够唱得那么好吗？他的表情动作有些小地方，都是很经琢磨的。"[①]

---

① 安志强编著：《水滴石穿：沈福存的艺术人生》，新星出版社2009年版，第81页。

图 4-8　1963 年，沈福存与夫人许道美（右）合影

自 20 世纪 40 年代，关乎张君秋的就有"故识拔君秋者，不可不先赞其嗓"[①]的评价，可见，张君秋的嗓音自是他最大的天赋，"脆、亮、甜、润"是时人对其的赞誉。但是，如果光有嗓而不懂得承衣钵而后辟蹊径的道理，恐怕也不能成就张派艺术，更何况是在"四大名旦"群峰并置的辉煌余响尚存的五六十年代呢？所以，张君秋的不同就在于学而不拘，打破流派门户的阻隔，将"四大名旦"流派的唱腔和旋律融汇为一己之用的自由。这些创新观念在沈福存的艺术创作中也可以窥见端倪。尤为值得一提

---

① 吴少若：《张李平议》，《半月戏剧》1944 年第 5 卷第 5 期。吴少若即吴小如先生。

的是，张君秋曾经在艺术中所看重的人物"感情脉络"[①]这一点，也深深扎根于沈福存后来的艺术创作之中。

对于京剧表演艺术中情感脉络的强调，在今天常常被一些学者认为是受了 20 世纪 50 年代在中国最为热门的苏联斯坦尼斯拉夫斯基戏剧体系的影响，而否认这是中国传统戏曲表演艺术的基因式存在。笔者以为，这种观点是狭隘的。

戏曲表演最终都要落到人，为什么一定要否认中国戏曲中表演者对人之情感的体验呢？如张君秋这样优秀的艺术实践者，他所处的时代为京剧变革的大环境，当时代的审美与京剧的传统在那一刻碰撞之时，其本身所具备的杂糅融汇的艺术修养和自身的变革精神恰好能够引领一个时代，这是符合 200 多年京剧艺术发展的基本规律的。对于沈福存来说，他已然通过张派艺术作品领悟到了这种规律，并将这种规律应用在自己的艺术创作中，同时，人物的情感和观众的链接也得到了他的重视。

今天，我们看沈福存先生的作品，会发现他所有在剧场中引爆观众的表现力，都是基于自己对人物情感、情态进行观察、揣摩之后的创新，正所谓，于戏缝中挖掘属于自己的深意，这少不了他青年时期对各流派的学习和体悟。

[①] 张君秋：《我的艺术道路》，载谢虹雯、安志强整理《张君秋戏剧散论》，中国戏剧出版社 1983 年版，第 28—29 页。文中提道："我编新腔，在开始迈步时，则采取了较为小心谨慎的态度，仅在我所学得的传统唱腔基础上，根据感情上的需要，在个别的行腔之处略加变化。"他进一步提道："凡是在我要把传统唱腔中的某一句腔作改动之前，我都要把传统的唱法仔细加以品味，弄清内中的感情脉络，再把新腔放入其内，加以比较、联系，把新腔的感情同原有唱腔的感情脉络前后联通，然后拿到观众中去检验，直到观众欢迎，老师认可了，这个腔才算定了下来。"

第五章　一鸣惊人

第一节　特批青衣

　　从 1957 年开始，沈福存舞台上的青衣梦便被封存了起来，"国家原则上不再培养男旦，建议主动放弃旦行"，这句话成为团里领导一而再再而三规劝沈福存的话。22 岁，正是青春筑梦的年龄，然而属于沈福存个人的艺术旦角梦在那个政治挂帅的时代下，却只能遮蔽起来，乌云笼罩着属于沈福存的光明前景。他一度以为自己真的要彻底放弃旦行艺术了，这对于他来说绝对是残酷的打击。除了政治的大环境，其实还有一种人为的小环境也在暗暗打压着年轻的沈福存。团里让沈福存这样一颗冉冉升起的新星放弃旦行，从另一种层面上来说，也是为团里的其他坤旦让出舞台，包括已经是台柱子的坤旦。天时不利，人和没有，地利更是缺失，沈福存唯有认命。

　　其实，彼时的沈福存在重庆已经颇有观众缘了，已经成为团里的后起之秀，但是，无奈，这股上升势头因为不得不转小生而"塌方"了。1957年，重庆市京剧团给团内的演员定工资级别，厉慧敏、厉慧兰顺理成章地涨了三级工资，而沈福存由于转了小生，之前在旦行积累的业绩被一笔勾销，而与团里已经形成固定格局的小生演员何有智、朱福侠等相比，沈福存似乎又是个新来者，导致团里对他的工资级别认定仅涨两级。

　　不过，绝处逢生在沈福存的一生中也是屡屡出现的。

　　20 世纪 60 年代初，中共西南局在重庆召开会议。会议的流程是白天开会，晚上看戏，开几天会，就演几天戏。演戏自然少不了重庆市京剧团，按规定，沈福存以小生戏登台，几天下来为参会人员唱了《罗成叫关》《辕门射戟》与《白门楼》（图5-1）等戏。在重庆市政协礼堂里，沈福存那具有穿透力的嗓音，一浪高过一浪，甚至连唢呐伴奏声都被他嘹亮清脆的唱腔盖住了。这好嗓子赢得了观众一阵又一阵的掌声，同时，也引来了当时四川绝对的一号人物——李井泉的注意。几场下来，他不禁问重庆市文化局副局长李衡："这个小生太棒了，他还会唱什么戏呢？"原来，1956年，戏曲政策开始略微松弛，随着政治形式的变化，1958年"大跃进"时期，全国戏曲界又掀起了一股现代戏的高潮，于是，在地方上人们都不敢唱传统戏了。舞台上，可唱的戏实在是少之又少，翻来覆去就那么几出。开会开了许多天，李井泉显然对重复的戏码有一点厌烦。此时，李衡照实回答："他其实过去是唱青衣的，他的青衣比小生唱得还好！"这句话一下子引发了李井泉的兴趣。

他说："为什么不让他唱青衣戏呢？"

李衡为难地说："现在不是政策上不允许吗？"

李井泉顿时甩出一句话："什么政策不允许？有明文规定吗？明天就给我安排一场他的青衣戏！"就是因了这一句话，沈福存意外迎来了绝处逢生的机会。第二天，在那个现代戏热火朝天的年代里，他和王慧群[①]搭档，在市政协礼堂名正言顺地上演了一场令所有人睽违已久的《三娘教子》。

这出《三娘教子》是沈福存初入厉家班的时候与戴国恒夫妇学的，第一次演就是在这个特殊而非常的时刻。许久未粉墨旦行的沈福存其实心中是窃喜的，他终于有机会将自己近几年对从梅派到张派唱腔的研磨成果进行展示了。当他站在台上，念出"守冰霜贞洁为本"的韵白之时，观众席就炸了，许久没有看到男旦表演的观众此时是兴奋的，而当【二黄慢板】的旋律奏起，"王春娥下机房……"的唱腔从沈福存的口中唱出之时，观众们又报以了更热烈的掌声，那久别的金属音又回来了，这穿透礼堂上空的小嗓瞬间令所有人兴奋不已。在那个年代里，能听到这一嗓韵味醇香的老

[①] 王慧群，幼年入科习丑，后改习老生。曾拜马连良为师。

图5-1 《白门楼》，沈福存饰吕布

戏、好戏，也算是一场难得的享受了。演出结束，李衡上台向剧团表示祝贺，他当着众人的面对京剧团的领导们说："以后谁要是敢说不让沈福存唱青衣，我就叫他负责。"

这是一场完全出乎意料的绝处逢生，从此之后，沈福存在重庆市京剧团终于可以名正言顺地唱他的青衣了，他也成了当时唯一被当地领导特批可以唱青衣的男演员。那是25岁的沈福存最大的欣慰。

世事弄人，今天看来，舞台只有一个，资源是有限的，每一个角儿，都是在暗中彼此较劲的。重庆市京剧团，虽然在1956年之后成为国营公办的院团，但是厉家班的烙印是抹不掉的，这不仅仅因为创班以来"厉氏"的家族背景和由来已久的"厉家五虎"在场上的重要位置，也因为厉家班本身即对招收进来的学员的培养力度是清晰而有限的。这一点，恐怕与北方培养出"喜""连""富""盛""世""元""韵"七科的"富连成"是有区别的，与"富连成"相比，培养成为台心的大角儿，并不是厉家班招收学员的初始目的。所以，条件好、扮相好、没有师门的福字科学员沈福存，这样一朵堪称从石头缝中生长出来的花朵，在这个具有深厚家族传统的剧团内，任何一点即将露头的"好"都可能变成他前进一步的阻力，更别说在新中国成立之后，除了小环境对他发展的限制，还有时势大环境对他的阻碍。尽管如此，在四川这块土地上，沈福存的名声还是渐渐叫响了……

1962年，重庆市京剧团以1958年新招收的学员训练班成员为主要演员，赴内江、宜宾、自贡、泸州等地巡演。实际上，这次巡演的主要目的是展示新中国之后，由厉家班转制成国营公办的重庆市京剧团之人才培养新成果。对于从旧时代的厉家班而来的沈福存来说，他并不是这个舞台的中心，但是，就是这样微乎其微的登台机会，沈福存还是不可遏制地焕发出无法掩盖的光芒。重庆市京剧团安排初入剧团的汪通明[①]和戴祖贵[②]配合，

[①] 汪通明，1961年至1962年，沈福存在一次票友活动中与他邂逅。汪通明本不是专业琴师，他家境富裕，人又很聪明，喜欢京剧，拉得一手好胡琴。沈福存比汪通明大3岁，沈福存认识他后，把他介绍进了重庆市京剧团，他也成为沈福存的专属琴师。

[②] 戴祖贵，重庆人。历任重庆市京剧团琴师，重庆市文化局《中国戏曲音乐集成·重庆卷》编辑部编辑。

前者为京胡，后者为二胡，来承担沈福存的场上伴奏。这完全是临时的组班，对于沈福存来说其实条件也是苛刻的。巡演历时两个月，虽正值蜀地炎热的夏季，但沈福存的《玉堂春》和《凤还巢》（图5-2）却场场爆满，炎热一点儿都阻挡不了观众的热情，现场气氛几乎可以用"狂热"来形容。那一年，沈福存27岁，气力、精力、神力，一切都是最旺盛、最专注的年龄。他一开嗓，加之他的扮相，仿佛一下子让干渴许久的人们被甘霖泼洒了个畅快，痛快极了。

1962年夏季，旦行的旗帜性人物梅兰芳大师仅仅故去一年，但是，男旦艺术却仿佛已经被遮蔽了许久，那精湛的艺术仅留存在观众的记忆和念想中。于是，不管是在挤满观众的礼堂，还是在露天的山野，当空气被那高亢而极具金属感的嗓音搅动的时候，人们便一下子被吸住了。沈福存的出现正中观众的味蕾——那是属于五六十年代的观众对传统京剧表演的一种精神连接。站在台上风姿绰约的沈福存，瞬间击中了四川各地戏曲观众对梅兰芳的想象，人们不禁喊出：哇，这简直就是我们"四川梅兰芳"！

可以说，在那次重庆市京剧团巡演之后，沈福存的影响力跳出了重庆，向整个四川地区辐射。

第二节　突破流派壁垒

1961年至1962年，发生在沈福存生命中的这一系列看似有如神助的变化，实际上脱离不了一个条件：那一段时间恰逢一个温和的"政治春天"。那段时间里，无数中国人经历了1949年之后在中国这片广袤土地上发生的一系列频繁的政治运动后，得以暂时喘息，并且以为"冬季"已经过去。

1961年6月，为了集中响应中央提出的"调整、巩固、充实、提高"的经济政策，高层在文艺工作方面也开始了纠"左"的行动。1962年的

图5-2 《凤还巢》，沈福存饰程雪娥

《文艺八条》①就是在这样松绑式的政治空气下正式出炉的。戏曲政策相对宽松，地方高层领导特批了沈福存演青衣的权利，而那一段时间全国又掀起了"翻箱底"②的热潮，这一切，给越来越受观众欢迎的沈福存注入了一剂强心针。他以十二分的热情火速排演了一些流派剧目，有梅（兰芳）派的《生死恨》《玉堂春》《王宝钏》《凤还巢》，还有张（君秋）派的《望江亭》与《赵氏孤儿》（图5-3），程（砚秋）派的《锁麟囊》《荒山泪》，以及《春秋配》《贩马记》等。

值得一提的是，沈福存排演这些剧目，照例是没有什么名师指点，借助的方法依旧是靠自己摸索，不是通过收音机广播、密纹唱片，就是通过当时梅兰芳、张君秋的戏曲艺术影片来揣摩学习。更有甚者，他在街边摊上看到梅兰芳的剧照，也会把它买回家，再仔细研究照片上梅兰芳的扮相和表情神态，究竟应该出现在哪一出戏的哪一个场面。学张君秋，沈福存更是一个动作一个手势拆解出来学。在今天看来，沈福存的成长之路的确艰难，说他无师自通也并不为过。

沈福存的思想逐渐成熟之后，他对旦行的艺术增进和感知更多是靠自己的体会、观察、实践来实现。显然，能达到后来的结果，沈福存超乎常人的模仿力、悟性，以及逐渐建立起来的较高的审美能力，都是不可忽视的助力。就这样，通过排演与登台演出的不断打磨，梅派、程派、尚派、张派的唱腔艺术潜移默化地融汇、浸润在他的血液中，一点一滴地被他消化、吸收。甚至可以说，台上沈福存的唱腔可以让观众有恍惚之感，俨然

---

① 《文艺八条》，1961年林默涵起草了《文艺十条》。6月1日至28日中央宣传部在北京召开的全国文艺工作座谈会上，根据周恩来提出的认真总结经验、研究文艺规律的要求，讨论《关于当前文学艺术工作的意见》一文的草案（即《文艺十条》），1962年4月由中宣部修改为《文艺八条》，经周恩来审阅定稿。大致内容为：进一步贯彻"百花齐放，百家争鸣"的方针；努力提高创作质量；批判地继承民族文化遗产和吸收外国文化；正确开展各种文艺批评；保证创作时间，注意劳逸结合；培养优秀人才；加强团结，继续改造；改进领导方法与领导作风。参见杨秀峰编著《中国戏曲大事辑要：1949—2009》（上），文化艺术出版社2015年版，第174页。

② 翻箱底，1961年至1962年，中央文化系统向全国戏曲剧团发出号召，进一步整理挖掘自己剧种的传统戏曲剧目，这一行动被称为"翻箱底"。

图 5-3 《赵氏孤儿》，沈福存（右）饰庄姬

那个角儿不是重庆的沈福存，而仿佛是四川人看不到的梅兰芳、张君秋呢。如果说地处重庆，没有名家指点是沈福存的遗憾，但是恰因为地处重庆才能够让他突破所谓"京朝派"的诸多限制和框架。这表现在：首先，他哪一个流派的剧目都可以唱；其次，以流派戏为抓手体悟大师的表演，然后学会解套，这是沈福存成长的路径。所以，他的艺术观念是自由的，尤其是对流派的认识，在他的内心中没有"紧箍咒"。在他看来，一切根据戏情戏理需要，一切有助于人物情感表现的艺术创造，都是可以的，只要在京剧的程式规范之内。

由模仿到创造，是所有艺术家艺术养成的必经过程，沈福存也一样。他发现有些地方加上自己的处理后，更能够准确表达出特定情境下的人物情感，这些前人没有想到的地方，他认为，自己作为后继者应该做好补充。正是如此的艺术观念，让他小心地进行着试探和尝试，而当发现，每演到自己做出微调的地方，会获得观众的掌声之时，他创新的胆量就变得更笃定。

沈福存就是在观众的反应中一步一步塑造着后来的自己。

1962年至1963年，一次偶然的机会让沈福存在西南云贵地区一炮而红。

那时，沈福存的妹妹沈永秀与驻守西双版纳的一个军人组建了自己的小家庭。1962年，沈永秀怀孕七个月，但因为当时食物不充足而导致营养不良，浑身浮肿。沈家人看到永秀如此，心疼无比，于是，派沈福存护送妹妹去云南西双版纳与丈夫团聚，在军队里，毕竟食物是可以得到保障的。没想到，就是这一次因为家事而起的云南行却意外成就了沈福存艺术生涯中的第一次高光时刻。

按当时的交通条件，从重庆到云南可谓万水千山。沈福存和妹妹搭乘长途汽车出发，经泸州、毕节，一路风尘仆仆，经过四天颠簸终于到达昆明。可到了昆明，沈福存身上的钱已经所剩无几，无奈之际，他只得去找云南省京剧院的朋友借了10元，先把妹妹送上了开往西双版纳的火车。他与妹妹在昆明火车站作别之后，一股人生地不熟的异乡感侵袭着沈福存的心头。

想着自己衣袋空空，没钱也没住处，站在昆明街头的沈福存只得拿出出发前姐姐沈永惠给他带在身上的一份民盟机关的介绍信。那时的中国，虽然遍地贫穷，但是人与人之间基本的信任还是有的，陌生人之间单单靠着一份盖着红戳戳的介绍信，就能顿时拉近彼此的距离。姐姐沈永惠是重庆市民盟的干部，与同样是云南省民盟成员的丁维笃是好朋友，她就怕弟弟和妹妹在路上遇到困难，于是专门让沈福存带着重庆市民盟的介绍信和自己写的信，一旦需要可以求助。也就是这封信，让四顾茫然的沈福存在云南昆明找到了暂时的落脚地，也就是这封信，极其偶然地让沈福存在云贵开启了一段神奇之旅。

送走妹妹的沈福存立刻拿着姐姐给他的信去昆明市文化局找丁维笃同志，他是昆明市文化局副局长。沈福存历来在与人打交道上就很自如，况且他是演员。当他找到丁维笃之后，拿出姐姐的信，做了自我介绍，并说明了自己目前的困境。丁维笃看着面前这个礼貌的男子，知道是永惠的弟弟，也很是热情，立刻帮他安排住在了小吉坡一号公寓，那里曾是国民党滇军高级将领龙云将军三公子的住所，条件很好。这样的安排让沈福存受宠若惊。

住宿安排妥当之后，沈福存火速给重庆市京剧团去信，说明了自己的遭遇，请求团里预支50元路费。但是，没想到等了几天，却只收到20元钱。当时，从昆明到重庆的火车票是40元，这20元显然不够回重庆的路费。沈福存攥着20元钱，颇有一些走投无路的感觉。

一天下午，丁局长和夫人来看望沈福存，察觉出来他的情绪有点异样，遂询问他还有什么困难。沈福存只得把自己没有回程火车票钱的难处如实告知，丁局长笑着说："没关系，先住着玩几天，钱不够，我来送您回程！"沈福存看着面前这位素昧平生的丁局长，心中的暖意油然而生。但是，沈福存还是婉言谢绝了，他打算自己想办法！

1962年、1963年之交的冬季，寒意袭来，独在异乡的沈福存自己都没有想到在接下来的时间里，在这个陌生的城市里不仅有戏唱，而且还在云贵这片红土地上彻底感受到了"唱红"的体验，最终还能凭着唱戏赚的演出费风风光光地返回重庆。这对于走投无路的沈福存来说，无异于又一次的绝处逢生。20世纪60年代初在云、贵两省的绽放，是沈福存艺术生涯中最为浓重的一笔，在获得当地一些艺术家从素昧平生到相知相交的情谊之余，也让他第一次认识到了自己的价值。

第三节　扬名云贵

20世纪60年代，人们最普及的娱乐形式就是电台广播。那一年，中央人民广播电台正在播放1953年由西南电台录制的全本《甘露寺》，厉慧良一赶三，前乔玄、中鲁肃、后周瑜，厉慧斌则一赶二，前孙权、后张飞，沈福存则在其中与两位师兄搭戏扮演孙尚香。今天的年轻人或许无法想象，在广播中没有影儿只凭声音的这些角儿是如何搅动那个年代听众的心弦的。而实际上，就是在那个娱乐匮乏的年代，任何一种和中国人审美情感相连接的声音都会让人内心翻滚。

那时的广播电台就像今天的网络一样，是绝对主流的传播渠道，拥有绝对广泛的传播受众。《甘露寺》这版属于老厉家班的声音，就在1962年冬季的某一个晚上打动了一位叫杨民的民盟成员的心，那旦角的嗓音真的是令他听来绕梁三日、回味无穷。而此时，他不知道这位沈福存竟然就与他在同一个城市，只不过，此时的沈福存正在为如何回重庆而如热锅上的蚂蚁般焦虑着。

当时的杨民正在为筹备中国民主同盟云南省委员会第四次盟员代表大会而忙碌，组委会筹备者要安排会议期间的各项文艺演出事宜，这是当时开政治会议的一项规定动作。凑巧的是，丁维笃局长也是此次大会组委会成员。一天，二人在闲谈中聊起了广播中正在播放的《甘露寺》，杨组委无心地问："中央人民广播电台正播放厉家班的《甘露寺》，那个孙尚香的扮演者嗓子太好啦！"丁维笃说："巧了！我认识这个'孙尚香'，他就是重庆市京剧团的沈福存，是个男旦，前些天恰好来到了昆明呢！他还是我们民盟成员的家属呢！"杨民大喜，立刻提出让这位演员来表演的想法。

1962年的沈福存，在影响力上尚未走出四川，更没有抵达云南。丁维笃局长对沈福存的表演还是拿不准的，他暗自思忖，万一演砸了怎么办？一时不知道该怎么答复杨民组委。此时，杨民仿佛也看出了他的顾虑，说："我们可以在剧目和演员安排上有一些策略，比如：前面可以是裘世戎[①]的

[①] 裘世戎，又名裘振亭，京剧净角。为名净裘桂仙之三子，裘盛戎之弟。幼入富连成科班，新中国成立后就职于云南省京剧院，担任副院长、主要演员。

《赤桑镇》，后面是关肃霜①的《打樱桃》，让他在中间唱。这样进可攻退可守，他演得不算理想，也有前后戏码保着，不至于让整场演出受影响。反之，要是演好了，那不是锦上添花吗？"这位杨民组委倒是想得很周到，他的这个想法也得到了众多组委的赞同，丁局长也觉得可以试试。于是，丁局长很快将这个消息带给了正为路费犯难的沈福存。

沈福存本来就是一个戏瘾极大的人，所以，当丁局长把这个消息带给他时，他虽然出乎意料却是满心欢喜，异乡窘途的沈福存无论如何也想不到自己还有机会在这片人生地不熟的土地上唱戏。这是一次挑战，更是一次难得的机会。况且还是与京剧界两位大角儿——裘世戎和关肃霜同台演出，他一时不敢相信眼前发生的一切。这样的机会对于沈福存来说是千载难逢的，他心中暗暗铆足了劲。

他决定贴《三堂会审》这出传统的青衣唱功戏。

《三堂会审》是《玉堂春》中的一出观众爱听、演员也爱演的骨子老戏。"四大名旦"的梅、尚、程、荀都有自己的演出版本。据程玉菁②先生说，"当年四大名旦都常唱这出戏，都是向我师傅学的。后来他们结合个人条件，有所发挥，逐渐形成了各自不同的流派唱法"③。程玉菁先生在此所说的师傅就是王瑶卿。苏三，这一角色堪称所有青衣演员的必修课。所以，她当然也是沈福存最爱琢磨的一个人物。云南民盟这次突如其来的演出邀约让他不禁想起了自己第一次出演《三堂会审》中苏三时的情形。

1955年，新中国社会主义建设进入了突飞猛进的阶段，一条宝成铁路正在大西北艰难地延伸着。1955年、1956年之交，沈福存跟随重庆京剧团

---

① 关肃霜，满族，湖北荆州人，著名京剧女演员，主工武旦，同时青衣、花旦一脚踢，还兼唱小生，称得文武全才。她出身艺人家庭，父亲关永斋是京剧鼓师，先拜雪艳香为师，后又师从戴绮霞、王韵武。关肃霜曾任中国戏剧家协会副主席、云南省文联副主席等职。

② 程玉菁，原名程伯俊，安徽合肥人，京剧表演艺术家、戏曲教育家、中国戏曲学院退休教师、王瑶卿学术研究会会长。工老生，后改旦角。

③ 程玉菁讲述，钮隽整理：《谈王（瑶卿）派〈玉堂春〉的表演特点》，《戏曲艺术》1984年第4期。

赴陕西参加省长李大章[①]带队的四川省慰问团演出。慰问团先是在陕西省宝鸡市演出,到了农历年三十,慰问团接到上级命令,开赴秦岭观音山为为修建宝成铁路而留在工地上的工人做新年慰问演出。

农历新年的秦岭观音山天寒地冻,无疑,这支慰问团的到来给正在修建铁路的工人们带来了无穷的暖意。但是,就在慰问团到达宝成铁路建筑工地前一夜接到一个通知,工人点了《三堂会审》这出戏,这令带队团长万分焦灼,因为这次出来并没准备这出戏。就在此时,随慰问团一同出行的京剧团的领导想到了20岁的沈福存。(图5-4)

在这次慰问演出中,资历尚浅的沈福存原本并不是主要演员,也没有安排他主演的戏目。但是,为了满足广大工人的需求,《三堂会审》这出戏

图5-4　沈福存(右)参加宝成铁路慰问演出

[①] 李大章,原名李畅英,1924年转为中国共产党党员。中华人民共和国成立后,调往西南地区,任中共川南区党委书记、川南行署主任、川南军区政委。1954年12月任中共四川省委第二书记,1955年5月任四川省省长,1956年8月任中共四川省委书记处书记。

必须得有人迎难而上。可是，在如此恶劣的天气下演《三堂会审》，对于演员来说却是一个严峻的挑战。这是一出需要演员在台上生生地跪着唱40分钟的唱功戏，一般有些资历的演员是绝不会答应的。就是在这样的情形下，团里想到了沈福存。此时的沈福存已经在小生、青衣两个领域崭露头角，观众缘颇好。这个戏他虽然在重庆的舞台上尚未担任过主演，但是常常出演王金龙的角色，给团里的师姐们配戏，自然对这个戏极为熟稔。所以，当领导们齐刷刷地看向沈福存时，眼中流露出的是询问和期盼。而沈福存此时的内心是复杂的，终于有人把演苏三的机会主动捧到了他的面前，好强的他怎能不抓住呢？但是，他何尝不知这个机会的窘迫，这是一个别人不愿，甚至躲着的机会。那时沈福存不知从哪里突然迸发出一股豪气：责无旁贷，舍我其谁！

沈福存是爱戏的，他对拥有更多机会更大舞台的渴望是难以抑制的，只是，在他正当年的时候却恰巧遭遇了一个男旦被贬抑的时代，这可能就是他的宿命吧！对于他来说，戏比天大，演戏并不算苦，苦的是缺少演戏的机会。实际上这也是困扰沈福存一生的心结，而秦岭观音山的这次机会，终于让他可以在观众面前主演《三堂会审》了。

当晚，沈福存立刻开始默戏，复习唱腔，而苏三这个人物实际上在他心中早已经被默了无数遍。机会总是留给有准备的人的。沈福存一个晚上无法入眠，既激动又紧张，激动的是，终于有了登台演这部在他心中"演"了无数遍的戏的机会，紧张的是，如此寒冷的天气，怎么演？所有的行头都是将就，没有合身的罪衣、罪裤，只能用别人的，苏三的鱼枷，也是拿厚纸板现做的。一切都是突如其来，但是，沈福存内心中有一种力量。

梨园界素有"热不死的花脸，冻不死的小旦"的行话，意思就是：花脸穿胖袄，多热的天气都得扛住，而旦行穿薄衣，纵然在多么严寒的天气下演出，也不能添加衣服。这也是戏曲演员的职业操守。第二天，山谷间新夯实的土台成了慰问团搭起的临时戏台，后台支起了一个火炉，前台四周竖起了几根竹竿，挂上大幕，但是，四面的寒风把幕布吹得呼呼作响，台上的人也几乎要被寒风吹得摇摇欲坠。

演出前换上戏服的沈福存，突然感受到一股寒气从他的脖颈处钻了进来，霎时间，牙齿打着哆嗦，浑身手脚被冻得没了知觉。突然，他觉得自己这次请缨有点儿不知天高地厚的感觉，内心一紧。正当沈福存胡思乱想之际，师姐厉慧敏和厉慧兰拿来了热水袋，又是给他焐着，又是给他揉搓后背，暖流从内心向外扩散，他的身体恢复了些许知觉。这令他无比感动，他暗暗告诉自己，这次演出只能成功，不能失败。

锣鼓经响起，沈福存戴着苏三的鱼枷缓缓上了台。随着"来至在都察院……"的唱腔，观众的心被揪住了。沈福存的眼光移向了台下，放眼望去，寒风中漫山遍野黑压压的人头攒动着，在漫天飞舞的雪花中，那一张张棱角分明的脸，一双双对戏曲渴望的眼睛，像一束束暖光灯射向他的心。沈福存唱着唱着，他似乎忘记了自己是在彻骨的严寒之中。不可否认，多少年来，不管你是官还是民，人们对戏曲的认同是相连的，所以，才有了"台上的疯子，台下的傻子"的共融。

这出《三堂会审》，沈福存有40多分钟的时间是跪在台上唱的，苏三的前两句"两旁的刀斧手，吓得我胆战又心寒，苏三此去好有一比，鱼儿落网"，恰好应和了当时沈福存战战兢兢的境遇，只不过，他是冷得而非吓得，那时，他看着台下的观众捂着棉大衣、缩着脖子，恨不得自己也捂一件。随着丹田运腔，演到忘情时，他的身体竟然开始微微发汗，慢慢的，他似乎也不觉寒风多么凛冽。表演渐入佳境，台下的掌声一阵接着一阵涌来。将近一个钟头，沈福存终于圆满地演完了自己《三堂会审》的首秀。下了场后，慧敏和慧兰又拿来热水袋给他暖身子，而慧斌则递上了一件棉大衣，一下子把他包了起来，随后说了一句："福存，你可真是冻不死的小旦呀！"

这次演苏三的仓促经历真正是验证什么叫"冻不死的小旦"。在高海拔、极端温度的恶劣条件下，演员的艰辛是不可想象的。沈福存在耄耋之年回忆起来时也常常唏嘘不已。不过，他第一次在那秦岭天寒地冻、四面临风的戏台上演完苏三，心中更多的是一种自豪和悲壮之感。所以，这场演出令他终生难忘。

同样是仓促上阵，1962年在云南昆明民盟大会上演出《三堂会审》与那次秦岭慰问团的首秀却是截然不同的。在云南的登台演出，让沈福存体会到了非同一般的畅快和满足。那次演出，蓝袍和红袍皆以云南省京剧院为班底，而胡琴则由云南省京剧院的琴师周明义担任。

《三堂会审》是《玉堂春》的重头戏。其内容并不复杂，主要通过生行的王金龙、红袍和蓝袍三人对旦行苏三的审讯，引导苏三对前情复述，但随着情节深入，蓝袍与红袍问案的你来我往，与当事人王金龙形成内在的角力。苏三作为之前与王金龙有过情爱交集的底层妓女形象，在公堂之上既怕连累旧爱王金龙，又震慑于红袍、蓝袍的惊堂木，内心的冲突是最大的看点。她既是有冤屈的，又不得不欲言又止。当被问起16岁开怀之时，她对王金龙的情感又涌上心间，这种屈中含羞，悲中有哀，惊中有恐，忧中怀虑的复杂，是需要演员来表现的。她需要衡量自己所说的每一句话对王金龙的利害关系，她又迫于红袍和蓝袍的逼问不得不说出自己的实情。在这样的心理对抗下，四人之间形成了一个极具观赏性的戏场。长达40分钟的跪姿对旦行做工有着极大的限制，但是这也考验了演员的表演功力——除了唱腔之外，需要通过上半身的手、眼、身、法来塑造人物。这出《三堂会审》，对于嗓子一般、唱功不行的旦角来说，还是很难讨到好的，尤其是面对懂唱的老戏迷。但沈福存的表演在那一晚的礼堂中引来了观众的阵阵叫好！沈福存表演细腻，将苏三的犹豫、矛盾、惊吓一一表现了出来，当苏三得知按院大人要开脱她的死罪时，则如卸千钧重负瘫坐在地，然后苏三缓缓起身抚揉失去知觉的双腿。这样的表演是极具生活化的，但是他的脚下又有章法，腰身协调极具形体美。此时的沈先生在表现人物上，已经表现出了注重逻辑与情理兼具的特点。更让人欲罢不能的是他圆润、清脆、极具穿透力的嗓音，这也同样吸引了站在后台准备上场的坤角关肃霜的注意。她静静地聆听着，不禁疑问，这是从哪里找来的男旦？很是不同寻常啊！此刻，旁边的人告诉她，是重庆厉家班的。（图5-5）

1962年，关肃霜34岁，是云南省京剧院的副院长。她虽然对沈福存这个名字并不熟悉，但对厉家班还是熟悉的。关肃霜曾经于1952年赴重庆参加西南地区文代会，那时就与厉家班的厉慧良、厉慧斌、厉慧敏、厉慧兰都极其熟稔。所以，不认识眼前这位沈福存，并不会阻挡关肃霜与沈福存的亲近感。

图 5-5 《玉堂春·会审》（1962，云南），沈福存饰苏三

关肃霜一演完《打樱桃》，就找到了沈福存，一见面就问他："弟弟，你住哪里啊？"那种梨园子弟之间的亲切感一下子就让沈福存与关肃霜这位大姐拉近了距离。当沈福存说出他住在小吉坡一号的时候，关肃霜放了心，但是当沈福存将自己滞留昆明的原因告诉关肃霜的时候，这位大姐又颇为他打抱不平。"有姐姐在，你就别急，那咱就干脆留在这儿先唱几场戏吧。"身处异地的沈福存一下子感受到了久违的梨园人之间的义气，心里暖烘烘的。

沈福存在民盟大会期间的演出，出人意料地在云南京剧界内传开了。大家都知道了最近从重庆来了一个男旦，扮相好，嗓子既甜脆又醇厚，看他的戏很享受。没过几天，沈福存的师兄张慧涛[①]就从昭通来到了昆明找他，邀请他去昭通为那里的观众们演上几场。这个邀请着实令沈福存有些不知所措。

那时的中国"戏改"尚没有停歇，特别是1954年至1958年间，各级政府先后发文制止剧团的"盲目发展"和"无计划地流动"：严格控制剧团人员编制，各剧团不得采用无"离团证"或无介绍信的艺人参加工作；各地不得邀请无演出证明的民间职业剧团进行演出，流动戏曲艺人经过登记、审批才能发予"流动戏曲艺人登记证"，否则就得"参加劳动生产"。盲目流动的演出显然在那时是可能被上升到政治错误的。1958年更是发布了《文化部关于加强对流动演员的领导管理和制止"挖角"行为的通知》，开篇即提道："很多流动演员的工作无有计划，学习不能进行，各种政治运动也不能参加，有的则向剧团索取不合理的高额报酬，资产阶级的政治思想和文艺思想愈来愈加发展……"[②]

20世纪五六十年代，不仅不能在没有介绍信的情况下外出唱戏，如果为了挣钱而到处唱戏，更是要被认为走资本主义路线而受批判的。沈福存

[①] 张慧涛，1931年出生，1938年入科厉家班，后为了谋求更大发展定居云南昭通，在昭通京剧团成为当家武生。

[②] 《文化部关于加强对流动演员的领导管理和制止"挖角"行为的通知》（1958年5月28日），载中国艺术研究院戏曲研究所《戏曲研究》编辑部、吉林省戏剧创作评论室评论辅导部编《戏剧工作文献资料汇编》，1984年，第90页。

在云南昆明民盟大会上的这一唱虽然并不领取报酬，但是因为他的手中并没有重庆市京剧团为他开的介绍信，所以是有些不合规的，不过毕竟是民盟代表大会，可以算是政治行为。而昭通的演出就没有合适的理由了，这也是令沈福存百般为难的地方。

位于云南省东北方向的昭通，是一个少数民族聚居的地方，距离昆明有300多千米，去那里演出没有介绍信，是有政治风险的。怎么办呢？正当沈福存犹豫之际，师兄张慧涛仿佛看出了他的担心，说："如果师弟答应，那么我就回去安排准备，你能去，也是我们昭通京剧团学习交流的一次机会。况且昭通是少数民族地区，为工农兵服务，也要为少数民族地区人民服务嘛，这也是符合国家政策的嘛！"从初到昆明的窘迫，到老天给他"掉下"一个演戏的机会，再到昭通京剧团的邀请，这一切都来得有点突然。短短几天，沈福存仿佛在云里雾里一样，兴奋夹杂着犹豫、害怕。但是，这样被盛情邀请，对于沈福存来说却是第一次遇到，因为，在重庆市京剧团里，像他这样蒸蒸日上、影响力渐起的演员，在舞台上的演出机会也都是由领导安排，并没有太多倾斜。所以，昆明唱罢的沈福存接到昭通的邀请时，心里还是痒痒的，最终他那蠢蠢欲动的戏瘾占据了上风，沈福存应承下了昭通京剧团的演出邀约。

那个年代，从昆明去昭通只有飞机是最快的交通工具，而普通人更不可能有坐飞机的机会，沈福存却飞机往返昆明与昭通，这对于他来说也是破天荒头一次。第一次坐飞机，沈福存从前一天晚上就辗转反侧，心中的紧张不亚于第一次上台演出，想着第二天可不能迟到，竟然越发睡不着觉了，直到快天亮才渐渐入眠。幸好，他没有误点，匆忙登机。那是一架伊尔-14小飞机，总共只有14个座位。当飞机升上天空的时候，沈福存的心都提到嗓子眼了，机舱内云雾弥漫[①]，他紧紧地攥着座椅扶手，身子仿佛被死死地按在了座椅上，更多的心惊胆战向他袭来。所幸，飞行时间并不长，很快飞机安全落地。这第一次坐飞机的经历让他永生难忘。

在昭通，沈福存演了七场，所演剧目为《白门楼》《王宝钏》《生死恨》

---

① 早期的飞机，起飞前用地面接的发动机，空调有时候不给力，起飞之后就用飞机自身的发动机，空调效果会好很多，客舱和室外温度相差大了，客舱中就会有雾气。

《凤还巢》《三娘教子》，涉及小生戏和旦角戏。观众前一场刚刚为他塑造的末路英雄吕布的低回婉转的唱腔而叫好，后一场就为他饰演的苦等寒窑十八年的王宝钏所感动，这种反差感是令人兴奋的。无论是王宝钏，还是程雪娥、韩玉娘、王春娥，27岁的沈福存演来是各有各的精彩，毫无"一道汤"的类型化，所以，场场爆满，最后甚至火爆到了以一块砖头一元钱来代替座位的情况。人头攒动的剧场，令沈福存仿佛又回到了曾经厉家班的盛世年代，于是，唱得更劲头十足了。更令沈福存觉得神奇的是，就连天公似乎也在庇佑着他，每当演戏的时候，天空就放晴，而休息的时候，当地瞬息万变的天气就开始"作妖"，一会儿是风，一会儿是雨。

那时演出是绝不能拿报酬的，昭通京剧团就又是绿豆糕，又是羊皮袄的塞给沈福存，演出结束后，他又搭载着飞机回了昆明。

1962年的冬天，注定是沈福存生命中的一个光芒闪耀的时刻，在云南的爆火让他第一次对自己的艺术能力有了更清醒的认识。当一个人跳出自己身处的被世情缠绕的狭窄世界，发现自己竟然可以创造出之前没曾想到的价值，这时的人是会有巨大满足感的。沈福存就是这样，意外地跳出了重庆的京剧圈层，在另一个观众群中获得了掌声、获得了同行们的认可，他是无比兴奋的。

回到昆明，此时，关肃霜正在上演《吕布与貂蝉》和《谢瑶环》，沈福存自然不能放过这个观摩学习的好机会。

关肃霜的《吕布与貂蝉》是与传统老戏《白门楼》连缀演的，关肃霜前演花衫花旦应工的貂蝉，后演小生应工的吕布。前有突出貂蝉唱做歌舞的花衫行当的表演，后有突出文武小生的大段唱段和武生做功，充分凸显了关肃霜文武昆乱不挡的艺术才能。《谢瑶环》是田汉先生于1961年根据碗碗腔《女巡按》改编的一部历史剧，剧中谢瑶环女扮男装出任巡抚的情节由关肃霜来演再合适不过了。沈福存在欣赏关肃霜这两台戏的时候，深深为其唱做、武打的功力所折服，而她一赶二的表演功力、女扮男装男女性别自如切换的扮相和嗓音更是让沈福存赞不绝口。一个坤伶，一个乾旦，姐弟二人互相欣赏，惺惺相惜。关肃霜甚至提出了与沈福存互相切磋，她教沈武戏，让沈教她文戏的想法。面对关肃霜这么大的角儿，这令年轻的沈福存受宠若惊。

很快，云南省欲再次邀请沈福存和关肃霜同台演出。这次关肃霜率先发话了："还是让福存多演演吧，这次我就不演了！"听到肃霜大姐这样说，沈福存知道关大姐是想捧自己，那么，自己当然不能给她丢脸。这次，沈福存决定前贴旦行应工戏《春秋配》饰演姜秋莲，后贴生行应工戏《白门楼》饰演吕布，最大化地呈现自己青衣、小生两门抱的表演优势。

的确，27岁的沈福存虽然没有关肃霜的武功，但是扮上女性在台上要个头有个头，要嗓子有嗓子，要扮相有扮相，而扮上男性，更是不失英武，嗓子优势也毫不逊色。俗话说：知己知彼，百战不殆。沈福存敢在关肃霜的《吕布与貂蝉》之后贴《白门楼》是有充分的把握的。果然，第二次昆明的演出效果又是极好，台下掌声雷动。昆明的京剧界流传起沈福存与关肃霜打对台的传言，而实际上，沈福存与关肃霜因为互相欣赏早已结下了深厚的友谊，他们是在问艺切磋呢！沈福存的《白门楼》重唱、重细腻表情，关肃霜的《白门楼》在唱功之余重做功，二人的风格侧重各有不同。

这时，个旧京剧团又来邀约，沈福存一不做二不休，立即答应了个旧的演出。沈福存在个旧又演了《玉堂春》（图5-6）等八场戏，所演剧目与昭通相同，效果依旧是轰动的。演出结束后，个旧京剧团的王炳成代表剧团给了沈福存四五十元钱作为演出的报酬，这一笔在当时算起来不菲的收入估计是沈福存在外面演出拿到的第一笔薪酬吧。

个旧的演出结束之后，贵州省京剧团和贵阳市京剧团的人就来了。恰巧当时西南局正在贵州召开会议，贵阳市京剧团热情地邀请沈福存前来演出，于是，沈福存允诺打道回府时取道贵阳，一到那里，市团的人就抢先来了，把沈福存接到了贵阳市京剧团。

贵阳市京剧团是1958年成立的，虽是市团，但成立之时阵容很是齐整强大，有马骏骅（老生）、周少轩（老生）、曹万源（鼓师）、周素兰（青衣、花旦）、王云秋（青衣）、张宗跃（花脸）、马至宝（文丑）、邢再春（文丑）、周瑞华（武生）、江世杰（美工设计）这些从上海过来的人，还有1958年从重庆市京剧团调到贵阳的前厉家班的师兄弟们。沈福存与他们见到之后好不亲热。贵州省京剧团是1958年中国人民解放军广州

图 5-6 《玉堂春·会审》，沈福存饰苏三

军区的南海京剧团奉命调入贵州后成立的，于 1959 年元月正式挂牌。

从云南到贵阳，从贵阳市团再到贵州省团，这一路演下来，沈福存的胆子越来越壮大了。在贵阳市京剧团，他上演的剧目依次是《锁麟囊》《生死恨》《武家坡》《春秋配》《玉堂春》《写状》《凤还巢》《桑园会》，沈福存一口气连演七天。到贵州省京剧团的时候，他又加上了一部自己拿手的《望江亭》。

《望江亭》是张君秋立派的代表作，有意思的是，这部戏竟然是张君秋根据川剧《谭记儿》移植改编而成的，这或许就是沈福存始终觉得他演这部戏得心应手的原因。之前，沈福存在重庆演这部戏的时候，每一次都能收获极好的演出效果，现在，沈福存决定拿这部戏当自己在贵州省京剧团表演的压轴之作。在这个戏上，沈福存是有自己独特创新的。作为土生土长的四川人，沈福存在学习的过程中将这部来自川剧的京剧化为己身，同时再利用川剧反哺京剧，借鉴川剧中的一些独有的趣味性的玩意儿，使得自己的《望江亭》拥有了张派表演中所没有的观赏点。沈福存发现，其实这些处理很能满足普通老百姓的欣赏味蕾。

在艺术细节上出新，是沈福存一生的追求。他的每一次不一样的创造都会先拿到观众们面前去检验，待收到不错的效果后，才会更大胆地去运用，而在趣味性的处理上，也是这样。京剧相较于川剧，更大气雍容，但是常年浸润在川剧环境中的沈福存，也常常被川剧中那些幽默生动的念白、直白大胆的帮腔、俗趣盎然的表演吸引。他常常会有意识地把这种趣味性移用到自己的表演中。在《望江亭》中，沈福存就通过对一些细节的创造性挖掘，让唱大于演的谭记儿一下有了生命力，而他在表演中对分寸的把握又很适宜，将青衣行当沉闷的气氛一扫而光。或许，正是这一点被贵州省京剧团的旦行演员刘映华[①]看到了，她为沈福存舞台上的那种独一无二的鲜活气息所打动，便提议他的《玉堂春》可以加上《嫖院》一起演。

1955 年，宗梅派的沈福存，演《玉堂春》与梅兰芳一样只演《起解》《三堂会审》两场戏，而到了 1959 年之后，沈福存对张（君秋）派极尽痴迷，于是渐渐把张派的《玉堂春》也融入自己的表演中，在《起解》和《三堂会审》上已经开始有了一些自己的理解发挥。但是，在 1962 年之前，沈福存的《玉堂春》还没有《嫖院》。20 世纪 20 年代，荀慧生与王瑶卿、陈墨香[②]共同打造全本《玉堂春》，从此将常演的《起解》《三堂会审》扩充为有头有尾的全本《玉堂春》，首加入了《嫖院》（《定情》），尾增添了《监会》《团圆》。全本《玉堂春》实际上是荀派的看家戏。

刘映华（图 5-7），曾经拜荀慧生先生为师，并于 1959 年进入荀慧生京剧团学戏，得荀先生亲授。她对各个旦行流派都很有造诣，属于今天最为难得的全能型演员。所以，当刘映华提议加上《嫖院》，但沈福存有些犯难时，这个一直被沈福存称为"姐姐"的刘映华便特别爽快地跟他说："我来教你啊！"

沈福存之前仅仅看过醉丽君演的《嫖院》，自己并没有在台上演过，就

[①] 刘映华，辽宁丹东人，京剧旦行演员。11 岁在丹东拜吕慧君为师，工梅派，兼学刀马花旦。15 岁拜李香匀为师，17 岁成为丹东市京剧团主演。曾得梅兰芳、程砚秋指点，后拜荀慧生为师。1958 年，随丹东市京剧团调贵州省，成立贵州省京剧团。1987 年，任河南省京剧团团长。

[②] 陈墨香，字敬余，中国著名京剧作家，曾与荀慧生等多位京剧大家合作，一生改编创作剧本 100 多部。

图 5-7　1963 年，沈福存在贵阳与刘映华（中）、彭继德（右）合影

这样短短十数天的时间，沈福存一边演出，一边学戏。除了《嫖院》，刘映华还给沈福存说了《坐楼杀惜》和《状元媒》。前者是筱（翠花）派名戏，后者是张（君秋）派代表作。无师门的沈福存最大的优势即是在学戏上没有壁垒，不管哪一派的戏，只要好就先学来，而他的悟性和模仿力使得他学什么都是一学就会。所以，刚学会了《嫖院》《坐楼杀惜》就立马台上见了，这大概是今天的戏曲演员所不能比的。沈福存明白死学活用的法则，他把自己放在人物之中，于是在演《坐楼杀惜》中阎惜姣被宋江杀死后的情形时，沈福存还能即兴给临死的阎惜姣加上一个蹬腿的动作，这一小动作瞬间引得台下观众捧腹大笑，从这里可以看出究竟何谓沈福存的趣

味性。沈福存演戏中的活泛，大概就是从那时开始的，但其实所有的临时起意都是一名用心的演员在章法和规矩下的创造。

或许这也与四川这块土壤对人的养育不可分割，沈福存的表演中那种带有生活气息的层次感，实际上是他结合生活经验之后的对角色塑造的再思考。没有人会拒绝欢乐，而在京剧这门艺术中，关键是能够找到恰当的手法去表现，而且找到的手法既能准确地凸显人物，又不会破坏青衣行当的规范。27岁的沈福存意识到了这一点的重要性，因为，他相信戏是给人看的，观众在他的心中永远都有着一席之地。

在贵州的告别演出，刘映华选了一出荀派的《红娘》。这出戏沈福存同样没有在舞台上演过，所幸他在湖南看过荀慧生先生的《红娘》。他说："那我就来张生。"刘映华却提议，由沈福存前演红娘，后演张生，她则饰演后半场的红娘。这样的安排，当然是为了让沈福存的表演能力最大化地发挥出来。显然，当时贵州省京剧团的当家旦角在捧这个弟弟。那天晚上，二人珠联璧合的搭档着实把舞台搅得热气腾腾，叫好声一波接着一波。

在贵阳的那段时间里，刘映华还教了沈福存张君秋先生的《状元媒》，这更是让沈福存一生受益。刘映华不仅给他说了全部戏的路子，还特意送了一张由张君秋主演的黑胶密纹唱片《状元媒》给沈福存，这对沈来说是无比珍贵的礼物，他这个张迷终于拥有了一张张君秋先生的唱片。在回重庆去机场的路上，姐弟俩还兴奋得你一句我一句地唱着《状元媒》里的唱段，好不快乐！

二人一生的友谊就在这十几天中奠定。这位映华义姐对沈福存的情谊，也让念情感恩的沈福存一生挂念。沈福存回重庆后，很快主演了全本《状元媒》，而他真正见到张君秋却是在1965年年底。

20世纪60年代初，沈福存的名字在云贵两省的京剧界不胫而走。在那个萧条的年代，难以想象他却在远离家乡的一个又一个城市流转演出，用自己的艺术赢得内行和大众的认可和掌声。他仿佛是那个年代里、那片高原上难以名状的花火，绚烂之极，但也迅速归于平淡，这是独属于男旦演员的遭际。沈福存在彼时的顺风顺水，看似是他生命中的偶然，实际上却有天时成就——1962年上半年这个略有些"春意"的岁月；有地利扶持——云南和贵州两地地理位置的偏远使得政治氛围传感滞后，一定程度上促成了他的自由流动；当然，更有人和的因素——20世纪五六十年代的中国，不同地区戏曲演员之间的自由交流被限制，偏远省份的京剧观众看到外地京剧团好角儿的机会有限，沈福存的出现仿佛天降，意外弥补了云贵京剧观众对男旦的追念，也让云贵当地的观众感受到了京剧传统戏不同演绎下的不同魅力。

不过，这种一个人在外的演出行为，被重庆的戏界叫作"杀野羊"，在当时的社会环境下似乎并非值得炫耀的事情。所以，纵然沈福存因为在云贵地区的演出让重庆市京剧团扬名，也让自己扬名，但是，回到重庆的沈福存并没有因此而获得夸赞和表彰，反之，无声的侧目、背后的指戳，一种无形的排挤更凶猛地向他涌来。

第五章 一鸣惊人

图 5-8 1983 年，画家张鸿奎作沈福存扮演的姜秋莲

第六章　困龙潜行

第一节　连升三级

最初是因为路费不足而滞留云贵数月，如今却怀揣着贵州省京剧团给的 800 元现金，沈福存终于回到了重庆。年少气盛的沈福存极为高调地把自己打扮了一番，一袭藏蓝色的全毛哔叽呢派克大衣，锃亮的黑靴，一手还提着临走时贵州省京剧团塞给他的三瓶茅台，另一手拿了一把洋伞。这身打扮在 20 世纪 60 年代尚属于百废待兴时期的中国，他仿佛从另一个世界闯入的天外来客。沈福存就这么很神气地站在了重庆市京剧团院内，大家都不知道这几个月消失的沈福存究竟发生了什么！

俗话说：不想当将军的士兵不是好士兵。对于沈福存来说，西南行的那一段时间他享受到了一个被观众极度喜爱的演员所能拥有的全部荣宠，那美妙而短暂的高光时刻给他带来的兴奋还没有完全褪去，那由内而外焕发出的意气风发在沈福存周身藏都藏不住，彼时，把自己这段日子的经历讲述给京剧团的同事们是他最大的冲动。而现实是，1962 年下半年，在中国大地上，政治空气的低气压再次袭来，"左"倾思想又笼罩了中国大地。经历过 1957 年"反右运动"的中国人，人人都活得谨小慎微，而此时沈福存却突然光鲜亮丽、趾高气扬地回来了，这一切都与这个环境格格不入。

京剧团的同事们都不敢靠近他，也不敢与他多说一句话，纵然有人和他寒暄几句，便立马有人打小报告："沈福杀了野羊回来，怎么不处分？怎么还有人同他讲话？这不是走资本主义道路吗？"一时间，京剧团里关于沈福存的闲言碎语甚嚣尘上，没几天，在外风光无限的沈福存却遭到了团领导的严厉批评，领导要求他对自己私自出去搭班演出的经历做检查，要严肃地进行自我批评，沈福存仿佛一下子从被高捧着的云端跌落到了极寒的冰点。明明是因为人在窘途没有回程的路费，组织上也没有施以援手，被逼无奈才选择自救，现在反而被诋毁为走资本主义道路，沈福存觉得委屈极了。再后来，团里没有人敢同他说话，墙内开花墙外香的沈福存在团里处处碰壁，压抑极了，他越发感到被冷落、被边缘化。而他"西南行"的火热战绩和团里对他的冰冷态度，也惊动了文化部门领导裴东篱。老延安干部出身的裴东篱却率先对重庆市京剧团的领导开腔了："沈福存的事，你们不要管！"此话虽简单干脆，却很有定调性质。因为，裴东篱知道沈福存是一个人才。

1963年，重庆市京剧团工资调级的时候，沈福存的工资突然连升三级。这令被孤立许久的沈福存深感意外。后来他才知道是时任重庆市委书记的任白戈[①]（图6-1）关注到了他，觉得他是不可多得的人才，专门与京剧团领导打了招呼。

提起任白戈，沈福存始终对这位老领导心存感激，不仅仅因为任白戈是当时的重庆市委第一书记兼市长，更因为他确确实实是一位精通戏曲的专家。早年，他曾任"左联"的秘书长，还曾翻译了大量的马列文论。新中国成立后在担任重要党政领导工作之余，他仍十分关注戏曲的发掘整理。正是在任白戈这样懂戏的领导的关注下，沈福存一步步成长起来。沈福存至今不能忘怀的一件与任书记有关的事情，竟然也是他艺术生涯中唯一的一次醉酒事件。

那是1962年的一个寻常周末，定好了当晚要演出全本《锁麟囊》，由沈福存饰薛湘灵，市委任白戈书记等领导来看戏。

临近中午了，一个朋友来招呼："福存，歌舞团的郭林生结婚了，邀请

[①] 任白戈，四川南充人，1926年加入中国共产党，1949年新中国成立后，历任中国共产党重庆市委宣传部部长，西南军政委员会文教部副部长，西南文联主任、四川省副省长、中共重庆市委第一书记、重庆市市长、西南局书记处书记。

图 6-1 任白戈（左四）与沈福存（左三）等座谈

我们几个喝喜酒呢。"一瓶泸州二曲在沈福存的面前晃了晃。

"有酒！"沈福存来劲了，当时，正是三年经济困难时期生活用品极端乏匮的日子，馋酒的人实在没办法，居然会到医院开药酒解酒瘾，烟酒茶、麻辣烫是四川人生活中不可缺少的"神仙"啊，可那几年，"神仙"都消失得无影无踪了。也许是很久没喝酒了，几个小伙子围在新房里，一盘回锅肉，一盘胡豆，一盘凉菜，便吃喝起来，一瓶酒很快被消灭得一干二净了，还不过瘾，他们居然喝起用酒精兑水的药酒来。

"福存晚上还有演出呢！"团里的琴师孙大龙来找沈福存。可孙大龙一见酒也馋了，忍不住也加入了喝酒的行列之中。不知不觉，又是酒过三巡，觥筹交错下，所有人都忘记了时间，几个人甚至倒在了新人的新床上。

夜幕降临，演出七点半开始，时间悄悄走到了晚上六点半，但是，此时大家却找不到主角沈福存，而任书记早已到休息室了，京剧团的领导急得团团转。

"来了，来了！"门口的观众看见沈福存歪歪倒倒地走了过来，酒意尚浓的沈福存脚底下就像踩了棉花，当同事们提醒沈福存，今晚还要给任书记演出呢，他霎时间吓出了一身冷汗，酒也醒了一大半。他赶紧收拾化妆，只是觉得自己的脸都僵硬无比。

台上的沈福存就这样在半醉半醒之间，唱起了"换珠衫，依旧是当年容样，莫不是心头幻，我身在梦乡……"最后总算把戏唱下来了，没出洋相！下了台的沈福存为自己捏了一把汗，正在暗自庆幸之时，饰演赵守贞的师姐阮福蓉突然狠狠地拍打沈福存的肩膀："呸！你今天喝了什么酒，差点呛死我。"沈福存被骂得有些惭愧，直给师姐道歉。而此时，任书记来到了后台，爽朗地大笑着："唱得好！唱得好！今晚沈福存比哪一次都唱得好！"

正是因为这一次并不算差错的差错，让此后的沈福存在数十年的演员生涯中养成了演出就绝不喝酒的习惯。

1963年，全国"工改"，重庆市京剧团晋升工资，沈福存一次就晋升了三级工资，这令他备受鼓舞，也增添了进一步冲击艺术高峰的信心。据当时的重庆市委副书记回忆：当年团里本来给沈福存报的是晋升两级，可在会上，市领导任白戈等一再过问沈福存升了几级。

当得知他是升两级时，任白戈发问："是不是市里财政没有钱？"当得到"有钱"的答复之后，任白戈直接拍板："那就升三级！"就这样，在那个低谷时期，沈福存的工资连升了三级。和裴东篱一样，任白戈是沈福存的贵人！

值得注意的是，沈福存在人生重要的挫折关口似乎都有贵人相助，无论是从1957年起不允许以男旦身份唱戏，却得到李井泉的公开默许；还是"西南行"之后实力得到外界承认却被团里冷落，又一次得到裴东篱、任白戈等的关注、关心，这都是沈福存的幸运。那个年代，最重要的是他们都看到了沈福存是个不可多得的人才，在关键时刻需要爱护、需要呵护。

20世纪60年代，多少个体因为独具时代特色的出身、成分被分为了三六九等，从而被时代改写了命运，有的不得不放弃了自己的理想，放弃了自己所执着的事业，这其实是当时中国人最大的常态。从这一层面而言，沈福存虽然受到各种外在因素的制约和限制，诸如时代社会潮流的突变、政治政策影响、小环境的挤压、梨园子弟门户间的亲疏等，但是，他还可以唱戏，他还可以登上舞台。尽管正值盛年时期——作为男旦最好的年华，沈福存需要通过改弦更张、另换行当才得以实现自己的那个舞台台心的梦想，但比起中华大地上的更多人来说，他还是幸运的……

在那个年代，沈福存的心里只有戏！

1963年五六月间，"四大名旦"之一的荀慧生[①]带60人左右的荀慧生京剧团来到了重庆，这再令沈福存兴奋了起来。

荀慧生是梆子腔花旦出身，得侯俊山[②]亲传，后又在创编新剧目上得益于王瑶卿的指点，使得荀派在旦行艺术上自成一脉。他塑造的人物多天真、活泼、娇憨可爱、小家碧玉式的女性形象，区别于梅派的大气雍容，也区别于程派的哀伤幽怨，与尚派的刚健之美也是不同。荀派艺术中的女性形象有红娘、金玉奴、荀灌娘、韩玉姐、尤三姐等形形色色的人物，荀慧生总是能够在生活化和程式化之间求得平衡，呈现出自然、洒脱、娇嗔、妩媚、灵动之气，又不失顾盼流连的神韵，这大抵因为花旦是他的本行吧！将程式活用，在青衣、花衫、花旦，甚至刀马旦等不同的行当之间游走，以人物的不同身份、不同年龄、不同心理为指引来运用行当的法度，再赋予人物神韵，这是塑造角色的重点，这表现在荀慧生的表演中便是常常有一种随心所欲不逾矩的活泛劲儿。

1963年，年轻的沈福存在剧场中亲身体悟到了荀慧生艺术的精髓，他捕捉到了，并将荀慧生从人物出发赋予角色神韵，却不越矩的表演原则用

[①] 荀慧生，号留香，艺名白牡丹。出生于河北省东光县。中国京剧"四大名旦"之一，也是京剧"荀派"的创始人。

[②] 侯俊山，河北梆子演员，名达，艺名喜麟，因13岁享名而称"十三旦"。唱念做打俱佳，旦行及红、黑、生、丑均臻于上乘。清末民初，北京伶界梆子腔鼎盛，最引人瞩目的当数十三旦侯俊山。

在了自己之后的表演中。

那年的荀慧生已经63岁，实际上距离他去世只隔了五年。当《红娘》《铁弓缘》《勘玉钏》《荀灌娘》《金玉奴》《杜十娘》《卓文君》《辛安驿》等在解放军剧院演出时，估计谁也想不到身形已经略显臃肿，嗓子也有些塌了的荀慧生，依旧能够在表演上出神入化，如入自由之境。那时的荀慧生依旧还是那么有风采，还能给观众们带来无尽的审美享受。在《铁弓缘》中，饰演陈母的朱斌仙[①]本身是有些驼背的，当戏演到陈秀英让妈妈下去歇息时，荀慧生临时抓了一个哏，他说："妈呀，您也累了，快去歇会儿，你瞧，您的背怎么高出一块儿呀！"而朱斌仙也是与荀慧生配合默契。他接道："噢，孩子，这么多年了，你还不知道妈妈是个驼子？"台下观众瞬间哄堂大笑。舞台上荀慧生的信手拈来也颇令沈福存有一种找到知音的感觉，因为他深深认同，观演的气氛有的时候就是仰赖这些小的即兴表演来调剂的。如果把观众比作一锅平静的油的话，演员艺术的火花一点，油就会瞬间沸腾，而这就是艺术爆发力的魅力，演员与观众的关系也就在剧场中融为一体了。

20世纪60年代，荀慧生京剧团的重庆巡演对于沈福存产生的最大的影响，无疑是使他对荀派艺术有了更鲜活的了解，尤其是在义姐刘映华刚刚教了他荀派的《嫖院》之后，又看到了荀慧生京剧团的其他作品，这无异于教科书级别的学习机会。

沈福存将荀派精髓与自身条件，以及自己的理解相结合，最终让荀派的全本《玉堂春》也成为自己京剧艺术生涯中的重要代表作。荀派《玉堂春》（图6-2）的唱词与梅派、程派的唱词是有区别的，而且在唱腔和板式上也较梅、程的更丰富一些。虽然"四大名旦"梅、尚、程、荀的《玉堂春》皆是源自王瑶卿，但是他们都根据自己的条件对这部青衣开蒙戏创造出了自己的演法。相对而言，梅兰芳的《玉堂春》是对王（瑶卿）派最标准的继承；程砚秋则是结合自身的嗓音条件成就了这部戏的与众不同；尚小云演《玉堂春》最少，而荀慧生对《玉堂春》的创新则是全方位的，无

---

① 朱斌仙，京剧丑角。7岁入俞振庭创办的斌庆社斌字科学艺，初习老生，后改丑角。曾与荀慧生合作30载。

图 6-2 《玉堂春》（20 世纪 60 年代初），沈福存（前跪）饰苏三

论是装扮方面，还是唱词、唱腔的出新方面都是最大程度的。单论唱之新，他在继承王（瑶卿）派唱法的基础上丰富了唱腔，更是对梆子腔进行借鉴，在唱腔板式上表现出更多的突破，所以整体视听效果是高低起伏、错落有致。而在唱词上，完整交代剧情，还注重表现人物的感情变化，唱腔的运转正是为了表现人物角色内心的变化，正如荀慧生所言："只有这样，观众

才能通过'唱'与'做',深入地理解剧情,体会剧情。比如:《玉堂春》一剧,仅在'会审'一折里就使用了大量优美的腔调,板式的变化也很多。正因为这些都是符合剧情和人物情感的,所以听起来觉得十分自然。"①可以说,荀派将这部传统唱功骨子老戏《玉堂春》发展成了一部唱、做兼备的新戏,而唱腔无疑是新中之新。

从荀派《玉堂春》到沈福存的全本《玉堂春》,体现了沈福存"化为己"的创造力。1978年传统戏恢复之后他决定上演全本《玉堂春》,这是在结合梅派、张派基础上再对荀派融会贯通、博采众长、自成一格之后的创造。当然,这是后话了。1963年,沈福存还属于汲取营养的阶段,虚心学习、静心体悟各流派的真谛和精髓是他的首要目标。梅、尚、程、荀这四位杰出的旦行伶人,以及张君秋的旦行艺术影响了之后京剧旦行艺术的发展,也是形成旦行流派的起点和基点,沈福存在自己旦行艺术的道路上必然也是如此践行的。然而,他最大的不同是,在此起点和基点之上还在不懈地前行。

从1963年开始,全本《玉堂春》就刻在了沈福存的生命中,苏三也成了他确立自己表演风格和方法的一个绕不开的人物。

第二节　生死契阔

20世纪五六十年代的中国,一个接一个的政治运动仿佛玻璃碎片般,每一次都直插人心。经历了1957年的"反右"运动,1958年的"大跃进",1959年至1961年,又经历了三年经济困难时期,直至1962年至1963年,国家高层开始制定以恢复民生经济为发展目标的"三五"计划。1964年,"四清运动"首先席卷全国的农村和一些城市,运动再次强调了阶级斗争的重要性,要求对广大农村和部分城市的基层进行社会主义教育,并组织基

---

① 荀慧生:《略谈用腔和创腔》(《文汇报》1961年11月8日),载《荀慧生演剧散论》,上海文艺出版社1980年版,第67页。

层干部参加集体劳动。这一切也迅速辐射到了重庆文艺界,令重庆市京剧团元老级人物——那些曾经最受人尊重的厉家家族内成员的命运发生了惊天逆转。

对于重庆市京剧团这样一个由旧戏班改组而成的京剧院团,无论是曾经德高望重的老班主厉彦芝,还是没有职务的厉慧斌、厉慧森,以及当时任职的团领导厉慧敏、厉慧兰都遭受到了不同程度的打击。[①]那时,整个重庆市京剧院一片肃杀!

不过,未满30岁的沈福存仅仅是福字科成员,虽然业务突出,已然成名,但是运动并没有对他产生太严酷的冲击,他以韬光养晦之人生智慧来面对这个时代。这一年,他与皮肤黑黑、牙齿超白的大眼睛漂亮女孩许道美(图6-3)步入了婚姻殿堂,小家庭的甜蜜暂时冲淡了周围环境带给沈福存的压抑。

沈福存和许道美是自由恋爱,这在当时那个保守而封闭的年代还是少见的。人的一辈子美好缘分恰如此吧!少年男女,恰当的年龄,般配的样貌,相似的事业背景,自然的相遇、相知,再到彼此暗生情愫,最终走入婚姻,这种水到渠成的恋爱过程让他们从此都有了笃定一生的依靠。在特殊的年代里,拥有一个可以让彼此心灵得以慰藉的小家真的太重要了!

为二人牵"红线"的竟然是沈福存的妹妹沈永秀。许道美和沈永秀是中学同学,二人是一对无话不谈的好闺蜜。而中学时的许道美,

图6-3 青年时期的许道美

[①] 此时,厉慧良已经离开重庆市京剧团。

人长得俊俏，又爱唱越剧，经常一嗓子唱起来，整个教室都沸腾了，惹得隔壁教室的同学们都要争着看看这唱歌的女孩究竟是谁。

为什么许道美爱唱越剧呢？说来话长，许道美的父亲原本生活在镇江，祖籍是安徽。新中国成立前，常年在曾任国民党政府盐务局局长缪秋杰家里当大厨，由于朴实话少，兢兢业业做事，因此深得局长夫妇和局长家里孩子们的信任。那时正是波涛汹涌的时刻，这盐务局局长家的孩子竟然都是我党潜伏的地下工作者。一帮年轻人经常在家里秘密开会，而许道美的父亲则负责给他们端茶倒水，由于办事十分周全得体，局长家的孩子们都建议他加入中国共产党。道美之父思虑再三，家里上有老下有小，一大堆人靠他养活，他没有冒险的资格呀！老实、本分的他拒绝了局长孩子们的建议，但忠诚踏实的他一如既往地为少爷小姐们放哨把门。

在 20 世纪三四十年代，那是个战事频繁、动荡不安的岁月，许道美一家就以缪公馆一家为依靠，跟着他们颠沛流离，1937 年时从南京到了重庆。许道美在 1940 年 7 月出生于山城重庆，但 4 岁的时候就被送到了镇江奶奶家里养育，一直长到了 9 岁。江南水乡的环境孕育了许道美对越剧的喜爱，那种灵秀温婉的唱腔在幼年的许道美的身体中种下了戏曲的因子。待到 1945 年抗战胜利之后，许父又随着缪公馆从重庆回到了南京，随着解放战争的爆发，国共两党战事的明朗化，局长一家想带许道美的父亲离开重庆，此时的许父，妻子去世没几年，膝下有四个女儿，父亲又拒绝了局长的提议。在全国陆陆续续插上了五星红旗的时候，许道美的父亲最终还是落脚到了重庆，而在镇江长到 9 岁的许道美也于 1949 年 9 月在父亲的安排下从镇江辗转回到了重庆，从此，这个江南女孩就在山城扎下了根。

只是，幼年和少年始终在不安定的环境中长大的许道美，虽然回到了父亲身边，但是此时的父亲已经再娶，本以为可以享受父亲的温暖了，不料，随着继母自己的孩子一一诞生，却对她越发冷漠严苛。这对于一个心智正在成长发育的女孩子来说是憋闷的，她感受不到温暖，总是有寄人篱下之感。于是，上中学后，许道美最喜欢的事情就是跑出去听戏。

许道美与沈永秀是同一个中学的，二人关系最好。沈家兄妹五人，永秀一直与哥哥感情很好，哥哥在13岁进了厉家班之后不久，就把妹妹带进来，一起吃住在厉家班了，而永秀就住在一川大戏院的女生宿舍里。这样，喜欢文艺的许道美自然经常借着找沈永秀的机会蹭戏看。每到锣鼓声响起、戏开场之时，这两个十三四岁的女孩子只要把头探出窗外，就可以将一川大戏院的舞台尽收眼底，而这时是她们俩最开心的时刻。

年轻的许道美最是对台上的"沈哥哥"挪不开眼，台上的沈福存无论是扮上英气的小生，还是扮上娇媚的青衣，对于许道美来说都有着夺人的吸引力。那个时候的沈福存正当20好年华，嗓子好得出奇，即使是最后一排的观众也能被他的嗓音震慑住。纵然不是台心的那一位，沈福存也总能有足够的魅力吸引住观众的目光，这种神奇的魔力总是能让全场掀起雷鸣般的掌声，每到精彩之时，两个姑娘更是将巴掌拍得响亮。

许道美和沈福存有更近距离的交往，则是每次演完戏之后，卸了妆的沈哥哥总是带她们去吃厉家班里的大锅饭。此时的"沈哥哥"仿佛换了一个人似的，原先舞台上那个娇媚好看，将小嗓运用得浑然天成的女子突然变成了一个性格爽朗、风趣幽默的大男孩，落落大方，而且面前的这位浓眉大眼、英俊帅气的大男孩的眼里只有戏，每当聊起戏来，他的眼中就放着光。在许道美看来，眼前这个沈哥哥丝毫没有男旦身上的娘气，不了解他的话，完全想不出这位看起来不拘小节又性情豪爽的大男孩是青衣行当的演员。沈福存在台上和生活中表现出的反差感，给年轻的许道美留下了很好的印象。

许道美跟着沈永秀和沈哥哥，以及他的一帮师兄弟们一起谈天说戏，好不快乐！与沈永秀、沈福存兄妹在一起的时光，令她暂时忘记了生活的不快。

性格内向、害羞的许道美最感叹的是，沈哥哥的朋友好多啊！不仅厉家班里的人都喜欢他，而且在外面的观众缘也极好。沈福存经常带着她们两个女孩出去和票友，或者是其他话剧团、杂技团的朋友们一起玩耍。这种喜欢交朋友的性格持续了沈福存的一生，而此时，让只能感受家庭冷漠的许道美也体味到一丝年轻人的畅快。但是，进入婚姻之后，在拮据的小家庭里，沈福存交友喝酒抽烟的花销却让许道美颇为头疼。

风华正茂的沈福存和豆蔻年华的许道美就这样因戏结缘，冥冥之中，一根"红线"牵引着他们，但是两个年轻人谁也没有主动挑明。在五六年的时间里，许道美之于沈福存来说都是妹妹的同学，而当沈福存知道许道美的家庭境遇后对她更是充满同情和照顾。很快，许道美中学没有毕业就报考了重庆市市中区[①]群众川剧团，与此同时，她还报考了青岛市歌舞团。歌舞团的录取通知书比川剧团的晚到了些时日，当许道美收到歌舞团的通知书时，还颇有些犹豫，因为她一句川剧也不会唱，她真正喜欢唱的是越剧。但是，一副好嗓子和俏丽的长相让川剧团的老师们认为她是一个好苗子。

川剧团的老师们担心她反悔，还专门派人看着这位新招的学员，就是这样，许道美最终成了一名职业的川剧演员。这为她与沈福存志同道合的相互吸引奠定了更大的基础。

在那个年代，极端境遇下个体生存的狭窄困境也可能成就一段美好的缘分。

1959年，全国上下遭遇了三年经济困难时期，家家都陷入忍饥挨饿的困境，最考验人性的时刻来了。因为"吃饭"的问题，纵然是有着血缘关系的父母与孩子之间都会陷入口角争执，更何况如许道美这样在一个有继母，还有六个同父异母的弟弟妹妹的家庭中。今天的人们或许已经忘记了饥饿的痛苦，但是在并不久远前的20世纪中叶，饱腹成了人们所有行为的动机。随着继母的孩子一个个长大，家里的口粮越来越紧张，把好的留给自己的孩子是继母最基本的操作，给许道美介绍婆家则成了继母的另一件极其热衷的事情。正是在那样令人难以想象的年代里，他们终于正式恋爱了……

沈福存喜欢这个漂亮的女孩子，许道美也为沈福存的相貌和性格所吸引，两颗年轻人的心越走越近。两个人没事情的时候就在文化宫里坐一整天，谈情说爱，也倾诉彼此心里的不痛快，当然更多的时候，是沈福存以乐观的性格感染着许道美。物质和精神都极度匮乏的年代里，两个年轻人却

[①] 市中区，即今天的重庆市渝中区。

因为爱情的萌发而抱团取暖,生出自己的小快乐,也是幸福的。没有吃的,就一个馒头两人掰开分着吃;没有地方待,就在风中享受"压马路"的简单快乐。什么也没有,两人唯有彼此精神的碰撞、心灵的相依。沈福存落落大方的言谈举止、体贴包容的性情、乐观阳光的心态,甚至是豪爽助人的品质,都令许道美由衷地欣赏,比沈福存小五岁的许道美对他很崇拜。

就这样,两个戏曲人,一个是从"旧社会"进入新中国崭露头角的京剧演员,一个是新中国培养的潜力十足的川剧人,各自在自己的舞台上发光,而两颗心,无论是在生活上,还是在艺术上,也渐渐合一。

1965年腊月,沈福存与许道美终于步入了婚姻的殿堂,携手开启了他们下半部的人生。

第三节　男旦覆灭

在那个政治风云多变的时代,一粒历史的灰尘落到个体的身上,就是一座足以压垮人精神的大山。1964年开始,就有一种不祥的预感开始越来越重地压在沈福存的心上。

1963年1月,中共中央华东局第一书记、上海市委第一书记柯庆施在上海文艺界的新年团拜会上提出了"大写十三年"的口号,而这"十三年"指的就是新中国成立以来的1949年到1962年。他说:"今后在创作上,作为指导思想,一定要提倡和坚持'厚今薄古',着重提倡写解放十三年,要写活人,不要写古人、死人。"[①] 这可谓他学习了毛泽东1962年12

---

① 参见1963年1月6日《文汇报》报道,关于1963年1月4日,中共上海市委书记、上海市市长柯庆施在上海文艺界元旦联欢会上的讲话。

月21日在巡视华东各省之后关于文艺问题意见①的讲话之后的迅速紧跟。于是，"大写十三年"的口号喧嚣起来，传统戏、古装戏为现代戏让路的思路首先在上海猛烈地刮了起来。但是，很显然，这种极端化的创作导向在上海和北京的文化高层中形成了强烈的对峙，此时现代戏并没有在全国铺展开来。

但是，随着1963年11月毛泽东对《戏剧报》的批评②，以及1963年12月毛泽东关于文艺问题的批示③，文化部迅速下发了1964年要举办"全国京剧现代戏观摩演出大会"的通知之后，"东风压倒西风"的风向彻底来到，全国的戏曲院团纷纷开启了创排现代戏的新高潮。旧社会的艺人，变成了新中国的文艺工作者，随着戏曲人身份的转换，上演剧目的选择范围也发生了巨大的变化。

1964年，排现代戏成为革命的代名词。最初对沈福存的打击是，经过

---

① 1962年12月21日，毛泽东召集华东各省市委第一书记谈话时说："对修正主义有办法没有？要有一些人专门研究。宣传部门应多读点书，也包括看戏，有些坏戏也要去看。有害的戏少，好戏也少，两头小、中间大。帝王将相、才子佳人多起来了，有点西风压倒东风，东风要占优势。"参见中共中央党史和文献研究院编《毛泽东年谱》，中央文献出版社2023年版，第177页。

② 毛泽东于1963年11月对《戏剧报》的批评是："一个时期，《戏剧报》尽宣传牛鬼蛇神。""文化部不管文化，封建的、帝王将相的、才子佳人的东西很多，文化部不管。文化方面特别是戏剧大量是封建落后的东西，社会主义的东西很少，在舞台上无非是帝王将相、才子佳人。文化部是管文化的，应当注意这方面的问题，要好好检查一下，认真改正，如不改变，就改名'帝王将相部''才子佳人部'，或者'外国死人部'。"参见中共中央党史和文献研究院编《毛泽东年谱》，中央文献出版社2023年版，第285页。

③ 毛泽东在中共中央宣传部文艺处编印的一份关于上海举行故事会活动的材料（指《文艺情况汇报》上登载的中共上海市委第一书记兼上海市市长柯庆施抓戏曲工作的材料）上批示："各种艺术形式——戏剧、曲艺、音乐、美术、舞蹈、电影、诗和文学等等，问题不少，人数很多，社会主义改造在许多部门中，至今收效甚微。许多部门至今还是'死人'统治着。不能低估电影、新诗、民歌、美术、小说的成绩，但其中的问题也不少。至于戏剧等部门，问题就更大了。社会经济基础已经改变了，为这个基础服务的上层建筑之一的艺术部门，至今还是大问题。这需要从调查研究着手，认真地抓起来。许多共产党人热心提倡封建主义和资本主义的艺术，却不热心提倡社会主义的艺术，岂非咄咄怪事。"参见中共中央党史和文献研究院编《建国以来毛泽东文稿》第十七册，中央文献出版社2023年版，第129页。

长期钻研排出的程派剧目《荒山泪》和张派剧目《诗文会》由于风向突变，遭遇下马、停演，为京剧团的现代戏《嘉陵怒涛》的创排让路，导致他的心血付之东流，这令他很是郁闷。但是，他不知道在不久的将来，还有更大的打击等待着他……

一切都来得好突然，传统戏、古装戏一下子成了帝王将相、才子佳人、古人、死人的代名词，唯有现代戏是最正确的。"戏曲表现现代生活"自从1958年"大跃进"之后就上升成为具有政治性、革命性的目标。之后，现代戏总会在疾风骤雨的运动潮水之下被推波助澜，成为文艺配合"革命"运动的绝佳工具。只是，现代戏这种在表现形式上与现实生活没有拉开太大距离的戏曲类型，显然与戏曲在长时间沉淀下所形成的以假当真、无中生有的虚拟美学原则具有很大的距离，将现实生活中的人物照搬上舞台，既缺乏对传统戏曲程式的重新提炼和重组，也缺乏对戏曲舞台各个层次的艺术化创造，这使得1958年时的大多数现代戏质量粗糙，能够留下来的优秀剧目寥寥无几。早在1954年，戏曲理论家张庚[1]先生就非常清醒地提出，在表现现代生活方面"从剧本起，到导演，装置……许多难题搁在那里而且矛盾已经尖锐起来了，这些问题怎么办？如何来解决呢？这是个长期的问题，不能急躁的"[2]。的确，用戏曲表现现代生活的现代戏，是一个综合性的、在继承传统的基础上进行重新创造的新体系，传统戏表演体系养成用了千年，而现代戏呢？一蹴而就肯定是不行的。所以，那时的张庚先生对现代戏这一命题提出了忌"急躁"的看法。

不料，1964年风向的急速突转，现代戏又一次被政治的潮水推上了神坛，与帝王将相、才子佳人相对的工、农、兵的人物形象成为戏曲角色的主导、主体，而这些由人物身份属性导致的戏曲类型的局限摆在所有旦行面前之时，对于男旦演员来说恐怕是更巨大的挑战。现代戏本身在唱腔、身段、程式创新等外在形式上都尚未形成系统性的经验总结，更何况男演

---

[1] 张庚，原名姚禹玄，湖南长沙人。中国戏剧理论家、教育家。

[2] 张庚：《地方戏曲艺术怎样表现现代生活——在华东区戏曲观摩演出大会专题报告会上的发言》，载《张庚文录》（第二卷），湖南文艺出版社2003年版，第110页。

女的旦行演员没有了曾经繁复的包头发饰、水袖服饰的装扮加持，完全以接近生活化的装扮出现在观众面前，无论是装扮上，还是表演上，如何将生活中男性的阳刚和舞台上女性的阴柔之美恰到好处地融合，这对男旦演员是一种革命性的挑战。

在戏曲中司空见惯的男演女或者女演男的反性别表演随着时间的沉淀已经形成了一个博大精深的表演体系，更何况"四大名旦"缔造出的实际上是中国京剧旦行的至高境界。但是，随着新中国的成立，时代风气为之一变，砸碎旧的东西，用新的东西来取代它们，成为彼时戏曲改革运动的一种时代号角。梨园行自古有之的男性用小嗓、假嗓演唱的形式也被视以英雄气质不足，被冠上"畸形变态"的罪名。进入1964年之后，提出京剧要"大破大立"的江青，以更加强势的意旨彻底将男性京剧旦行的道路堵死，从此，男旦艺术走上了衰亡的不归路。

张君秋，常被称为新中国成立之后周恩来总理口中的"最后一名男旦"。他自29岁之艺术盛年进入新中国，在那一阶段立派、创排新剧目、拍戏曲电影艺术片[1]，在艺术上持续精进，成就了1949年之后的又一个重要阶段。但是，1964年之后，他的旦行道路也开始布满荆棘。（图6-4）

北京京剧团为参加1964年的全国京剧现代戏观摩演出大会创排《芦荡火种》，本是安排由张君秋和赵燕侠轮流饰演阿庆嫂，最终6月观摩演出大会上的阿庆嫂由赵燕侠出演，张君秋饰演的阿庆嫂被叫停。至于本是正旦青衣行当的张君秋饰演现代妇女阿庆嫂的效果究竟怎样？据安志强先生在《张君秋传》中的记载可窥一二，传记中写道："剧团安排了张君秋演《芦荡火种》，只安排了几场，没想到观众更踊跃，场场满。"[2] 不管怎样，在那个年代，那些从"旧社会"进入新社会的演员们都在努力适应着猝不及防的变化，只为不离开自己热爱的一方舞台。对于他们来说，舞台是他们待了将近半生的地方，无异于他们的生命！

张君秋革命的心火并没有彻底熄灭。他曾经在一篇文章中对现代戏的

---

[1] 1958年，由上海海燕电影制片厂拍摄《望江亭》，1963年，长春电影制片厂拍摄的《秦香莲》，均为张君秋主演。

[2] 安志强：《张君秋传》，河北教育出版社1996年版，第276页。

图 6-4　张君秋剧照

唱功表达过自己独到的看法，他说：

> 现代戏的唱则不然，一般都是从配合人物感情变化出发而创出的新唱腔和新唱法，收到"声情并茂"的效果。现代戏的唱，比老戏的唱表现能力强，现代戏的唱腔设计，形式服从内容，声调表达感情贴切。现代戏中的那些唱腔，都各有各的特点。一般都是不拘于旧的格律，有继承，有发展，有变，有化，很多地方突破旧形式，创出新的意境。过去京剧的曲调，什么板接什么板，什么地方转板，怎样转板……等等，都有一套固定的规律。现代戏就不然，它是考虑怎样能更好地表现人物思想感情及其变化，就怎样演唱。当然还都保持着一定的京剧传统曲调作为基础，不是任意而唱。这种发展，是有继承的发展，不是不照顾京剧特点的"另起炉灶"。听起来，既有生活气息，又是京剧。我认为，创造京剧新唱腔，应当注意保存京剧唱腔的特点，首先是以京剧传统曲调为基础，加以变化和创新。另外，无论是变化、创新或吸取其它剧种曲调，都该注意比重问题，起码每句唱的起音落音要落在原有基础上，否则基调不明显，会失掉京剧唱腔特点；吸收外来曲调不但应注意比重，不要喧宾夺主，还要注意"化"得好，免得造成"两大块"或生硬不协调。①

最后，他还特意强调"从以上情况来看，在现代戏中，偏重唱工的演员还是大有可为的，并且京剧唱工在演现代戏中，创作领域宽广，大有发展前途。偏重唱工的演员有多大才华都能施展。并希望剧作者多给我们写现代戏剧本，以丰富上演剧目"。虽然张君秋也看到了京剧现代戏与传统戏在唱腔上的巨大不同，但他对现代戏唱腔的探索是有憧憬的，他也并没有

---

① 张君秋：《唱出时代的感情——京剧现代戏观摩随感》（原载《人民日报》1964年7月21日），载谢虹雯、安志强整理《张君秋戏剧散论》，中国戏剧出版社1983年版，第133页。

认为在京剧现代戏中自己无用武之地。①

1964年6月23日，周恩来在京剧现代戏观摩演出大会上的一段话，或许宣告了张君秋未来的命运。他说：

> 比如张君秋同志，他现在变得很苦闷了，他的艺术是旧社会形成的，他的唱腔可以教给学生，他也可以演些传统的戏，可是现代戏到底演不演？他的确有这个雄心。当然，如果为了教学生，他可以试验一下，但是不能作为一个普及的方向，只能作为一种示范，让大家看看，如果觉得他的技术还不错，可以学，那么年青的女演员就跟他学了。但是，男的演女的总会逐步结束的，像越剧女的演男的总会要结束的。为少数人在舞台上示范一下，看个动作，看看行不行，这是允许的，但是不能广泛的搞。是不是就垂头丧气了？我想张君秋同志应该鼓起勇气，你的儿女有许多已经演得很好了嘛，张学津演老头子还是演男的嘛。教育后代，给后代示范，不一定都在舞台上，而是在学校里，给少数人观摩，学一学，是可以的，但不是我们提倡的方向，这是可以肯定的了。事情总是做不完的，总是需要留一点尾巴。②

20世纪60年代中期，张君秋的现实境遇成为全国男性旦角命运的风向标。

1964年一整年，在重庆的沈福存都处于无戏可演的境地。团里上马的现代戏《八一风暴》，让他演一个老百姓的龙套角色，他拒绝了。此时的沈福存还没有完全想通，怎么演了十几年戏，自己又回到龙套了呢？在旧梨

---

① 参见张君秋《内要实，外才能精——对演好现代戏的几点看法》（原载《北京日报》1964年3月24日），载谢虹雯、安志强整理《张君秋戏剧散论》，中国戏剧出版社1983年版，第137页。此文提道："京剧的男旦演员问题。在表现现代人物方面，较其它京剧演员有更大更多的限制和困难。不过我要一方面努力演好古为今用的历史题材的剧目，另一方面和同行们一起探索，选择适当题材的现代剧目进行尝试，把艺术贡献给人民，努力为社会主义服务。"

② 周恩来：《在京剧现代戏观摩演出大会座谈会上的讲话》（1964年6月23日），载中国艺术研究院戏曲研究所《戏曲研究》编辑部、吉林省戏剧创作评论室评论辅导部编《戏剧工作文献资料汇编》，1984年，第444页。

园行的戏班中,"四梁四柱"①、"里子底包"②等各路演员的座次实际上分得是清清楚楚的,已经是重庆市京剧团头路演员的沈福存,无论如何也接受不了自己在现代戏中担任龙套角色,所以,他宁愿不演。

就是在那样一个男旦倾覆的前夜,沈福存却有机会与自己多年来最崇拜的偶像张君秋先生见面了。沈福存感到兴奋之余,更有一些别样的印迹留在了他的记忆中。在那个疯狂年代即将到来的时刻,他亲眼看到了北京京剧团,如马连良、张君秋、裘盛戎等这些自己心中的"大神",这些在伶界曾经拥有无限风采的大角儿们,面对突变的时代和突变的人心时的愤懑、惊诧、无奈、憋屈。

还是因为现代戏,让北京京剧团与重庆市京剧团有了难得的合作交流的机会。

1965年年初,北京京剧团接到上层指示创排《红岩》题材现代戏。北京京剧团的整个剧组,包括赵燕侠、刘秀荣、谭元寿、马长礼、周和桐、李慕良,以及汪曾祺等一众编剧到达重庆的歌乐山渣滓洞,与重庆市京剧团和四川省川剧团的演员们会合,开启了体验生活的经历。(图6-5)此次北京京剧团的"五大头牌"③除了最年轻的赵燕侠之外,其他头牌已经没有出现在《红岩》的剧组里了,这其实是一个重要的信号——破旧立新,扶持更年轻、政治觉悟更高的人。重庆市京剧团显然并没有敏锐嗅到,只是派出了团内既有的业务骨干,包括沈福存、陈慧君、王慧群、李慧桐、温福棠、况福莲等人。

这是一段极其令人难忘的体验生活经历。按当时上级领导的要求,剧

---

① 四梁四柱,一般是指戏班中各行当担任一路和二路的主要演员,多指老生、正旦武生、花脸花旦、小生老旦、丑等各一至数名主要演员。他们在戏班中所起的骨干作用犹如房屋结构中的大梁大柱,对其中声誉最大、演技最为高者称为"挑大梁"。四梁四柱齐全,说明这个戏班的演员阵容齐整。

② 里子底包,梨园行行话。里子指的是京剧班社中扮演二、三路角色的配角演员。这些演员一般能戏较多,戏路宽而不一定精,其作用犹如衣服的里子,因此得名。底包指的是戏班中的基层人员,包括群众演员以及乐师、后台服务人员等。

③ "五大头牌",指的是北京京剧团建团之初的五位著名演员——马连良、谭富英、张君秋、裘盛戎、赵燕侠。

图6-5 1965年,沈福存在北京期间与北京京剧团仉志斌(左)合影

组的主创人员要体验真实生活,演员们必须真的戴上手铐脚镣关进牢里。沈福存亲密地称这些前辈"大神"为"牢友"。

一天夜里,安排体验"江姐就义"这场戏。当看到刘秀荣扮演的江姐被押出牢房时,大家像在真的情形下一样,一起拥到牢门口,大喊革命口号,声泪俱下,声嘶力竭:"打倒国民党!""共产党万岁!""毛主席万岁!"40年过去了,这口号声仿佛还在沈福存的耳边不断回荡。

可在上级安排的"华蓥山起义"的体验活动中,沈福存却出了个大洋相。

华蓥山体验生活的内容是模仿中共地下组织成员在茶馆接头,活动的地点是在华蓥山脚的小镇中一个极其简陋的茶馆里,沈福存装扮成中共地下组织联络员,大名鼎鼎的净角周和桐[①]扮特务的角色。沈福存在生活中说话时有拘谨、打磕巴的情况。在没有舞台的加持,寻常体验生活的状态

[①] 周和桐,京剧净行演员。代表作《沙家浜》,饰胡传魁。

下，当周和桐轻声地追问沈福存"你干什么的"时，"我……我……"沈福存竟然一下子说不出来话，真的结巴了。这一下子把周和桐逗得哈哈大笑。后来，这一直成为周和桐回忆往事时提到的有趣经历。

一个多月的时间里，在渣滓洞的"坐牢"体验大约有10天，还在广安等地体验了联络员同共产党接头等情形，所有人都投入排现代戏的革命状态中。在渣滓洞，不仅所有的主创都被冠以在押编号，70多人还真正戴上手铐脚镣，被关进了牢里，门外是持枪巡视的看守。还像煞有介事地要求所有人都要遵守牢房纪律：不准说话、不准抽烟。那10天，他们睡的是地上的通铺，吃的是窝头菜汤加白水，放风、坐老虎凳、受刑、就义等经历都一一体验了。[①]（图6-6）

然而，这次同吃同住体验生活的经历，对于沈福存来说，最大的收获是认识了北京京剧团来的这批艺术家们。沈福存性情开朗、为人随和，他总喜欢趁着间隙与大家一起讨论艺术，而艺术总是和生活分不开的。生活中的沈福存虽然口吃，但是有着超强的模仿能力，而且天性幽默、乐观，这一切让沈福存成了这个团队里的"开心果"。他很喜欢讲笑话，每当他用自己那磕磕巴巴、令人着急的口吻将生活中看到的趣事惟妙惟肖、形神兼备地讲给大家听的时候，总能把这帮前辈们逗得捧腹大笑。大家都很喜欢这个年轻人。而这一段经历，对于沈福存来说也是难忘的。

其实，沈福存对北京京剧团的艺术家们的亲近感，当然也有他长久以来崇拜张君秋的缘故。《望江亭》《状元媒》都是沈福存再熟悉不过的张派剧目，而他家里那张由贵州省京剧团的映华义姐送的唱片《状元媒》，由于播放次数太多，上面的密纹都快被磨平，几乎出不了音儿了。现在《望江亭》中白士中、八贤王的扮演者刘雪涛老师就在他的眼前，刘雪涛又是张君秋常年固定的小生搭档，沈福存怎能放过请教的机会呢？而李慕良[②]，则

[①] 参见刘雪涛《渣滓洞"坐牢"记》，载刘雪涛、刘景玉《雪涛艺术流年》，学苑出版社2011年版，第110—113页。

[②] 李慕良，湖南长沙人，京剧琴师。幼年学京剧老生，1940年后长期为马连良操琴。1949年新中国成立之后，任北京京剧团琴师、北京京剧院艺委会副主任。曾为《海瑞罢官》、《沙家浜》（最初名为《芦荡火种》）等戏设计唱腔，因其操琴风格匠心独运、自成一家，世称"李派"。

图 6-6　剧组在渣滓洞体验生活

是马连良的固定琴师，更是刚刚结束不久的全国京剧现代戏观摩演出大会上京剧《芦荡火种》的唱腔设计，沈福存有事没事就找二人请教。

1965 年，政治空气颇为肃杀，谁也不知道未来会是怎样的。生活对于所有的人来说，都有一个无形的框架框定着他们，尤其是那些曾经从旧时代而来的大角儿们……而沈福存的内心，还是只有艺术，他对旦行的执着从未改变。

这一年年底，沈福存与张君秋终于见面了！

重庆市京剧团创排了现代戏《嘉陵怒涛》，于是，请李慕良对这部戏的唱腔设计进行指导。1965 年年底，团里派沈福存和王慧群专赴北京与李慕良面对面研究唱腔。沈福存因此得以有机会在北京长住了一段时间，每天他都会到北京京剧团的旧址广和剧场与李慕良研究唱腔，有的时候还参观团里的排练，这期间他几乎把张君秋身边的合作者全处成了朋友，除了刘雪涛，还有何顺信①、张似云②、吴吟秋③。似乎一切都在为沈福存与他心中的偶像张君秋相遇而造势。

那时，北京京剧团的另两台现代戏——《年年有余》④和《雪花飘》⑤也正在排练中。

一个寻常的下午，在广和剧场门口，沈福存正在与刘雪涛聊着什么，一个气度不凡的男人走了出来，他头戴大毡帽，身穿大棉袄，面容清朗，纵然是并不认识他，这样体面精致的男人也不禁让人多看两眼。沈福存当然一下子就认出了眼前这位男子，他就是自己在银幕上琢磨不厌、看了无数遍的张君秋先生啊！这时，刘雪涛开玩笑地对张君秋说："张头，崇拜你的戏迷来了！"这句话一下子舒缓了沈福存初次见到偶像时的紧张，而张君秋那张略显严肃的面庞立刻被温和的微笑化开了："哦，我们早就认识了！我们通过信的！"

沈福存很惊讶。1962年，北京京剧团和武汉市京剧团举办了一次很有

---

① 何顺信，京剧琴师、作曲家，1939年拜师耿永清（杨小楼的琴师）学京剧音乐艺术，1940年起为张君秋的专任琴师，直到张君秋过世。参与音乐创作的新编古装京剧有《赵氏孤儿》《望江亭》《秦香莲》《诗文会》《楚宫恨》《状元媒》《春秋配》，现代戏有《芦荡火种》、《年年有余》（生行琴师为李慕良）。

② 张似云，京剧琴师。20世纪40年代末曾与京剧艺术大师张君秋合作几十年，并与何顺信先生共同创作了《望江亭》《状元媒》《西厢记》等一大批优秀张派代表剧目的音乐唱腔。

③ 吴吟秋，生于苏州，京剧演员。自幼学戏练功，师承郭建英、程玉菁、李香匀、何佩华、南铁生，并得梅兰芳、荀慧生指点、提携。1954年，拜张君秋为师，深得张派艺术真谛。在表演中兼收并蓄，博采众长。

④ 《年年有余》，北京京剧团由阎肃、王雁编剧，叶德霖执导，张君秋和马连良先生主演的现代戏。

⑤ 《雪花飘》，北京京剧团由汪曾祺编剧，刘雪涛执导，裘盛戎、马富禄主演的现代戏。

意义的"走马换将"①交流活动——张君秋到武汉演出,高盛麟到北京演出。当时,沈福存曾经给在武汉的张君秋先生写过一封信表达崇敬之意,后来,张君秋还复信,并给他寄去了自己的剧照。沈福存本以为,这个红遍中国大江南北的角儿是不会记住他的,没想到先生竟然还记得自己。

现在,二人终于见到了。相差15岁的两个人,颇有一见如故之感。于是,沈福存在北京京剧团与李慕良研究完唱腔之后,隔三岔五就去果子巷的张君秋先生家,听他吊嗓,和他聊戏,更多了一份当面向他请教的契机。君秋先生话并不多,温文尔雅,但是一说起戏来话匣子就打开了,《望江亭》这部戏成了沈福存向先生当面请教最多的一个戏。但凡沈福存一两天没有去叨扰君秋先生,吴吟秋必然来叫他:"先生要你去吊嗓呢!"那段时间里,两个对政治不甚了了,一心只有戏的京剧人仿佛彼此之间有一种惺惺相惜的慰藉。说是吊嗓,更多是谈戏。这种可以向自己心中的大神面对面请教的机会,对于痴迷张派的沈福存来说无疑是幸运的。

在沈福存的印象里,除了谈戏,张先生最讲究吃。记得当时张君秋家里就有一个捷克产的取暖炉,平日里,炉上总架着个大锅。沈福存一开始极为好奇,问:"张团长,这锅里炖的是什么?"

"蹄髈,吃了底气足。" 张君秋用他独有的张派韵味说出了这句话。以至多少年来沈福存见着蹄髈便会当仁不让。

那时的张君秋正在积极准备一部叫《年年有余》的现代戏。这部由马连良和张君秋主演的现代戏,对于今天的很多普通观众来说可能已经有些陌生,因为它既不属于"文革"时期的那些声名远扬的"样板戏",也不像京剧《白毛女》一般,成为"十七年"时期探索"京剧表现现代生活"的优秀案例而留存下来的经典。《年年有余》可以说是马连良和张君秋表现自

---

① 走马换将:1962年春天,文化部、北京市文化局安排了一次院团之间的交流演出,即北京京剧团的张君秋团长与武汉京剧团的高盛麟团长各带一个小组,各带自家拿手剧目,互换演出,演出班底由对方剧团协助,时称"走马换将"。北京京剧团由张君秋带领陈少霖(生)、李四广(丑)、耿世华(老旦)、朱玉琴(生)、钮荣亮(丑)、吕长福(丑)、赵文瑜(旦)、何顺信(京胡)、张似云(京胡)、金瑞林(司鼓)及编剧汪曾祺、导演王雁等人去武汉演出,为期一个月。武汉京剧团高盛麟团长率部分演员来京,与北京京剧团合作演出。

己的"积极态度"[①]而为时代创作的剧目。这个戏讲的是粮食大丰收,生产队长雷老四主张多收多分,而贫协副主席、雷老四的儿媳妇刘金玉想到的是集体,要为集体储粮备荒,因此与公爹产生分歧和争执。适逢公婆又为庆寿事意见不一,刘金玉抓住时机,帮助老人转弯,做通了思想工作。

张君秋在该戏中扮演农村妇女干部刘金玉,马连良扮演雷老四。这部二人联袂主演的现代戏也成为男旦演员探索现代戏唱腔的一个重要标本。今天,人们只能靠《年年有余》留存下来的音像资料来想象当时的张君秋和马连良在台上的样子,而20世纪60年代中期的沈福存作为亲历者、见证者,曾经目睹了两位名伶为了适应时代而努力自我革命、自我妥协的过程。

1965年年底,《年年有余》彩排时,沈福存也会去参观学习。一次,张君秋下台后,很认真地问沈福存:"福存,你瞧我在台上有什么不合适的地方,你给我提提。"沈福存有点惶恐,面前的张君秋在沈福存心中是最受尊重的"神",从礼貌的角度,他怎么好给先生提意见呢。张君秋看出了沈福存的顾虑,说:"不要客气,有不对的地方尽管说,你说比别人说了好,你懂吗?"很显然,张君秋已经把沈福存当作亲近的自己人了,谦虚爱戏的他希望从同行那里得到反馈。

伶人之间的惺惺相惜是一种极其稀有的情感,只有真的心服口服才可能让这种情感无限弥漫,但有的时候其实又是那么简单,你懂我,我懂你,一拍即合,两个人的心就可以跨越高山而相遇。那时的沈福存,在名望上肯定是无法与张君秋比肩的,但是张君秋知道,眼前的这个小伙子前途不可低估。

沈福存听了君秋先生此番话,便也不客气了,他说:"张团的第一个出场,是拖着锄头上场的,这样看起来略显呆板,如果把锄头扛在肩上,手

[①] 参见张君秋《从〈龙凤呈祥〉到〈年年有余〉——纪念马连良先生》(原载《北京日报》1980年3月6日),载谢虹雯、安志强整理《张君秋戏剧散论》,中国戏剧出版社1983年版,第162页。文章中提到:"我和马连良先生最后一个合作演出的剧目是现代戏《年年有余》,那是在一九六四年全国举行现代戏观摩演出以后的事了。演出这个剧目是为了表达我们对京剧表现现代生活的积极态度,并在京剧表现现代生活的领域中进行新的艺术探索。"

里拿着手巾,然后一个侧面亮相出场,您看这样如何呢?"

对于戏曲演员来说,亮相的意义无异于给舞台上演员的特写镜头,是抓住观众注意力的舞台定格。一个亮相不仅可以尽显戏曲表演的造型之美,而且可以将人物整体的情绪、精气神尽显出来。漂亮的亮相更是能够从懂行的观众那里获得满堂彩。所以,它常常是戏曲演员抓住观众最重要的表演时刻之一。沈福存的建议,张君秋觉得很有道理,立即说:"好,明儿个就改!"

第二天,君秋先生就接受了他的意见,扛着锄头,拿着手巾,出场一个侧身亮相,剧场效果比前日好了很多。之后,他还嘱咐沈福存:"我这里有一个给妇女打头套的专家,改天给你也打一个头套,这个戏你回去也可以唱起来。"

今天,我们看到的音配像现代戏《年年有余》,演员的处理方法是刘金玉唱着"一场风波平地起",人未出,唱腔先出,然后刘金玉扛着锄头,以侧身亮相的形式出场。这样的处理的确比拖着锄头更有精气神,更符合人物身份。很显然,在现代戏的创作中,那时的张君秋也处于探索阶段。剧中现代人物的身份,以及人物行动的情境,已经与古典的传统戏中的人物有了天壤之别。作为妇女干部,刚刚结束生产劳作,带着劝说公爹的心理动机上场,这样的人物对于张君秋来说是陌生的,但是,他要跟上那个时代,他想跟上那个时代。

"文革"爆发的前夜,政治空气越来越紧张。1965年11月10日,姚文元《评新编历史剧〈海瑞罢官〉》在上海《文汇报》发表,随后于11月30日被《人民日报》转载。《海瑞罢官》是1961年1月由马连良主演的一部作品,它却变成了"毒草",北京京剧团迅速成了风暴的中心,而沈福存当时就在这个风暴的旋涡之中。进入1966年之后,春寒料峭,社会上的政治批判一波接着一波袭来,每一个单位都成立了学习小组,以便展开批判学习。北京京剧团的书记薛恩厚也组织成立了学习小组展开批判学习,其中一个是演员组,北京京剧团的大角马连良、张君秋、裘盛戎、赵燕侠、李多奎、马富禄、钮荣亮等,全在其中,沈福存也被分在其内。

晚年的沈福存回忆起那个年代下人与人之间的漠然，心里还是五味杂陈的。

张君秋先生（图6-7）曾经对那个特殊年代的降临有一个形象的比喻，颇见这些精通世故的伶人们的智慧。他说，"文化大革命"的到来，就仿佛好好一桌麻将，突然谁一不高兴把它掀翻了，麻将牌散落一地，每一个人都瞬间噤若寒蝉，连眼神的交流都变得十分小心谨慎。沈福存在1966年上半年北京京剧团学习小组的经历，让他亲历了"风暴"即将来临前的众生相。

刚到北京京剧团没几天，当时的党总支书记薛恩厚便通知沈福存和王慧群去参加政治学习。沈福存就去报到了。

令他印象深刻的是一次北京京剧团批判"三家村"的学习会。在一个昏暗的大屋子里，中间放着大火炉，人们坐了一圈，会议的内容是批"三

图6-7　20世纪80年代初，沈福存与张君秋等合影。左起：张学玲、谢虹雯、张君秋、沈福存、佚名、佚名

家村",沈福存眼睛一扫,马连良,谭富英,张君秋,裘盛荣,赵燕侠,李多奎,马富禄等,这都是一代名伶啊。

赵燕侠总是最早到场的那一位,她常常是到了之后先找一个座位,再往前面放一把凳子,把脚平放在凳子上,就这么一坐,纹丝不动两个小时;而张君秋呢,文质彬彬,总是一言不发地坐在那里;最令沈福存痛心的是,马连良迟到了,那时的马连良已经成为干部小将们的眼中钉,马上有人拉高了嗓门说:"有的人唱戏还有日本兵守卫!"这话显然是说给马连良听的。北京京剧团的团长,横贯新旧社会,享誉数十年的京剧名伶,最讲究体面和精致的艺人,在革命的年代,却遭遇如此的声色俱厉。那次,马连良一边道歉,一边环顾四周寻找座位,只是满座的会议室里,竟然没有一个人敢起身为这位团长让座,场面实在令人唏嘘。

"对不起,司机来迟了!"马连良连忙致歉。但是,会议室内并没有人理会他,房间里已没有空位,此时,沈福存实在看不下去了便把自己的凳子给了马连良,马连良提着拐杖,抱拳致谢。这一场面仿佛浇铸在了沈福存的头脑中,始终无法忘记。

世态炎凉,每一个人都蜷缩地活着……

也就是在那样一个非正常的时期,一天,张君秋排完戏和沈福存一起从广和剧场出来,兴致很高,但是又故作随意地说:"明天咱俩去照相馆照张相,吃顿饭。"聪明的沈福存一下子明白了,这是先生要收他为徒呢!沈福存心底一阵欢喜,自己心中的"大神"——君秋先生,终于把他当作自己人了,他怎能不高兴呢?这几个月的相处,他与先生无话不谈,先生身边的徒弟本就不少,更有吴吟秋在侧,沈福存仍可以感到君秋先生对自己是喜欢的。爱之深,情更怯。三十而立正当年的沈福存却因现实又生出一丝犹豫。妻子道美刚给自己添了一个女儿,也就是后来的沈铁梅。此时沈福存上有老,下有小,生活困窘成为其难言之隐。沈福存囊中羞涩,而如此重要的拜师仪式,自己拿什么拜呢?这一犹豫,便成了沈福存终身的遗憾。

人这一辈子,"造化"两个字是不得不服的。初入厉家班的时候,沈福存最渴望的就是拜师一个正宗的旦行师门，并学戏、继承，但因为厉家班中没有专门的旦行师傅，他只能和福字科的所有学员一样跟着老师们学基本功。后经过戴国恒夫妇以及厉家班师傅的教授，终于入得旦行之门径，他心中也渐渐树立起来两座"标杆"——雍容华美的梅（兰芳）派和在声腔艺术上拥有巨大魅力的张（君秋）派。可当张君秋，这位沈福存心中的偶像终于要收他为徒了，他却面临着难以启齿的困窘而不得不将拜师这件事作罢。

时也，运也，皆为一念之差。拜师，这个自古在梨园界伶人心中无比神圣的时刻，就这样从沈福存的人生中擦肩而过。而这样稍纵即逝的机缘，在沈福存的一生中无疑成为一种巨大遗憾，其中既有不可回避的现实因素，但也和沈福存温和淡然的性格息息相关吧！

很快，上演了34场，场场客满的《年年有余》在1966年6月4日这一天，成为张、马二位绝代伶人最后的绝响。"文化大革命"以迅猛的声势爆发了。所以，46岁，正值艺术巅峰时刻的张君秋一下子失去了自己的舞台，唱了这数十年的旦行反而成了他的罪证，他成了男演女反革命的"祖师爷"。

中国梨园界自古即有"女不唱雄曲"的说法，以此来塑造现实生活中女性温婉含蓄内敛的性情。因此，旦行伶人素以运用假嗓为特色，而男伶人之所以能够选择旦行，更是因为先天小嗓加后天训练所得。男旦艺术，是将戏曲造型之美与声腔艺术相结合之后的浑然天成般的塑造，是中国戏曲之假定性、虚拟性、程式性的最高体现。

在那个崇尚革命和斗争底色、去除性别特质的年代，张君秋和沈福存，一个演了半辈子青衣行当，一个演了十数年青衣和小生两门抱，虽然影响力和境遇不尽相同，但是两个同样执着于旦行的男人却同病相怜，一下子都成了"封建余孽"。张君秋被彻底剥夺了上舞台的机会，而资历尚浅的沈福存，似乎也没有太多回旋的可能。不仅是男旦，就连沈福存所粉墨登场的小生行当，在那时也被判了"死刑"，只因为他们身上那一条曾被认为绝美而稀有的清脆的小嗓。

在以"雄曲"为尊的审美时代下，所有男旦和小生行当的男性演员皆不得不放弃小嗓①，改为大嗓演唱。自此，以男演男和女演女这种遵循自然性别规律的表演开启了戏曲的一方天地，也为一大批反性别的伶人关闭了舞台的大门。梨园行内自古形成的传统以"糟粕"的名义被彻底决裂，在戏曲舞台上，革命就是与旧传统决裂，与传统戏决裂，震天响的口号一下子响彻中华大地整整十年……

---

① 参见姜妙香《京剧怎样演现代戏才像京剧？——并和老同行谈谈心》，《北京日报》1964年2月29日。文中重点谈的是小旦、小生的嗓子问题，他说："古人戏曲论著中有'女不唱雄曲'的说法，时代不同了，今天扮演革命的新女性，必须擅长唱'雄曲'。怎么唱才相宜呢？这涉及京剧旦角唱法的革新问题，有待探讨和在实践中尝试解决。我认为京剧小生演员演现代戏，必须使大嗓。大嗓不好的，可以想办法从调门上补救或改变唱腔。倘能坚持训练，据我的体会，大嗓时能喊出来的，也不见得准把小嗓毁了。"

第七章　碎片十年

第一节　夹缝求存

1966年5月，随着"五一六"通知的发表，"文化大革命"正式爆发了。短短几个月，当沈福存再回到重庆市京剧团的时候，剧团里已经是一番天翻地覆的陌生景象。张贴在京剧团墙壁上的大字报让他触目惊心。重庆市京剧团的所有人，以阶级的名义被分成了两类，激进的学生们在时代的号角下突然拥有了斗争的"尚方宝剑"，那些曾受尊重的师傅们成了他们名正言顺的革命对象。此时，这个深深浸染着旧科班传统的大院内的师徒道统彻底轰然倒塌了。

新中国成立之后，重庆文艺界八个院团招考，从2000多名孩子中选拔出了30多名优秀的苗子，之后，又根据各方条件增选了80名重庆市京剧团学员训练班成员。这批年轻的孩子也被京剧团里那些脱胎于厉家班的老师们亲切地称为"五八级"。可惜的是，时代令人猝不及防，说好的代际传承，结果却变成了敌我对立。

这些厉家班改制后重庆市京剧团招收的第一批学员，不仅受到了当时重视文化的市领导任白戈的重视和关心，招收也获得了当时文化局肖秦和裴东篱两位局长的全程参与。这80人，是真真正正的精挑细选。首先，在选拔上，不再是旧时厉家班由班主简单看看条件，只招收梨园子弟和贫苦孩子的方式，而是采取面向社会广撒网，精挑选，严选才的原则。获选的学员，不仅政治上要过关，而且在艺术条件上，如嗓音、扮相、身高、腰腿等身体条件都由厉彦芝、赵瑞春、郭三增、戴国恒等有丰富传承经验的厉家班旧师们严格把关。其次，在培养上，采用"团带班"的机制，只为让这些孩子尽快有更多的舞台实践机会，而不是只学不演，这其实沿袭了旧科班边学边演的模式。其实，学员训练班无论在人才选拔上，还是在教学实践上都是具有前瞻性的。厉彦芝被任命为教务主任，掌管教学；学员们依旧是由厉家班科班时代的赵瑞春、郭三增、戴国恒、韩凤英等具有深厚经验的老师们教习。本来，这批学员在厉家班旧师的传承下将成为继往开来的一代。所以，"五八级"是被当时重庆文化部门的领导们寄予厚望的一代年轻人，更是被认为要超越旧时代、旧科班、旧艺人的一批冉冉升起的未来之星。而事实上，学戏六年之后，"五八级"以现代戏走上舞台，一切都事与愿违。

沈福存与"五八级"学员们的师生缘分，主要在1964年之后，此时，属于沈福存的台心位置彻底失去了。时代遭遇让沈福存的生长空间越发逼仄，他靠自己努力渐成气候的"角儿"的号召力被强行中断，男旦被彻底禁绝。在这种环境下，沈福存的苦闷和落寞是不可能没有的，但是作为重庆人，沈福存的乐观、开朗、好结交朋友的性情又让他把这份苦闷藏在了心底。他并不是每天愁眉不展，相反，无论何时，他都用自己太阳般的光芒在夹缝中努力应对着这个世界。

新一代红旗下正在茁壮成长的"五八级"是"早晨八九点钟的太阳"，他们成为被重点培养的对象，很快就被推上前台。1963年，重庆市京剧团学员训练班赴四川成都、崇庆、灌县、自贡汇报演出，上演剧目有《杨门女将》《二进宫》《霸王别姬》《贵妃醉酒》《嘉兴府》《三娘教子》等，在四川境内引起了强烈的反响。才30岁上下的沈福存却不能登台演他的旦行戏了，出演团里上马的现代戏中的龙套角色又不是他所愿的。于是，转而求其次，教戏成为失去舞台的沈福存的一项重要工作。

舞台是沈福存的生命，他知道太久不唱，自己的小嗓是会废弃的。于是，当学员训练班开始分行当，进行小班教学之时，京剧团让沈福存负责青衣组学员们的教学，沈福存欣然应允，成了当时最年轻的老师。

当时很火的张派代表作《望江亭》是沈福存主要教授的剧目。说来有趣，张君秋的《望江亭》，沈福存从来没有亲眼在剧场看过，但是他凭借观摩戏曲影片、听唱片，私下琢磨谭记儿的人物特点、唱腔和身段，在1961年上演了这部作品。他真正当面请教张君秋这部戏，则是到1965年去北京京剧团的时候才最终实现。也就是说，在教"五八级"学员的时候，沈福存所有对戏的理解全是靠自己琢磨，而据他当时的学生法妮娜[①]在沈先生逝世之后回忆，沈老师虽然那时很年轻，但是对人物的理解，对细节的处理，对表演的精致追求都有自己的思考，并且真正做到了倾囊相授，令她受益终身。更令她感激涕零的是，当年对京剧懵懵懂懂的她，完全是在沈老师一招一式的传授下进入谭记儿这个角色的，半年之后汇报演出，沈老师更是主动为她挎刀出演《望江亭》中的小生白士中。沈老师这样沉浸式的把场，成为法妮娜终生不能忘却的记忆。

在今天看来，沈福存是一个极具开放性，同时也极其善思的京剧人。当年的沈福存虽然年轻，实际上在艺术上已经成熟。模仿力极强的沈福存通过影片和唱片模仿张君秋先生的表演，同时他也在思考如何演出自己风格的"谭记儿"。教学对他的思考和实践是有帮助的。

据法妮娜回忆，在教戏的时候，沈老师会给她们讲述梅兰芳先生访问苏联，斯坦尼斯拉夫斯基与梅兰芳交往的事情，并告诉她们在戏曲表演中实际上也有如斯坦尼斯拉夫斯基戏剧体系中对人物体验的运用，只是我们没有明确的理论总结。虽地处偏远的重庆，沈福存在接受新事物上却从不闭塞，而是极具敏感度的。

"抠人物"，被他认为是学戏的第一道门槛，即强调演员在演角色前需要对人物的身份、处境、性格等有清晰的把握。这种类似小传式的人物梳理，对于历来遵循口传心授、强调模仿复刻的教戏老师来说，其实并不是传统路径。以前的旧科班，因为学戏的孩子年龄偏低，人生阅历不足，教戏师傅一般以手把手教、学生照着模仿为基本方法，而对学生理解角色的能力往往甚少顾及，因为师傅们知道，所有的理解都是在学生成熟之后靠他们的内心去体悟、去丰富的。这样的教学路径，导致了戏曲演员在早期

[①] 法妮娜，重庆市京剧团1958年学员训练班学员，青衣行当。

学戏过程中普遍重程式而轻人物，重技艺而轻体验，重形式而轻情感，与此同时，也使得戏曲演员真正成熟后，能否达到艺境的巅峰，更多仰赖个体心智的觉醒。

正如戏曲理论家张庚先生所言："程式绝对不会妨碍一个演员表演人物独特性格的，只有在演员还不能够支配程式，而被程式所支配的情况下，他才演不出人物。"[①] 所以，真正称得上好的戏曲演员，其实是将表现和体验结合，将戏曲的外在程式融于人物情感，将行当下的角色变成"这一个"鲜活的人。从程式、行当到人物、人的跨越，其间的阻隔其实就是演员的心智和对角色的共情，也就是张庚先生所言的"内心的真实性"[②]。其实，无论是中国戏曲还是西方戏剧，对人的艺术表达皆是与人心和人的情感相连接的。而之于戏曲艺术，当未成熟的演员，或者寻常的演员不能超越程式之上，而被程式掌控时，常常会误导人们戏曲是类型化的，是不具备表现人物丰富性的，其中真正的问题其实是演员的心智和对艺术的觉醒尚未达到一定高度。

"五八级"另一位学员周应伟[③]曾经赞叹沈福存老师是一位天才型的演员，因为，他的悟性和艺术感知力是超群的。那种有意识地在程式表演中对人物情感的揣摩，让他所塑造的角色彻底活了起来。比如，沈老师的苏三，人人都在演，而沈老师的苏三却那么鲜活，那么与众不同，这是大多数戏曲演员所缺乏的。显然，在20世纪60年代的时候，沈老师已经具备了成为一名天才演员的格局。

的确，沈福存认为，在戏曲表演中，实际上有两个"自我"存在，而启发演员自我对角色自我的感同身受，是让演员的情感与角色的情感流入程式，并激活程式的密码。正如学生法妮娜回忆所说，关于谭记儿出场后

---

① 张庚：《从张继青的表演看戏曲表演艺术的基本原理——在张继青表演艺术座谈会上的发言》，载《张庚文录》（第四卷），湖南文艺出版社2003年版，第456页。

② 张庚：《从张继青的表演看戏曲表演艺术的基本原理——在张继青表演艺术座谈会上的发言》，载《张庚文录》（第四卷），湖南文艺出版社2003年版，第457页。

③ 周应伟，重庆市京剧团1958年学员训练班学员，花旦行当。

的第一个唱段"独守空帏暗长叹",沈老师告诉她,在唱之前一定要考虑谭记儿是怎样的心情,怎样的生存处境,一定要有情感的代入。有情感代入和无情感代入的表演,所呈现出的效果是天差地别的。那时的法妮娜,只有十五六岁,沈老师便抽丝剥茧地给她分析谭记儿这个人物。谭记儿的丈夫已去世三年,她首次出场时实际上是非常低落的,而且又遭遇杨衙内的纠缠,无奈只得躲到女道观里面,靠抄经打发时间,与青灯做伴。当观主给她说亲之时,谭记儿以为给她说的是杨衙内,此时的谭记儿犹如惊弓之鸟,是无助的。法妮娜回忆,沈老师的分析让她对谭记儿这个古代女子的内心有了更深的体会,这对她表演谭记儿这个人物很有帮助。

或许无师自通,就好比没有拐杖的人行走时永远需要靠自己一样,沈福存在艺术道路上的主动思考始终没有停歇过——每一个戏究竟该怎么演?怎么样才能演出别人没有的效果?究竟该怎么学习流派,学到了之后该怎么解套,等等,这些问题都在他的心中萦绕过。沈福存认为,演戏要演出与众不同的风格,关键是需要从表演的细处着眼。只有真正理解了别人的好,才可能有自己的发挥,也才能在戏的缝隙中去挖掘属于自己的独特表现。正如在安志强编著的《水滴石穿:沈福存的艺术人生》中,沈福存所言:"张君秋的演唱,有着深厚的感情内涵,没有情感的依据,能够唱得那么好吗?他的表情动作有些小地方,都是很经琢磨的。理解了人家的好处,就可能有自己的发挥。《状元媒》柴郡主见杨六郎那一场,我就在人物表情细节上有点发挥,《望江亭》白士中看家书那场,我都根据自己的理解做了一些小处理,在剧场演出时都有效果,这说明观众是认可了的。"[①]

在晚年的沈福存口中的"小处理",实际上是他将自己对生活的理解注入戏曲的程式技巧中,把生活的质感呈现在了传统戏曲的表现中。实际上,在今天看来,沈福存一生所演出的剧目几乎遍布各个旦行流派,由多到精,最终凝结成了《玉堂春》(图7-1)及《凤还巢》《王宝钏》《春秋配·捡柴》这被京剧业内认可、广大观众推崇的"三出半"代表作。

"三出半"的代表作,之所以能够被称为代表作,就是因为在这些观

---

① 安志强编著:《水滴石穿:沈福存的艺术人生》,新星出版社2009年版,第81页。

众熟知的"三出半"中，整体性地注入了沈福存的审美思维，也即沈氏的个体风格，从而使其拥有了异于其他流派的新鲜感。他的女儿，当今川剧表演艺术家沈铁梅在谈到父亲所演的《玉堂春·嫖院》时曾经说："父亲表演的《嫖院》一折，我着迷于他以一具男性之躯，那么自如地将青衣这个行当下女子的娇羞拿捏表现得那么迷人，而且丝毫没有做作之感。当我自己的艺术达到成熟之后，才领悟到他出场时端庄的台风，那种在戏缝里挖掘人物内心的外在表达，比如：他运用道具时的动作，他运用手法、眼睛、水袖、身段、步法，与他的唱腔结合之后，一气呵成。作为青衣行当，他的表演是有独特性的，这些独特的地方能够让同行产生共鸣，并拍手叫绝。"①

只有卓越的演员和成熟的观众，才能理解什么叫"戏缝"中的创造，这是于寻常中见不同的一种观演惊喜，是基于人物声情之下的对戏曲程式技巧的再运用，是不脱离戏曲规律和法则下调动体验之后的细节发挥，是对人物情态的细腻化抵达。而这种对细节的挖掘，是以台上和台下交互的情感流为基础的，最终的认可权在观众。对观众的心理把握，作为演员的沈福存始终是在意的。

图7-1 《玉堂春》（1982），沈福存饰苏三

---

① 沈铁梅、张之薇：《沈铁梅：迈向艺术的自由王国——谈父亲沈福存对我的艺术养成》，《中国文艺评论》2024年第5期。

1964年，沈福存无论是在年龄上，还是在思想上都已然成熟，本身也进入表演的稳定期，所以，他能够把自己在表演中对细节追求的体会熔铸到教学中。学生法妮娜还回忆说："沈老师常说，在舞台上，除了念白和唱腔的讲究，还要不忘表情、身段的讲究。因为，舞台是一个立体的空间，每一个角落，观众都可以看得清清楚楚，所以，每一个动作，包括手、眼、身、法、步，都需要经过仔细的琢磨。力图让自己的身段在每一个瞬间具有雕塑般的美感。"从"四功五法"到内在体验，再到外在造型美，沈福存以自己对艺术苛刻而严谨的态度影响着这新一代正在茁壮成长的"五八级"学员，让这些十几岁的青春少年，拥有了对京剧艺术最初的敬畏。

　　今天回看这段经历，1964年，虽然在沈福存的艺术年谱中这一年是空白的，但是这一年对于沈福存的艺术人生来说却是非常重要的。在他接近而立之年的阶段，他以一种新的方式来沉淀自己所塑造的角色。教与学让他重新回炉，让他对戏的思考更加深入。笔者认为，此时的沈福存已经认识到了，对于戏曲这种程式性很强的艺术形式，调动情感、强调内在真实是塑造人物的重要方法，所有的程式技法绝非孤立，而是为人物服务的。当演员体验到了角色的情感之后，附着于人物之上的戏曲动作和技法才会更准确，更自如，更有生命力，最终才会达到随心所欲。

　　极强的韧性潜藏在沈福存的生命体中，他的戏就是他的生命支撑。在特殊的环境中，纵然是无戏可演，他对戏的那份独自享受，也是谁也拿不走的，转而求其次去教学，就是他享受戏之人生的一种策略。

第二节　挑战老生

　　虽然，沈福存所处的时代并不厚待于他，但是，他总能用自己内里的柔韧来化解外界所有的凌厉，这就是沈福存的生存智慧。

　　因为年龄相近，沈福存与"五八级"学员们其实并没有太大的心理距离，"文革"时，当年十来岁的毛头孩子也都长成为十七八岁的热血青年。

虽然是师生，但在平日里，他们还是一起侃大山、玩耍、喝酒、称兄道弟的朋友。刚刚新婚的沈福存最乐意的事情，就是给这些学员们做好吃的。每次大家在思想小组学习后，沈福存就拿出自己在家里做的辣椒酱，大家最幸福的事情就是用馒头蘸着沈老师的"秘制"辣椒酱吃，此时的学员们几乎忘记了面前这位似兄长般的男人还是他们的老师。

出去下馆子，也是他们师生之间常有的事。那时，沈福存的工资经过1963年"工改"后，每月105元，着实不低。在以30元工资就可以养活一家人的年月里，沈福存每月将工资中的15元交给在姐姐家带娃的母亲，作为她和妹妹的赡养费，其余的90元，理应是绰绰有余的。但是，他历来仗义豪爽，又喜欢交友应酬、喝酒抽烟，工资便也所剩无几。当时的重庆市京剧团位于重庆市市中区（现渝中区）正阳街和五一路的交会处，距离重庆最中心的解放碑直线距离不到500米。这里是重庆最繁华的地段，餐馆林立，各色中餐、火锅店、小吃店众多，著名的"丘二馆""颐之时""小洞天""心心西餐厅""陆稿荐""一四一火锅""王鸭子""李鸭子"等大小餐厅，都是沈福存招待朋友的地方。作为熟客，又是京剧团的知名演员，老板常常给沈福存特许——靠刷脸签单，这自然更使他呼朋唤友方便了许多。不过，有趣的是，每当沈福存拿到工资的第一件事竟然是去那些饭馆还前月的欠账。这样没有计划的消费习惯，在婚前倒是潇洒，但是在婚后却也常常成为小夫妻争吵的导火索。

沈福存是一个群众缘极好的阳光大男孩，这是一个不争的事实。正是这种与学生们亦兄亦师的情感，让沈福存在风雨十年的特殊时代足以去周旋、化解、规避政治高压给他和他的家庭带来的风险。1965年下半年到1966年五六月间，为了《嘉陵怒涛》的排演，他与京剧团的同事王慧群在北京停留了半年，待回到重庆，迎接他的是团里墙上横七竖八贴着的大字标语，一大堆熟悉的名字贴在墙上，还打着红叉，令沈福存震惊。那可是被他从小奉若神明的师傅、师兄，还有师姐们啊，一下子全都成了"牛鬼蛇神"：厉彦芝成了剥削科班子弟的恶"班主"，厉慧斌、厉慧敏、厉慧兰统统成了"资产阶级的'专家''权威'"，墙上一张"面目狰狞"的标语上写着："要把他们打得落花流水，使他们威风扫地！"

沈福存在墙上也发现了自己的名字,原来自己也成了"文艺界的黑线"。1948年入科班的沈福存,按照新中国成立之后的划界,自然是属于旧社会的艺人,与新社会之后培养的红旗下的一代相比,自然是低阶的。于是,他和师傅、师兄一样,都成了旧的、反动的、资产阶级的"文艺黑线分子"。起初是层层叠叠横七竖八的大字报贴在剧团的墙壁上,而到了1967年年初,关于沈福存的大字报已经贴到解放碑。"修正主义的苗子""反动资产阶级权威""黑线人物""白专道路的典型人物"等各种子虚乌有的"帽子"通通戴在了沈福存的头上。这样的局势令平时大大咧咧的沈福存有些紧张,家里有一嗷嗷待哺的女儿,妻子道美又怀有了身孕,为了避祸,他决定赶紧离开这个是非之地。那一年正是全国大串联如火如荼之际,沈福存灵机一动,以响应大串联为契机,拖着大着肚子、行动不便的妻子,挤上了开往北京的火车。

1967年年初,在重庆开往北京的车厢里,空气污浊,大大小小的行李摞在行李架上,座位上坐着人,走道上站着人,就连座位底下都躺着人。此时,沈福存牵着身怀有孕的妻子艰难地穿过人群,想给行动不便的道美找一个可以休息的位置。没想到走了好几节车厢,连一个站脚的地儿都没找到,更别说舒舒服服地坐下了。于是,沈福存干脆将妻子许道美暂时安排在车厢端头列车员办公间外守着行李,自己打热水去了。不久,一个男列车员从半开着门的办公室里出来,操着一口山东普通话,很严肃地告诉道美通道上禁止站立,请尽快离开,道美赶紧说:"我爱人打水去了,我们一会儿就离开。"男列车员随即转身离开了。火车摇摇晃晃地继续前行,道美只能用身上的蓝色卡其布大衣小心地包裹着已经出怀的肚子,焦急地等待着丈夫。

刚才离开的那个男列车员又回来了。正当许道美尴尬地解释自己的丈夫还没有回来,她只能暂时守在这里时,男列车员突然对她说:"刚才和你一起的是不是沈福存?"许道美很是惊讶,赶紧回答道:"是啊!他是我爱人,您认识他吗?"男列车员并没有迅速回答她,只是将道美让进了那间专属于列车员的办公间,并说:"你就先在这里休息,我一会儿来找你们!"丈二和尚摸不着头脑的许道美终于等到了回来的丈夫,并将刚才发生的事情告诉了他，福存也是一头雾水。

这时，男列车员回来了，笑着说："福存，你还认识我吗？"

"啊！小李子！怎么会是你？你不是跑成渝线吗？"沈福存认出了眼前这位列车员，兴奋地拥抱他，并激动地告诉许道美，面前这位列车员就是自己经常提起的，10年前在去昆明的列车上认识的卖香烟的孩子，一晃10年，他也已经是个大小伙了。

小李子微笑着说："先不说这么多，我把你们安排到列车员休息车厢休息，还没有吃饭吧？我都已经安排好了，你们把行李放下就去吃饭。"

沈福存和许道美顿时感觉如沐春风，在这种环境下，小李子的关照让妻子终于有了歇脚之处，沈福存开心极了。福存好交际，对人豪爽仗义，经常是走到哪里朋友就交到哪里。他的朋友，有的是他的戏迷，有的是票友，还有如小李子这样偶然认识的朋友，不计其数，很多朋友更是成为他一生中无话不谈的挚友。

终于到了北京，他们住在了文化部大楼。大楼里挤满了来自全国各地大串联的年轻人。冬天的北京，异常寒冷，幸好沈福存有一件贵州的映华姐送给他的皮大衣，本来是御寒的，此时却成为他们二人夜里入眠共用的被子。

时代逆转重重地击打着沈福存的心。有些激进分子正是"五八级"的学员，他们突然变成了"凶神恶煞"的造反派，这令沈福存始料不及。他的师傅厉彦芝和师兄们，有的被关起来失去了行动自由；有的被撤销了领导职务，天天被抄家、批斗，写检查；有的则是被要求每天拖着衰老的身体去打扫厕所。他们也是"五八级"那些学员们的师傅啊！曾经的厉家班中厉家人的体面和尊严在那一夜被彻底踩在了脚下。

沈福存虽然是属于厉家班的"旧人"，但竟然没有受太大的冲击。这一方面得益于沈福存在厉家班的科生身份和贫苦人家的出身，在当时的阶级观念中不属于"剥削者"，而属于"被剥削者"；而另一方面，得益于沈福存的圆融和柔韧，他与"五八级"学员们在学戏时期建立起来的亦兄亦师的情感，让他始终处于被革命的边缘，而终于化险为夷，但这并不能抹去他的"文艺黑线分子"的身份。

一场声势浩大的革命运动在全国铺天盖地地展开了,别说青衣男旦,就连坤旦也不能再演《玉堂春》《凤还巢》等传统戏了,它们都被列入"封、资、修"的名册,代之而起的是"革命样板戏",这时的沈福存倒真有些迷茫了。他问自己,难道这些年的心血就算白费了吗?难道群众喜闻乐见的传统京剧从此消失了吗?他不理解。

从 1966 年到 1969 年,面对着混乱的局面,他只有选择适者生存的应变,同时在应变中寻找新的出路。他一面老老实实地参加运动,一面参加演出,纵然很不情愿,还是在"样板戏"里饰演了一些土匪、兵痞的龙套角色。在排演《智取威虎山》时,他被派给了一个八大金刚的角色。剧团要排京剧《红灯记》了,他分到了一个喝粥人的角色。当时提倡演"翻身戏",也就是让一般的群众演员演主角,让"文艺黑线"上的名演员打杂。更多时候,沈福存只能做一些打追光等幕后的闲杂事情,在京剧团里上马的现代戏和"样板戏"中,挑大梁的全部是新社会下培养起来的"五八级"年轻演员。

每当夜深人静的时候,沈福存就禁不住借酒浇愁,在他的心底有着难以言说的痛苦与不甘。他想到这些年里,在旦角的艺术道路上一步步走来如此之艰难,尽管如此,对自己的专业能力还是越来越自信了,旦角就是他未来的志向,但是,现在却不让唱了。他曾无数次问自己:"怎么办?自己当角儿的梦想难道就此断送了吗?难道就这样在龙套的角色里混饭吗?绝对不可以!"沈福存的性格里其实是有一种深深的执拗的,他决不允许自己就这样沉沦下去,他必须拼尽全力为自己开拓出一条更为宽广的大路……那些年,白天的沈福存依旧是一副乐呵呵、无所谓、大大咧咧的模样,实际上,沈福存的内心经受着巨大的煎熬,他也在为自己寻找着出路。

穷则变,变则通,通则久。沈福存的内心里产生了一个大胆的想法:挑战老生!这对于唱旦行的演员来说一般是不敢想的。但是,沈福存却敢。在京剧行,众所周知,虽然民国以来也有了像杨小楼这样的武生大角儿挑班,但是更多是老生或旦行挑班,这是自京剧诞生以来形成的规矩,这也是当年刚入厉家班的沈福存心心念念想唱旦角戏的原因——可以挑班,可以成"角儿"。但是,由老旦转老生有先例,由青衣转老生,除了偶然的反串,对于梨园行内人来说几乎是一个不可能完成的任务。毕竟,一个是小嗓、假嗓,一个是大嗓、真嗓,音域从清丽脆亮一下子跳跃到了苍劲挺拔,身段工架也从青衣旦行的内敛含蓄转变为了沉稳端正,无论是人物气质,还是行当功法的跨越幅度都是极大的。一般人想都不敢想,更别说真正去做了。

沈福存之所以敢有如此念头,是因为他当年开蒙的是老生行当,平时吊嗓就经常唱《战太平》《辕门斩子》的老生唱段。同时,他对自己的天赋、条件也有着清晰的认识,他知道过去戏班选拔老生行的学员,一看嗓子,二看五官,三要看个头,在这几个方面他完全是合格的。想当年他还是唱着"劝千岁……"进入厉家班的呢!慧兰师姐学老生戏《战太平》《辕门斩子》时,他在边上都听会了。而慧兰师姐每一次演老生戏时,他也都站在台侧,默默地看在眼里,记在心上。这一点,沈福存和他的父亲一样,是一个心思细腻的有心人。

大小嗓天生就切换自如的沈福存,觉得假以时日练习,自己唱老生戏完全不在话下。在大演"样板戏"的时代要想被更多的人看到,把属于自己的台心位置重新拿回来,唯有顺势而为挑战老生。这不仅是为了自己,也是为了让妻子和两个孩子过上更好的生活。不过那时,摆在他面前的,是他这个戴着"文艺黑线分子"帽子的人,能不能被允许站在"革命样板戏"的舞台上的问题。

现实残酷,虽然看似在绝境之中,但沈福存总是有绝处逢生的能力。当然,机会是留给有准备的人的。

60年代中后期,全国院团都在争先恐后地创排或移植"样板戏",重庆市京剧团当然也不例外,《沙家浜》《智取威虎山》等"样板戏"开始被移植上演。1969年,团里还专门派了"五八级"的刘学义、曾凡强、孙志芳等赴北京中国京剧院学习《红灯记》,经过紧张的创排,由刘学义、孙志芳分饰李玉和、李铁梅,并于1970年在重庆公演。(图7-2)

排演"样板戏"是政治任务。团里在选角上,敲定了刘学义和孙志芳

第七章 碎片十年

两位当时团里新晋培养的青年演员，他们根正苗红，扮相和身段也都不错。随着《红灯记》的公演，重庆也掀起了观看"样板戏"的热潮，《红灯记》常常一演就是数十场，疲劳加自身嗓子的条件，使扮演李玉和的刘学义，渐渐暴露出了演唱上的缺陷。人们发现，每当李玉和赴刑场前唱到"我迈步出监"这一句嘎调时，年轻的刘学义明显力不从心，越来越唱不上去了。在英雄人物如此大义凛然的重要时刻，演员的火候却总勉为其难，这让整个戏的情感效果大打折扣，团里负责"样板戏"的军代表看在眼里，急在心上。聪明的沈福存知道自己的机会终于来了！

很快，研究《红灯记》中李玉和B角的人选成为全团迫在眉睫的大事。在那个工人阶级当家做主的年月，军代表领导着一群由舞美队工人、食堂工人组成的团务会，所有团里的业务工作都是由这个团务会最后拍板定夺。当时最令军代表挠头的是，形象好、嗓音条件好、功底好的老生演员竟然屈指可数，团务会掰着手指头选来选去，也没有从现有的演员中选出既可以胜任唱功，又具有李玉和那样伟岸身材的演员。更重要的是，在那个年代，好"角儿"们，被打倒的打倒，被下放的下放，被关牛棚的关牛棚，这是个不争的事实。

图 7-2　20 世纪 60 年代，沈福存参加《智取威虎山》排演，饰八大金刚之一

155

实际上，在京剧现代戏《红灯记》中，李玉和是绝对的主角，他的身份是铁路工人，可谓革命无产阶级英雄人物的代表。李玉和的扮演者不仅要外形高大魁梧，嗓音高亢洪亮，身上还要有武生功底，即使按旧标准称为一流的老生演员，也不一定完全符合高大挺拔、正气逼人这一条件，中国京剧院创排《红灯记》时，扮演李玉和的 A 角李少春被江青点名换成 B 角的钱浩梁就是一个例子。更何况，"文革"中重庆市京剧团的人才着实有限，选角标准又受到政治标准第一的影响，所以，在众多政治考量上乘的演员中，能胜任李玉和这一角色的竟然找不出一个。

正在人们一筹莫展的时候，一场沈福存为自己安排的戏码上场了……

会议室外的楼道里，沈福存有意无意地溜达着，突然，李玉和的唱腔"狱警传似狼嚎，我迈步出监"从他的胸腔中传了出来，最后那高八度的唱直冲云霄，没有丝毫的费力。简直是"众里寻他千百度，蓦然回首，那人却在灯火阑珊处"，军代表忙问身边的人："这是谁在唱啊？"团里的人说："应该是沈福存吧？他原来是唱旦行的，现在属于'文艺黑线分子'。"此时，一个弹月琴的群众接着问了一句："咱们选角色的标准究竟是艺术标准，还是政治标准呢？"早已急火攻心的军代表不耐烦地说："管他什么标准，能演好就行！"这句没有太经过大脑的话一说出口，那个弹月琴的说："那不如让沈福存来试试吧！"军代表说："能演就上！"这一下子炸锅了，全场所有人几乎异口同声地反对，因为，他们觉得沈福存之前从没演过老生，而且李玉和这个角色严格上说要能文能武的，一个演旦行的演员怎么能去演李玉和这样的英雄角色呢？一个过去演旧式角色的演员怎么能演好一个顶天立地的无产阶级形象呢？这不是给"革命样板戏"抹黑吗？人们认为这个想法简直是无稽之谈。

但是，军代表在那时就是绝对权威，他仿佛抓住了一根救命稻草。眼前这半路杀出的"程咬金"大嗓这么好，形象又正，那还有什么可犹豫的呢？就这样，军代表力排众议，让沈福存、陈开群[①]、厉慧兰共同组成了《红灯记》B 组阵容，分别饰演李玉和、李铁梅、李奶奶。此时，团里很多

[①] 陈开群，女，京剧青衣行演员。1958 年入重庆市京剧团学员训练班，1969 年毕业于重庆市京剧团学员训练班。

的人对沈福存演李玉和这一决定抱着看笑话的心态。

而本来一直在偷偷练功的沈福存，终于大胆地公开行动起来。他每天都缠着团里的老生演员请教。他的福字科师弟邹福金[①]，就是他常请教的众多"老师"中的一位。吊嗓子、圆场、拉山膀、踢腿、亮相等这些属于文武老生的工架，沈福存都一一虚心求教。他要在短时间内把"样板戏"中的英雄人物演像演好，就要从练基本功开始。挑战文武老生，成为沈福存在那个特殊年代给自己设定的"天梯"。

其实，每一个人的一生都是一个爬梯的过程，只不过，有的人看着高高的梯子望而却步，有的人爬到一半就放弃了，还有的人却可以把不可为变成可为，这个大不同取决于内心是否笃定。在沈福存的心中，从师傅厉彦芝赏他银圆，告诉他可以唱旦角的那一刻起，就有一股气在引领着他。他坚信，面前舞台的台心位置是会有他的一席之地的，也必须有他的一席之地。

"样板戏"热火朝天的时代，沈福存终于如愿演上了李玉和。站在了台心，但并非万事大吉了，相反倒是风波不断。仓促上阵的沈福存难免会闹出一些小的尴尬。一次，他正全情投入在李玉和的表演中，却发现观众席中总是不时传出阵阵笑声，按理说，这时并没有什么好笑的地方，台上的他故作镇定，但下了台之后，就忍不住抓住邹福金问："刚才，我的表演有什么问题吗？为什么台下总是有笑场？"从小嗓切换到大嗓，这对于沈福存来说并不难，甚至很多时候，沈福存饰演李玉和时博得的喝彩声比A角演员还多，可是，这不寻常的笑声却让沈福存生出警惕来。

邹福金也觉得奇怪，于是，在之后的演出中特意关注了一下笑点。原来沈福存这一个李玉和虽然唱腔上无懈可击，身段也挺拔漂亮，但是初涉老生的他在步法上总会不自觉地留存着一些旦角脚下的习惯性动作，这与李玉和"高大全"的英雄形象极为不符，微小的反差造成的滑稽感令台下观众忍俊不禁，也让邹福金发现了问题的关键，他立刻把这个问题告诉了沈福存。

---

① 邹福金，男，京剧武生行演员，1949年入厉家班。

历来，京剧以生旦净丑的行当规范来框定演员的基本功，而学员的身体条件和嗓音条件更是其归行的关键。旦行和小生，以运用小嗓演唱、身材颀长、相貌俊秀为准，所以，旦行演员可以反串小生。如沈福存这样，以旦行和小生的童子功、舞台经验突转演老生戏，而且还是完全区别于传统戏的现代英雄形象，此种难度之大绝非一般人可以想象。沈福存就是在这种困难中不断调整自己，迎难而上，他的勤奋刻苦，以及对台下观众的敏锐是不容忽视的。沈福存一生都把观众的反应放在首位是有道理的。观众可以给他叫好，观众也可以给他纠错。慢慢地，沈福存的李玉和越演越好，观众给他的掌声越来越响亮了。那些团里原本想看笑话的人便也如鸟兽散了。

然而，渐渐地其他问题又来了。《红灯记》这样一出家喻户晓、人人喜欢的戏，重庆市京剧团的 A 组演后总是反应平平，而 B 组演出后却总是掌声雷动。这样的反差实在是太明显了。所以，在 A 组演出后的"战后总结会"上，军代表发话了："今天的掌声怎么没有昨天的热烈啊？同志们啊，你们不要小看这掌声，这掌声里也有阶级斗争啊！也有枪炮子弹啊！"

军代表的一番话像一盆冰水浇得 B 组的沈福存浑身打战。一向谨慎的沈福存的心里泛起了激烈的斗争：自己用心演戏，怎么演出阶级斗争，演出枪炮子弹了呢？沈福存有些害怕。

第二天，他演出都不敢卖力了，于是台下的掌声顿时稀疏了。军代表又开始质疑说："今天怎么没有掌声啦？"有人告诉军代表："您昨天的话把沈福存吓着了。"军代表又说："为人民服务有什么可怕的。"在那个年月、那种形势下，作为 B 组的沈福存真的是唱好尴尬，唱不好也尴尬，左右为难。

幸好，他根红苗正，业务能力又强，而演戏最是台上见分晓的，于是，当他一旦占据了台心之后，谁也拿他没办法。

沈福存天生就是属于这个舞台的，即使一次次逆境袭来，剥夺他，打击他，但是，并没能摧毁他。他只要站在舞台上，就有把观众的目光收拢的能力。不管在什么年代，他都在不断用艺术的精魂浇灌着自己，不管是以何种方式浇灌。就这样，属于沈福存的老生时代来临了，那几年，所有的"样板戏"一个接一个地演。1971年,团里排《龙江颂》,沈福存饰演阿坚伯;1973年,沈福存在《智取威虎山》中演少剑波(图7-3),他的嗓音、韵味、身段、气质都越来越被团里的专业领导和观众们认可。在重庆,沈福存因为演"样板戏",声名更加响亮了。当他走在重庆的街上,人人都认识了这个从旦角换赛道的李玉和。

1974年,重庆市京剧团决定上马当时在中国大地风靡一时的现代戏《瑶山春》[①],这部戏打破了当时"样板戏"的固定框架,无论在音乐上,还是唱腔设计上都是一部极具少数民族元素的作品。在解放军教导员覃世强这一人物的塑造上,也更具人情味。一切都水到渠成,在这部厉慧森导演的现代戏中,沈福存从以往的B角正式晋升成了A角,饰演男主角覃世强。此时,虽然"文革"进入尾声,但终究是尚未结束,这样不顾沈福存"文艺黑线分子"的身份瑕疵而让他担任A角的决定,说明那时的沈福存终于靠自己的艺术能力在舞台上站稳了。不过,塑造"样板戏"或现代戏中的英雄人物,令沈福存不能懈怠,摆在他面前的挑战需要一个接一个地应对。

与之前饰演的李玉和、少剑波、阿坚伯这些人物不同,《瑶山春》中的覃世强作为中国人民解放军的一员,先行率部队进入瑶山剿匪,按照情节设定,这个人物有一场"打入匪窝"的戏。上场后,有个快速冲向跳板,通过跳板的反冲力量跳上高台的动作,这对武功演员来说是小菜一碟,但对于一直演旦角的沈福存来说真是比登天还难,这需要武戏技艺的加持。据导演厉慧森在回忆中提道:"说来,此技巧难度不大,可对于'文职官员'的沈二爷来说,则让我这个导演担心。"[②]当时,沈福存本想修改动作,但是话到嘴边又忍住了。作为革命现代戏,都是已经定型的本子,怎

[①]《瑶山春》,广西壮族自治区京剧团1973年首演。广西壮族自治区京剧团集体创作,周民震执笔。剧本描写新中国成立初期中国人民解放军瑶山剿匪的一段故事。1974年8月进京参加文艺调演。作品尖锐的戏剧冲突,绚丽的民族色彩,载歌载舞的戏剧场面,在"样板戏"一花独放的"文化大革命"时期,使观众耳目一新。河南、陕西、江西、湖北、贵州、江苏等100多个剧团纷纷移植上演。1978年,周民震据此改编出同名电影文学剧本,长春电影制片厂将其拍摄成故事片。

[②] 厉慧森著,唐少波整理:《京剧厉家班小史》,中西书局2015年版,第326页。

沈福存：科班最后的男旦

图 7-3 《智取威虎山》，沈福存饰少剑波

能允许一般人随便修改呢？他说服自己，必须适应角色，而不能让角色迁就自己。

无路可走，只好练。每天天蒙蒙亮，沈福存就起床了，练脚步、压腿、下蹲，以适应上跳板，他还向武功演员求教，没想到，竟被他学成了。到了公演那天，无数双眼睛盯着这个漂亮的教导员，看他有什么办法"一步登天"。

军号响起，四名解放军战士便踏跳板、上台坡，虎跳前扑翻上小平台，动作十分惊险。四名解放军落定，【四击头】中，由沈福存饰演的覃世强快速出场，他脚踏跳板，飞身跃上台坡，稳稳地站在了山头上，动作竟也干净利落，引起了满堂喝彩，谁能想到，这曾经是那个在舞台上百转柔肠、令人同情的弱女子小苏三呢？

在《瑶山春》数十场的演出中，之后每次演到这个动作之前，站在幕侧的师兄厉慧森都紧张地为他捏把汗，生怕发生意外。令厉慧森欣慰的是，数十场的演出中，沈福存从未有过一次闪失。他在老生的舞台上闯出来了，闯出了一个原本不属于他的天地。

一切都是水到渠成，1977年之前沈福存就以老生行当稳扎稳打地站在了这个舞台上，成了重庆市京剧团无人替代的存在！

真实的沈福存，就是这么一个外表圆融内在坚韧的人，他并不轻易把自己的困难说给别人，他的温润、隐忍、执着让他对自己的艺术总是那么苛刻，正因此他才能抵达目标，实现圆满。

政治运动太久会让人麻木，在那个乱纷纷的年代里，"样板戏"照旧唱着，每一个人都在自己的命运轨迹中苟延残喘。沈福存每日演罢戏回家后最幸福的事情就是，看着三个女儿[①]从床上爬起来，眼巴巴地盯着父亲带回来的盒饭，打开，欢呼，然后你一口我一口地抢着吃起来。从家庭这一层面来说，即使是在"文革"中，沈福存也是幸福的，三个一天天长大的女儿为他消解掉了那个年代给人带来的麻木感。（图7-4）那一刻，他的内心是温暖的。

[①] 1970年1月，沈福存的第三个女儿沈冬梅出生。

只是，令沈福存焦虑的是，自己的师傅、师兄、师姐们都在"文革"中遭受着煎熬和伤害。他们不仅失去了舞台，连人生的自由都被无情地剥夺了，甚至还常常在造反派们的逼迫下，玩起戏曲舞台上打出手的"游戏"，那一刻，原本所有在舞台上戏曲武打的技艺之美，在逼仄的环境中、在现实的荒诞下，变成了血淋淋的刀枪相见。

1966年一天的夜晚，厉家人中对沈福存最爱护，也是沈福存最尊敬的厉慧斌在被关押的二楼小屋子里自杀了，究竟是什么促成他下决心离开这个世界？这与厉慧斌向来不能受辱的耿直性格有关，但

图7-4 沈福存家庭生活照

更关键的是，在他受关押期间提出想见孩子一面的请求被数次驳回。在那个人世间最后一个寂静的夜里，陪伴他的只有一根根在他面前可以自由闪烁的烟头，可这个七尺男儿却心如死灰。厉慧斌的去世，对沈福存的打击是巨大的。

风雨故人来，沈福存是一个知恩报恩的人，在那段无情的日子里，他坚守了自己做人的底线。"文革"时期，厉彦芝及其子女都深受迫害，整个京剧团谁都不敢和他们多说一句话，沈福存却时常让妻子道美悄悄给师傅、师娘送些吃食过去。更多时候，当厉慧兰、厉慧敏打扫完卫生，路过实验剧场沈福存家门口时，妻子道美总是给她们准备好肥皂和毛巾供她们洗手。沈福存和妻子始终在内心中谨守着尊师之道。

1972年,"文革"后期的一个酷热的深夜,山城闷得没有一丝风。凌晨1点左右,突然有人敲门:"福存哥,福存哥!厉老板走了!"睡下的沈福存一骨碌爬起来,赶往厉彦芝的家。原来,师傅只是用力拉了一下灯绳,就突发脑溢血而亡了。这位在中国现代戏曲发展史上不可多得的教育家,才刚被摘了"反动班主"的帽子竟然就走了。沈福存,早年丧父,将他带进京剧大门的厉彦芝在沈福存心中如师如父,此时,在师傅身旁竟然只有长年照顾他的一个丫头。厉家子女早已与父亲划清了界限,对其父亲的死讯也只能在心中默默伤感,不敢在行动上有半点动作。唯有沈福存看着师傅在自己身边离去,心如刀绞。在那个混乱的年代,谁也顾不得他人,纵然是亲生子女对自己的父母。善良的沈福存火速打电话告知了刚刚恢复革委会副主任职务,正在上海出差的厉慧敏,之后便没有丝毫犹豫,静静地给师傅擦身体,穿上了寿衣。刹那间,师傅与他在一起的点点滴滴全部涌上了心头。在厉家班人的心中,师傅就是每一个人的家长,在厉家子女的眼中他又是严苛的父亲,而在沈福存心中,厉彦芝是喂养他、给予他、引领他人生的最重要的人。那一天,沈福存送了这位缔造了厉家班,培养了无数京剧人才的老人最后一程。在沈福存心中,他是在用自己的方式报答师傅的恩情。

待厉彦芝下葬后,果然,军代表来了,他一见到沈福存就劈头盖脸地质问他:"沈福存,谁让你为'厉家王朝'的反革命头子服务的?"机智的沈福存早想好了说词,他结结巴巴地说:"我……我不去给他穿衣服,你……你们就要请人,请人就要花钱,我为我们党节……节约,有什么不对呢?"

其实,对于旧戏班入科的沈福存来说,梨园人的仗义早已在他的内心中生根发芽。在他的一生中,沈福存对于自己受到的委屈从来都是能忍则忍,乐呵呵地一笑而过,而笑过之后的酸楚却是绵长的,但对别人的事,他却常常为其受到的不公平待遇仗义执言。

沈福存用最大的宽容和善意与这个环境共处,因为他看到了在那个特殊年代中,人的不得已和无奈。碎片十年,沈福存的圆融性格让他不站派、不闹事、随大流,这是他彼时的生存底线。他就像一支小舢板在风浪中漂来荡去……

沈福存温润乐观的性格也成为他抵御寒冬的"皮囊",极尽柔韧,又极尽无形。他保全自己的妻女,是他作为丈夫和父亲的一份责任;他保全自己,是因为他还有一份自己深爱的旦行艺术。他用自己特有的方式将那个无比冷漠的世界推搡到自己的心门之外。这种性格谁又能不喜欢呢?

第三节　蓄势等待

今天看来,演"样板戏",虽然是沈福存在夹缝中求生存的一次自我突破,甚至是在人生低谷时的无奈选择,但是自传统戏中生根发芽,从一名旦行演员转道,极限挑战老生行当,通过将近十年"样板戏"中角色的锤炼,这样的经历对于沈福存的人生来说无疑是逆境中的滋养。"文革"结束恢复男旦艺术后,沈福存迅速惊动伶界,与他这十年不仅没有荒废自己,还对自己附加常人难以抵达的要求有着巨大的关系。

沈福存一生所有的行为都专注在戏这件事情上,不仅仅是在舞台上,还是在日常中,他把戏揉碎在平凡而单调的生活之中,这也是艰难岁月中沈福存的一种自律。

通过教唱女儿"样板戏",名正言顺地唱旦行的唱腔,就成为他私底下保持自己小嗓能力的一种途径。所以,纵然在1970年开始改行老生之后,沈福存的小嗓始终都没有荒废。

当然,那时男演员在公开场合以小嗓演唱的机会几乎没有,但是沈福存小嗓的天赋异禀仍得到了一个人的偷偷鼓励,这使沈福存有一种他乡遇故知的感觉。她，就是重庆市歌剧院一级演员翟秋芳[1]，老人如今已经94岁了，但是，回忆起当年在舞台上初见沈福存的情形，她还是记忆犹新。20世纪50年代初，翟秋芳是西南人民艺术剧院实验歌剧团[2]的一名主要演员，那时，重庆市不同院团之间的相互观摩是常有的事情，在八一路的她经常去一川大戏院看斌良国剧社——也就是重庆市京剧团前身的戏。她第一次看到沈福存，则是他在《春秋配·捡柴》中饰演的姜秋莲，一副羞答答的娇俏样很令人着迷，当翟秋芳知道台上的那个旦角竟然还是一个不到20岁的小伙子时，她更是惊叹。在翟秋芳看来，当年的沈福存无论是扮相，还是嗓子都已经在众人中十分出挑。后来翟秋芳夫妇与沈福存也自然而然成了好朋友。

翟秋芳对沈福存有更深的了解则是在20世纪70年代初。那时，全国的戏曲院团都在移植"样板戏"，因为唱好"样板戏"是革命的需要，也是"京剧革命"的大势所趋。在"样板戏"中，多以高大全的英雄人物为主体，其唱腔高亢嘹亮，与京剧传统戏中的发声音区有明显的区别，这就使得京剧团的一批演员常常在表演中出现高音上不去的问题。为了解决这个问题，在当时戏曲要向歌剧学习、要向话剧学习的观念的影响下，重庆市京剧团专门聘请了重庆著名的歌剧演员翟秋芳女士来为戏曲演员训练发声方法，而当时演B角李玉和的沈福存也在这个训练班中。好学的沈福存就经常拉着翟老师向她求教。

传统戏曲教习方法历来讲究口传心授，也就是老师怎么教，学生怎么

---

[1] 翟秋芳，重庆市歌剧院演员。1949年7月考入西北军大艺术学院，1950年5月随第一野战军来到重庆，正式开始了她的艺术生涯。1953年赴朝鲜慰问志愿军和朝鲜人民。1960年创作、导演了小歌剧《喜中喜》，获重庆市青年创作会演编导奖。在歌剧《火把节》中扮演沙玛大婶，该剧在全国歌剧观摩演出中获得创作、演出、导演等十项奖励。她在歌剧《光荣灯》中成功地塑造了王二嫂一角，蜚声剧坛，在上海、南京等地演出数百场。在歌剧《小女婿》中扮演杨香草，其艺术形象至今仍使人不能忘怀。她在歌剧《李月娥还乡》中扮演李月娥，《红霞》中扮演红霞，《柯山红日》中扮演黄英，《红云崖》中扮演冬花，《洪湖赤卫队》中扮演韩英，《江姐》中扮演江姐等主要角色，获得称赞。

[2] 西南人民艺术剧院实验歌剧团，是重庆市歌剧院的前身，重庆市歌剧院成立于1953年。

唱，至于如何发声、如何呼吸、如何共鸣，以及如何运气等问题，学生从来不用思考，只要照着模仿、照着做就好，没准问多了还挨打。因此，在中国传统的戏业中，感性加模仿始终大于理性加方法，并未如西洋歌剧一样，在演唱上总结出一套科学的发声方法。虽然是作为教员出现在京剧团的，但其实歌剧演员翟秋芳对沈福存的嗓子很感兴趣。翟秋芳发现，沈福存的声音并不存在高音上不去的问题，他在演唱时似乎不知不觉地打通了丹田与胸腔、鼻腔、头腔的通道，唱高音毫不费力，即戏曲中常说的"脑后音"，而且翟老师知道，沈福存是一名本工旦行的演员，她认为这简直太不寻常了。于是，二人经常一起探讨在美声唱法和戏曲唱法中嗓子运用的不同。

戏外切磋，也少不了戏内观摩。翟秋芳也会在京剧团演戏的时候，在侧幕观察沈福存表演时的状态，例如，身段、微表情、用气力的程度，来研究他发声的方法。有时，趁演完散场无人之际，心痒痒的沈福存还会忍不住给翟老师唱一段旦行。每次唱完，翟老师都会情不自禁地悄悄对沈福存说："我还是喜欢你的旦行，嗓音太美了！"要知道，那个年代，大家普遍不敢承认男旦艺术的美，而翟老师却为沈福存在演绎旦行时行腔运韵上的含蓄婉约而折服。真正好的唱是讲究曲径通幽、九曲回肠的，在翟秋芳看来，沈福存唱的老生纵然是好的，但终究抵不上他小嗓的感染力，或许因为老生并不是他的童子功本行？或许是平时实践有限？喜欢研究的翟秋芳一直在思考。翟老师认为，沈福存的大嗓声音出来之后比较直接，比较冲，在韵味上有所削弱；相反，他的旦行发声就完全没有这个问题，在行腔、发声、唱字的处理上，比老生行当的展现技高一等。

沈福存告诉翟老师，他在唱旦行的时候，感觉自己的身体从上到下都是通行无阻的，而在唱老生时，则需要花更大的气力才能完成。的确，唱戏实际上就是用气，所谓"气在声先，气领声走，声毕气停"，它们之间是互相作用的。人的嗓子、声带就好比一个喇叭，吹不吹得响亮，需要看气的大小，吹得好不好，需要看气是否运用合理。作为身强体壮、底气十足的男性，沈福存在演唱旦行时，自然可以在用气上时而如涓涓细流，时而如直击云霄，在驾驭唱腔时能够游刃有余，自然也可以在行腔的婉转扬抑上有更精致的变化处理。观众更会为他的张弛有度、起伏变化而赞叹。而在演唱老生行时，扮演的本就是男性，且是"样板戏"中的英雄人物，自然更多是在唱腔上有激昂高亢的表达，高音区的停留也多，在用气上就得更加全力以赴，就好似用大力吹喇叭，力量和音区直冲云霄，但是却无暇处理声音的节奏变化。翟秋芳觉得沈福存之所以在旦行艺术上的成就更卓越，就是因为他身体中的气流可以完完全全在其胸腔、口腔、鼻腔、头腔流动自如，而且可以自由控制，这是大多数演员所缺乏的，也是沈福存在塑造老生行角色时的亏缺。所以，当"文革"结束后，沈福存在是继续走老生的路，还是恢复旦行的歧路口，义无反顾地选回了自己热爱的旦行艺术，这或许与在那个特殊年代翟老师对他旦行艺术毫不吝啬的欣赏有关。

1976年1月8日，周恩来总理去世，重庆市京剧团上演悼念周总理的短剧（图7-5），沈福存照例在其中创腔并饰演老生行的邢台老人。没过

图7-5 在悼念周总理的短剧中，沈福存（右）饰邢台老人

多久，沈福存率重庆市京剧团的学生班赴贵州遵义演出了这个短剧，深得社会各界观众好评。

彼时，北京的政治空气正在发生着变化，7月，朱德去世，9月，毛泽东去世。信息不发达的时代，很多事情以流言蜚语、小道消息的形式私下传播着，远在重庆的沈福存和他的朋友们纷纷在私下议论着未来的可能性……

对"样板戏"的松动发生在1976年粉碎"四人帮"前后。先是一些"样板戏"之外的现代戏重新上演，紧接着出现了一个重要信号，即古装新编京剧《逼上梁山》被搬上了舞台。1977年5月23日，北京市京剧团借纪念《在延安文艺座谈会上的讲话》发表35周年的机会，上演了延安时期的古装戏《逼上梁山》的部分场次。随后，北京京剧团演出《沙家浜》的原班人马也排演了《逼上梁山》。① 在那个一切还不太明朗的年月里，社会与经济百废待兴，以这样一部创排于1943年延安时期的新编古装戏来打破"样板戏"的单调局面，显然艺术之外的政治考量更多些。这部极具政治地位的《逼上梁山》曾经被毛泽东主席盛赞使"旧剧开了新生面"，是一部"旧剧革命的划时期的开端"②的作品，在1977年成为让全国剧界冲破"样板戏"，冲破现代戏的先锋。尽管，据刘雪涛回忆："演出后，反响一般，观众不太捧场。"③但它还是使古装戏曲的序幕被彻底拉开。

1977年至1978年，传统戏尚未全面恢复，排演一些具有鲜明时代特色

---

① 复排《逼上梁山》最初由当时的北京市京剧团团长金紫光提议，借纪念毛主席《在延安文艺座谈会上的讲话》发表35周年推出。金紫光是1943年冬延安《逼上梁山》首演时林冲的饰演者。从1977年2月起，金紫光等就开始整理剧本，李元春带人设计唱腔和表演，于5月在中山公园音乐堂演出了《风雪山神庙》《火烧草料场》《造反上梁山》三场，李元春、沈宝桢饰演林冲。后从上海紧急调回李崇善排演全剧，于9月11日上演。导演为李元春、赵炳啸、李慧芳、马彦祥。李崇善、赵世璞分饰林冲A、B角，其他演员有罗荣贵、赵炳啸、关静兰、冯万奎、刘永贵、张四全等。李崇善、关静兰录制了主要唱段的录音。赵世璞则在20世纪90年代初期还演出过。

② 毛泽东：《致杨绍萱、齐燕铭》（1944年1月9日），载中共中央文献研究室编《毛泽东文艺论集》，中央文献出版社2002年版，第278页。

③ 刘雪涛、刘景玉：《雪涛艺术流年》，学苑出版社2011年版，第121页。

的古装新编戏就成为一个安全的行为。所以，这一阶段，除了复排延安时期历史剧《逼上梁山》之外，新编历史剧《闯王旗》[①]也成为一部被很多剧团复排的作品。这部戏是由延安走出来的作家程云编剧，讲述了农民起义将领李自成被围困商洛之后，卧薪尝胆，并在这一过程中让动摇军心的将领们回心转意，最终将起义大业继续下去的故事。剧中，李自成妻子高夫人是一个推动情节的重要人物，她不顾自身伤痛，赶绣闯王旗，在人心动摇的关键时刻将闯王旗送至逃跑将领手中，感化了部属，化解了危机。在观念上，其实《闯王旗》与《逼上梁山》的创作相比并没有太大的突破，闯王旗这面旗帜被赋予了强大的精神感化力量，主题先行，口号说教式的创作思维使得该剧上演后依旧"反响不大"[②]。总体而言，《闯王旗》还是一部思想解放风气未开之下的戏曲作品。但是，在当时，古装戏《闯王旗》被汉剧、京剧等剧种搬演上舞台，已经是一种破冰的信号。

重庆市京剧团也排演了这部戏演，沈福存在其中饰演主角李自成。这一角色成为转折交替之际沈福存挑战的古装老生形象。经历了将近10年现代戏角色的磨炼，沈福存在扮演李自成时已经驾轻就熟，不仅扮相成熟稳重，而且在表演上也引来阵阵叫好。他的大段二黄唱段"卧薪尝胆待黎明"，唱来举重若轻，即使是高调门，也丝毫不失韵味，这使得《闯王旗》（图7-6）成为沈福存老生行当的又一代表作。

与此同时，上级指示可以恢复上演传统戏了，京剧团随即复排传统戏《大破天门阵》，沈福存再次披挂上阵，在剧中饰演了杨六郎。《辕门斩子》

---

① 《闯王旗》讲的是明崇祯十一年（1638）冬，李自成义军被围于潼关南原。李妻高桂英率少数兵将奋力冲杀，吸引官军，掩护李等突围进入商洛群山。高夫人进入崤函深山，忍着伤痛赶绣闯王旗，迷惑官军，使其不敢进攻商洛。李自成在商洛山中垦荒练兵，伺机再起。部将郝摇旗所部难耐艰苦，想拉走人马，几至引起内部残杀。李自成以宽阔的胸怀，义送摇旗部离去。半年之后，义军发展壮大。高夫人、郝摇旗从崤函、南阳各率精兵，高举闯王旗，昼夜兼程奔赴商洛与李自成会师，痛歼来犯官军。三面闯王旗迎风招展，起义斗争踏上了新的征程。本剧取材于姚雪垠的长篇小说《李自成》，程云编剧，由北京京剧团集体改编，吴凡执笔；导演：樊放；唱腔设计：李慕良、邹工甫、阎元靖、沈玉才、何顺信；音乐设计：樊步义、赓金群、刘玉泉，由赵燕侠、李和曾、袁世海等人演出。

② 刘雪涛、刘景玉：《雪涛艺术流年》，学苑出版社2011年版，第121页。

图 7-6 《闯王旗》(1978),沈福存饰李自成

中著名唱腔"忽听得老娘亲来到帐外"将杨延昭见到老娘,对老娘刀下留人的请求先委婉拒绝,再耐心解释,继而慷慨陈词唱得丝丝入扣、层次分明,而老生【娃娃调】更需要老生的功力,【快板】节奏快而稳,最后"叫焦赞……"嘎调更是拔地而起,一飞冲天。沈福存将这一著名的高派剧目诠释得十分到位。(图7-7)在20世纪70年代末期,无论是"样板戏"中的老生角色,还是古装戏、传统戏中的老生角色,都被沈福存演绎得越来越纯熟。他在观众心中的位置越来越稳,也不再被同行无端质疑。碎片十年,男旦被抑制,但是沈福存就是有毅力,有能力,通过挑战老生行成就了自己的另一个艺术界碑。这恐怕是常人难以企及的!

但毕竟他演的还是老生,对于沈福存来说,心中那个蛰伏许久的青衣情结还在蠢蠢欲动着。他暗自揣度,传统戏恢复上演了,会不会是一个文艺政策放宽的信号呢?接下来的政策会不会再宽一点呢?想到这里,他自己也是茫然的,不知道未来还有没有希望重操旧业唱回旦行。

1978年10月,一个消息让他云开雾散,著名京剧表演艺术家张君秋先生在北京公演了《望江亭》[①],张君秋在剧中饰演谭记儿。男人终于可以演旦角了!这个消息恍若一声春雷惊醒了沈福存。他彻底坐不住了,漫长的蓄势等待就为了这一刻,男旦艺术真的开禁了!那一刻,在沈福存心中积蓄了十年的力量化作了一个最执拗的念头:改回旦行!这个决定对于大多数来说人恐怕是难以理解的,因为,经过将近十年的锤炼,沈福存已经在自己的小圈子里坐稳了老生头牌的位置。此时,大部分人会选择自己的舒适区,但是沈福存不这样想,他选择再次跳出舒适区。这恐怕是自古至今梨园行绝无仅有的!

厉慧森得知沈福存的决定后,力劝他要慎重。因为厉慧森深知京剧演员行当之间的壁垒有多高。几年的锤炼,沈福存在老生行已经很有观众缘,现在突然从大嗓改回小嗓,不仅道路是艰难的,而且他担心沈福存的这一决定葬送掉他刚为自己打下的江山。沈福存在仅以微笑回之,并开玩笑地比喻:唱老生,他顶多是省级粮票,而改唱旦角,则是全国粮票。这份在人

---

① 1978年10月,58岁的张君秋在中国戏曲学院排练场上演了恢复加工后的《望江亭》。这次"内部演出"在社会上引起了很大震动。

图 7-7 《辕门斩子》(1985，贵阳)，沈福存饰杨延昭

生的十字路口对自我认知的笃定和清醒，难道不是一个人最大的能力吗？

1978 年或许对于所有中国人都意味着复苏和希望。对于沈福存而言，他的复苏和希望就是十年来内心积蓄的力量终于可以毫无顾忌地喷薄而出了，他似即将冲出水面的蛟龙，以行动向世人宣告自己的华丽转身。

沈福存，他要成为那个具有更大影响力的"全国粮票"，他要唱给全国的观众听！

第八章　惊动伶界

第一节　重回旦行

与旧梨园界，几乎每一个大角儿身边都围拢着一个出谋划策的"智囊团"不同，沈福存从少时登台起就是一个人的征途，除了刚入科班时师傅对他青衣、小生两门抱的归行认定之外，之后每一次的人生际遇都是在其自我意志的驱使之下完成的。

20世纪下半叶，从1949年到1978年，时间整整跨越29年，也是沈福存从14岁到43岁的人生岁月，这个年龄段正应是京剧男旦艺术生命最好的年华，这或许是沈福存最大的不幸。天赋卓越，假使遇到的是一个良好的环境让其天赋发酵，属于沈福存的人生或许就会完全被改写。可惜的是，这29年，波诡云谲的环境和急剧变化的时代思潮让每一个人都如履薄冰，而沈福存始终有一个心锚在默默指引着他，那就是他的青衣梦。幸好，一路前行的路上，沈福存还有无数的朋友、票友、戏迷们支持他。

1978年，步入不惑之年的沈福存隐约看到时代风向的变化后，迅速做出了重回旦行的决定，面对好友劝阻，大多数同行不看好，沈福存将想法说与了自己一直尊重的大姐——重庆市文化局局长黄启璪[①]。黄启璪大沈福存两岁，同为木洞人，二人有了更近一层的同乡情谊。她性格温润又坚定，对人有耐心，会做思想工作，是个非常懂得人心的好领导。所以，当

[①] 黄启璪，女，汉族，祖籍重庆巴县，1933年11月23日出生于湖南常德，曾任四川省文化局副局长、党组副书记。

沈福存说出自己的想法后，黄大姐表示出了十二分的鼓励："你演一演试试看嘛！"黄大姐的这句话让他顿时信心倍增，于是，沈福存坚定了重回旦行的决定，重庆戏界的男旦舞台也由他重启。

彼时，沈福存一边继续在舞台上演老生角色，如《闯王旗》中的李闯王，《辕门斩子》中的杨延昭，一边开始着手旦行戏的排演。作为土生土长的重庆人，沈福存很敏锐地感知到，趣味性是京剧传统戏中的一个闪光点。看了10多年高亢昂扬的"样板戏"，观众一定是有审美疲劳的，而看戏的诉求本该是娱乐。沈福存经过深思熟虑，在恢复传统戏上演之后，选择了《凤还巢》这部轻松热闹的喜剧作为复排首演剧目。其实，从这一关键节点的剧目选择，就可以看出沈福存的艺术思维和智慧：一切从观众需求的角度出发去思考问题，这是他不曾更改的创作方向。

看过《凤还巢》①这部戏的人，大多会被剧中程雪雁、程雪娥这对反差极大的姐妹惹得捧腹。接二连三、一波三折的误会促使剧情跌宕起伏，充满了巧合和误会，而生旦净丑加上才子佳人的模式，让全剧自始至终贯穿着轻松幽默的喜剧气氛。这部戏最早于1928年4月6日由梅兰芳排演，首演于北京中和戏院。一经演出就广受观众欢迎，无论是内容情节上，还是行当搭配上，都具有极大的观赏性。可以说，这部戏最大化地承续了中国传统戏曲的喜剧精神——无奇不传、误会巧合、幽默诙谐、皆大欢喜。

从另一方面来说，《凤还巢》在唱段的设计上十分克制，作为程雪娥这一角色，具有代表性的唱段其实仅有第五场【西皮导板】转【慢板】的"日

---

① 《凤还巢》讲的内容是明朝末年，侍郎程浦告老还乡。他有二女：夫人生女雪雁，貌奇丑；妾生女程雪娥，美貌聪明，程爱其如掌上明珠。程浦与宗皇朱焕然游春，遇故友之子穆居易。程喜穆居易翩翩少年，欲为雪娥择婿。程寿辰，穆来拜，留宿书馆。入夜，夫人命己女冒雪娥名去书馆会穆。穆见其丑，误以为程骗婚，连夜逃走，途中遇到朱焕然，朱赠银马。程正忧穆生去向不明，适逢朝廷起用，只好离家奉旨出征。垂涎雪娥已久的朱焕然得知穆逃程去，乘机冒穆名到程家迎娶。夫人信以为真，即以雪雁代嫁。洞房中，两人发现对方全是冒名顶替，虽后悔莫及，却有苦难言。这时，强盗作乱，夫人去朱家避难，雪娥因朱行为不端不肯随往。不久，程浦平定贼寇，接雪娥至军中。穆也从军至此。程又重提婚姻，穆坚决拒婚。元帅洪功及周监军强给主婚，穆不得已说明程女黉夜私入书馆等情。程知穆误会，坚持完婚。洞房中，见雪娥貌美，确非私入书房之人，穆大喜。雪娥却因穆拒婚，委屈非常，在穆一再谢罪之下，才转悲为喜，终偕伉俪。

前领了严亲命"、第十场【南梆子】"她明知老爹爹为奴行聘"和第十四场【原板】转【流水】"本应当随母亲镐京避难"的三个唱段。就一出整本大戏而言，这些对于主要人物唱段的安排并不算多。所以，这样一部演起来并不吃重，又很有观众缘的戏，无疑于观演双方都是有利的。

不过，其实对于沈福存来说，上演《凤还巢》还是为了圆他自己的一个梦。这要从一张剧照说起。

自沈福存初登舞台之后，就经常看慧敏师姐演《凤还巢》这个戏，这个戏因为旦行唱段不多而在梨园行常常被称为青衣的"歇工戏"。但是，如此戏剧性的情节设置，阴错阳差的剧情，倒是常常令这个在旁边偷艺的沈福存也是忍俊不禁。沈福存无法掩饰自己对《凤还巢》的喜欢。在他心中，恐怕最遗憾的就是自己没有机会亲眼看到梅先生的程雪娥，所以，但凡与梅先生的《凤还巢》有一点蛛丝马迹的东西，他都不会放过。

1953年，通过跟着梅兰芳先生的唱片学习，加上对梅派极其谙熟的沈啟和的梳理，沈福存第一次正式登台演《凤还巢》。1958年，沈福存在湖南演出之际，一个很偶然的机会，在地摊上发现了一套梅兰芳先生《凤还巢》的剧照。其中一张，梅先生右手前指，左手捂着嘴笑，一种略显狡黠，又很可爱的笑意定格在那里，这张照片瞬间吸引了沈福存。程式的运用和内涵的表达融于一体，这个笑意究竟出自哪一个场景呢？已经演过程雪娥的沈福存对于这张照片念念不忘，这个悬念也由此在他心中成了心结。

在旦行的艺术道路上，默戏、揣测始终是沈福存精进自己的方法之一。一晃20年过去了，这个问题一直盘绕在他的心中没有消退。1978年，在那个回归旦行的准备阶段，有一天，他突然灵光闪现，意识到这个不失美感，又极具意味的笑容或许出现在程雪娥得知姐姐被朱千岁冒娶之后的那一段场景中。庶出的程雪娥，在家中虽然有父亲的喜爱，但是大娘对她并不算好。父亲出征，原以为大娘擅自做主将亲生女儿程雪雁嫁给了自己中意的穆公子，结果，丫鬟告知，原来是朱千岁冒名娶亲，将姐姐娶走，于是，歪打正着，程雪娥内心窃笑，此时的她还有一句念白："大娘啊，大娘！如今你是枉用心机了。"于是，沈福存将那张照片上的表情就放在了这里。

沈福存悄悄投入恢复旦行演出的练功之中，他在家中练小嗓、走台步、恢复身段。1978年年底，沈福存仅用了一个多月的时间便将《凤还巢》搬上了舞台，沈福存饰演程雪娥，王宗龙[①]饰演穆居易，厉慧森饰演朱千岁，周应伟饰演程雪雁，还带了两位年轻演员——陈开群、杨金仙以AB组形式同演此剧。那是一个人人对传统戏都很渴望的年代，沈福存的《凤还巢》一经贴出，就迅速引爆了重庆戏界，重庆市京剧团实验剧场的票房门口，买票看戏的长队可以绕好几个弯子。这无疑是当时重庆京剧界的一个大事件。

沈福存的复出，创造了中国当代戏曲表演史上的奇迹。很难想象，一个青衣能在十年之内由"旦"改"生"，又由"生"改"旦"。这成了一个被戏迷津津乐道的话题。当然，"沈福存""《凤还巢》"这两个关键词就足以引得人们趋之若鹜。前者，是"文革"期间，由旦转生，把"样板戏"李玉和唱出彩儿的沈福存，如今竟然又将由老生转旦。"四川梅兰芳又回来啦！"人们纷纷奔走相告。而后者，《凤还巢》是一部十多年未曾上演的传统喜剧，用"久旱逢甘露"来形容那时重庆人看到海报后的心情，并不为过。

果然，沈福存的《凤还巢》大获成功，盛况空前，在当时演了一百多场。沈福存重回旦行的"第一炮"反响热烈，一位朋友兴奋地告诉他："福存哪，看了你的戏，感觉你已经从必然王国走到自由王国了！"《凤还巢》（图8-1）成功之后，给沈福存走向全国增强了信心，也为他的未来打下了基础。

1978年年末，中共十一届三中全会召开，"解放思想、实事求是"的号召打破了过去十年一元话语独霸天下的局面，所有人都仿佛从梦中醒来，如饥似渴地求知与学习成为风尚。在此社会大环境下，一向自认为闭塞，也没有机会走出去的沈福存萌生了出去看看的想法。他向团里打报告提出考察的申请，得到了团里的支持后便马不停蹄准备。自京剧繁荣，尤其是民国以来，伶人的戏码头少不了武汉、北京、上海这三个重镇。1965年，

[①] 王宗龙，重庆市京剧团"五八级"学员，小生行。

图8-1 《凤还巢》，沈福存饰程雪娥

他曾经因为《嘉陵怒涛》的唱腔设计在北京京剧团待了小半年，于是，这次他选择了北京以外的沙市、武汉、南京、上海几个城市。在武汉，沈福存看了李蔷华和王婉华的《白蛇传》，还应武汉军区胜利文工团的邀请讲了一次课。再赴江苏和上海。在上海，童芷苓①、汪正华②、李丽芳③等名伶的表演令他获益匪浅，尤其是舞台上童芷苓的《红娘》，那种收放自如，节奏起伏，雅俗得当，不能说对沈福存接下来的艺术之路没有影响。

其实，不同阶段的沈福存都在给自己寻找那一个旦角的标杆，从20世纪40年代他因梅兰芳的一张唱片而入蛊京剧，到50年代末对张君秋无限痴迷，后终于在70年代末从童芷苓这位主工荀派，也擅演梅、尚、程派的坤伶身上，欣喜地印证了自己以往的艺术追求，既学流派，又不为流派所拘，沈福存一直在思考——流派究竟应该如何促进自己的艺术发展。晚年的时候，他在一次采访中戏称自己为"自由派"，足可以见得沈福存的艺术观念是提倡博采众长、融会贯通，反之，他认为死学流派、学死流派对京剧发展是有伤害性的。

20世纪70年代末，步入不惑之年的沈福存经历了小生、青衣、老生的交替淬炼后，在艺术上已然成熟。所以，当他看到童芷苓这样转益多师、集各家之长的大角儿，自然是被深深吸引，尤其是童芷苓在舞台上那扑面而来的生活气息让沈福存感触颇深。戏应该是这样的！童芷苓的表演深深地印在了沈福存的脑海中。戏曲理论家朱文相先生曾经用"深入浅出"赞叹童芷苓的表演，所谓"深入"：在于"她对于流派的继承和发展，对于话剧、电影表现手法的借鉴和化用，都是从戏情戏理以及人物的性格、内心世界出发来取舍扬弃的，既博采众长，又精研善择，并使之融会贯通"。而所谓"浅出"："是她在把握住人物的分寸感的同时，极为注重突现人物

---

① 童芷苓，原籍江西省南昌市，生于天津，著名京剧表演艺术家，京剧女演员，工旦。
② 汪正华，京剧老生。1939年入上海戏剧学校正字班，习老生。1950年，汪正华在香港拜马连良为师。后来悉心钻研杨（宝森）派艺术。
③ 李丽芳，京剧旦角演员。少年时跟随姐姐李慧芳刻苦学艺，成为上海天蟾舞台的台柱，后参加军委总政京剧团，经受了革命部队的多年锤炼。转入原中国京剧院四团，并随团支援大西北成立宁夏京剧院。20世纪60年代中期，李丽芳调往上海京剧院，担纲扮演了现代京剧《海港》中的方海珍。

的内心节奏……即使是对剧情一无所知的观众,也能通过她的念做,体察到人物隐微的心绪,从而被'拢住神'、被'带进'戏里。"①这种深入浅出的表演方法与沈福存的艺术思想不谋而合,其实也正是沈福存在他后来的作品中实践的方法,这种方法尤其在奠定沈福存一生艺术的代表作"三出半"②中得到了充分的体现。

  回到重庆不久,沈福存就开始与王慧群着手加工整理《王宝钏》。在这部戏中,沈福存对旧有的版本做了一定程度的改进。首先是王宝钏的出场。既然名为"武家坡",沈福存即把这个舞台想象成了一个有高低起伏的坡地,远处是一丛树林,这就有了环境的想象,而这种对环境的想象自然会影响到演员的表演。当王宝钏以【导板】出场时,薛平贵自然不是傻傻地立在那里,更不是因为没他的戏就草率下场了。反之,在王宝钏唱完【导板】接唱【慢板】时,薛平贵四处张望这旧日的环境,望向下场门那十八年前的树林,此时再自然而然地下场。而王宝钏则以表情、手势、动作等形式表现人物所处的自然环境,有邻里之间的搭讪,有斜着身子表示斜坡的台步,有小锣的一敲示意军爷撒下的马匹,如此,整个舞台就活了起来,戏也跟着生动了起来。《回窑》一折也是沈福存创新之重点。这场戏在他人的演出版本中容易被忽略,因为戏剧矛盾解决了,无戏可看了。但沈福存的心思是没到最后一刻,自己决不能懈怠,也不能让观众的神散了。所以,在这里沈福存的表演是:当薛平贵说清了身世后,王宝钏很难过,唱道"不如碰死寒窑前",她又气又恨,而此时薛平贵上前扯了扯她的衣袖,王宝钏的气顿时也消了!在沈福存眼中,女性的宽容贤德,以及夫妻情谊是不会随着时光减损的。最为引爆剧场的是,王宝钏唱着"用手搀起无义汉",扶起薛平贵,进窑,眼皮下耷,背身,用水袖掸掉了薛平贵膝上的土,这一系列细微的小动作,引得观众叫好声不断。

  沈福存在晚年之时有一句颇有意味的话,值得所有戏曲人思索:"有人说,过去老先生没有这样演啊?是啊,过去老先生还没看见过彩色电

---

① 朱文相:《深入浅出——赞童芷苓的精湛表演》,《戏剧报》1983年第6期。
② 沈福存先生将自己的代表作《玉堂春》《凤还巢》《王宝钏》《春秋配·捡柴》称为"三出半"。

视呢！老先生好的，我们一定要学，他们没有来得及想到的，我们就应该创造。"①

20世纪70年代末80年代初，对于沈福存来说最好的兴奋剂就是给他舞台，让他演戏，让他创造！

全本《玉堂春》②是沈福存继1978年《凤还巢》、1979年《王宝钏》之后排演的又一部大戏，因为，这部戏不仅是长久以来观众熟悉喜欢的一部戏，而且也是所有旦行的必演剧目。但是，有代表性的"四大名旦"以及张君秋等旦行大角儿，在大多数时间里对《玉堂春》的演法皆有不同。比如，梅兰芳以唱功为胜，张君秋依循梅；程砚秋仅演《起解》《三堂会审》；尚小云是《起解》接《三堂会审》，至《监会》《团圆》；而荀慧生则全须全尾的《玉堂春》，自《嫖院》始至《团圆》终。沈福存初登舞台之际，也是依循梅派，仅演正宗的青衣戏《起解》，但是，1962年在贵州与刘映华学习并演出了《嫖院》之后，他对全本《玉堂春》生出了极大的兴趣。于是，在1978年计划将《玉堂春》重新搬上舞台之时，沈福存心中谋定的就是全本。这一方面自然是出于对观赏性的考量，而另一方面则源自43岁的沈福存对自己的信心。

山城重庆是一个在川剧土壤下生成的城市，地缘决定人的性情，重庆观众更喜欢喝着茶，享受昆、高、胡、弹、灯多声腔杂糅的川剧，那种更具生活气息的烟火气，是戏曲与当地人的情感共鸣点。京剧相对于川剧更

---

① 安志强编著：《水滴石穿：沈福存的艺术人生》，新星出版社2009年版，第120页。

② 《玉堂春》，最早是由梆子剧移植而来，初仅《女起解》（相对于《男起解》而言，即《秦琼起解》）一出，后参照梆子剧《破镜圆》传奇编演了《三堂会审》，而把全本《玉堂春》搬上京剧舞台，最早是20世纪20年代（1925年之后）的事情。当年"五大名伶"中，除梅兰芳之外，程砚秋、尚小云、荀慧生、徐碧云皆编演过全本《玉堂春》。程本出自罗瘿公之手，尚本出自溥绪（清逸居士）之手，荀本乃陈墨香所编，徐本则为贺芗坨所编。他们所演的全本，均因主演的路数不同，而各有侧重，但情节大体是相近的。其中，徐本《玉堂春》有王金龙挂帅出征、火焚玉堂春等一系列曲折情节，但是已成绝响。至今流行的演法为：单演自《嫖院》至《赠金》者名为《关王庙》；单演《起解》者名《苏三起解》或《女起解》；单演《会审》者名《三堂会审》；而自《嫖院》演至《团圆》者则名为全本《玉堂春》。

雅致、更大气，也许是地域文化不同，当地人对京剧的接受度没有那么高，浸润重庆戏坛30余年的沈福存早已意识到了这一点，所以，趣味性始终是他着力挖掘的点。

全本《玉堂春》从《嫖院》到《起解》《三堂会审》，再到《监会》《团圆》，这样的情节一来利于不熟悉京剧的观众完整欣赏苏三的传奇经历，所谓一波三折、引人入胜；二来利于展现苏三这个人物的情态变化，从情窦初开到被诬陷入狱，再到夫妻团圆，情感的大起大落成为观众的看点。如果说《起解》《三堂会审》体现的是唱腔的经典性，那么真正体现趣味性的地方还得看《嫖院》《监会》《团圆》。

在那个年代，传统戏虽然得见天日，但是《玉堂春》已经有十数年没有在舞台上出现了。当年他跟映华大姐学的是荀派的《嫖院》，但是，在"左"的时代风气下，《嫖院》被认为思想不健康而早不见踪影，所以，找到全本中《嫖院》的剧本才是首要的。

那一段时间，沈福存几乎连做梦都是关乎戏的，为了把《嫖院》更好地立在舞台上，他四方求助业内朋友，寻访关于《嫖院》的任何蛛丝马迹。有成都的朋友凭借记忆给他写来了提纲，有的朋友则给他口述了一些身段和唱腔，就这样在东拼西凑之际，似乎冥冥之中上天也在助他——1979年一次偶然的机会，沈福存从南充京剧团的一位老艺人手中觅到了一本泛黄的全本《玉堂春》的旧本。旧本中虽然有不少芜杂的，甚至是过火的唱词，但是苏三出场时的两句引子却吸引了沈福存的注意力——"误落烟花终身恨，天涯何处觅知音"。这两句在荀派的《玉堂春》中是作为念白出现的，但是这两句戏眼仿佛一下子让沈福存找到了苏三这个人物更清晰、更明确的定位。他的《玉堂春》就以追求纯真爱情的苏三为主线来贯穿全剧。

在重新整理修改这个旧本时，沈福存不仅去掉了"关王庙相会""落风坡"这些不洁的段落，而且还着力让苏三的心理逻辑更清晰，在唱腔和表演上有更多的突破。这个苏三首先是善良的，被爹娘卖入娼门之后，是不情愿应酬的，只有在此种情形下邂逅俊俏书生王金龙，惹得苏三一见钟情，之后被诬陷，以及与王金龙公堂相遇等情节才引人同情。在沈福存看来，《嫖院》中的苏三实为全剧立了一个基调，这个苏三是值得怜悯的，是幽怨的、善良的。所以，他的全本《玉堂春》演来与荀派的花旦演法是决然不同的，他采用了花衫的演法。

今天，我们看到的沈福存版的《玉堂春》显然是在吸收各大流派优长之后，与众不同、独具沈氏风格的一种表演版本，无论是在《嫖院》之中，还是在《三堂会审》《监会》中都显现出他更多的自我创造。沈福存所有的创造都是为了将这个人物演"活"，是围绕着人物、情绪、心理节奏而表现出的细节，正如他自己所说："我的这些表演、唱腔，剧本里都没有，拿着剧本，演员要在这里面找戏才能把它唱活了。"[①] 他在《监会》一场为苏三见到王金龙时所创编的唱腔【二黄导板】"见三郎不由我悲喜不尽"和【西皮流水】"想起当年落娼院，幸遇三郎订姻缘"，后来还被收录到《京剧著名唱腔选》中，辑录唱腔的按语这样写道："沈福存演唱的《玉堂春》宗张派，本集选录的【二黄】是'监会'一场的主要唱段。唱段虽是新设计的，但因旋律和演唱的处理均吸收了张派的精华，听来仍是张君秋的风格。【回龙】里的'会亲人'三个字，婉转、低回、缠绵、悱恻，倾吐了苏三的一腔苦水。【原板】里'到如今我遭陷害监禁狱门'一句，糅进了【四平调】，更见沉郁哀婉。'法堂上，你好威风，不认我身装路人'用垛句唱，接着在'你好狠的心''心'字上用了个大腔。词意和唱腔虽属悲怨乃至愤恨，但经过沈福存的处理，听来似乎又有一种抑制不住的兴奋和爱怜。演出时，每当唱到此处，均能引起观众共鸣。"[②] 可见沈福存的创造能力。他能将前人唱腔的风格、神韵保留在自己的创腔中，继而在此基础上进一步生发出人物的细腻情感和唱腔的撩人特色，这在他的全本《玉堂春》中是有目共睹的。

1979年，全本《玉堂春》（图8-2）终于在重庆市京剧团上演了，贴出的阵容是当时重庆市京剧团的最佳阵容：沈福存饰演苏三、朱福侠饰演王金龙、厉慧森饰演崇公道、王福在饰演老鸨、戴福铸饰演沈彦林、陈慧君饰演刘秉义、王锦声饰演潘必正。三个半小时的全本，一气呵成，台上

[①] 安志强编著：《水滴石穿：沈福存的艺术人生》，新星出版社2009年版，第69页。
[②] 张建民、吴germany礼、孙以森、常静之编：《京剧著名唱腔选》（中集），人民音乐出版社1985年版，第296—297页。

图 8-2 《玉堂春·二公堂》（1982），沈福存饰苏三

的沈福存颇具大家风范，规整且典雅。当然，也有一些很生活化的表现，在"十六岁开怀……"一场的表演中，沈福存更是试探性地把自己的一些独家创造搬上了舞台，如害羞窘迫不知所措时，用耍发辫的动作来表现；说到"我那三郎……"时用手比三暗示王金龙；在公堂上起身时，用踉跄揉腿的生活化表演来展现人物的细节。这些在前辈的表演中没有，属于沈福存的独一无二的创造让这个"苏三"首先在重庆山城的观众中口口相传。谢幕时，观众们兴奋地吼着、叫着，鼓掌声、喝彩声交织着，那股热浪恨不得把剧场的屋顶掀翻。这是沈福存将自己这数十年来深钻戏曲、深钻生活、深钻观众的所有积淀倾泻而出的结果。44岁的沈福存，享受着这股潮涌般的热浪，也同样难掩兴奋、激动，他感觉自己的青春又回来了，他的舞台生命又回来了……

第二节 寻找琴师

趁着《凤还巢》《王宝钏》《玉堂春》的火爆上演，沈福存开始整理决定其艺术高度的另一部传统戏——《春秋配》。此时，他正因为一个积蓄了数十年但亟待解决的问题而越发烦恼，那就是他需要一个专属于自己的琴师。

关于京剧的场面[①]有句行话，即："鼓为令、琴为导，其余相辅。"一个好"角儿"要想把戏唱好、唱爆，与乐队的水乳交融是分不开的，尤其是在文戏中，演员与琴师配合的重要性更是不言而喻。在一定程度上来说，好的琴师不仅仅要为"角儿"托腔保调，他还是创腔过程中的重要参与者，是舞台上演员表演过程中气氛渲染、情景描绘、人物心情烘托、表演节奏把握、音响效果呈现的重要合作者，他是体现"角儿"之演唱风格的核心人物。如果说台心的那个"角儿"是绚烂的花朵，那么，琴师就是渲染花朵之美的绿叶，表面上是陪衬关系，其实谁也离不开谁。所以，旧时梨园界的名伶无一不拥有着与自己长期合作的专属琴师，恰如梅兰芳之徐兰沅和王少卿，马连良之李慕良，杨宝森之杨宝忠，张君秋之何顺信，等等，无一例外。20世纪70年代末，虽然沈福存声誉日隆，创作力越来越旺盛，观众对他的喝彩声也一浪高过一浪，但遗憾的是，京剧团对他似乎并没有足够的重视，这从他始终没有专属琴师可以略窥一二。这种不平衡的现象，在旧时的梨园界是罕见的，但是在国有制的戏曲院团内，或许并不少见。

对于沈福存这样一位在团里不太受器重，却又一心迫切钻研业务的演员来说，没有专属琴师的痛苦就只能深藏在心里。

20世纪50年代初，沈啟和被四川票友界称为"成都梅兰芳"，沈福存曾慕名结识，二人互相学戏，结为好友。因为沈啟和谙熟梅派唱腔，且会记谱，加之拉得一手好胡琴，揣着自己的小算盘的沈福存有心将其介绍进入了京剧团。进入京剧团后的沈啟和开始同时给当时的团长厉慧敏和沈福存拉琴，二人一坤旦、一乾旦，青衣戏基本重叠。但是令沈福存始料不及的是，沈啟和最终成为厉慧敏的丈夫，自然而然也就成了厉慧敏的专属琴师，沈福存落得个竹篮打水一场空，只得重新寻觅合适的琴师。

1961年、1962年之交，沈福存在一次票友活动中邂逅了一个叫汪通

[①] 场面，旧时将京剧伴奏的乐队称作"场面"，场面又分为文场和武场。文场以胡琴（又称京胡）为主奏乐器，伴以弹拨弦乐、吹管乐器，拉、弹、吹兼有；武场以鼓板为主，小锣、大锣次之。兼擅武场乐器和文场乐器，俗称"六场通透"。

明[1]的人。这个人本不是专门的琴师，他是宜宾马帮队老板的儿子，家境富裕，人又很聪明，喜欢京剧，拉得一手好胡琴。沈福存比汪通明大3岁，沈福存认识他后，把他介绍进了重庆市京剧团。汪通明拉京胡，与会拉二胡的票友沈启和一起，专门给厉慧敏和沈福存做场上伴奏。纵然是这样并不算专业的组合，晚年的沈福存回忆起那段时间也是满足而开心的。可是这样的搭配很快因为沈启和与厉慧敏结为夫妻而化为泡影。后来，汪通明和戴祖贵成了为沈福存拉胡琴和二胡的固定搭档，但是，又遭遇上了特殊的十年，这位不拘小节的汪通明因"偷听敌台"的罪名被捕入狱，最后不明不白地冤死。真正是造化弄人！其实，无论是沈启和还是汪通明，无疑都是沈福存从票友堆中挖掘出来的宝藏。可惜，在那个年代，二人纷纷遭遇不测，一个被关进了牛棚，一个冤死狱中。

这两次有心栽花的遭际让沈福存对寻找琴师一事变得心灰意冷。因为将沈启和与汪通明介绍进了京剧团，让沈福存在"文革"时期落下个"给重庆市京剧团招收了两个特务"的话柄。爱才而不得是那时的沈福存遇到的最大的阻塞。

在很长的时间里，京剧团中如厉慧敏、厉慧兰这样的头牌演员都有自己的专属琴师，但是，早已挑起大梁的沈福存却没有如此待遇。在将近30年的岁月中，京剧团里给沈福存操琴的人如走马灯般轮换，汪少亭[2]、沈启和、汪通明、孙大龙[3]，来来走走。大多时候沈福存是与别人共享琴师，习惯了隐忍的沈福存倒也从没说过什么，但是，不得不说，这些都在积攒着沈福存内心的不满。神奇的是，纵然条件并不优越，沈福存还是靠着自我成就，从技艺成熟到观念成熟，20世纪70年代末终于在西南地区成为观众心中公认的好角儿。一个演员遭受如此的挤压，却又有如此的成就，这在当代梨园界堪称奇迹。

1978年之后，随着沈福存创作热情高涨，拥有一个亲密无间、配合默

---

[1] 汪通明，1962年进入重庆市京剧团，"文革"期间被当作特务抓入监狱，后因越狱被打死。"文革"后据调查是一起冤案。

[2] 汪少亭，厉家班琴师，与裘盛戎的琴师汪本贞为师兄弟。

[3] 孙大龙，重庆市京剧团琴师，专门为厉慧兰、孙志芳操琴。

契的琴师迫在眉睫，于是他有了干脆自己来培养一个琴师的想法。数十年来，外在环境从来没有善待于他，但是沈福存就是那一个在石缝中顽强生长的人！

此时，年轻的刘成煌[①]进入了他的视野。1976年，沈福存随重庆市京剧团"七零级"学生一起创排悼念周总理的短剧时，由当时还是学生的刘成煌伴奏，那时饰演邢台老人的沈福存就注意到了这个机敏好学的孩子。而到了"文革"尾声，重庆市京剧团排演"样板戏"《磐石湾》，团里照例分了AB组，刘成煌作为学生辈自然是在B组。那时才不到20岁的刘成煌资历虽浅，人却很聪明，当师长辈的琴师因为各种原因不能上场时，他都仿佛初生牛犊般顶得住场，这一切都被沈福存看在眼里。或许是自己的从艺经历很坎坷，沈福存从来对聪明好学的孩子都是不吝啬的，渐渐地，两个相差20多岁的人自然而然越走越近。在刘成煌眼中，沈老师最喜欢和三五个年轻人邀约聊天、喝酒，他们之间没有丝毫年龄的代沟感。

1980年后，随着全国的古装戏、传统戏逐渐恢复，随着沈福存的《春秋配》和《生死恨》重排上演，年轻的刘成煌由辅助逐渐到全面接手沈福存的剧目。从此，二人开始了长达大半生的稳定合作。经历了漫长的波折，沈福存终于实现了自己最初的愿望——拥有自己的琴师，对京剧伶人来说寻常得不能再寻常的配置，沈福存竟然一等等了20多年。

刘成煌聪明，沈福存觉得他孺子可教，但是，刘成煌也年轻气盛，这一老一少的搭档同样需要漫长的磨合。在创作中，如果伴奏出了问题，沈福存总是能够精准而到位地拿出解决方案，而在排练和演出中，纵然是在专心琢磨人物的沈福存也能迅速捕捉到伴奏的小错音，这种敏锐度总是令所有在场的创作者心生敬意。早已饱经风霜的沈福存以自己的圆融含蓄和对艺术的执着彻底让刘成煌心服口服。随着《凤还巢》《玉堂春》《王宝钏》《春秋配》《锁麟囊》《生死恨》等传统戏陆续整理上演，沈福存赢得的掌声、喝彩声越来越多，刘成煌也感受到了面前这个平易近人的沈老师"角儿"的魅力，以及艺术的超拔。

[①] 刘成煌，琴师，一级演奏员。1970年考入重庆市京剧团学员队，1975年毕业。先后师承汪少亭、李宝华、何顺信、万瑞兴等。

如今60余岁的刘成煌（图8-3）回忆起来，觉得自己的成长离不开沈老师的提携。排练场上，沈老师以他的"肉胡琴"一腔一调地教给刘成煌，一个过门，一个音怎么垫，什么地方要弱，什么地方要强，二人的默契就是在场上的心领神会之间达成的。最令他佩服的是沈老师的耳力和记忆力，那时没有录音机等记录工具，但是沈老师只要听过、看过，上了排练场必然能够用他的肉嗓"拉"出个八九不离十。那时，即使是在去外地演出的火车上沈老师都在不倦地教他。20世纪80年代初，那一段是沈福存生命中最高光的时刻，刘成煌见证了沈老师走到哪里红到哪里，一句唱一个叫好的盛况。而这一段令人难以忘却的时光也让他懂得琴师与演员搭配的重要性，什么样的琴师才是称职的、优秀的！

在刘成煌的眼中，在重庆这块地界上，像沈老师这样的"角儿"是绝无仅有的。他的超越性，他对旦行表演中"情"的理解，他的潜台词处理，

图8-3 沈福存、许道美（前右）与琴师刘成煌（后左）、黄一凡（后右）合影

他在创腔上的变与不变,都令跟随沈福存数十年的刘成煌看在眼里。厉家班的传统给沈福存打下了良好扎实的功底,加之其本身灵活变通的性格,使得他从来不是简单地模仿哪一个流派,而是将各个流派"拿来"为我所用,化于自己的表演中。所以,观众常常会从沈福存的身上看到"四大名旦",以及张派的影子,但他从来不是照搬式的模仿,而是在似与不似之间游走。因为,沈福存既有学谁像谁的能力,也有万宝归宗的格局。流派不是用来拘束自己的牢笼,而是用来滋养自己的土壤,从土壤中生出崭新的自己才是一个演员最终的目的。所以,在沈福存那里,即便是传统骨子老戏,也是在传统的基础上随着时代审美的变化而不断进行修改的,这种于细小缝隙中的独特创造是难能可贵的,也是独属于沈福存的。

从20世纪70年代末到整个80年代,是沈福存艺术生命中最闪耀辉煌的10年,也是刘成煌琴艺飞速成长的10年。改革开放的春风吹来,京剧男旦艺术彻底解禁,所谓顺势而发,加之沈福存与刘成煌渐趋默契的合作,沈福存终于迎来了他真正的春天。

第三节 从山城到全国

从沈福存不同的艺术时期来看,他其实从来不缺乏化被动为主动的能力,勤奋、悟性更能使他在同一个舞台上迅速从人群中脱颖而出。只是,不得不承认,生不逢时的他最缺少的还是更好的时代机遇和让他绽放光芒的更大舞台。沈福存的一生,艺术的辉煌期宛如花火一般,纵然是在逆境的暗夜中他也总能够给自己生出枯木逢春般的希望,更何况御风而行之时呢?如果说20世纪60年代沈福存西南行"杀野羊"的火爆,是他初尝观众对其艺术认可的一次"意外";那么,进入20世纪80年代,在全国任何一个地方,他的每一次登台所赢得的观众山呼海啸般的欢呼,则是沈福存磨炼自我之后,理应获得的观众对他的认可。所以,当时代和舞台一下子对沈福存敞开之时,真正属于他的机遇终于来到了!他的艺术生涯也瞬间进入高光时刻。

命运之轮在飞速旋转……

那时的沈福存虽然刚刚从老生行回归旦行，但是实质上与厉慧兰并列坐稳了重庆市京剧团生、旦行当的头把交椅。作为"厉家五虎"之一的厉慧兰自不必说，老生、老旦"两门抱"，虽"文革"中只能以老旦出演"样板戏"中的角色，但是传统戏恢复之后又迅速回归了老生行。而沈福存则不同，前有"厉家五虎"之一的青衣厉慧敏，后有"五八级"坤旦，生存状态始终逼仄。1979年后，可以说，沈福存真正站稳了重庆市京剧团旦行头牌的位置。一方面，只要贴出的是沈福存的青衣戏，剧场必定满坑满谷；另一方面，出于观众和市场的选择，曾经的旦行头牌厉慧敏已经不再贴戏，而是专心当团长了。机会总是留给有准备的人的，此时的沈福存在艺术上已经实现了破局。

1980年之后，全国传统戏彻底恢复，男旦终于不再被禁止，对传统戏曲拥有美好记忆的观众群体依旧健在，传统戏的市场犹如春风吹又生般再起。此时，沈福存与他的"胖弟"尚长荣[①]相遇了。

尚长荣，尚小云最小的儿子，经历了父亲的去世，自己也多年被剥夺舞台，伤痕尚存，此刻的他同样恍如大梦初醒。一个全新的社会将所有人卷入日新月异的时代交替之中，容不得任何人停顿。1979年，尚长荣39岁，刚刚接过父亲的接力棒升任陕西省京剧团副团长，陕西省京剧团百废待兴，正等待着他大干一场。那一年的12月，他率队赴重庆演出了新编古装戏《射虎口》等。也就是在这次演出间隙，他得知经历了长达十年的"文革"，重庆市京剧团居然还有一位男旦尚存，而且状态很好，戏很叫座，尚长荣兴奋异常，他立即点了沈福存的《三堂会审》，并决定带领全团人员观看。作为尚小云之子，尚长荣对京剧男旦在心理上的亲近感自是难以抑

---

① 尚长荣，原名尚叔欣，尚小云之子。一级演员，工净行。京剧表演艺术家，中国戏剧"梅花奖"获得者，首批国家级非物质文化遗产代表性项目京剧代表性传承人之一。1947年开始登台，10岁时正式学习京剧花脸。代表作品包括《黑旋风李逵》《将相和》《曹操与杨修》《廉吏于成龙》等。沈福存与尚长荣有着深厚的友谊，故亲切地称尚长荣为"胖弟"。

制的,在那个万物复苏的年代,步入艺术成熟期的沈福存进入了他的视野。也就是这一次,尚长荣认识了沈福存,从此,二人结下了一生的友谊,也为沈福存拜入尚派提供了契机。

那是一个下午场,戏码是孙志芳的《断桥》,沈福存的《三堂会审》,厉慧兰的《空城计》,大轴童志良的《挑滑车》。当44岁的沈福存出现在舞台上的那一刻,尚长荣竟难掩内心的激动。这不是人人捧角儿的京剧鼎盛期,这是经历了"样板戏"一枝独秀的70年代末,是男旦被禁、凋敝20年后的初晓,当沈福存唱着"来至在都察院,举目往上观"出场时,"都察院"一个甩腔和"观"字高音处的渲染,刹那间打翻了尚长荣心底对父亲的记忆之瓶。他竟然有一种恍如隔世之感,觉得此刻台上沈福存饰演的那个苏三仿佛与自己心中父亲饰演的苏三重叠在了一起。艺人总是感性的,舞台上沈福存那独属于男旦的绝美嗓音,将苏三表现得入情入理而不失千娇百媚,这触动了尚长荣心底最脆弱的那一根神经。在观众席的他,追随着自己的记忆,仿佛回到了那一段和父亲一同登台唱戏的繁华年代。

台上人搅动着台下人的心绪,以至血也沸腾了起来。冬日里的重庆,寒气笼罩着剧场,唯有舞台上演员呼出的气息是热的。当沈福存唱到苏三接受潘必正、刘秉义轮番审问一段时,尚长荣知道这一场戏演员需要跪在冰冷的台上至少40分钟,他特意叮嘱后台给沈福存送去一块跪垫。那一刻,台下的尚长荣为故去的父亲,也为眼前这位山城中幸存的"大青衣"而百感交集。

个体的伤感和群体的狂欢在那一个下午的实验剧场里混杂,这就是真正艺术的样子,它可以从每一个人的人生经历中触发共鸣,有了共鸣,剧场里才会形成一个互动的热的潜流。沈福存的《三堂会审》结束后,剧场中掌声雷动,尚长荣也激动异常,他迫不及待要去会会这位"大青衣"。沈福存和尚长荣二人后台相见,果然一见如故。

正是这次相遇,不仅让重庆市京剧团与陕西省京剧团两个京剧院团结下深厚的友谊,也促使尚长荣从此之后逢人便广而告之:重庆有一个"大青衣",他的名字叫"沈福存",既唱得好,又会做戏。中央人民广播电台的记者尹廉钊就是因为采访尚长荣的时候,偶然知晓了"沈福存"这个名字。

如果没有另外一个契机，沈福存的名字被全国观众了解熟悉可能还要迟一些……

是金子总会发光，迟早会发光。1981年，偏居重庆一隅的沈福存的声音通过中央人民广播电台的电波率先让全国的听众听到了。

1980年10月，一封名叫徐重俊的重庆听众的来信吸引了尹廉钊的注意，而信中"沈福存"这个名字，尹廉钊自然不是第一次听说了。徐重俊的信中说道："我兴奋地告诉你们，我们山城重庆市京剧团人才济济。其中沈福存功底扎实，嗓音响亮、圆润，吐字清晰。他演的《玉堂春》《凤还巢》《王宝钏》《春秋配》《生死恨》等剧目，场场满座，盛演不衰。观众对沈福存的演唱评价很高。我恳切地希望你们通过广播向全国京剧爱好者播放他的唱段。"看到这封信的尹廉钊迅速委托重庆人民广播电台的同行帮忙联系沈福存，并录制了沈福存的青衣、小生、老生唱段。他决定做一期关于沈福存的节目。而这一切对于沈福存来说却如此突然，当接到重庆人民广播电台电话的那一刻，沈福存几乎不相信这是真的。自从1948年入厉家班，虽然一步步获得了观众的认可，但是自己总会受到一种无形的压制，而观众自发将他推荐给更大的平台——中央人民广播电台，这样的举动对于沈福存来说是既惊又喜。他感慨，时代真的变了！

经过了大半年的筹备，1981年4月，重庆人民广播电台的《戏曲欣赏》节目首先播出和介绍了这位重庆土生土长的男旦青衣演员，随后中央人民广播电台于6月16日20∶30和6月17日10∶45的《演员与听众》节目将沈福存隆重介绍给了全国的听众。从重庆到北京，这条路沈福存走了30年都没有抵达，在那个电视还没有普及的年代里，随着电波的推广传播，他的声音一下子流向了大江南北，这对于沈福存来说必然是一种莫大的激励。而在电台的另一端，当听众们意识到自己听到的《玉堂春》《望江亭》中的旦角唱段，《白门楼》中的小生唱段，《闯王旗》《辕门斩子》中的老生唱段竟然出自一人之时，更是惊为奇迹。但凡懂戏的观众都知道，老生与小生、青衣的行当跨越转换绝非易事，更何况是在男旦艺术停滞了20余年的特殊境遇下。

在真正踏上北京的舞台之前，20世纪80年代初的这次借助电波的传声，沈福存的影响力实际上已经从山城扩展到了全国，最大的变化是，大量的听众来信如雪片般向沈福存飞来。

沈福存终于有了一种"守得云开见月明"的感觉，他面前的道路一下子变得四通八达、豁然开朗了，这一切让接近知天命之年的沈福存产生了只争朝夕的紧迫感。他计划再次北上考察。当尚长荣得知这一消息之后，立刻邀请他先来西安落脚。也正是这次偶然的单枪匹马的造访，让沈福存与陕西省京剧团无意间成就了一段合作的佳话，他们合作演出了全本《玉堂春》和《凤还巢》。时至今日，沈福存留存的全本《玉堂春》的影像即是那一年录制的。而这次由沈福存和陕西省京剧团诸位名家共同合作的超强阵容版全本《玉堂春》[1]（图8-4）也被他自己认为是最好的版本，至今已经成为戏迷心中难以超越的经典。

令人难以想象的是，这样一次经典的合作竟然源于一次临时的起意，从动议到登台演出仅仅花了数天时间。据陕西省京剧团著名琴师王君笙[2]先生回忆：由于之前陕西省京剧团曾经赴重庆演出，因此大家与沈福存并不陌生，而当他们在西安再见到的时候，则有了更多的熟悉感。于是，他率先向沈福存提议："既然都来了，除了在西安玩一玩，也给西安的观众演几场戏吧！"当听到这个提议时，沈福存感到有些突然，因为，他没有带任何班底，但是，王君笙笃定地说："陕西省京剧团这些兄弟们不就是你现成的班底嘛！"一句话令沈福存释怀。

的确，陕西省京剧团的首任院长是尚小云，副院长是徐碧云，虽然经历了十年的"样板戏"，而彼时的陕西省京剧团也是人才济济，在尚长荣的

---

[1] 沈福存版《玉堂春》最佳阵容，王筠蘅饰演王金龙，钮承华饰演沈彦林和崇公道，左文麟饰演刘秉义，史美强饰演潘必正。鼓师王万琪，琴师王君笙。

[2] 王君笙，京胡兼音乐唱腔设计，一级演奏员。1951年步入文艺圈拜师随团学艺，先后拜著名琴师董继贤、陈遇德、沈雁西、费文治等为师，先从月琴学起，再学三弦、京二胡、唢呐、笛子、堂鼓，最后到拉胡琴。正统的科班学习程序，为他日后成为一名全面的优秀琴师，打下了深厚的基础。在近40年的艺术历程中，创作了一批戏曲音乐唱腔，与尚长荣、孙钧卿、沈福存合作演出录制了多部京剧戏曲唱片，被誉为"长安琴父"。

图 8-4 1982 年，沈福存与陕西省京剧团《玉堂春》的伴奏乐队合影。左起：窦毅、荆溪麟（京二胡）、王君笙（京胡）、王筠蘅、沈福存、李效正（月琴）、王万琪（鼓师）、孙万宝（大锣）、刘军（铙钹）、王胜（小锣）

带领下颇有一扫阴霾、风生水起之势。于是，素来戏瘾很大的沈福存欣然接受了这一提议。令他再次没料到的是，他竟然在西安一战成名，致使满城争看"活苏三"。在京剧艺术中，演"活"了一个角色常常是观众对这个演员的最高评价。戏曲表演以程式性和规范性为基础，演员赋予表演固定的格式，同时以生活动作的舞蹈化赋予表演美感，这是戏曲的特点。但是，如果把固定的程式当作不变的"公式"，当作没有生命的形式，那可能演出的人物也是"死"的。所以，程式其实就是戏曲演员的"材料库"，一个好的演员是可以根据不同角色对程式加以改造的，只有善于为死的、规范性的程式赋予情感的演员，才可能将人物演"活"，这样的演员也才称得上是真正的好演员。沈福存就是一个会利用程式的表现力让人物"活"起来的演员，而他"活苏三"的美名也就是从那时被赋予的。

琴师王君笙回忆起那次演出感慨颇多。只因为，他在与沈福存合作时看到了全本《玉堂春》表演中独属于沈福存自己的创造，这使得这一版的《玉堂春》已经完全打破了他从前脑海中留存的《玉堂春》旧有的样子。

这不仅仅是情节删繁就简的问题，而是在注重戏剧整体节奏紧凑的基础上，又不失起伏跌宕的情节，这种对观赏牵引的分寸把握是沈福存在重新整理旧本时着力注意的，而正是如此奠定了沈福存版全本《玉堂春》的经典价值。在沈福存的观念意识中，观众的审美点永远是他演戏的基点，所以，《嫖院》不仅是保留着的，而且还是绝对亮点。只有把这一折演好，那一个善良美好的苏三形象才能真正树立起来。沈福存版本的《嫖院》重点交代了苏三这个女孩子后来所有遭际的起因——悲惨的身世，纯良的性格，情窦初开、追求爱情的渴望，而且恰是这折的表演突出了沈福存对传统意义上青衣行当的突破。

最令王君笙不能忘怀的是他开场的那四句【摇板】"误落烟花终身恨，天涯何处觅知音，强颜欢笑假酬应，我乃天生苦命人"，一下就把场子的热度衬托了起来。在王君笙看来，好的演员能够时刻观察观众的反应，即时挑起观众的观赏点，沈福存即有此能力。前面的四句【摇板】引起的叫好声还未平息，另一波好已经在路上。当沈福存唱到"好一个风度翩翩……俊俏的书生"时，一个"翩"字足足让他拉手中的琴弦拉了十几个节拍，沈福存竟然都没有要消退的意思，瞬间台下再次掌声四起。掌控全场、与合作者配合得天衣无缝，这就是大角儿的能力。沈福存作为外来者、搭班者，能与陕西省京剧团的其他演员和场面有如此完美的演绎，实属难得。

而王金龙的饰演者，目前已近鲐背之年的王筠蘅[①]，忆起当年的合作也是兴致盎然。在著名的《三堂会审》一场，以往观众看到的大多是典型的梅派戏青衣做功，但是，沈福存对人物情绪充分把握之后的独创表演却令现场观众炸开了锅。一方面是王金龙在大堂上端坐，极其害怕苏三将旧事和盘托出；另一方面是蓝袍和红袍两相夹击的审讯，惊恐的苏三在情急之下唱出了"十六岁开怀……"，沈福存用既怕且惊的表情以及无意识地卷

---

① 2024年4月，笔者随重庆市文化和旅游研究院赴西安面对面采访王筠蘅先生，2024年8月31日，王筠蘅先生去世，享年91岁。

搓手中的发辫的动作来表达被逼问时的紧张感和恐惧感，这是别的旦行演员从来没用过的表现手段。而这个动作竟然出自沈福存于生活中的观察偶得——一个小女孩正在那里玩耍，突然听到外界的惊呵后产生的下意识动作。沈福存因为《玉堂春》中独特的表演从此获得了"活苏三"的美誉。

戏曲表演中的所谓"活××"，究竟是"活"在哪里？其实就是"活"在人物的心境上，"活"在生活中，直至"活"在观众的心坎上。这种将生活中典型人物的动作赋予戏中人，再将其艺术化的做戏方法，恰是沈福存最值得关注的艺术增长点。

当然，最令王筠蘅感慨的是，他在与沈福存合作的过程中，感受到彼此表演观念的合拍。他们都认为，在表演中采取恰当的"拿来主义"对于演员是必要的，这种"拿来"不仅可以从生活中拿来，也可以从他人那里拿来。正如在《三堂会审》堂上蓝袍、红袍以及王金龙三人你来我往的这场戏中，饰演王金龙的王筠蘅在这里就有"拿来"。此时的王金龙虽然没有唱词，但是是有戏的。他看到旧人苏三两相夹击地被逼问，当听苏三说"十六岁开怀"时，他心里一惊，但是，小生拿的这把扇子此时也不能多戏，要在同台搭档的表演节奏里，一点儿一点儿地打开，苏三唱到"是那王……"时，王金龙是吓一跳的表情，"啊啊啊啊啊"，他此时就像坐在针上一样，当听到苏三说是"王公子"时，他一下子就放心了，此时，他把扇子一放，拿起状纸来，倚着脸，心中顿时释然，台案下方跷出一只靴子来表现王金龙的轻松自得。原来这个释怀的表情动作，来自叶盛兰和言慧珠的《玉堂春》。王筠蘅说："我和福存有一个共同观点，叫'拿来主义'，谁好我学谁，也不纳税，也不要钱。"① 可见，在艺术观念上，王筠蘅和沈福存是一致的，他们都奉行一个"拿来主义"的原则。

通过这次合作，王筠蘅对沈福存的艺术评价是："脸上有戏，眼里有神，身上有谱，脚下有根。"

何谓"脸上有戏，眼里有神"呢？王筠蘅（图 8-5）拿沈福存在《嫖院》中的表演来说：当苏三初一上场之时，她是耷拉着眼的，老鸨叫她见

---

① 出自 2024 年 4 月重庆市文化和旅游研究院对王筠蘅先生面对面的采访。

图 8-5 《玉堂春·嫖院》（1982），沈福存饰苏三，王筠蘅（左）饰王金龙

客，她只是想敷衍一下，结果一撩眼皮儿，看到眼前的王金龙，生得风度翩翩，正是她意中人的形象。所以，此时沈福存的表演是眼睛要先定。为什么先定？如果眼神到舞台上很飘，那就没有吸引力了。他用"定神"的方法把观众的眼睛吸引到他的眼睛上，而且他的"神"引起王金龙的注意，王金龙的眼睛也就"定"上了。如果演员上台后把观众的神给领散了，恐怕达不到好的效果。所以，沈福存是会用眼睛的。

那么，何谓"身上有谱，脚下有根"呢？厉家班出身使沈福存对京剧身段技法谙熟，使他的身段语汇、表情动作有一套整体框架，这样的表演谱式决定了他的表演动作、眼神、表情，以及动作连接之间的表演诀窍，并已形成他自有的风格。比如，他在唱《三堂会审》一出时要跪 40 分钟，起来的时候自然是腿麻了，要揉揉腿。沈福存在表演中绝不会放过这个细腻的生活体验，他的身段诀窍是看似生活化地揉腿。他把一只腿搁在前面，上身不动,小膝步行走。这样的动作,是将生活化作身段技法的一种表现,每当演到这里,观众都会喝彩。

从表情到眼神,再到身段的框架,以及脚下的稳健带动全身的控制,这些在沈福存的表演中都有体现。

王筠蘅先生认为,沈福存这些表演上的小细节实际上可以给今天的演员很多启迪,那就是掌握京剧技艺与如何应用的问题,后者是今天的京剧人尤其需要思考的。王筠蘅回忆他们在一起聊艺术的时候,福存常说:京剧艺术的"艺"和"术"绝非笼统的概念,真正的"艺"是技艺、功法,"术"是思维、观念。任何一名好的演员,只有单纯的"艺",那仅能是"傻唱戏"的,唯有用"术"来驾驭自己的"艺"、烘托自己的"艺",才能使表演跃上一个更高的层次。所以,在王筠蘅看来,沈福存是"艺""术"双全的。他不仅仅是人们以为的"嗓子好""扮相好",他更是会演戏的,因为,他明戏理、懂人物,对于每一个角色的表演,他是有自己的思考的。

对于这次40多年前的演出,如今观众回忆起来还犹在眼前。在观众排山倒海般的欢呼声中,沈福存一次又一次地谢幕,大幕合上又再次被打开,乐队的同仁们也不得不来到台心,和沈福存一起来回应观众的热烈。那一夜,似乎所有的西安戏迷们都为之疯狂,戏场中久违的磁场牢牢地吸引着观众,纵然是剧场外面,也依旧有很多不愿离去的观众挤在那里,原来大家期盼着看看卸妆之后的沈先生呢!十数年没有看过男旦的观众们,在剧场中被勾人魂魄的苏三吸引,没想到那个台上十七八岁的女子卸妆之后竟然是一个高高大大的男人,这无疑唤醒了观众的欣赏记忆。

艺术是什么?其实,艺术最大的魅力就是以假当真。京剧男旦艺术最大的魅力便在于此,无论是在表演的方式上,还是在性别上都是以假当真的,而观众在欣赏的过程中深深地"相信"了,这种与表演者情感的互动与交流成为观众欣赏京剧艺术最大的享受。那一晚,沈福存虽然年近50岁,但是那个活灵活现的妙龄苏三,无疑彻底让西安的戏曲观众折服。其中就有一位碗碗腔演员。

1982年，正值不惑之年的温喜爱①进入了艺术的瓶颈期，在那个冬夜里，当她在剧场中看到沈福存的《玉堂春》之后，她与普通的观众们一样激动异常，她也渴望亲眼见到沈福存先生。但是，那天堵在剧场后台的观众太狂热了，她并没有办法进入后台。于是，当沈福存在民主剧院演出的时候，她想了一个办法，那就是邀请资深媒体人——《西安晚报》文艺部主任张静波，以采访的名义借机见到了沈先生。至今，已经80多岁高龄的温喜爱老师回忆起那次相见，依旧很激动。虽然他们之前并不相识，但是沈先生的随和、亲切让他们的陌生感一下子消散了。记得，当时的沈先生还没有化妆，温喜爱见到他就迫不及待地抛出了自己的困惑："沈先生，为什么在《玉堂春》中，苏三见到王公子的那个笑声，竟然能如此之媚呢？您的这种媚态竟然比我们女人表演的还要更甚。这究竟是如何做到的呢？"沈先生说："苏三这一角色，虽然她是青衣行当，但是，她初出场之时是一个十七八岁的姑娘，所以，不能够延续着青衣行当的传统程式去演。"这句话点醒了温喜爱，温喜爱也是青衣旦行演员，她了解青衣行当的身段规范，那么沈先生的表演是以人物彼时彼刻的心情来刻画这一角色的，也就是说，沈先生的表演大胆地冲破了行当。沈先生还形象地将苏三这一人物比作一朵含苞待放的花朵。他说："当她见到这个王金龙以后，这朵花仿佛受到了刺激，但是，它不可能哗一下子打开，如果打开得太快它就衰败得更快，所以，它需要慢慢张开。苏三看到了王金龙以后首先心情是欣喜的，但是同样也是警惕的。所以，她的心理不是马上表露出来，而是慢地打开自己。"当你呈现"放"的时候，观众的心情随着你就放出来了；当你"收"的时候，观众的心情也是跟着你的表演内收起来的。所以，沈先生在表演第二次见到王金龙的时候，他的步法、水袖、表情与第一次出场的时候是完全不同的，他通过身段、动作、表情传达出来的是一种即将见到自己心上人的兴奋之情。好演员永远都是可以掌控观众的，而且表演完

---

① 温喜爱，著名碗碗腔表演艺术家，1954年考入陕西省戏曲剧院（今陕西省戏曲研究院）演员训练班，被誉为"碗碗腔皇后"，受尚小云、封至模等名家的指导。

全是在人物角色之中，这一点对温喜爱之后表演的启迪是巨大的。[①]可见，沈福存在表演上的方法是不局限于京剧的，这对今天的戏曲演员来说都是有启迪意义的。

人的一生中，巅峰的到来更多时候是靠日积月累的沉潜和突如其来的爆发，看似是命运的不确定性，其背后更多的是时运相济的契合和水到渠成的必然。彼时，正值改革开放的大潮汹涌而来，所有人的精气神都是积极上扬的。沈福存与陕西省京剧团的这次合作堪称完美，尤其是王金龙的饰演者王筠蘅与沈福存珠联璧合，让沈福存感觉终于找到了艺术上的志同道合者。

1982年10月，沈福存在西安连演三场全本《玉堂春》，一炮而红之后，沈福存也离开西安，继续进行他的北方考察。在北京期间，沈福存看戏会友，照样忙得不亦乐乎，很多朋友前来与沈福存会面，其中北京京剧院的老生演员马长礼[②]甚至劝他留下来和他一起合作。那是一个开放活跃的时代，搭班唱戏没有了以往的负面影响，这个邀约令始终偏居重庆的沈福存颇为心动，北京这个舞台对他的诱惑太大了。但是，时运往往就是倏忽而过，在沈福存沉吟犹豫之际，西安的长荣老弟一个接一个地打来电话，让他火速再返西安，因为，西安的领导和观众还想看他的戏。向来看重朋友情谊的沈福存婉拒了马长礼，火速返回西安。1982年12月，沈福存二次抵达西安，上演了两场《凤还巢》（图8-6）、一场全本《玉堂春》。今天，我们看到的珍贵的全本《玉堂春》的影像资料就是在那一年录制留存下来的。在如此短暂的时间内，沈福存二度唱响西安，每一场观众的热情都让他感到无比兴奋，在惊叹观众们的热情之余，他对自己的艺术有了更深厚的底气。

1982年年底沈福存的北方考察，为重庆市京剧团1983年的全国巡演

---

① 参见静波《秦腔名家》，三秦出版社2005年版，第114页。书中谈到秦腔、碗碗腔名演员温喜爱时，说道："这使我又想起了山城名旦沈福存，在他的表演里，就经常爆发出这样闪光的火花。温喜爱的这一招，显然是从山城名旦那里学来的，用名家的绝技，丰富自己的表演，这正是一个好演员走向成熟必不可少的条件。"

② 马长礼，祖籍北京，北京京剧院老生演员、一级演员。被广大戏迷、票友称为"新马派"。

图 8-6 《凤还巢》(1982),沈福存饰程雪娥

摸了个底。所谓"知己知彼，百战百胜"，此时的沈福存踌躇满志，在自己的心中向往着一个更大的舞台……

沈福存从此在西安也拥有了自己的戏迷，这从西安观众的狂热和西安媒体对沈福存的关注可以见得，这是他走出山城，走向全国打响的第一炮。

1982年12月12日，西安人民广播电台播送了沈福存《玉堂春》的演出实况；1983年1月23日，《西安晚报》刊登了沈福存的《携手梨园 共同进步——向西安广大观众致意》的文章：

> 去年十月我受组织的委托去京津等地作艺术考查学习，在西安停留，有幸和京剧界的同行共同切磋演技，交流经验，受益不浅。
>
> 一个多月的时间里，我与陕西省京剧团的黄锡林、著名京剧演员尚长荣和全团的战友们朝夕相处，结下了深厚的情谊。他们不仅对我作了周到的接待和安排，而且还为我的演出辛苦操劳。更使我难忘的是热情的西安观众，为了看我的演出，天还未亮，就冒着早寒，排队购票；在演出过程中，又以阵阵掌声给我以鼓励和支持，这都使我激动不已。
>
> ……
>
> 在瑰丽的西安古城，省京剧团的领导亲自陪同我参观了气势宏伟的大雁塔，举世闻名的秦始皇兵马俑，春意融融的华清池，以及历史悠久的清真寺，并与各界人士亲切交谈。……在我最后一场演出中，许多观众和朋友都一再要求续演几场，但确因时间匆忙，用一句戏剧台词来说，就是"公务在身，不可久留"，只好与同志们匆匆惜别。观众的这种心情我是理解的，我一定不辜负观众的期待之情，今春，我团将来西安作巡回演出，到时候再与广大观众见面。[①]

所以，之后的沈福存始终对西安的观众们有着一份亲切感。

进入20世纪80年代，沈福存仿佛头顶上有一朵祥云，他为自己设立

[①] 沈福存：《携手梨园 共同进步——向西安广大观众致意》，《西安晚报》1983年1月23日。

的目标总能超乎寻常地实现，而且所产生的观众效应总能令所有同行刮目相看，不得不服。

一年后，他随重庆市京剧团登上了北京，乃至天津、上海等全国京剧重镇的更大舞台，就连他自己也没想到，这一唱，可谓地动山摇。

第四节　大青衣出

北京，自古就是所有京剧人心中要唱红必须要到的地方，因为，京剧形成于皇都北京，在北京有着最懂行的京剧观众，没有京城观众的认可那就不叫唱红。地处西南重庆的沈福存，纵然早已被喜欢他的观众冠以"四川梅兰芳""山城张君秋"等美誉，但是，在北京唱红的执念是从没有消散过的。1982年在西安的那次表演，实际上也是沈福存为登上北京舞台进行的探路，他无意之间首先在西安爆红，这为重庆市京剧团全国巡演的西安站打下了很好的基础。

1983年3月底至6月，重庆市京剧团的全国巡演是"文革"之后首次大规模的演出，在重庆市京剧团的发展历史上也是一个不能被忽略的光辉时刻，因为，这完全是一次没有任何资金支持，靠自负盈亏、票房收入支撑全团吃、住、行的巡演。所以，这次巡演无论是剧目的选定还是路线的选择，都是经过深思熟虑、精心策划的。而早已是名副其实的"大武生"的厉慧良因为与重庆市京剧团的亲缘关系而成为这次巡演的幕后智囊，为自己的妹妹，也是为自己的"娘家"——重庆市京剧团保驾护航。这次巡演，重庆市京剧团打出了厉家班的旗号，在20世纪80年代传统戏复兴的契机下，这个并不处于京剧中心城市的京剧团在1983年的春夏之交带来了一阵京剧传统戏的"旋风"。

巡演打出的卖点是四代传承的厉家班，主要演员阵容是：厉慧兰、沈福存、厉慧福、厉慧森、孙志芳、胡正中等，意在呈现代际传承和人才接续，囊括了1949年之前的慧字科、福字科学员，以及1949年之后招收的五八级、七零级学员训练班学员。从这个主要演员的阵容配置看，福字科只是代际传承桥梁上的一环，沈福存显然不在宣传的重点上，相反，他们的宣传重点是早已因"厉家五虎"打下声名的厉慧兰和新中国成立后培养的"五八级"和"七零级"学员。可以说，天天在一起的重庆市京剧团的同仁们，完全没有预料到沈福存可能引爆的能量。

经历了岁月的震荡，曾经在沪上和山城以齐整童伶阵容而风光无两的"厉家五虎"已然陨落，其中，最卓越的厉慧良早已转投别家、落地天津，厉慧斌已不在人世间，厉慧敏也鲜少粉墨登场，"厉家五虎"中唯有厉慧兰和厉慧森"二虎"尚能登台。于是，在这次巡演中，厉慧兰当仁不让作为"五虎"的遗存，挂老生头牌，老生和老旦两门抱。而能挑起旦角顶梁柱的，此时在重庆市京剧团中唯有福字科中的沈福存。十年的"样板戏"生涯，他在西南早已家喻户晓，从老生转回旦行后，他的传统戏一经复排，同样场场爆满，从受欢迎程度看，福字科中唯一的男旦——沈福存已经无可争议地成为这个院团的旦行头牌。这是学生辈没法与之抗衡的，纵然是曾经"五虎"之一的当家青衣厉慧敏也已年近六旬，此时也因为年龄和嗓音力不从心，放弃登台演出。50岁是乾旦和坤旦的分水岭，此时，乾旦的嗓音优势因为生理条件而彰显，48岁的沈福存在发力……

巡演贴出的剧目自然是重庆市京剧团的这些演员最拿手的剧目，最终，显然传统戏还是成为最大的看点，如厉慧兰的《战太平》《三进士》，沈福存的《春秋配·捡柴》《玉堂春》《凤还巢》《王宝钏》，孙志芳的《谢瑶环》，童志良的《挑滑车》，胡正中的《八大锤》等。巡演的路线是从成都出发，经西安，到北京、天津，最终以南京、上海为落幕的地点，一路上出于对市场和观众的试探，几乎每个人的戏码都在进行着微小的调整，比如，厉慧兰成都贴的《满江红》，北京、天津贴的《夫人城》[①]演了一两场之后就不再贴出，前者是因为下半场慧兰就没戏份了，后者则是因为新编戏的号

[①] 《夫人城》，王燮编剧，厉慧兰饰演韩夫人。南北朝时，前秦苻坚灭燕之后，遣子苻丕率军袭襄阳。收买襄阳主帅朱序妹夫李乔为内应。朱序轻敌，中计被擒。朱母韩夫人深谙韬略，智勇双全，乃筑城垣，御敌兵，守危城。苻丕以朱序为饵诱降，韩夫人舍子斥敌，不为所动，且粉碎李乔献城诡计，大破敌军。

召力终究不敌传统戏。市场和票房是这次巡演的最高目标。

有意思的是,沈福存以不变应万变,他拿出的杀手锏就是自己的"三出半",正是这次巡演让他的"三出半"彻底征服观众,收获了无数业内和业外的"沈迷",这其中的奥妙是值得研究的。实际上,一切都藏在观众审美和时代审美的变化之中,如果把沈福存的"三出半"简单地看作观众对传统戏和男旦的追捧,那就大错特错了。准确地说,沈福存的"三出半"满足了80年代京剧观众对老戏的迷恋,以及那个时代的观众对新审美的渴求。在一个新旧交替的年代里,一切都在变,革故鼎新的原动力是创造性思维,但是创造的起点是自己的来路,是守正的传统,沈福存拿出的"三出半"从戏码上看是传统骨子老戏,是梅派戏、张派戏的再搬演,然而,事实绝非如此简单。对于此,懂行观众是一目了然的。

巡演的第一站是成都,沈福存特意邀请了自己最尊敬的师者——川剧大师阳友鹤先生。(图8-7)1983年3月28日至29日,已身染绝症的阳友鹤先生抱病坚持到锦江剧场观看了沈福存演出的全本《玉堂春》和《春秋配》。次日,沈福存在画家谭昌镕、评论家唐思敏的陪同下,专门去成都草堂疗养院拜访了阳友鹤。

从男旦艺术来说,阳友鹤是沈福存仰慕已久的前辈。早在20世纪40年代,沈福存就观看过阳友鹤演的《比干丞相》和《别宫出征》。所以,沈福存请求阳老给他多多提意见。

"要提的,要提的,你的嗓子特别清亮,小腔流畅,听起来舒服。你喜欢川戏?我看你的表演就有不少川剧的东西。"虽然重病缠身,但是阳友鹤显得十分开心。

"我小时候,在重庆就看您老的戏。"沈福存十分兴奋地讲述了自己在德胜舞台看过阳友鹤的《别宫出征》。

阳友鹤说:"我们相互学习嘛!演戏,要从人物出发。你演《春秋配》中的姜秋莲,很含蓄。你表演她对李春发的爱慕之情,是一层一层地流露出来的,有闺秀气。你演《玉堂春》的苏三,把梅、程、荀、张各派的腔融合得非常好。苏三对王金龙的感情表现得非常动人,也有分寸。"

图 8-7 沈福存看望阳友鹤。左起：王树基、唐思敏、谭昌镕、沈福存、阳友鹤、廖友朋、廖玉清、佚名

"你扮相好，唱得也好，你听哦，台下观众的巴掌响得很哪，我真是说不出的高兴啊！……但你已经慢慢地在发胖，这不碍事。"阳老带着深沉的回忆说道："程砚秋晚年也比较胖，他在舞台上的站、坐、行等几种演唱，用'侧身'表演得多，使观众不感到他身材臃肿。表演几分钟后，他的艺术就把观众征服了。舞台上，要注意藏拙，要讲美。"阳老马上起身做了个川戏中"三折身"的动作，"这样可使舞台艺术形象富有形体美、造型美"。

"你记住了，站在舞台上，不要直直地对着观众，要'三折身'"，说着，阳友鹤站了起来，比画起来。一霎时，阳友鹤已不是一个病入膏肓的老人，而是神采奕奕的男旦……"要注意，腰部、眼部、头部，用侧面的形象，面对观众，让观众看到的是更美的形象。"阳友鹤边演示边说戏，"我也会唱京剧哦！"说着，就唱起了"苏三离了洪洞县"，大家开心地笑着……

阳友鹤对沈福存艺术的认可和欣赏，还可以从他 1983 年带病所写的一篇谈论沈福存的文章中窥得一二，文章中说："四川重庆市京剧团在京演出的剧目中，有一出《玉堂春》，这是一个为人熟知的故事，但是，却依然引起首都观众的关注。为什么呢？除了在改编上有独到之处外，更主要的是男旦沈福存饰演的苏三，别有一番味道。沈福存演来自然真率、清新可爱，有着自己的特色。他的嗓音清脆，刚劲明亮，圆润甜美。沈福存在四川，被称为'山城张君秋'，据说，他不仅从戏曲电影和唱片、录音中反复研究过张派唱腔，而且曾面聆过张君秋的指教，远隔千里而得其神韵，这是十分可贵的。"①

阳友鹤先生对沈福存的艺术影响是终生的，而没想到的是，他们这次见面竟然成为永诀。1984 年 2 月 20 日，阳友鹤溘然长逝……

巡演的第二站是西安。时隔半年，沈福存又来到这片曾让他有美好回忆的热土，再演全本《玉堂春》，西安观众依旧是掌声雷动，而这次他全新亮相的《王宝钏》和《春秋配·捡柴》也让西安观众大饱眼福。对于沈福存来说，一切都是在为北京站巡演积蓄力量。1983 年，似乎他的前半生都是在为这一刻做着准备。"近乡情更怯"，随着西安站的落幕，沈福存的心中竟然生出了几分忐忑。这个令沈福存敬畏的首都，艺术家云集的艺术文化中心，神圣的戏码头，多少年来他一直渴望着能够站上的舞台，如今，他终于来了！

在北京中和戏院的舞台上，第一天的打炮戏②是胡正中的《八大锤》、沈福存的《春秋配》、厉慧兰的《三进士》三个折子戏，这里的观众绝非看热闹之辈。纵然起初沈福存的名字对于京、津观众是陌生的，或许更多人本是来看厉家班之厉慧兰的。当然，厉慧兰的老生当行戏《战太平》和老旦当行戏《三进士》也确实博得了满堂彩。但是，北京演出带给观众最大的惊喜，或许是沈福存的出现。

第二天是沈福存的全本《玉堂春》，属于沈福存的"花期"终于彻底

---

① 阳友鹤：《"山城张君秋"》，《北京晚报》1983 年 5 月 21 日。
② 打炮戏，梨园行话。演员到一个新的地方演出，前两三天演出的剧目，被称为"打炮戏"，大约是取大炮一响、一鸣惊人的意思。

绽放了。多年以来，《嫖院》被认为内容不健康早已绝迹北京舞台，全本《玉堂春》到底能不能演《嫖院》，始终在剧团内处于争议之中，但是沈福存坚持自己的全本《玉堂春》要从《嫖院》开始演，因为他知道自己的这一版《嫖院》是已经净化了的，是健康的。果然，当沈福存的全本《玉堂春》首场现于京城后，引得无数戏迷奔走相告。历来北京的大角儿、名角儿众多，阅戏丰富的戏迷观众走进剧场，原本是抱着听一出寻常青衣唱功戏而来的，结果发现这个"苏三"非同以往，不仅嗓子亮，重表情，而且会做戏，扮相上也妩媚。三个半小时的一台大戏竟然带给观众既熟悉又陌生的惊奇感。那句【慢板】"十六岁开怀是那王公子啊"，既有表演，又有人物的情感表达，是观众从来没有见过的表演方式，因此，一句唱下来就足足得了六个好，观众的热情沸腾了。于是，沈福存数次谢幕，台下的观众喊着："沈福存，北京欢迎你！"站在台中央的沈福存被观众的喝彩声、掌声拥抱着，他难以抑制自己的兴奋，眼睛竟有些模糊。（图 8-8）这可是他为之奋斗一生的一刻，观众的认可，历来是沈福存唱戏追求的最终目标，更何况此刻受到的是北京观众的肯定。只有他自己知道这一刻来得多

图 8-8　1983 年，沈福存在北京演出谢幕

么艰辛！

　　自沈福存的"苏三"引爆了剧场的那一刻起，京城戏曲界业内外观众迅速一传十、十传百，更多的戏曲界、文艺界的角儿纷纷闻风而动，慕名而来的就有吴祖光、翁偶虹、李万春、袁世海、侯宝林、黄宗江、李维康、梅葆玥、孙毓敏、宋丹菊、朱文相、王荣增、赵景勃等诸多爱戏人。当时还是中国戏曲学院副院长的王荣增先生看罢戏后第二天，即在中国戏曲学院的戏曲导演研修班上对沈福存的表演大家赞赏，并将其表演视作"导演课中听不到的鲜活的立体课"[①]。之后，整个导演进修班的学生都追到了剧场，只为看看这位沈先生究竟是怎么把自己的表演变成教科书式的"立体课"的。所以，接下来的几场戏，总能在剧场中看到一些业内人士甚至拿着当时极其昂贵的小录音机、小摄像机来"偷"艺。晚年的沈福存依旧饶有兴致地给自己的家人讲述，一天临开场前，正在扮戏的他突然接到一个陌生人的电话，电话另一端说："我是侯宝林啊，沈福存，我想看您的戏，可是却买不到票！"看来那次的一票难求绝非妄言。

　　那一场是一出 50 分钟的折子戏——《春秋配·捡柴》。

　　《春秋配·捡柴》是 1925 年之后梅兰芳常常单演的折子戏，观众喜欢看，梅兰芳在《舞台生活四十年：梅兰芳回忆录》中说"因为它是全剧最精彩的一段"[②]，不过，在梅兰芳看来"这出《捡柴》，重在唱功和表情，身段方面倒没有什么特殊讨巧的地方"[③]，所以，这出折子戏常常被梅兰芳当作"歇工戏"[④]来演。沈福存最初接触这出戏，是 20 世纪 50 年代初戴国

[①] 宋捷：《京剧历史上的一座丰碑——浅谈沈福存先生的表演艺术》，载尚长荣主编《说不尽的沈福存：京剧表演艺术家沈福存研究文集》，文化艺术出版社 2025 年版，第 71 页。

[②] 梅兰芳：《舞台生活四十年：梅兰芳回忆录》（下），新星出版社 2017 年版，第 378 页。

[③] 梅兰芳：《舞台生活四十年：梅兰芳回忆录》（下），新星出版社 2017 年版，第 379 页。

[④] 歇工戏，戏曲艺人把唱念做工不多的戏叫作"歇工戏"。

恒夫妇教他的时候，当时戴老师教的是黄（桂秋）[1]派的表演路子，后来，沈福存迷上了张君秋，通过唱片听了张派的《春秋配》后，最终选择了张派的演法。有意思的是，沈福存其实从来没有亲眼看过以上任何一个人的表演，或许正因为此，他的心中才没有任何"紧箍咒"，他的《春秋配·捡柴》才能够不同于梅派、黄派和张派的传统青衣演法，最终被评价为"演得活了起来"[2]，并成为他的代表作之一。

这部戏究竟是"活"在哪里？据与沈福存搭档《春秋配》、饰演乳娘的周小骥先生说：当年，他们的阵容是沈福存饰演姜秋莲、朱福侠饰演李春发、周小骥饰演乳娘、王福在饰演继母贾氏。四个人配合默契，各自都有戏，却互不搅戏，整场戏50分钟，四个人将场子的气氛挑了起来，谢幕五六次方能罢休。而沈福存饰演的姜秋莲，早已跳脱出了梅派和张派的传统演法，他将一个生母不在，遭继母虐待的女子路遇陌生男子之后的内心变化一层层展示开来。表演上，无论是在行腔上，还是在表现姜秋莲既大家闺秀又大胆的表情上，抑或运用水袖等身段的方法上，通过"八问""八答"这一动作，让整场戏显得颇有趣味。其实，所有的不同都藏在细节中，沈福存通过对人物的揣摩和表现让这一出小戏绽放出了别样的光彩。比如，当姜秋莲对李春发生出爱慕之情时，欲让乳娘代问对方年龄、婚配情况，那一声悠长而充满意味的"乳娘……啊"，简直勾人摄魄。这样的细节创造正是让见多识广的北京观众对沈福存的表演赞叹不已的关键。

明明演的是传统戏，却又打破了观众心中既有的传统戏的样貌，不仅让戏迷观众喜爱，还能博得京剧界业内人士的认可，沈福存的成功奥秘究竟在哪里？这或许还要从沈福存的表演路径来言说。

如果仅仅是京朝派打底，或许对于京城观众来说并不算新鲜。更进一步来说，在沈福存的血液中还流淌着对时代审美的高度敏感，这又离不开

---

[1] 黄桂秋，男，著名京剧旦角演员。安徽安庆人，出生在北京。幼时酷爱京剧，曾以票友身份在京、津走票。1927年搭马连良"春福社"，正式下海。1927年，正式拜师京朝派青衣陈德霖。其拿手剧目有《春秋配》《别宫祭江》等。后南下，定居上海，多与周信芳等人合作，渐渐自成一派，被称为"黄派"。

[2] 1983年，张君秋的大弟子吴吟秋先生看罢沈福存的《春秋配·捡柴》后，赞赏这出戏被沈福存演活了。出自与周小骥、邹福金的采访，2023年7月于重庆。

起于沪上的厉家班深受海派影响的求新求变的基因。观众永远是在变化着的,对时代审美的敏感,并非简单停留在迎合时尚和流行层面,真正属于京剧的时代审美是沉潜于京剧表演之内的对观众的体贴。让观众心动,是因为沈福存在传统戏中注入了新的细节创造,这也是让他的表演与众不同,使人物真正活起来的关键。

进入20世纪初以来,菊坛剧界的革新家们越来越意识到人物情感合理的必要性,舞台上进行着细微的改变。民国初年的梅兰芳受了齐如山一封信的启迪,在与谭鑫培演《汾河湾》,待谭鑫培唱"窑门"一段时,将平常静态的背身改为做身段,顿时受到观众欢迎,这就是一个很有代表性的案例。其实,西风东渐之下观者的赏戏审美在变化着,从听戏时代进入了看戏时代,梅兰芳敏锐地顺应了时代。

厉家班成名于沪上,扎根于重庆,顺应时代的举措从未停歇过。受其滋养的沈福存,在演剧观念上更离不开厉彦芝、厉慧良、厉慧斌这些厉家班核心伶人艺术观念的影响,尤其不可忽视的是对其一生影响巨大的厉慧良。厉慧良的艺术观念是怎样的呢?著名文艺评论家冯牧先生曾经在1962年撰写了一篇论述厉慧良表演艺术的文章,他说道:"在许多戏里都可以看出,他总是在力图通过优美而和谐的传统艺术技巧来达到刻画人物、表达剧情的目的。他常常能够把一些美妙的程式动作和特技表演,和人物创造自然地结合起来。"[1]著名戏剧评论家黄裳先生也曾经在《纪念厉慧良》一文中说:"厉慧良的气派是大武生的气派,举手投足的凝重、爽脆,也是大武生的范儿,不是晚近专以扑跌翻打取胜武生的一路。这是值得珍重的经验。脱离了人物只以游离于剧情之外的'技巧'眩人耳目的办法不是值得遵循的正轨。"[2]可见,人们都关注到了厉慧良在进行艺术创造时,并不满足于从更容易博得掌声的技巧表演出发,而是力图从他所扮演具体人物性格的理解出发,以他对于整个戏的生活内容和矛盾冲突的掌握为基点。享

---

[1] 冯牧:《广闻博采,贵在独创——漫谈厉慧良的艺术表演(代序)》,载魏子晨、厉畅《厉慧良传》,中国戏剧出版社1997年版。

[2] 黄裳:《纪念厉慧良》,载《黄裳集·创作卷9〈笔祸史谈丛〉〈妆台杂记〉》,山东人民出版社2022年版,第170页。

有"大武生"的盛誉，离不开厉慧良对戏与人的双重把握，这一点对于沈福存艺术观念的影响是潜移默化的。沈福存晚年在与安志强先生的回忆访谈中也曾提道：在排《粉墨春秋》《宝莲灯》的时候，作为导演的厉慧良经常在剧情和人物分析上给沈福存下功夫，力图让他首先在人物心理上要清晰，在表演的时候才能做到既细腻又夸张，才能吸引观众。[①]可见，在程式、技巧之上对人物心理和戏情的钻研，是厉慧良相较于前贤大家另辟蹊径，创造出自己的风格的关键。所以，沈福存之所以能够在耳熟能详的传统戏中表现出新意，并打上了个人风格的烙印，创造的逻辑大抵如此。

但是，1983年的观众之所以对沈福存如此疯狂，不可忽视的还有20世纪80年代初观众的"伤痕"心理。舞台上的戏剧刚刚从公式化、概念化、革命化的戏剧形态中挣脱出来，用形象思维破除戏剧舞台上的脸谱化人物，用更为多样的表演状态打破标准化的"样板"，以便接近更真实的人，成为时代的新风尚。这种对新鲜事物、真实人物的渴求心理也深深地影响着沈福存的创作。时代激发了沈福存的创造力，多方面借鉴其他艺术，包括生活的艺术，将京剧流派艺术与其他艺术形式融合，化为自用，在他的"三出半"中体现得十分明显。沈福存曾经说："我在声腔和表演艺术上，一方面注重借鉴四大名旦及其他名家的精华；另一方面还重视借鉴其他剧种以及电影、话剧的营养来丰富自己的表演。"[②]海纳百川，博采众长，创出自我，是沈福存从厉慧良，乃至厉家班的创作精髓中悟出的方法。在全本《玉堂春》的《嫖院》中，苏三有两次不同的出场，而第二次出场"听说公子到院门，满面春风迎贵人"竟然是沈福存在创腔中化用了沪剧《罗汉钱》的旋律。他曾经回忆当时创腔的煎熬："出场就两句唱——'听说公子到院门，满面春风迎贵人。'唱一句【导板】加一句散的也行，唱两句【摇板】也可以。就是难以把苏三的这种兴奋、渴望的心态唱出来。那次在北培演出，晚上喝酒，琢磨这两句唱，嘴里哼呀哼，就把沪剧《罗汉钱》

---

① 参见安志强编著《水滴石穿：沈福存的艺术人生》，新星出版社2009年版，第49页。

② 安志强编著：《水滴石穿：沈福存的艺术人生》，新星出版社2009年版，第224—225页。

给哼出来了。把【导板】的过门给它上板念，无形中唱出了《罗汉钱》的意思，加上小汤锣，再上着板唱，'听说公子'四个字，唱的是京剧的腔，'到院门'三个字又有了《罗汉钱》的影子，就形成了现在这个样子。"[1]对不同的剧种可以做到化用于无形，这就是沈福存的大不同。而在表现《凤还巢》中程雪娥"命奴家在帘内偷觑郎君"唱段的内心活动时，他受印度电影《流浪者》中女主角丽达初恋时心态和形体表现的启发，用大抛袖，左手一捂脸，水袖落下来后，再一次上抛的一系列程式表现，并且为了适应这一段戏曲舞蹈化的表现，在音乐上采用了"花过门"，很好地表现出程雪娥偷窥到穆居易后内心的喜悦。这些新的创造都是在别人的戏中所未见的，是沈福存在生活和电影的启发之下，经过吸收、融化、补充、丰富，并在保持舞台艺术统一和谐的前提下创造出来的。因此，丝毫没有违和之感。（图 8-9）

其实，沈福存的艺术同样离不开他的生活环境以及巴蜀文化。他土生土长于重庆，他的妻子许道美本就是重庆市市中区群众川剧团的当家旦角，他的女儿沈铁梅[2]也走上了传承川剧的道路。长期浸染于川剧艺术的生活环境和家庭氛围中，他的表演相较于传统的青衣表演，更显鲜活、更具生命力，这决然少不了川剧对他的滋养。川剧不同于京剧，相较而言更具民间性、草根性，昆、高、胡、弹、灯的五腔杂糅赋予这一剧种特有的多元性、开放性，而观众群体的文化心理也决定了它独具幽默感和趣味性。同时，对生活层次的鲜活把握让川剧的冲击力更强。这些都不可避免地对沈福存产生影响。所以，为什么有沈福存做场的剧场中总是不会冷场？因为他能够把川剧中的幽默、趣味和朴素的生活气息纳入自己的京剧表演中。最典型的是在《玉堂春·监会》一场中，王金龙来探监，"三赔礼"一场戏。一赔礼，王拍肩，苏三用手拿下；二赔礼，王搂肩，苏三抖肩；三赔礼时，为了表达对情人王金龙的委屈和痴怨，采用了光动嘴却不发声的小

---

[1] 安志强编著：《水滴石穿：沈福存的艺术人生》，新星出版社 2009 年版，第 69 页。
[2] 沈铁梅，第二批国家级非物质文化遗产代表性项目川剧代表性传承人。一级演员。1979 年 12 月至 1985 年 4 月就读于四川省川剧学校。重庆市川剧院院长，中国剧协副主席。

图 8-9 《玉堂春·嫖院》（1982），沈福存饰苏三

动作，这样的表现极具生活化，显然是沈福存对生活细腻观察后的结果，但是又恰到好处地表达出女性爱恨交织的心情。这种看似寻常却又极不寻常的"小"处理因为陌生感总能引起京剧观众们的喝彩。

所有的创造皆来自对生活细节的情感溢出，但最终都会皈依本真的人物，皈依观众，这就是沈福存的大不同，包括对趣味性的理解。更多时候，人们认为趣味性直接与喜剧相关联，其实不然，恰如钱锺书先生在《中国古典戏曲的悲剧》中对戏曲的评价："就像一层层肥瘦相间的五花肉"，是"哀婉动人与幽默诙谐的场景有规则地交替变换"着的。① 戏曲要具有观赏性，再正的戏也是需要有俏头的。恰如沈福存的女儿，今天的川剧表演艺术家沈铁梅所言："在川剧中，悲剧一定有喜剧性情节穿插其中，而喜剧也一定有悲剧性因素穿插其中，川剧就是在悲喜的起起落落之间完成的。"② 沈福存在京剧表演中时常关注趣味性，就好似一点油花下锅，引爆全场。比如，《春秋配·捡柴》这样一个平平无奇的"歇工戏"，沈福存演来却无比

---

① 参见钱锺书《中国古典戏曲的悲剧》，《天下》（1935）。文中言道："悲剧自然是最高形式的戏剧艺术，但恰恰在这方面，我国古代剧作家却无一成功。除了喜剧和滑稽剧外，确切地说，一般的正剧都属于传奇剧。这种戏剧表现的是一连串松散连缀的激情，却没有表现出一种主导激情。赏善惩恶通常是这类剧的主题，其中哀婉动人与幽默诙谐的场景有规则地交替变换，借用《雾都孤儿》里一个通俗的比喻，就像一层层肥瘦相间的五花肉。"

② 沈铁梅、张之薇：《沈铁梅：迈向艺术的自由王国——谈父亲沈福存对我的艺术养成》，《中国文艺评论》2024 年第 5 期。

精彩，特别是在"八问"①的处理上，与乳娘的配合有他自己的一套演法，赏来令人忍俊不禁。这也是这样一出戏能够成为其代表作的重要原因。再比如在《王宝钏》中，王宝钏和薛平贵进入窑门后，薛平贵起身时，王宝钏很自然地用水袖替丈夫掸膝盖上的土的动作，也是充满生活光芒的情感表现，观众常常因此获得情感共鸣而叫好不断。这种细缝中的做戏是沈福存站在表演者的角度对观众的一种关照，所以更加勾人心魄。京城观众对于川剧文化是有陌生感的，因此，著名戏曲导演、理论家赵景勃老师回忆当年看完沈先生的《春秋配·捡柴》之后感慨："戏竟然还能这样演！"

必须承认，在北京将近一个月的演出，他们的足迹遍布北京城中和、广和、吉祥剧院、长安大戏院这些曾经梨园界大角儿流连的舞台，可谓盛况空前。重庆市京剧团的演出彻底震动了京圈艺术界，不少文艺界人士前来观看演出（图8-10），也惊动了一些爱戏的国家领导人，"沈福存"这个名字更是不胫而走，每场演出结束后，观众对沈福存的呼声总是最高的，他终于彻底"火"了。北京站演出期间，中国艺术研究院为沈福存的《春秋配》录像，中央人民广播电台为其录音，从而留下了宝贵的资料。京剧团还被中央顾问委员会邀请在北京工人俱乐部做专场演出，观众却是不寻常的"大人物"。那一晚只有三个戏码——沈福存与厉慧森的《起解》、厉慧兰的《三进士》，以及厉慧良的《艳阳楼》，这意味着沈福存已经无愧于"大青衣"的美誉，这无疑给了长期在黑暗中奔跑的沈福存莫大的满足感。奋斗了大半生，经历了无数艰难，当沈福存抵达自己人生的高光时刻之时，他情不自禁地与远在重庆的家人分享这份喜悦。40多年过去，一段在工人俱乐部录制的磁带录音复现，记录了他人生中的重要瞬间。

从这段录音中也的的确确可以感受得出沈福存是一个隐忍克制且细腻顾家的男人。自20世纪70年代末以来，他与川剧演员妻子许道美就因为各自长期在外演出，一走就是数月而不得不让三个孩子留在家中，靠着邻居的照料和三个孩子的互助生活，这也是让他最愧疚、最放心不下的事

---

① 沈福存认为京剧表演要讲究波折，每一出戏，在主干线上有一两处"三"出来，观众就会得到满足。参见安志强编著《水滴石穿：沈福存的艺术人生》，新星出版社2009年版，第223—224页。

图 8-10　1983 年，沈福存在北京演出后与袁世海、吴祖光、黄宗江、侯宝林、李万春等合影

情。所以，每次在外演出，他总是会通过录音、写信或捎礼物的方式问候家人。1983年，沈福存的大女儿沈铁梅18岁，正在四川省川剧学校上学，二女儿沈红梅16岁，正在上高中，而三女儿沈冬梅13岁，在上初中。或许，那仅仅是一次寻常得不能再寻常的外出问候，但是那一刻，在沈福存的一生中都是值得铭记的。舞台带给他无与伦比的辉煌，他通过一段极其朴素而温情的录音传递着自己对家人的惦念。录音中既有对妻子的叮咛，也有对孩子不厌其烦的唠叨，"带了两双鞋，7元1角一双"，"给铁梅带了蚊子药，红梅的功课要搞好，冬梅的脾气要好点，不要打架"，但唯独只字未提自己。倒是身旁的厉慧森、厉慧福你一言我一语地告诉沈家人："你们爸爸在北京唱红啦！"时间流逝，40年过去，至今，那一刻人们的音容笑貌宛若在眼前。

沈福存在北京爆火，重庆市京剧团的领导们似乎也没有料到。正如前所言，此次巡演团里打出的是传承厉家班的旗帜，重点宣传的是1949年之前厉家班的传统和党培养下的新学员。1948年入厉家班的沈福存，非厉家血统，自然被排除在厉家班传统之外。真正成熟于20世纪60年代的沈福存，因为难以摆脱旧戏班学徒的标签，而无法被划入新中国的旗帜下成长起来的一代，这种尴尬境遇其实制约了他大半生。直至1983年，纵然沈福存已经极具票房号召力，但是笼罩在他头顶的阴霾依旧并未消散。唱一站、火一站的沈福存，在舞台上收获了多少掌声和美誉，在舞台之外就感受到多少心理失衡，最终，这份失衡在北京演出的后期彻底爆发了。

沈福存最大的底气就是观众。重庆市京剧团的巡演虽然很成功，演了将近一个月，但令沈福存遗憾的是，团里没有做足够的宣传，轰动效应完全靠观众的口碑一传十，十传百。然而，在北京站接近尾声的时候，一篇《让人同情的苏三——看沈福存演出〈玉堂春〉》的文章见于《北京晚报》上，署名"李明德、杨开明"，这令沈福存很是惊喜，因为作者与他并不相识，说明这是一篇发自内心的肯定文章，沈福存是满足的。文章这样写道：

最近，我们有机会看到重庆市京剧团的精彩演出，非常高兴。

值得称赞的是《玉堂春》这出优秀传统剧目的演出。该戏中的主人公苏三是由素有"山城名旦"之美称的沈福存同志扮演的。沈福存塑造的苏三表演认真，做戏入情入理，既有梅派（梅兰芳）的特点，又有所创新和改进。加之他嗓音甜美，嘹亮，行腔自如，将苏三的内心世界表达得淋漓尽致，不时博得观众的掌声和好评。沈福存塑造的苏三是很有特色的：主人公第一次出场，动作不多，但把苏三的心情展现在观众面前，获得了大家的同情；"起解"一场时的大段【反二黄】唱得如泣如诉，伤心处唱腔低回婉转；"会审"时，最后唱到"是那王、王……"时，两手理着头发，用劲地揪着辫梢，非常自然地将此时此刻人物复杂的心理变化恰到好处地表现在观众面前；回答刘秉义的问话时，唱得字字清晰而温柔，很见功力。又如会审之后，王金龙探监，苏三见到王金龙时，沈福存在这里有一段【二黄快三眼】转【散板】的唱段，将此时主人公埋怨王金龙的心情表达得很合情理，唱腔哀怨激越。当王金龙向她赔礼、解释时，这里苏三有个小动作，嘴里叨唠着，但不出声，背着身子，这个动作的设计很有生活味，又符合主人公当时的心理状态。

全部《玉堂春》的演出阵容齐整，演员个个严肃认真，大家一条心，都在塑造人物上下了功夫，没有卖弄噱头的过火地方，很注意掌握分寸，恰到好处。[①]

令沈福存没有想到的是，本以为团里没有组织宣传，但是这篇文章见报之后，一组介绍团内其他演员的文章火速刊载。此时，沈福存才明白，原来团里对这次巡演不是没有宣传计划，而是没有事先准备对他的宣传文章。这一下子挫伤了沈福存的自尊。一面是观众恨不得跺脚、吹口哨，手脚并用而不能快哉的喝彩声，让他成为这次巡演中最亮的一颗明星；另一面却是戏份最重，八人共住而得不到基本的休息，团里竟然还刻意回避对他宣传的不公待遇。一向性情温和、讲究体面的沈福存终于忍无可忍，与团长厉慧敏正面冲突后脱团了。

在旧时的戏班中，挑班的角儿们外出演出时的吃、住、行享受最高标准是无可争议的，但是，在讲究人人平等，不搞特殊化的新中国，沈福存

[①] 李明德、杨开明：《让人同情的苏三——看沈福存演出〈玉堂春〉》，《北京晚报》1983年5月13日。

不求吃住行上的特殊照顾，只求团内对他艺术水准的公正看待，竟然都得不到。长期地被抑制，他的情绪终于发泄了出来，虽然用他后来自己的话说——"在北京闹了点小情绪"①，但是，这点"小情绪"乃冰冻三尺，非一日之寒，他的一点"小情绪"的倾泻实际上是多年来沉默中的爆发。自古，观众，难道不是对伶人最大的托举者吗？在沈福存这里，似乎不是。身份标签、时代潮流、厉家班的血统论、舞台的局限统统掣肘着他，在每一次拼尽全力的短暂勃发之后，他都很快被无形的力量压下去。之前如此，之后依旧如此，这就是沈福存一生的遭际。

这次，沈福存终于决定大胆表达自己的不满。

5月20日，当巡演大部队到达天津站时，人们才发现谁也没看到沈福存。此时，第二天的戏码《玉堂春》已经贴出，如果不及时补救，这将是重大的演出事故。而天津站，在此次巡演中的意义非同小可。一方面，天津，历来是一个重要的戏码头，人称"戏窝子"。这里票房众多，戏迷藏龙卧虎，观众见多识广、专业懂行，这一点是其他城市的观众没法比的。纵然是大角儿在这里做场都有可能被叫倒好，所以，天津是此次巡演仅次于北京的重要一站。另一方面，这里是厉慧良工作寓居的城市。于1956年来到天津组建天津市京剧团的厉慧良，早已在天津享有盛名，所以，天津的戏迷也想看看培养厉慧良生根成长的厉家班究竟是何等风采，演出阵容自然是不能落于北京的阵容之后。厉慧良知晓，巡演经历了北京站的爆火，厉家班中男旦沈福存的消息早已蜚声京、津两地，戏报也早已贴了出来，又怎能让天津的观众在翘首盼望之际落空呢？对于沈福存的失踪，厉慧良按捺不住脾气发火了。

厉慧良虽然早已离开重庆市京剧团，但是作为曾经厉家班的头牌、兄长，在重庆市京剧团从上到下的威信一点儿没有减少。在剧团的紧急会上，厉慧良毫不留情地斥责了自己的妹妹，也是重庆市京剧团的团长厉慧敏："你们这样对待沈福存是不对的。不是他的责任，是你们的责任。天津的观众要看沈福存，你们谁来顶？天津的观众是那么好糊弄的吗？告诉你

---

① 安志强编著：《水滴石穿：沈福存的艺术人生》，新星出版社2009年版，第111页。

们，福存要是找不到，他的《春秋配》只能用我的《艳阳楼》来顶！"[1]要知道，厉慧良的《艳阳楼》是观众最为认可的一出武戏，也是厉慧良最具代表性的一部作品，厉慧良此时拿自己的《艳阳楼》来与沈福存的《春秋配》作比，恐怕不是妄语。作为一名大角儿，厉慧良的眼光显然是具有超前性的。20世纪80年代初，万物复苏，好的男旦演员凤毛麟角，厉慧良看到，沈福存不仅年富力强，而且在艺术上日臻成熟，沈福存已经跃居为重庆市京剧团内唯一一位能够在全国立得住的角儿，虽然，这次自己的妹妹厉慧兰也同样具有号召力，但是作为旦角的魅力，沈福存的号召力是不容替代的。果然，40年过去，沈福存的艺术越来越被人看到、认可、赞叹。超前的眼光，往往是由一个人的艺术境界决定的。

这场风波最终是很快在北京找到了沈福存，并且同意归队完成演出而没有酿成太坏的后果。沈福存一到天津，厉慧良就在巡演驻地第一工人俱乐部给沈福存安排了一间单人大房间，与北京时八个人住一间地下室的状况形成天壤之别。因为，厉慧良知道，一个戏份很重的演员，只有休息好，才可能在舞台上绽放光芒。在中国大戏院演出时，厉慧良向天津市京剧团的乐队借了一间房，专门供沈福存演出前休息用，不仅如此，厉慧良还亲自给沈福存拖地、打扫，只为给他提供一个舒适安静的环境。厉慧良身上有着所有旧伶人的傲气和自负，但他也是经历过苦难的伶人，所以"为角儿服务"这个出发点，他更加认同！他之所以能够对沈福存身体力行，是因为他认定了沈福存是一个角儿，他要让全团的人知道，沈福存是个角儿！是角儿，就要尊重，就要善待，院团里的"窝里斗"和平均主义是扼杀人才的一把刀，也是戏曲传承路上的一块巨大的绊脚石。

在演出之前，厉慧良在《天津日报》留下了这样一段采访：在介绍了年轻演员胡正中、孙志芳之后，他隆重推出了沈福存，他说："男旦演员沈福存，今年四十八岁。他的可贵之处在于博采众长，自学成才。他的嗓音洪亮，表演细腻。他主演的《春秋配》本是一出比较'冷'的青衣戏，但他却能凭着自己的唱工和做工把这样一出戏唱'热'，获得京、津等地观众

---

[1] 安志强编著：《水滴石穿：沈福存的艺术人生》，新星出版社2009年版，第113—115页。

的欢迎。"① 在沈福存的艺术生涯中，无论是在艺术观念上、艺术思维上，还是在对待好演员的观念上，大师兄厉慧良，都是他一生最好的老师。

有了这场风波，在天津的戏码，厉慧良不仅是最上心的，而且演到大半程之后，他还亲自上阵，每一天的帽儿戏②和压轴戏、大轴戏，均由厉慧兰、沈福存、厉慧良三位角儿轮番登场，这让懂戏的天津观众们可炸锅了。

当年天津站的戏码是（图8-11）：

5月25日，天津第一工人文化宫上演全本《玉堂春》，沈福存饰苏三；

5月26日，天津第一工人文化宫胡正中主演的《八大锤》、沈福存主演的《春秋配》、厉慧兰主演的《战太平》；

5月27日，天津中国大戏院上演胡正中主演的《八大锤》、沈福存主演的《春秋配》、厉慧兰主演的《定军山》；

5月28日，天津中国大戏院上演全本《玉堂春》，沈福存饰苏三；

5月31日，天津中国大戏院上演全本《玉堂春》，沈福存饰苏三；

6月1日，天津中国大戏院上演厉慧良主演《艳阳楼》，沈福存主演《春秋配》，厉慧兰主演《三进士》；

6月2日，天津中国大戏院上演厉慧良主演《艳阳楼》，厉慧兰主演《三进士》，沈福存主演《三堂会审》。

从这个戏目单可以窥得沈福存在巡演中的重要性，三场全本《玉堂春》大戏、四场折子戏，从

图8-11　1983年，重庆市京剧团天津演出报纸广告

---

① 厉慧良：《来自山城的京剧艺术》，《天津日报》1983年5月24日。
② 帽儿戏，戏曲的行话，指演出时的第一出戏，也称开锣戏。

戏报中也可以看出他受观众的喜爱程度，打炮戏、压轴戏、重头戏、大轴戏样样不落，演出任务是最重的。那十天里，从第一工人文化宫到中国大戏院，场内、场外人头攒动，这让天津的"黄牛党"们也忙得不亦乐乎，票价炒出了十倍之高，天津的戏迷们自然天天跟追剧一样，尤其是厉慧良、厉慧兰、沈福存三人的轮番上阵，把巡演推向了一个高潮，仿佛曾经的厉家班从旧日的上海回到了天津。厉慧良，无疑算东道主做场，而让天津戏迷们大开眼界的自然还有极具号召力的男旦沈福存的《玉堂春》和《春秋配》。尽管如此，天津的演出中还是发生了一个小插曲，从这个小插曲可以见得天津的戏迷是刁钻的，其实也是最懂戏的，正所谓戏好大过天。

在天津演出的"打炮戏"是折子戏，第二天由沈福存演出全本《玉堂春》，由于《玉堂春》的时长较长，沈福存唱到《起解》的【反二黄】时，按照自己的习惯掐掉了两句①，唱完"崇老伯他说是冤枉能辩，想起了王金龙负义儿男"，直接接唱"我这里将状纸暗藏里面，到太原见大人也好伸冤"，略去了"想当初在院中何等眷恋，到如今恩爱情又在哪边"。懂戏的天津观众当然知道沈福存的《玉堂春》在唱腔上皈依张派，所以，当略过"想当初……"，起唱"我这里……"时，即便观众席突然传出天津口音的"这是嘛……"时，周遭观众也没有呼应他，这位观众的倒好只好乖乖咽了回去，接着往下看戏了。有惊无险，在台上唱戏的沈福存看得明白，心里也舒了一口气。在戏曲界流行着各大名角儿在天津的舞台上被观众叫倒好的逸闻。其实，任何一个戏曲演员，站在天津的舞台上都是紧张的。重庆市京剧团的这次巡演没有被叫倒好，反而多年之后依旧还是各位亲历者们津津乐道的谈资。

天津戏迷观众因为懂戏而苛刻，这是他们骨子里对传统的执念，但是，当一个戏曲演员真正撬动了他们的欣赏味蕾，他们被台上演员的表情、唱做牵引时，他们也是会忘我的，这就是"角儿"的魅力。很显然，沈福存

---

① 1982年在西安演出的《玉堂春》版本，留下的录像同样是少唱了两句的。即是将《起解》的【反二黄】少唱了两句，由"崇老伯他说是冤枉能辩，想起了王金龙负义儿男，想当初在院中何等眷恋，到如今恩爱情又在哪边，我这里将状纸暗藏里面，离洪洞见大人也好伸冤"，变成了"崇老伯他说是冤枉能辩，想起了王金龙负义儿男，我这里将状纸暗藏里面，到太原见大人也好伸冤"。

的苏三，彻底让天津观众达到了忘我的境界。他的《起解》，虽以张君秋《起解》的唱腔为蓝本，但是显然，沈福存饰演的苏三在人物感染力上更让观众动心动情。这是因为沈福存打破了青衣只需"抱着肚子唱"的老规矩，他不仅懂得用音乐、唱腔、表演的合力让观众获得审美满足，而且懂得进入角色的内心去体验，让这个人物"活起来"，"活"当然是通过舞台上的表演传递到观众内心的。正如《起解》一戏，是沈福存对苏三这一人物进行心理体验后，借助唱腔和身段的独特处理，才使其达到平中见奇的效果。唱词"崇老伯他说是冤枉能辩"中的"辩"字就完全不同于张派唱法，沈福存采用九曲回肠的婉转拖腔，让苏三内心的犹疑、沉吟、担忧强烈地表现了出来。而接下来的花过门，苏三的眼前好似出现了那个令人又爱又恨的情人王金龙，禁不住无限伤感，此时，他用背身抹泪的身段来表现女子此刻复杂的情感。两句回忆爱情的唱词被省略，观众也不知不觉忽略了，因为演员此刻已经用身段将苏三对王金龙的情感表达了出来。值得一提的是，在这一段的表演中，沈福存还将张派的唱词"离洪洞见大人也好伸冤"改成了"到太原见大人也好伸冤"，这样一改显然清晰明确地表达了行动的目的地。

所有的精髓都会被传承、吸纳下来，但并不妨碍他秉持合情合理的前提去微调，从前辈的传统戏中生发出自己的演绎方式，最终被观众检验，这是他对待传统戏的创新方法。而实际上，这才是戏曲艺术绵延几百年传承发展的铁律！

如果说北京站是沈福存打响声誉的一站，那么天津站则可以说是他鲤鱼跳龙门的一站。天津站，终于在一片戏迷的狂欢中落下帷幕，沈福存的分量再次彰显。对于这一切，厉慧良是欣喜的，在肯定重庆市京剧团诸位演员的前提下，他毫不讳言地肯定了沈福存在团里旦行的重要位置。的确，从北京到天津，他看到了沈福存如何受观众欢迎，也看到了沈福存对待每一场演出时与搭档们对戏的认真态度，还看到了在沈福存的调教下，合作的乐队场面在渐入佳境。沈福存的勤奋和努力，让厉慧良对沈福存发出了由衷的赞美。

有了北京站和天津站的火爆，第五站南京、第六站上海，重庆市京剧团的实力都得到了认可,影响力不断增强,而三个月的巡演,也一步步将沈福存推上了声誉顶峰。在这个开风气的 80 年代初,被载入重庆市京剧团史册的全国巡演,就这样缔造了沈福存艺术生涯的重大转折,过去数十年,他的艺术的确日臻成熟,并收获了无数戏迷观众,但无须讳言,沈福存的影响力仅停留在中国京剧边缘区域的西南地区。经过这一轮演出,沈福存得到了北京、天津、上海等南北方京剧中心城市和京剧重镇艺术家的关注,被更多业内的专业人士看到,并得到他们由衷的激赏和赞叹,这让沈福存在中国京剧界的影响力迅速跃上了一个更高的阶梯,这从沈福存在巡演中收获了大量专业级别的"沈迷"可以窥得。

荀派表演艺术家孙毓敏[①],当年 43 岁,就是因为 1983 年在戏院中见识到了沈福存的魅力,从此视其为自己的"偶像",她不止一次说过,在她的上一辈中,她最佩服的是童芷苓、杨荣环、沈福存[②]。因为,"他们的表演或唱腔处理从来不会给人'一般化'或'水'的感觉,必有特殊的处理和窍门"。她以沈福存的《玉堂春》为例,认为"在'会审'中唱到'我就放了宽心',他用的是'一字一顿'的方法,从慢到快,处理得非常巧妙,犹如快乐的心情已笑出声来,给观众以极大的满足感和愉悦。……旋律和一般唱法是一样的,不同的就是节奏处理的不同"[③]。而恰是这种"小"的特殊处理,超出了观众心中原有的预设,给予了观众意料之外的惊喜。好的戏剧带给人的审美愉悦就是一种"惊奇"。

"沈迷"是人们对沈福存"粉丝群"最好的称呼。从 20 世纪 50 年代,这个群体就一直在扩大,从重庆到四川其他城市,再从西南扩展到北方,以及南方的京剧重要城市,而 1983 年,这个群体终于扩展到了北京,扩展到了中国最顶流的京剧表演院团——中国京剧院,在那里并不拘于什么行

---

① 孙毓敏,著名京剧表演艺术家、京剧"四大名旦"之一荀慧生的亲传弟子,荀派传承人。第二批国家级非物质文化遗产项目京剧代表性传承人。
② 参见孙毓敏《在尚派研讨会上的发言》,载孙毓敏编著《孙毓敏随笔集锦Ⅰ》,中国戏剧出版社 2014 年版,第 116 页。文中提道:"在他们那一辈人中我最佩服的是童芷苓、杨荣环、沈福存,因为有绝活,有期待,每演必看。"
③ 孙毓敏:《天才的艺术家庭》,《中国戏剧》2010 年第 2 期。

当，众多京剧大角儿对沈福存交口称赞，武生茹元俊①就是其中一位。

茹元俊，1925年出生于梨园世家，自小在"富连成"坐科，也领略过京剧行最鼎盛时期的伶人风华，茹元俊曾经在一次采访中大胆假设：如果沈福存与梅兰芳生长于同一个时代——那个以男旦为艺术高峰的时代，他是能够与"四大名旦"一起成为"五大名旦"的。②当然，这仅仅是假设，实际上也是他对沈福存生不逢时的慨叹。他对沈福存有如此高的评价，也是从梨园界大角儿养成的基础条件来说的。在茹元俊看来，沈福存作为旦角，无论嗓音、扮相，还是演戏的天赋，丝毫不比梅、尚、程、荀逊色，唯一可惜的是，给予沈福存的舞台太少了。梅、尚、程、荀达至"四大名旦"的巅峰时代，他们的艺术成就离不开观众的托举，而沈福存的局限，被茹元俊一语道破："可以说沈先生这么好的艺术，在北京没太露过，这是一个遗憾。"③的确，长于20世纪50年代，成于60年代，立于70年代，始终囿于重庆，沈福存的舞台天地太有限了。这是时代对沈福存最大的亏欠。

甚至如梅家的梅葆玥④也曾由衷地赞叹沈福存的舞台之"美"。京剧研

---

① 茹元俊，著名京剧演员，工武生行。梨园世家，父茹富兰，祖父茹锡九，曾祖茹莱卿。幼受熏陶，7岁入富连成元字科，继承祖艺为茹门第四代武生。师从王连平、叶盛兰、孙盛云、高盛麟等。1952年后参加中国戏曲研究院京剧实验工作团，后为中国京剧院。
② 参见李少敏采访《茹元俊谈沈福存的旦角艺术》，载安志强编著《水滴石穿：沈福存的艺术人生》，新星出版社2009年版，第177页。文中提道："李：您对沈先生的表演，尤其是他的旦角表演艺术有何评论。茹：要我说，他出世晚了。他要是生在梅兰芳、生在四大名旦那个时候，那就不是四大名旦而是五大名旦了。我说这话，是对沈福存先生舞台表演的客观评价。"
③ 李少敏采访：《茹元俊谈沈福存的旦角艺术》，载安志强编著《水滴石穿：沈福存的艺术人生》，新星出版社2009年版，第181页。
④ 梅葆玥，著名京剧演员，工老生行，梅兰芳、福芝芳之女。

究者黄蜚秋[①]先生曾经这样回忆与葆玥一同观看沈福存的《春秋配》时的情景："她在我耳边悄悄地说了一句'真漂亮'。以我的理解，她这句话的内涵不仅仅是夸福存扮相漂亮，而指的是他的台风以及演唱的完美。"[②]从小耳濡目染，对男旦的欣赏自是有家庭的熏陶，而梅葆玥在台下与他人讨论沈福存显然无须任何客套和虚假，赞美一定是出自内行人对艺术的客观评价。（图8-12、图8-13、图8-14）

　　三个月的巡演证明，假使时代顺遂，没有频繁的政治运动发生，沈福存早就可以拥有更大的舞台。然而，1935年出生的沈福存，此时实际已经

图8-12　沈福存与孙毓敏（中）、尚长荣（右）合影

[①] 黄蜚秋，出生于江西省修水县的书香世家，早年酷爱京剧艺术，以留声机为开蒙老师，学习了《朱砂痣》《卖马》《洪羊洞》等剧目的唱段，逐渐展现出对京剧艺术的天赋。12岁时在当地成为小有名气的票友。1931年，14岁的黄蜚秋得到徐碧云的认可，并正式拜其为师。1940年，黄蜚秋组建了蜚声剧团，巡回演出于大后方的各大城市，因其精湛的表演和独特的演唱风格，与另一位京剧表演艺术家黄桂秋，获得了"江南二黄"的美誉。1949年之后，黄蜚秋继续活跃在戏曲舞台上，并参与戏曲研究、戏曲教育工作。

[②] 黄蜚秋：《沈福存——一位名副其实的表演艺术家》，载安志强编著《水滴石穿：沈福存的艺术人生》，新星出版社2009年版，第167页。

沈福存：科班最后的男旦

图 8-13　1993 年，沈福存与茹元俊（中）、茹夫人（左）合影

图 8-14　1993 年，沈福存与马少波（中）、黄蜚秋（右）合影

走完了大半的人生,步入了自己的第 48 个年华。虽然,作为男旦,他的嗓音依旧中气十足,但是在旦行中也属高龄,更何谈他是一名男旦呢?从另一方面来说,他站在舞台上,虽然风姿相较年轻时的他逊色了许多,但是同与岁月相伴逐渐衰老的外在皮囊相比,不可忽略的是那颗日渐从容、笃定的心。在登上北京大舞台之前的数十年,沈福存仅旦行戏就演过数十出,遑论小生戏和老生戏加在一起更是将近百十出,进入 20 世纪 80 年代,他整理精研完成了《凤还巢》《玉堂春》《王宝钏》和《春秋配·捡柴》,并将它们认定为能够树立自己艺术风格的代表作,还幽默地调侃为"三出半"。实际上,这"三出半"何止真正意义上的三出半,它们蕴含了沈福存大半生对戏的思考,是他常年静心默戏之感悟所成。"三出半",是沈福存对梅、尚、程、荀、张,甚至黄(桂秋)、筱(翠花)各家流派学习、吸收,博采众长之后化为一体,自成风格的体现。

一切都是命运的安排,任何个体都是无力抵抗人世间命运捉弄的,所以,我们只能将沈福存的漫长等待,视作他为了迎接更华彩的人生篇章而准备的沉淀之旅,虽然,这条路走得有点暗淡,有些压抑……1983 年,的确是沈福存的一个转折年,从此,他被众多的观众喜爱,被更多的业内人欣赏。这一年,他在中国当代京剧界,尤其是当代男旦界真正拥有了一席之地。

第五节　拜入尚门

从 1983 年 3 月底成都开锣到 6 月底收官,重庆市京剧团结束了上海最后一站的演出。选择以上海作为最后一站,其实对于重庆市京剧团的意义是不寻常的。这次巡演以厉家班为旗帜,而这次踏入上海这座城市更是厉家班在抗日战争爆发后,时隔 46 年的首次重返。借着厉家班曾经在沪上的盛名,当年的童伶虽不再完整,也已进入暮年,但孕育出了新的代际传承,于是,重庆市京剧团在上海自然又收获了一批新的业内和业外的戏迷。

在上海的热度,从他们离开上海之后,上海人民广播电台于7月10日19:35再次用电波回放了他们的表演可以见得。电台不仅播放了重庆市京剧团京剧《春秋配》《战太平》,还播放了陕西省京剧团《黑旋风李逵》的实况录音。《春秋配》由沈福存饰姜秋莲,《战太平》由厉慧兰饰花云,《黑旋风李逵》由尚长荣饰李逵。此刻的沈福存,能够与厉慧兰和尚长荣并列,说明他已经完全在旦行领域独当一面了。

在改革开放这个千载难逢的机遇下,厚积薄发的沈福存一下子比从前活跃了许多,他的生活也变得越发忙碌起来。1983年夏天,刚刚巡演完成不久,他再次抵达上海,只为了观摩上海戏剧节的演出,这在之前被禁锢的岁月中是不可能有的机会。从沈福存的一生来看,一个艺术家成败与时代的关系就是这么紧密,好的时代让沈福存的光芒越发闪耀。20世纪80年代,他的艺术生命驶入快车道。在上海期间,他接到了自己的"胖弟"尚长荣打来的长途电话,尚长荣力邀他去北京参加纪念他的父亲尚小云诞辰八十五周年的演出活动。沈福存立即答应了。

为什么自称宗梅、宗张的沈福存会被尚长荣邀请去参加尚派的活动呢?这就得从沈福存与尚门的真正结缘说起。这还得追溯到1958年尚小云先生入川的重庆演出,当年22岁的沈福存对旦角艺术无比痴迷,虽然团里不允许他继续从事旦行了,但执着的沈福存还是会场场不落地去解放军影剧院观摩尚先生的演出。舞台上的尚先生能文能武,令沈福存心驰神往,尚先生的嗓音极其刚劲,还有他那颇有特色的"疙瘩腔",都给沈福存留下了深刻的印象。更令他惊喜的是,尚先生的《武家坡》和之前他看过的程先生的《武家坡》在气质上颇为不同,尚先生演来更加具有生活气息[①],而程先生则更为典雅。这些来自剧场里的感性认知都被青年时期的沈福存默默记在心中,成为他一生的滋养。可惜的是,当年与尚先生虽然有一面之缘,但对于尚小云来说,那时的沈福存仅仅是人群中的那一个,而善于吸收学习的沈福存却将尚派唱腔精华无师自通地融入自己的表演中。后来

[①] 参见封杰主编《京剧大家绝艺录·旦行篇壹编》,商务印书馆2016年版,第148—149页。

沈福存又迷上了张君秋，但其实张君秋与尚派也有着扯不断的渊源。[①] 就这样，张君秋嗓音的甜润和尚小云嗓音的刚健，都化入沈福存的体内，连他自己都不知道哪里是尚派的，哪里是张派的。其实，沈福存的嗓音条件和尚小云有极大的相似性，有力量，有穿透力，有金属般的质感，这使得他的唱腔里有了尚派的影子。

在沈福存的艺术生涯中，尚派，是一股他汲取营养的潜流，而在沈福存的记忆中，他与尚先生还有着似浅还深的缘分。（图8-15）1957年，他与尚先生重庆演出时有过一面之缘，1963年，他在贵州演出行程结束，回渝去机场的路上，恰与迎接尚先生的车队相逢，却擦肩错过。现实给予沈福存的馈赠仅此而已，连他自己都没想到竟然在进入80年代后，自己与尚先生的缘分能由其三子尚长荣来续写。

图8-15　1956年，尚小云与夫人王蕊芳（右）在庐山

[①] 1936年，张君秋16岁之时被尚小云欣赏，认尚小云为干爹。张君秋不仅每天去尚家和尚长春一起练功，尚小云还亲自教了他不少戏。张君秋初登台的年月里，报上登的广告冠以"尚小云亲授"的字样，就是由此而来。

1979年，尚长荣率领陕西省京剧团入重庆演出，尚长荣因沈福存的《三堂会审》而折服，从此结下深厚的友谊，也就有了1982年沈福存独自与陕西省京剧团在西安搭班演出的机会。演出之余，尚长荣带沈福存与一些北京来的票友聚会，席间，一位叫康平的票友不经意地提道："有一句话不知当讲不当讲？我就冒昧地说了，沈福存身上的表演怎么有点像当年尚先生的东西。"这个观点立刻引起了尚长荣极大共鸣，尚长荣哈哈大笑："太像了，太像了！是有我家老爷子的东西，回北京我要和我娘说说去！"其实，这种舞台上的似曾相识也正是令尚长荣与沈福存心灵靠近的缘由。想当年，尚长荣第一次从沈福存的唱腔中听到父亲最有特色的"疙瘩腔"时，他是热泪盈眶的。这样的评价对于沈福存来说绝对是褒奖，他谦虚地说道："我没学过尚派，只是在1958年尚先生到重庆演出的时候看过他的演出。他的剧场效果非常热烈，可能潜移默化，不由自主地把尚派艺术渗透在我的血液中。"[①]沈福存所谓的"没学过尚派"，当然指的是没有真正师从过尚派，但是，实际上，他一定是钻研揣摩过尚派艺术的。三杯过后，酒酣尽兴，大家都兴致高昂地说："该归门了！该归门了！"就是在这样的契机下，1982年西安演出后，尚长荣火速让夫人到北京打前站，安排沈福存与尚师娘王蕊芳见面。这也就有了之后沈福存与尚门更深的缘分——拜入尚门，这也成为沈福存步入中年之后的重要时刻。

1983年，沈福存两次赴沪，两次北上京城。随重庆市京剧团巡演是众所周知的了，而在1983年年初，巡演之前，沈福存抵达北京是为了拜见尚夫人。所以，说1983年是沈福存人生中最重要的一年似乎并不为过。

在赴京之前，长荣弟给他打电话，告诉他安排好了在北京的住宿，并特意问他："见了我娘，您怎么称呼呀？"沈福存说："当然是叫师娘啊！"长荣弟说："不，一定要叫娘！"就这样，沈福存似乎是流浪了多年的孩子终于找到了家的归属。他一踏入尚府，就对着尚夫人结结实实地叫了一声"娘"，这令尚夫人和周围众多荣春社师兄们很是动容。尚夫人拉着沈福存的手说："你怎么才来啊？长荣不止一次提到你。你知道，当年尚先生是知

[①] 安志强编著：《水滴石穿：沈福存的艺术人生》，新星出版社2009年版，第123页。

道你的！"原来，尚先生 1963 年到贵州演出，恰是沈福存第一次在西南唱红的那一段时间，沈福存贵州演出刚刚结束，尚先生即到达。贵州的朋友曾经向尚先生介绍厉家班有个沈福存，唱得非常好！在贵阳可火了！听到尚夫人的这一席话，沈福存仿佛感觉尚先生就在自己的面前。

人与人的因缘际会就是这样奇妙，擦肩而过，却终将圆满。

沈福存越发激动，忙不迭地说："我是来归门的！"

尚夫人说："这也是你师傅生前的遗愿。"

沈福存闻言后，立即双腿跪下在尚先生的遗像前磕了三个响头。尚夫人也说："福存啊，磕了头，就算门里人了。没想到今儿个咱们尚家又收徒弟了，我们尚家可是有脸面的，得大办一场呀！明儿把世海、万春、君秋他们都叫过来，一起热闹热闹……"梨园界拜师是有规矩的，拜师要有盛大的拜师宴，既是给梨园界有名望的同行和同门的师兄弟们下帖，让大家见证师徒关系确立的重要场面；又是一个师徒之间行礼不可少的仪式。但是，沈福存却是例外。60 年代，张君秋先生提出一起去照个相时，沈福存因为囊中羞涩回避了，而这次拜入尚门的仪式依旧是万事俱备，只欠东风。谢师宴需要钱，家中有三个女娃尚未长大，沈福存依旧拮据，于是，他窘迫地说："娘，咱们不请客了吧。"尚师娘看出了沈福存的为难，爽快地说："咱们尚家门徒 300 多个，怎么能不请客呢？不用你花钱，娘出钱！"沈福存一听更是急了，眼泪一下就流了出来，这于情于理都说不通，他说道："娘，还是免了吧！"尚夫人察觉到沈福存的难处，改口道："好吧，那咱们就不摆这个排场了！"就这样，沈福存算是拜入了尚门。

师出无门，似乎是沈福存终生难以解开的心结，也可以印证沈福存一路走来有多么艰难与无助。少年、青年的时候，因为嗓音、扮相、身材等天赋条件，沈福存让从不培养男旦的厉家班改了规矩，成为戏班里唯一一个男旦，但又因为处于偏远的西南重庆不能接触到更多的京剧大家，大多数时候只能凭借影像、唱片、照片这些方式来学戏。在这个层面，虽然厉家班就是他的归属，但在梨园旦行界，沈福存可谓无门无宗的"流浪儿"。30 岁之后，因为经济拮据的现实因素，他与张君秋的师缘再次错过。不入任何师门，反而让他成为不为某一个流派所拘的"杂家"，这倒颇有些"浪子"的心态。流派固然好，但更好的是冲破流派壁垒，为自己解套，生长出真正的自己。从"流浪儿"到"浪子"，无心插柳柳成荫，沈福存的主体确立就是在这一过程中形成的！

步入80年代，沈福存已入中年，其艺术和观念日臻成熟，一旦机会来临，他即将自己送上了名家之列。正如戏曲理论家郭汉城所言："20世纪80年代初，从山城重庆来了一个沈福存，《玉堂春》《春秋配》几出戏演下来，立刻轰动了京城，他的艺术得到京剧内外行的公认，很快跻身于名家之列。"[1]实际上，此时的沈福存已经不同于五六十年代的他，此时的师门对于他的意义反而并不重要了，但是，天时、人和，他皆占尽，于是，与尚家的缘分使得拜入尚门成为水到渠成的事情。归师门成为沈福存了却自己心结的一种仪式。

1984年举行的"尚小云先生诞辰八十五周年纪念演出"（图8-16）是新中国成立，乃至于进入80年代之后一次盛况空前的尚门大聚会，也是沈福存拜入尚门之后不久，以尚派传承人的身份参加的第一次演出。1月12日，"尚小云先生诞辰八十五周年纪念演出"中上演了鞠小苏、路登云的《悦来店》，沈福存的《御碑亭》，压轴戏是孙钧卿、尚长荣的《将相和》，大轴戏则是《擂鼓战金山》，由安荣卿、李喜鸿二人分饰梁红玉。新入尚门的沈福存自然要以演出来答谢在天有灵的师傅。于是，在尚门师兄孙荣蕙、杨荣环的指点帮助下，沈福存加强了尚派唱腔的特点，将自己年轻时上演过的《御碑亭》再次翻新，以《归宁》《碑亭》两个折子戏，像模像样地站在了舞台上。当天晚上，沈福存以高亢的嗓音，浑厚圆润的音质，刚健柔美的唱腔和他的大青衣范儿，一开腔即博得了满堂彩。而最令人拍手叫绝的就是他抑扬有节、顿挫有力的唱腔，将这一个独自夜行、碑亭避雨的孟月华表现得颇为到位，每一句腔落，掌声即四起，不由得令人想起尚先生的余音。在之后的研讨会上，与"四大名旦"都有过交往的著名剧作家翁偶虹先生道出了尚派艺术的精髓，他说："尚派的唱很难……没有好嗓子是唱不了尚派的。"他更

---

[1] 郭汉城：《沈福存现象（代序）》，载安志强编著《水滴石穿：沈福存的艺术人生》，新星出版社2009年版。

图 8-16　沈福存（右）在"尚小云先生诞辰八十五周年纪念演出"上演出《御碑亭》

用"一句三个好"盛赞沈福存对尚派唱腔的继承能力。[①]沈福存再次凭借着自己的实力，稳稳当当地站住了脚，成为一名尚门槛内人。

但是，重庆，终究还是他生活和艺术最重要的圈层，偶尔地跳出，获得掌声，最后还是要回到自己的圈层内，这是一个远离京剧中心的圈层，无形地笼罩着沈福存，这对于沈福存艺术的发展是致命的。1984 年到 1988 年，也就是他 49 岁至 53 岁的四年成为他的巅峰期，但也可以说是他舞台生涯最后辉煌的四年。一个伶人，巅峰与终结如此重合，也是奇怪而罕见的，这显然也是沈福存一生的难言之痛。

经历了短暂的传统戏复兴，20 世纪 80 年代，戏曲市场的兴盛萎靡是与院团体制改革政策"左""右"方向的反复而共振的。1983 年 2 月，文

---

① 来自上海京剧院保存的"1984 年尚小云先生诞辰八十五周年纪念演出"研讨会档案，翁偶虹的发言为："现在无人继承尚的唱，唱戏，听说沈福存唱《御碑亭》一个【二六】三个好，原因是他唱了尚派的唱腔。"

化部、《人民日报》，以及中国戏剧家协会多次召开讨论戏曲院团体制改革的座谈会，会上提出了打破"大锅饭"，打破"平均主义"，打破管得太死的弊端，要"坚决地、有秩序地进行改革"，推行"承包经营责任制"。[1] 于是，很多名角儿采取承包制的方式挑班演出，当时的沈福存也蠢蠢欲动起来，但是终因求安稳的性格致使他没有追逐这股市场的浪潮。很快，1983年6月13日出台了《文化部关于严禁私自组织演员进行营业性演出的报告》，明令制止"把艺术表演商品化的表演"以及"私自邀约演员组织营业性演出"的政令[2]，高层的反复让当时诸多名角儿的承包经营演出草草收场，无疾而终。1984年7月，文化部再次召开艺术表演团体体制改革座谈会，这次提出的是"要搞好改革，必须解放思想，勇于冲破旧框框、旧套套的束缚，增强改革的紧迫感"。同时提出："精神产品也要讲经济核算。要正确运用经济手段，调动广大艺术工作者的积极性，提高艺术质量，繁荣和发展社会主义文艺。"[3] 看来，戏曲院团到底要不要走市场，是当时国家高层都在犹豫的问题。

就是在这种模棱两可的政策环境下，沈福存迎来了一段被外省京剧团邀请，以个人搭班的方式合作演出的繁忙期，他大胆地以"走出去"的方式让自己拥有了更大的舞台，并带领演出低迷的省、市级京剧团创造了一个又一个市场奇迹。

1984年，江西省京剧团的老团长白本升复出，凭借几十年邀角儿的经验和对京剧市场的敏锐度，他亲自赴重庆邀请沈福存至江西搭班演出，沈福存自然是欣然应允。于是，10月24日到11月17日，沈福存协同王锦声[4]与江西省京剧团合作在江西各地进行了将近一个月的演出。从南昌到

---

[1] 杨秀峰编著：《中国戏曲大事辑要：1949—2009》（上），文化艺术出版社2015年版，第283—284页。

[2] 《文化部关于严禁私自组织演员进行营业性演出的报告》（1983年6月13日），载中国艺术研究院戏曲研究所《戏曲研究》编辑部、吉林省戏剧创作评论室评论辅导部编《戏剧工作文献资料汇编》，1984年，第174页。

[3] 杨秀峰编著：《中国戏曲大事辑要：1949—2009》（上），文化艺术出版社2015年版，第308—309页。

[4] 王锦声，重庆市京剧团一级演员，工文武老生。

吉安等地巡演20余场,每到一处,观众反响热烈,一票难求,在江西戏曲市场低迷的大环境下掀起了一股逆势生长的看戏热潮。

当年在南昌的戏单大致是这样的:

10月23日,南昌剧场《王宝钏》沈福存饰王宝钏,王锦声饰薛平贵

24日,南昌剧场《玉堂春》,沈福存饰苏三

25日,南昌剧场《王宝钏》,沈福存饰王宝钏

26日,南昌剧场《玉堂春》,沈福存饰苏三

29日,南昌剧场《凤还巢》,沈福存饰程雪娥

30日,南昌剧场《打金砖》,王锦声饰刘秀,《春秋配》,沈福存饰姜秋莲

31日,南昌剧场《玉堂春》,沈福存饰苏三

11月5日,在吉安首演《凤还巢》,沈福存饰程雪娥

6日,吉安演出《玉堂春》,沈福存饰苏三

从这个戏单不难看出,沈福存在江西将近一个月的演出,与其说是搭班,不如说是"挑班"[①]更为贴切,他以一己之力撑起了江西省京剧团那些天的演出,彻底勾起了南昌戏迷的看戏热情。在一定程度上也可以看出沈福存嗓子的科学发声与耐用程度是远超常人的。在那些天里,南昌剧场的1000多个座位几乎天天满坑满谷,并未有半点低迷、票房不佳的景象。为沈福存配戏的江西省京剧团小生演员涂少昆[②]这样回忆当年的情形:

初识沈先生是在对戏的时候,先生问我:你和男旦同台演出过吗?

我笑着说:没有过,这是首次,您多带着我点儿。

沈先生说:我的眼睛会放电,一般人都接不住。你要是不敢对视

[①] 挑班,梨园行话,民国以来,以名角儿为号召力组建一个戏班即挑班,名角儿挑班是曾经的京剧班社最常见的组班形式。

[②] 涂少昆,江西省京剧团导演、编剧、演员(小生行)。1984年,沈福存应邀至江西演出,涂少昆为其配演《玉堂春》中的王金龙,《凤还巢》中的穆居易,《春秋配》中的李春发,《王宝钏》中的高嗣继。

看我，那你就看我的"眉心"，免得在舞台上慌乱。

我心里想：初次和男旦同台，明知他是男的，要一见钟情，还要"失神落魄"，在台上肯定会产生性别干扰，"傍角儿"可不能砸了人家的"打炮戏"。不妨说，我还认真在私下里盯着男人练习"愣神"发痴呢。演出的第一天，我早早穿戴齐整，在化妆间盯着满头珠花美艳秀丽的"郑丽春"，我眼睛里的沈先生悄然变成比女性还女性的二八佳丽。我心里有了准备，决心不看"眉心"，但忍不住用眼神交流尝试他的锋芒。

我深深感到，沈先生在舞台上的表演有角色代入感，先生拿捏节奏、把控观众情绪有着极强的魅力。仅仅是《玉堂春》，在拥有千人座席的南昌剧场，原定为三天"打炮戏"紧接着贴演《红鬃烈马》《凤还巢》和半出《春秋配·捡柴》。当时场场爆满效果热烈，阵阵掌声热烈爆棚。后期又应观众要求"翻头"加演两场《玉堂春》。再续合约到吉安市做为期十天的演出，在吉安市演出时，吉安的观众一样座席爆满，剧场的观众同样热情……

京剧艺术是看"角儿"的艺术，尽管江西观众对《玉堂春》《王宝钏》《凤还巢》《春秋配》这些传统骨子戏早已熟知，但是沈福存在表演上的独特匠心，对于观众来说却是新鲜的。从涂先生的回忆中，能够感受得到年届五十的沈福存有着丰富的舞台经验，更自信自己那比女人还女人的神态，这也恰是京剧艺术中乾旦区别于坤旦的魅力，这又怎么会没有市场呢？20世纪80年代中后期的沈福存，已然成了让京剧演出具有市场保证的金字招牌。

结束江西的演出之后不久，同年12月，稍事休整的沈福存就又被云南省个旧市京剧团邀请去搭班唱戏了，在个旧演出期间，他还对个旧市京剧团的青年演员进行艺术辅导，上表演课，讲授表演理论。个旧是他在22年前唱红的地方，相比昨日，此刻的沈福存不仅有了更丰富的舞台经验，而且有了更成熟的表演思维，这对于个旧的观众和沈福存自己来说都是意义非凡的。在那里，他不仅演出了他的"三出半"代表作，还与个旧著名小生合作演出了《桂芝写状》，饰演李桂芝。马不停蹄，1985年8月，沈福

第八章　惊动伶界

存再次被青岛市京剧团邀请，搭班演出。1985 年 10 月，受贵阳剧协和贵阳市京剧团邀请搭班演出，前《春秋配》饰姜秋莲，后《辕门斩子》饰杨延昭，其间还为贵州戏校学生授课。可以说，1984 年至 1985 年是沈福存演出最忙碌，也是最愉悦的一段时期。因为，他终于有了更大的舞台。

沈福存一生对舞台深切的依恋，其实是难以用语言表达的。20 世纪 70 年代，当他的旦行和小生行都无用武之地的时候，他曾经因为失去了舞台而无比痛苦，最终置之死地而后生，他以改老生行的方式为自己争取到了一片舞台。而 80 年代，重庆的地域限制，以及院团内部的"大锅饭""平均主义"等人为的限制，同样折磨着他，时代赋予了他再次"走出去"的勇气，而此次"走出去"的效应也因为时代的不同而发生着变化。20 世纪 60 年代，年轻的沈福存因"西南行"而意外唱红，回到团内，还因为走"资产阶级道路"而被孤立；80 年代之后，作为国家体制内戏曲院团的一名演员，他最早尝到"走出去"的红利，同时，他也成了重庆市文艺体制改革中进行新尝试的典范。（图 8-17）在一篇《发挥演员特长　促进艺术交流——沈福存搭班演出赢得赣滇观众喝采（彩）》的文章中，这样写道：

> 沈福存出省搭班，得到了江西省文化厅和我市文化局、市京剧团大力支持。他在赣、滇共演出二十三场戏，观众达二万一千多人次。演出的是有流派特色的剧目《玉堂春》《春秋配》等拿手戏，并结合自己独特的表演风格，以极大的艺术魅力赢得了广大观众的热烈欢迎和高度评价。
>
> 沈福存出省搭班的经验证明，省市之间艺术人才的交流，既给观众带来新鲜感，又促进了剧团间的艺术交流。这种搭班形式，节省开支，双方都有收益。而且能发挥优秀演员的艺术特长。沈福存两个多月搭班演出，演出总

图 8-17　沈福存在江西、贵州等地演出时的报纸广告

收入二万余元，除演出及路费开支和两个月上交市京剧团八百元外，个人净收入二千八百多元。

沈福存出省搭班演出，特别注意艺术质量和艺术道德，他在江西省艺校和江西省京剧团传授了表演艺术经验。在云南个旧市演出，他也尽量抽时间讲学，交流表演艺术经验，受到当地青少年演员好评。他在江西、云南演出，为我市文艺界争得了荣誉。①

这就是我们看待历史的时候最有意思的地方，沈福存并没有变，变的是我们的时代。在改革开放的大潮中，沈福存的"走出去"无论是在人才交流方面，还是经济效益方面，都被树立成为重庆市文艺界的标杆，成为重庆市京剧团优秀人才的典范，成为文艺院团体制改革的典范。看似属于沈福存的好时代来到了，然而，事实真的如此吗？

1985年7—8月，重庆市京剧团继1983年的全国巡演之后再次开启东北地区的巡演，路线是大庆、哈尔滨、沈阳、锦州，演出剧目是《玉堂春》《春秋配》《三进士》《战太平》《杨家将》《谢瑶环》《打金砖》《三关排宴》《甘露寺》《盗库银》《钓金龟》等。演出阵容与1983年全国巡演大致相同，依旧是厉慧兰和沈福存打头牌，主要演员由厉慧福、厉慧森、孙志芳、王锦声、胡正中等组成。前一天是厉慧兰的《钓金龟》，后一天就是她的《战太平》，前老旦，后老生，而沈福存则是全本《玉堂春》及《春秋配·捡柴》，当年在哈尔滨演出之轰动令人难以想象，各方反响都十分强烈。重庆市京剧团的武生演员童志良回忆：谢幕时，观众把舞台围拢得里三层外三层，人人都想看看这个男旦卸了妆的样子。而当时已经卸了一半妆的沈福存，上身穿着白色水衣，下着大裤衩，不愿意上台，硬是被同事们推搡到前台谢幕的，观众看到在台上风姿绰约的苏三竟然是一个有些秃顶的男子时，更是兴奋地发出疯狂的喝彩声。

据当年与沈福存搭档《春秋配》，饰演乳娘的邹福金说："在那里，不论是普通观众，还是业内人士都对我们的戏十分欢迎。而对沈福存的'三出半'更是如此。这'三出半'中的三部大戏，沈福存是有突破的，有别

---

① 《发挥演员特长　促进艺术交流——沈福存搭班演出赢得赣滇观众喝采（彩）》，《重庆日报（增刊）》1984年12月30日。

于他人的地方，观众很是喜欢。但是，我认为，特别是这'半部'的《春秋配》，沈福存在其中做了很大的文章，它已经不算是出小戏了，这从观众反应之热烈可以看出。"在结束了东北的巡演之后，途经北京，厉慧兰和沈福存又被单独"劫"下来，在北京演了几场戏。准确地说，80年代的重庆市京剧团，若没有这两个角儿，是决然撑不起这几次自负盈亏巡演的。而沈福存的男旦，更是无可替代的。

舞台，是沈福存心灵的栖息地，正如他自己曾言："我不在乎物质上的待遇，再苦再艰难的日子我都熬过来了。事实上我总是受到演出限制，这简直就是要我的命。"[①] 的确，那时的重庆市京剧团在体制上依旧遵循着"大锅饭""平均主义"的工资制度，虽然，厉慧兰和沈福存是巡演票房的保障，但是他们的演出酬劳与龙套演员是一样的。尽管如此，这种极大的不公平也并没有抑制沈福存对舞台的向往。

20世纪80年代，重庆市京剧团的应邀演出一个接着一个，但一个残酷的现实让沈福存心灰意冷——虽然他是团里的招牌演员，具有极强的票房号召力，但是团领导代际更替后，团里的演出机会明显向"五八级"演员倾斜了。从五六十年代到80年代，沈福存的生存环境始终逼仄，而这对于一辈子都活在戏中，只单纯想拥有舞台自由的沈福存来说是莫大的痛苦。20世纪80年代后期，随着厉慧敏、厉慧兰的逐渐退休，沈福存成为团里挑大梁的头牌，但刚刚步入50岁的沈福存在团里的演出任务却越来越少。最终两次不愉快的经历，彻底让沈福存决定退出舞台，郑重声明息演。

1987年，重庆市京剧团受新疆石油管理局邀请赴克拉玛依慰问演出。重庆市京剧团很重视，给出的戏单是由"五八级"演员担纲的《新白蛇传》《谢瑶环》《真假美猴王》《盗库银》《八大锤》《李逵探母》等一系列戏码，新疆方面的接待人看了戏单之后，显然不太满足，他们提出了想看厉慧兰和沈福存这两位老演员的戏码。原来，新疆石油管理局的副局长是个超级大戏迷，也是四川人，他早已知晓重庆市京剧团在1983年京津沪巡演一票难求的盛况，于是，趁着此次机会，希望能够看到真正的厉家班。而石

[①] 安志强编著：《水滴石穿：沈福存的艺术人生》，新星出版社2009年版，第231页。

油管理局接待处的处长傅煦,当年全程参与了这次演出的接待工作,在他的《忆重庆"厉家班"的克拉玛依之行》中可以看到一些微妙之处,文章这样写道:

> 那是在1987年夏天,当时我正在新疆石油管理局接待处任副处长,又是戏迷,所以有机会参与了这次演出的全部接待组织工作。记得当时是由我们局的一位四川籍的宋世权副局长(也是京戏迷)给我打电话说:告诉你个好消息,"厉家班"要来克拉玛依了,有好戏看了。要我马上去工会俱乐部共同研究组织接待演出事宜。我找到了重庆市京剧团派来打前站的陈导演,先看了一下所带的戏码有:《新白蛇传》《谢瑶环》《真假美猴王》《双下山》《盗库银》《八大锤》《李逵探母》《打金砖(太庙)》等。我一看,就问你们是不是原来的"厉家班"?答曰是。我说我前几年在北京看到重庆"厉家班"贴演厉慧兰的《战太平》、沈福存的《春秋配》,我在中和戏院门口等退票硬是蹲了一个多小时毫无收获,可见当时是轰动了京城。可是今天看这份戏码里没有厉慧兰、沈福存什么活儿呀!陈导演一听我们这戈壁滩油田上还有识货的,忙说我可以给家里联系调整戏码,不过剧团人数要增加十个人。我说只要能看上厉慧兰、沈福存的戏,再加20人我们接待处安排食宿不成问题。就这样经联系后确定增加了厉慧兰、沈福存、朱福侠、吴福汉、李永庚、卞培兰等同志参加演出。①

从最初拿出的戏单可见,剧团安排的演出阵容本是孙志芳的《新白蛇传》《谢瑶环》,周应伟的《盗库银》,胡正中的《八大锤》,袁莉莉、赵铭华的《李逵探母》,曾繁强的《真假美猴王》等,已经完全将慧字辈、福字科演员排除在外了。之后在邀请方的强烈要求下,重庆市京剧团才增加了厉慧兰、沈福存、朱福侠等资历较深的老演员,这才有了厉慧兰的《三进士》、沈福存的《起解》、朱福侠的《小宴》这些戏。实际上,随着厉氏的话语权退出历史舞台,此时京剧团新上任的领导也渴望着在演出阵容上取代老一辈的艺术家们,实现新老交替。而现实是,年轻的一代在艺

---

① 傅煦:《忆重庆"厉家班"的克拉玛依之行》,《中国京剧》2000年第1期。

水准、舞台表演的影响力和号召力上，还没有充分的实力接续上老一代的师长辈们。所以，迫于邀请方的诉求，团里虽然最终增加了演出人员名单，但给出的苛刻条件是老演员每人只能演一出折子戏，带一身行头。

梨园行里演员争台，是个始终存在的现象。在计划经济体制下，戏曲院团里拥有话语权的一方必然是拥有舞台支配权的人，所以，不公平往往是从看似"平均主义"的公平引发的。而对优秀演员的弃用，更是对演员最大的消耗，这正是戏曲院团体制挥不去的弊端，沈福存也深受这种体制弊端影响。

20世纪80年代的沈福存大器晚成，名满天下，但是，小环境对他的掣肘似乎并没有减弱，在53岁这一年，他竟然在自己的巅峰时期做出了放弃舞台，不再登台的决定。这让他正处于上升趋势的发展势头戛然而止，一定程度上，这个决定也限制了他艺术辉煌时期的时间长度。难道沈福存是真的不想再粉墨登场了吗？恰恰相反，他是太爱这个舞台了！

20世纪80年代，重庆市京剧团因为全国巡演的影响力，在全国的京剧院团中成了响当当的存在，其实这个院团的支柱离不开厉家班，尤其是厉家班第一代的慧字辈和第二代的福字科学员，尽管，那时慧字辈中的"厉家五虎"早已寥落，但是尚有厉慧兰以老生、老旦撑起厉家一片天，而福字科中历经磨砺的沈福存则挑起了旦行头牌，正是她和他为重庆市京剧团声誉和地位的确立立下汗马功劳。经由文化部推荐，1988年美国国际娱乐公司邀请重庆市京剧团赴美做巡回演出，美方希望厉慧良能够任此次演出的艺术指导。此时，厉慧敏已退休，厉慧兰和沈福存在团内独挑大梁，且心有余力，但是被排除在了赴美国演出的名单之外，而厉慧良艺术指导的身份最终也未被批准。经过美方一再与重庆院方领导协调，终于增加了厉慧兰，但只带《三进士》一出戏的行头，而沈福存却依旧在名单之外。谁曾想到，这个遭遇竟然成了53岁的沈福存后半程艺术生命的拐点。

巡演长达三个半月，遍布美国16个州，27个城市，演出达60场，这也成为重庆市京剧团80年代的重大事件，却也成为沈福存人生中一个难以抹去的遗憾。显然，沈福存是在意这一件事的。当巡演团59名成员一行在美国演出，享受喝彩、鲜花和掌声之时，沈福存只能蜗居家中借酒浇愁，他很憋屈，前情往事都涌上了心头。回望自己的大半生，一个13岁踏入厉家班的贫苦男孩，因为爱戏而歪打误撞进了梨园班社，历经各种无常，却一辈子未曾离开京剧团这个小圈圈，一辈子都靠戏来滋养自己，别无他求。他从一开始扮演"狮子、老虎、狗"这样的龙套角色，一步步走向了舞台中心，虽然似乎总有一种无形的力量与他对抗，但是，他还是闯出来了。或许人生就是宿命，或许性格就是命运，无论如何，沈福存并不是一个喜欢和人对抗的人，在乐观、幽默、玩笑的面孔下其实是他的隐忍、柔韧、默默的拼搏，这也是他对待这个世界的方式；而回避、自我消解则是他面对对抗时唯一的方法。所以，他的女儿沈铁梅在理解了自己的父亲之后，常常说，父亲是阿Q精神的典型。80年代末的那次遭遇，与其说是他遗憾自己未能赴美演出，不如说是他遗憾自己总是在收获观众认可之余却不能被管理层重视，这是沈福存的"天问"。

　　沈福存觉得累了，厌倦了，那个曾经把自己所有的力量都用在舞台上的人，在还未退休的年龄便决定永远地离开这个舞台，这对于他来说其实是个痛苦的决定。

　　此时，冥冥之中，却有一种赓续的力量在运转。

　　20世纪80年代中期，沈家有女初长成，大女儿沈铁梅刚刚从四川省川剧学校毕业，进入了重庆市川剧院青年集训队，属于她的时代即将到来。与沈福存一生的坎坷遭际不同，这位未来"川剧皇后"的舞台机遇显得顺遂得多。1985年，重庆首届雾季艺术节[①]隆重举行，很多北京、上海、广州、南京、成都各地的艺术家受邀来到重庆，他们皆是如吴祖光、张瑞芳、白杨、曹禺、黄宗江、刘厚生等，曾经在抗战时期参加重庆"雾季公演"的文艺界的名流大家。就是在这次舞台上，刚刚20岁的铁梅以一出川剧高腔《凤仪亭》吸引了他们的目光，可谓艳惊四座。铁梅饰演貂蝉，她虽然个子不算高，但是长着一双大大的眼睛，灵气逼人，一出台亮相，便脆生

[①] 1985年10月下旬，重庆举办雾季艺术节，以纪念抗日战争胜利四十周年。雾季艺术节来自抗日战争时期的"雾季公演"，重庆每年10月至翌年5月为雾季，敌机轰炸较少，1941年后，戏剧界集中在雾季演出，直到1945年，共演出100多部话剧，为我国话剧运动空前繁荣时期。

生放了一腔【红鸾袄】"汉室王业岂偏安……"，那嗓音甜润清亮，一下子便抓拢住了台下所有人的注意力。她的音量或擒或放，在"贼臣董卓擅专权"一段戏中，唱词虽激愤，而在行腔时她却稍稍压低了起调的高度，接下来唱"一扣连环两头管，管教他萧墙祸起自相残"时，随着内心情感的发展变化，她唱得起伏有致、刚柔相济，到了"我袖内暗藏一把屠龙剑"的高潮唱段时，她彻底放开了嗓子，以高亢入云的行腔，把人物内心郁积的激越愤懑的情怀，尽情倾吐了出来。台下的艺术家们为眼前这个年轻演员气息、音区的把控能力而赞叹。这些台下的观众们，在20世纪40年代曾经流连于陪都重庆，也是对川剧极其熟悉的，但铁梅的川剧演唱却令他们感慨。这是一出常见于舞台的传统戏，这位演员小小年纪，竟然在行腔、演唱节奏上处理得颇为与众不同。通过表演她将貂蝉这个女子的情感、心理一层层地展现出来，令人拍案叫绝。就在大家赞不绝口，感叹重庆川剧后继有人之时，才知道，原来这个亭亭玉立的小姑娘竟然是京剧名旦沈福存之女，大家不禁恍然大悟。

　　当年，沈铁梅演完后就像之前任何一场演出结束一样，回到了自己正常的生活轨道，她并不知道自己的命运之轮已经在悄然运转。第二天，正在集训队里洗衣服的铁梅被川剧团的领导告知，昨晚的演出反响很好，文艺界的代表们很想与她见见面。那是沈铁梅第一次作为一名川剧演员被四川之外的观众看到，而很快，她将以一股势不可当之势走向全国，被业界更多的艺术家、理论家们认可。这一条沈福存走了35年的道路，他的女儿沈铁梅仅仅用了3年。①

　　青出于蓝而胜于蓝，在沈福存心中，让他无比畅快，又无比郁结的舞台正在被他的女儿接替过来。沈家两代人，从"沈福存的女儿"到"沈铁梅的父亲"，这属于父女之间彼此身份的一次切换，蕴含着两代戏曲人从京剧到川剧艺术血脉的赓续和跨越。一个天才的艺术家庭的代际更迭正在悄然无息地上演着……

---

① 沈铁梅1989年获得第六届中国戏剧"梅花奖"。

第九章 沈门传承

第一节 女儿的成长

沈福存与妻子许道美有三个女儿，唯有大女儿沈铁梅继承了父母的衣钵。

1965年7月10日，伴着慷慨激昂的京剧"样板戏"旋律，他们的第一个女儿出生了。可想而知那个时节的山城正是"大火炉"的季节，更别说那几天的重庆恰好是那年夏季最热的时候。据许道美回忆，丈夫沈福存听说生了个女儿后激动无比，便兴冲冲地跑去买营养品，没想到竟然热得晕倒在了大街上，这也是第一件令之后的沈铁梅一回忆起父亲便内心泛起涟漪的事情。新的生命总是孕育着新的希望，在火热的革命年代里，沈福存给自己第一个女儿起了与"样板戏"《红灯记》中李铁梅一样的名字——铁梅！（图9-1）这个名字寄托了一位父亲对女儿的爱，希望她像戏中

图9-1 1965年，沈福存、许道美怀抱刚出生的铁梅

的李铁梅一样机智、勇敢、坚韧,当然,或许也隐含着沈福存内心那份抹不去的旦角情结。

  小铁梅的出生给这个家庭带来了无尽的欢乐。那时,虽然外面运动频繁,但是,这个小家庭却仿佛沐浴在春风之中。安抚小铁梅进入梦乡是沈福存最快乐的时刻,他常常一边轻轻摇晃着襁褓中的女儿,一边为女儿哼着自创的摇篮曲,还是婴儿的铁梅仿佛也被父亲那悠扬的旋律吸引,大眼睛忽闪忽闪着。铁梅出生没多久,沈福存就带着《嘉陵怒涛》编腔的任务去北京了,一走就是大半年,直到1966年才从北京回来,这时,铁梅已经快1岁了。看着大半年不见的女儿又长大了,他的心都要融化了。此刻,沈福存哼唱的摇篮曲又多了些京剧唱段,比如《年年有余》中的"一场风波平地起……",比如《红灯记》中的"都有一颗红亮的心",这些时时在铁梅耳边回响。在沈福存眼中,这个女儿似乎对旋律很有感知,每当他哼鸣各种唱段旋律的时候,小小铁梅的注意力总是被吸引,安静地享受着……所以,尚处在摇篮之中的铁梅,就开始接受沈福存京剧旋律的熏陶。

  就是在这样的家庭氛围下,铁梅慢慢长大,加之从小住在京剧团的筒子楼里,耳濡目染,3岁的她就可以跟着胡琴有模有样地唱"样板戏"了,而且无论是嗓音、乐感、节奏,还是模仿能力都惊人得好。沈福存敏锐地发现了铁梅的艺术天分,于是,他决定正式教小铁梅学戏。在最爱玩耍的年龄,小铁梅并不懂得父亲为什么那么执着地要她学戏,她只觉得父亲用一种近似魔鬼式的训练剥夺了她玩耍的时间。也可能正是沈福存在女儿童年时即开始的专业训练,造就了今天的川剧掌舵人沈铁梅。"梅花香自苦寒来",所有的成才都是在痛苦中磨砺的,而沈铁梅的戏曲磨砺开始得更早。

  当年,每天下午五点沈福存即搬上一把椅子,泡好一杯浓茶,坐在那里等着放学归来的铁梅,而这个傍晚的固定时间段也成了沈福存后来坚持大半生的吊嗓时间。每天,当小铁梅将自己玩耍的欲望压制下来坐在小板凳上时,沈福存就开始一字一句教她唱京剧,而且无一例外教的都是"样板戏"中的旦行唱段。沈铁梅记得很清楚,"学得不专心要挨剋,唱得不认真要挨剋,叫唱时不唱也要挨剋"[1]。沈福存还为女儿学戏定了一个严格的标准:"荒腔走板那更是不允许的,非要达到有板有眼、字正腔圆、音准韵谐的要求不可。"[2] 在年幼的小铁梅心中,父亲在学戏这件事上对她非常严厉。有的时候,她想出去找妹妹玩,被父亲严厉地呵斥,不得不哽咽着喉咙,一边哭一边唱;有的时候,父亲想训练她当众表演的胆量,就让女儿在朋友面前演唱,而害羞的小铁梅无比抗拒,待朋友走后,父亲必然对她又是一顿揍。沈福存以自己师傅的教导告诫铁梅:"要想在台上有出息,台下就要豁得出去,不能要面子!"

孩子的可塑性是极强的,渐渐地,小铁梅习惯了父亲严苛而高强度的训练。不懂得唱功,也无所谓技法,但是在父亲的口传心授下,靠着一遍遍地模仿,铁梅将所授掌握于胸。这其实是戏曲传承最亲近、最有效的方法,也是沈福存入厉家班后学戏路径上所欠缺的。在女儿学戏的道路上,他拿自己一生的经验来培养,不敢有丝毫怠慢。

铁梅学戏这件事,沈福存是坚定的。

有一段时间,他声带小结了,按医生叮嘱是要噤声的,就在铁梅欢喜雀跃,觉得终于可以偷闲一下时,却发现父亲依旧坐在那张椅子上等着她。父亲竟然改用手势和口型无声地教她学戏。手张大就是放大声音唱,伸出小指就是要降低音量,如果做出波浪形的手势是该唱擞音了。这种在童年时就开始的专业训练,无疑对沈铁梅未来的成才是有巨大助益的。沈福存定位清晰的培育,也渐渐让铁梅形成了坚韧的耐力,以及良好的艺术鉴赏力,并成为她终生的财富。在规范的、典雅的京剧唱腔中成长起来的沈铁梅,此后虽然踏入了川剧领域,但是,京剧的滋养已经熔铸在她的血液里,也终将反哺她的川剧艺术。

只有懂得了舞台的意义之后,沈铁梅才真正明白了曾经父亲内心深层的情感动机。热爱表演这份职业的演员,对舞台都是有一份渴望的,父亲

---

[1] 沈铁梅:《在"京腔"与"川腔"的撞击中创新——我在川剧声腔方面的探索和体会》,《中国戏剧》1991年第3期。

[2] 沈铁梅:《在"京腔"与"川腔"的撞击中创新——我在川剧声腔方面的探索和体会》,《中国戏剧》1991年第3期。

不能绽放于自己痴迷的旦行舞台，内心是痛苦的。

在沈福存的训练下，10岁之前的铁梅掌握的京戏唱段就非常多了，八个"样板戏"中的旦角唱段都可以像模像样地唱来，在重庆市京剧团的家属院内，人人都知道沈福存的大女儿是个唱戏的好苗子。小学期间，铁梅自然也是班级里的文娱骨干，不仅参加学校内的各种文艺表演活动，还经常到街头宣传演唱。沈福存看在眼里，喜在心里，不过也提醒女儿要学会保护嗓子，不许出去乱唱。虽然，妻子许道美是川剧演员，但是，沈家的二代都更爱京剧，除了铁梅之外，渐渐长大的二女儿红梅和三女儿冬梅，更是独宠京剧。当然，两人虽没有姐姐那么精通，但是也会时不时唱一段。京剧团里演戏，她们三人常常爬墙头，只为了能看戏。

沈福存虽然在专业上对待铁梅极其严厉，但是在生活中，他作为父亲的形象却是温润和蔼，甚至是极其幽默的。在三个女儿面前，最喜欢说笑话的他，总是把孩子们逗得哈哈大笑。他经常将自己少得可怜的头发用梳子梳成一片瓦的样子，并将其从前额梳下来，很滑稽地用鼻子和嘴巴将梳子夹住，然后活灵活现地走几步，那个样子滑稽极了。在孩子们心中，父亲就是家里的开心果，所以，只要父亲在家里，她们就喜欢围着他团团转。

沈福存是一个有着顽童心态的父亲，所以，他总能和三个女儿玩在一起，而且他还用自己的细腻呵护着那个艰苦岁月中家庭的温暖。20世纪70年代，在女儿们的记忆中，父亲总是喜欢给她们制造一些小惊喜。他时不时带点孩子们喜欢的糖果或柑橘回来，满足她们的口欲。每次父亲给孩子们买回的水果都是既漂亮又美味，而心灵手巧的沈福存还能够把柑橘变成漂亮的小橘灯，这成为物质匮乏时代留给孩子们童年时的一抹亮色。

20世纪70年代初，沈福存终于在"样板戏"的舞台上站稳了，他每天演完戏都照例会带回来好吃的"样板饭"。这对于三个长身体的孩子来说是最幸福的时刻。晚上九、十点钟，本来应该上床睡觉了的孩子们，只要一见到爸爸回来就马上光着脚下床，然后围着爸爸的饭盒，打开，充满期待地寻找里面会藏着什么好吃的。此时的沈福存，虽然已经很疲倦，但是，看到面前叽叽喳喳的三个可爱的女儿，精神头就又来了。看着三个孩子抢着把"样板饭"吃了个干干净净，空着肚子的沈福存以一小盘油酥花生米或剩菜下酒，心中也会生出无限的满足感。

女儿对父亲的黏腻，还体现在孩子们早上的梳妆时间。她们都喜欢排排坐在父亲面前，让他给她们梳头，因为爸爸梳头既温柔又舒服，而妈妈是急性子，有的时候反而显得粗暴。在女儿们的记忆中，父亲的手很轻很温柔，当梳子滑过头发时，他总是很有耐心，遇到头发打结，也会很小心地用自己的手扯着头发慢慢理顺，最后为女儿们梳个漂亮的大辫子。父女们都很享受这每天的特殊时光。作为川剧演员的母亲，也很辛苦，不仅要背戏，还负责收拾家、洗衣服，经常是一边把唱本放在洗衣盆旁边，一边忙着手里的活。一家子倒也其乐融融……

既是父亲，又是女儿艺术道路和人生道路上的导师，这就是沈福存人生后半段的重要角色。的确，成年后的沈铁梅，其实，每一步都离不开父亲从旁的点拨，父亲既是她成长的一面镜子，又是她艺术之路上的灯塔。谁能想到，如今台上光芒四射的沈铁梅，在少年时竟然对川剧很不以为然，甚至有些轻视呢？

从20世纪60年代开始，知识青年下乡成为组织化的行为，"我们也有两只手，不在城里吃闲饭"的号召，让几千万初中生投入广阔的农村中去。到了70年代末，"上山下乡"政策渐渐趋于尾声，尽管如此，初中即将毕业的小铁梅同样面临着下乡插队的境遇。那时国家政策风云变幻，谁也说不清楚未来会是怎样的情形。正是此时，重庆市文化局局长黄启璪有一次见到沈福存，对他说："福存啊，你们要替铁梅想一想她接下来该怎么走啊！我也是有女儿的母亲，孩子下乡插队去了，这种母子分离的痛只有自己知道。现在铁梅也面临下农村的可能，她唱得那么好，又有艺术天赋，要是孩子下乡了，想家了，孩子痛苦，你们也痛苦，你可要考虑清楚啊！"

沈福存从小家境贫寒，父亲早逝，亲情的缺失让他心中形成了朴素而根深蒂固的家庭观念——自己的孩子能够留在身边，全家人其乐融融才是最大的幸福。惧怕分离的痛苦始终藏在沈福存的心底，每每一碰触就仿佛被击打一般。孩子年幼的时候，他和妻子就因为演出任务繁重，经常一走少则一个星期，多则一个月。（图9-2、图9-3）有一次，又是演出要出发的时候，沈福存把行李扔到下乡演出的卡车上，人也上了车，猛回头一

图 9-2　20 世纪 70 年代，沈家三姐妹和母亲。
左起：沈铁梅、沈红梅、沈冬梅、许道美

图 9-3　20 世纪 70 年代，沈家三姐妹。
左起：沈冬梅、沈红梅、沈铁梅

看，三个娃娃站在不远处，看着他，每一个都抹着眼泪。沈福存瞬间破防，伤心异常，车上的其他人看到这一幕也纷纷落下泪来。所以，当意识到寄予最多希望的女儿铁梅可能因为"上山下乡"而远离自己的时候，他仿佛初醒，开始思考铁梅的未来。

当年的黄启璪，是沈福存最信赖的同乡，也是沈福存心中亲切的大姐，自己最尊重的有远见的领导。她建议铁梅报考川剧学校，因为那一年京剧团不招学员，只有川剧学校招生。有的时候，人生的选择是具有极大偶然性的，弃京从川，对于沈铁梅来说其实就是这么简单的一个理由，而这个决定却彻彻底底改变了铁梅的命运。

当沈福存将黄启璪的建议说与妻子道美，并试探性地与女儿商量改学川剧的时候，却被铁梅一口否决。那时的铁梅，虽然才 14 岁，但是在性情上有着川女的个性，不仅有自己的主意，还十分倔强。在艺术上，沈福存对一个人才的判断是准确而全方位的。后来沈铁梅才知道，父亲曾说："如

249

果铁梅身高再高点,我就让她去学京剧了。"在川剧界享有盛名的沈铁梅到40岁的时候,才意识到父亲对自己的细腻考量和用心良苦。

当年,铁梅还是听从父母的建议报了川剧专业,她匆忙跟母亲许道美学了一段川剧高腔《双拜月》①,就上阵应考了。考取之后,沈福存了解到学生毕业后是要在全四川省分配的,于是,沈福存当机立断阻止了女儿前去报到。直到半年后,四川省川剧学校重庆班招生,沈铁梅再次考取,沈福存终于得偿所愿。既考上了戏校,又留在了重庆。

1979年12月,铁梅进入四川省川剧学校重庆班开始了她的川剧生涯。向来为人处世谨慎的沈福存给女儿定下的规矩是,在学校要尊师、刻苦、亲和;在戏校五年期间不许唱京剧!沈福存在艺术上是纯粹的,他希望女儿先断掉唱京剧的念头,专心致志地把川剧学好。在沈铁梅眼中,父亲对她的要求并没有因为她进入戏校有丝毫的松懈,戏校老师严格,他比戏校老师还严格。母亲许道美更向铁梅传达了父亲对她的告诫:"你爸爸说了,如果你在戏校不务正业,谈恋爱,你爸爸就打断你的腿!"正是如此,在当年的戏校中,沈铁梅在练功学戏上是自己跟自己最较劲的那一个。

学川剧半年后,沈铁梅迎来她的川剧首秀《桂英打雁》②的演出。值得骄傲的是,铁梅是同年入校的学生里首个登台的学生。这出《桂英打雁》得著名川剧男旦胡裕华③老师和涂卿芳老师亲授。《桂英打雁》历来是检验川剧新生能力的一块"试金石",因为它文武皆重,唱做兼备,很考验演员

---

① 选自川剧江湖十八本之一的《幽闺记》的一折,高腔戏。剧情内容是:一日傍晚,情谊笃深的异姓姐妹王瑞兰与蒋瑞莲在花园散步,两人心事各异,姐姐王瑞兰思念离散的情郎蒋世隆,心事重重,双眉深锁;妹妹蒋瑞莲望而生疑,遂隐藏花丛探秘。王瑞兰借焚香拜月,以寄思蒋之情。妹妹忽从花丛走出,夺去香炉,经盘问,方知姐姐所思情郎乃是自己在兵荒马乱中失散的亲哥蒋世隆。昔日异姓姐妹遂以姑嫂相称。

② 川剧《桂英打雁》属传统大幕戏《穆柯寨》的一折。讲的是宋代穆柯寨寨主穆桂英率兵卒下山操练,见雁群横空,一时兴起,一箭射落双雁,落雁被前来寻找降龙木的宋营大将孟良拾得,穆瓜向孟良索还令箭和落雁无果,穆桂英将孟良围困在山下,孟良无奈只得留下"买路钱",方被放走。

③ 胡裕华,男,川剧著名旦角。9岁时入裕民科班学艺,在旦角表演艺术方面练就了坚实的基本功夫,擅演重头本戏或武功繁重的戏,如《桂英打雁》《白鹦鹉》《葵花井》《全三节》《九焰山》《赠剑斩巴》《老背少》等。

的技艺和表演能力。当时的教学老师都夸铁梅有悟性,是棵好苗子,表现得很不错。而当时在台下,沈铁梅最重要的观众,是父亲沈福存与母亲许道美。看着女儿长大终于也在舞台上绽放,他们是欣慰且激动的,但是他们也默默记下了女儿唱腔和表演上的不足,回到家后马上对女儿的表演进行"全面解剖"。这也是沈铁梅与父亲之间长期形成的一种默契。

　　随着铁梅艺术的成长,沈福存对铁梅的爱全部体现在对她细致入微的点拨上,无论是唱腔,还是表演的每一个细节都不放过。在铁梅的记忆中,挑刺只是最轻的提醒,父亲有的时候会夸大自己在身段与唱法上的问题,在当时的铁梅眼中简直是丑化,这种颇为刺耳的指摘、有些损人的点拨,对还不够强大的铁梅是刺激的。沈福存却说:"就是要刺激你,要你在刺激中记住教训,要你知道好演员是用汗水泡出来的!"[①]是的,沈福存要让女儿也明白一个道理,没有谁是天才,即使有,也不是自己。唯有加倍的努力,才能不断超越自己走向艺术的顶峰!

　　在沈铁梅的艺术初期,沈福存对待女儿是"牵手"而前行。这表现在,自从女儿学川剧后,沈福存为了帮助女儿演好角色,他开始像自己演戏时那样仔细琢磨人物了。其实,作为重庆人的沈福存一直都深深浸染在川剧的大氛围中,且不说他年轻的时候就喜欢看川剧,而且妻子道美也是一名川剧演员,他常常在艺术上给妻子提出一些建设性的意见;他还结交了许多川剧团的朋友,与川剧名角切磋技艺,交流艺术心得更是常有的事情。所以,沈福存与川剧本来就是融为一体的。父爱如山,沈福存不仅帮助铁梅钻研她每一出戏的人物和表演,而且只要铁梅有演出,不分大小,沈福存不是在后台把场,就是在观众席里观看。后来,铁梅发现了一个规律,如果当天演完戏在后台卸妆的时候父亲没有如常来后台看她,她就知道自己一定是演得不够好,回家要有一顿训了。

　　沈福存懂戏,会看戏,更会说戏。沈福存每次都能在细枝末节之处提出建议,教女儿怎么塑造人物、成为人物,并教她在戏缝里演戏。就是在这样的氛围中,沈铁梅飞速成长。1981年,重庆市举行青少年戏曲会演,

---

① 沈铁梅:《在"京腔"与"川腔"的撞击中创新——我在川剧声腔方面的探索和体会》,《中国戏剧》1991年第3期。

16岁的沈铁梅靠着川剧《贵妃醉酒》①步上了一个新的台阶,获得了山城戏剧界的关注。这出戏和《凤仪亭》后来被业界高度评价为具有京昆雅韵。

在沈福存眼中,虽然铁梅在学戏方面成绩很突出,但是在人情方面还是稚嫩的。有的时候,面对女儿的一些困惑,他明知道是社会现实导致的不公,但还是会用自己的人生经验来开导她,教她学会换一个视角看问题。

青年时期的沈铁梅,虽然在戏校的成绩上总是最优秀的那一个,但是,由于性格直接,在为人处世上总是遭遇突然飞来的"暗箭"。铁梅首次参加"新苗奖"比赛时就遭遇了她人生第一次"滑铁卢"。那次铁梅发挥稳定,结果却出乎意料,最终仅得了第九名,而第一名被老师的女儿获得。更令她沮丧的是,在汇报演出环节,她却被推为成绩优秀的演员上台汇报表演,年轻的铁梅无论怎样都想不通,不理解为什么不让获得第一名的演员上台演唱呢?最终铁梅还是上台演唱了,但一结束,她就给尚在贵阳演出的父亲写了封信,倾诉自己的遭遇。沈福存很快回复了她的来信:

可爱的女儿:

你的来信爸爸已经收到,爸爸很为你高兴。

能够获奖就是一件值得高兴的事,参加比赛的小朋友那么多,所以能够获奖也是一件不容易的事。至于最终的名次,爸爸认为并不是最重要的,重要的经过这次比赛,铁梅得到了锻炼,得到了提高,你说是不是?至于你信中所说的不公正,也没必要太计较,最后让你上台演唱,其实不就是对你最大的肯定与表扬吗,有时老师也会犯错误的,就像爸爸有时也犯错误,铁梅不是一样原谅爸爸了吗。②

其实,沈福存看到女儿的这封信又怎么可能不难过呢?当时的他甚至忍不住流下了眼泪。多少年来,这种因为艺高而遭遇同行排挤的经历对他来说太熟悉了,但他始终用宽容自我疗愈,如今又开始疗愈自己的女儿,

---

① 川剧《贵妃醉酒》是一折经典的花旦戏。剧情发生在唐代,讲述了唐玄宗与宠妃杨玉环在百花亭相约宴乐的故事。杨玉环久候玄宗不至,继闻其已赴西宫,感到非常失望。在这种情绪下,杨玉环自行饮酒,最终醉倒。该剧以其独特的表演艺术和深刻的情感表达而著称,展示了杨贵妃的复杂情感和内心世界。
② 沈铁梅:《本真父亲》,《中国戏剧》2010年第2期。

这种心情是复杂而痛楚的。只是，他不能把任何负面的情绪传递给下一代，他唯有将现实的刀斧转化成最温情的鞭策和鼓励来安慰自己的女儿，然后自己咽下苦水。

对艺术的韧劲，是沈福存基因中的一部分，如今遗传给了女儿沈铁梅——向内，逼着自己在艺术上野蛮生长。这是沈福存自己的成长经验，现在也成为女儿铁梅的成长经验，两代人之间的潜移默化悄悄传递着。在沈福存身体力行的教育下，沈铁梅也认定了要用全力精进自己的技艺。可能正是这种摒弃世故人情后的纯粹，才能使演员在专业的河流上驶得"万年船"吧！

1985年，20岁的沈铁梅从省戏校重庆班毕业，进入重庆市川剧院（以下简称"川剧院"），当时川剧院为重庆班学员组建了"青年集训队"。初进川剧院，沈铁梅在艺术上的光芒就开始闪耀。1985年10月，50岁的沈福存和20岁的沈铁梅同时参加在重庆举办的雾季艺术节，正式开启了父女二人的艺术接力。艺术节上，来自北京的文艺界人士被铁梅出演的《凤仪亭》吸引，沈铁梅"带戏上场"，把身处权谋旋涡的貂蝉的心机表现得很到位，让貂蝉首次亮相便暗藏戏剧张力。更重要的是，沈铁梅的《凤仪亭》突破传统高腔范式，将京剧程派"疙瘩腔"的断续音线与四川清音[①]"吟吟腔"的灵动节奏相糅合，尤其在"秋波那一闪"的唱演中，三处下走的低音小腔配合眼波流转，将貂蝉的机敏心计外化为可听、可感的舞台语言。这种声腔革新，既保留了川剧本色，又注入了西皮二黄的细腻层次，使这段唱显得清新有趣，旋律错落有致，与众不同，这是一部将川剧表演与京剧智慧深度交融的戏，当然离不开沈福存对她的指导点拨。沈福存与沈铁梅同台献演成为当时艺术节上一道美丽的风景。沈福存在1983年全国巡演时已蜚声在外，而年轻的沈铁梅甫一亮相，即以大气的台风、端庄的扮相、精湛的唱功、到位的表情，引来赞赏。当北京的文艺界大家们知道这位小

[①] 四川清音是一种源自中国四川的传统说唱艺术形式，具有浓郁的地方特色。它起源于明清时期的俗曲及四川民歌小调，后吸收戏曲音乐而发展成熟。四川清音的表演形式多为一人或数人坐唱，唱腔丰富，既有婉转细腻的抒情曲调，又有节奏明快的说唱段子。其伴奏乐器以琵琶、二胡、竹鼓和三弦为主，有时也加入其他乐器，共同营造出独特的音乐氛围。

姑娘就是沈福存的女儿时，更加感叹虎父无犬子，尤其是当时的中国戏剧家协会副主席刘厚生[①]先生看了沈铁梅的表演后，特意叮嘱年轻的沈铁梅一定要去争夺"梅花奖"。当时，沈铁梅还是第一次听说"梅花奖"，她暗暗将厚生先生的叮嘱记在了心中。

女儿第一次在北京的专家面前亮相便获得了认可，作为父亲，沈福存当然是兴奋的，不过，他知道，铁梅的艺术还有很漫长的道路要走，继续提高是必然的。此时，拜名师对于沈铁梅来说是一件迫在眉睫的事情。于是，为女儿择师，就成为沈福存思考的首要事项。

但是，拜谁为师呢？在重庆川剧界有众多的名家，许倩云[②]是一位重量级人物，沈家一直与许倩云交好，同时，当时的许倩云还是重庆市川剧院的副院长。按理说，沈福存让女儿拜许倩云为师于情于理、于己于人都是合适的。但是，经过沈福存的深思熟虑，也经过当时重庆市川剧院川剧名家周继培[③]、高凤莲[④]的引荐，他决定让女儿拜成都的竞华[⑤]为师。

戏曲界，最抛不开的就是人情世故，这对于浸染在这个氛围中大半生的沈福存来说再清楚不过了。但是，为什么他还是会让女儿舍近求远，远赴四川成都拜师深造呢？因为，每当沈福存面对艺术时，那颗最纯粹、最要求完美、最追求执念的心就占据了上风。铁梅在重庆学戏多年，重庆当

---

① 刘厚生，中国戏剧家协会原副主席，戏剧理论家、评论家。
② 许倩云，艺名飞琼，女，汉族，四川成都人。第一批国家级非物质文化遗产代表性项目川剧代表性传承人。工花旦、奴旦。四川省人大原常委，国务院政府特殊津贴获得者。她曾与陈书舫、竞华、杨淑英一起被誉为川剧"四大名旦"，人称"川剧皇后"。
③ 周继培，四川达县（今达州）人。他自幼受父亲影响喜爱川剧，11岁拜入贾派创始人贾培之名下，博采众家之长，将四川扬琴融入川剧唱腔，丰富了川剧对人物的刻画手段，对川剧的艺术发展作出了卓越贡献。其代表作品包括《马房放奎》《空城计》《古城会》等，2008年被评为国家级非物质文化遗产代表性项目川剧代表性传承人。他一生致力于川剧传承和教学，培养了一大批川剧名家。
④ 高凤莲，6岁开始学习京剧基本功，11岁改学川剧，15岁拜于川剧名旦周慕莲门下。擅长闺门旦、青衣旦，不仅扮相漂亮，而且声色艺俱佳，为国家级非物质文化遗产代表性项目川剧代表性传承人。
⑤ 竞华，原名董汝陵，四川成都人。出身川剧世家，8岁学艺，工旦。以花旦见长，兼能反串小生，尤以小腔、花腔著称。代表剧目有《思凡》《拷红》《三祭江》等。

地名家均已对铁梅有过多方面的指点，此时，唯有跳出重庆川剧圈，去吸收不一样的养分，才可能让铁梅的艺术实现新的飞跃。值得深思的是，沈福存与竞华老师并不相熟，他对这位川剧名旦的了解，也和普通观众一样来自竞华在重庆的一场演出。当时她的《三祭江》和《思凡》让沈福存深深折服。沈福存觉得竞华唱功卓著，也极善于吸收借鉴其他姐妹艺术的音乐元素，在行腔中，竞华擅于用连续短促顿挫的小腔和装饰性的花腔来增加唱腔的韵味，从而形成独树一帜的风格。这一点与沈福存的艺术观念是不谋而合的。沈福存是戏曲行家，当然能够领悟到什么是最适合铁梅的。所以，沈福存认定铁梅要拜竞华为师。沈铁梅的每一步都离不开沈福存的引领。

当年，崭露头角的沈铁梅远走拜师一事，在重庆川剧界引来了闲言碎语，但是，1987年10月10日，沈铁梅还是如愿拜在了自己无比崇敬的川剧表演艺术家——竞华老师门下，成为名副其实的竞派弟子！

一年后的1988年是沈铁梅艺术人生中的重要一年。这一年，首届中国戏剧节举行、"梅花奖"评选在即，这对于年轻的铁梅来说都是人生中的第一次。在去北京之前，争夺这一年的"梅花奖"才是沈铁梅的最大心愿，但是，她只有出演三出折子戏才能有资格争夺此奖。经过多方斡旋，沈铁梅终于能够在参加完首届中国戏剧节之后，再以重庆市川剧院"青年集训队"为班底单独组台在京演出两个折子戏，这是重庆川剧阔别20多年后重返京城舞台。

那一年，沈铁梅23岁，青春勃发，当知道自己最终可以在京城舞台演三出折子戏时，她开始了与竞华师傅同吃同住的集训式练习，为接下来的晋京演出秣马厉兵。作为父亲，沈福存对于女儿铁梅的艺术水平是确定的，但是他也很明白现实中的人为因素是难以预测的。他和妻子怀揣着对未来的不确定，与女儿铁梅一同踏上了重庆开往北京的列车。而沈铁梅则带着恩师竞华和各方帮助过她的老师们的嘱托，第一次远赴他乡去参赛，内心是忐忑的。

1988年11月28日至12月16日，首届中国戏剧节在北京举行，中国戏剧人齐聚首都北京，开启了长达半个多月的切磋竞争。这场盛会由全国

33家演出单位参与，共演出14台大戏、6台专场小戏，演出剧目包括话剧、戏曲（如川剧、昆曲、评剧、湘剧、梨园戏等）等多种类型。当年刘厚生先生钦点的沈铁梅也在其列，她以一出《三祭江》参加了四川省川剧院的折子戏专场，唱响了北京舞台。紧接着，沈铁梅以《凤仪亭》与《阖宫欢庆》①两出折子戏在北京舞台上继续亮相，凭借对不同人物的演绎，沈铁梅获得了评委专家们的高度认可。铁梅第一次赢得了中国戏剧表演艺术最高奖——"梅花奖"，这也是重庆川剧首次获得这一殊荣。

其实，当年女儿争夺"梅花奖"，最紧张的人大概是沈福存了，他知道任何评奖的背后都涌动着现实的暗流。女儿虽然艺术上无可挑剔，但是年轻也会招致一些异样的声音："她还年轻，可以先把机会留给年龄大一些的……"当这些话语传到沈福存耳中时，向来最是以艺术标准来衡量演员水准的他，心中的倔劲上来了，他对铁梅说："铁梅，不要有压力，如果我们这次没有评上，今后再也不来北京了！"在生活中总是圆融的沈福存一旦遇到艺术评判的不公平，立场是如此鲜明。女儿的艺术，作为父亲是了解的，对女儿最强劲的支持就是坚定地站在她身边给她鼓励。

当23岁的女儿如愿获得了国家级别的戏剧表演最高奖（图9-4），当女儿的艺术被承认的这一刻，沈福存无异于实现了自己登顶的愿望，内心感到无比荣耀。后来沈铁梅回忆自己第一次得"梅花奖"的情形时感慨道："那时候条件非常艰苦，我的压力也很大，好在有爸爸妈妈陪着我一起，给我加油、鼓劲儿。我们住在灯市口的地下室，全部开销靠的是爸爸的工资，记得演出前，他们还给我弄了一碗当时觉得最好吃，也很贵的加州牛肉面。"曾经的磨砺在时过境迁之后都化作了美好的回忆。

在众多竞争者之中能顺利拿下"梅花奖"，得益于铁梅突出的表演和演唱能力，而这离不开竞华师对她毫无保留的悉心教授，在此之下，铁梅的演唱发生了质的飞跃。

---

① 《阖宫欢庆》属川剧高腔戏《庆云宫》一折。南北朝时，萧道成篡南宋帝位，称齐高帝。萧命其弟萧衍征伐北魏，魏王献金、苗二妃求和，齐王以赐萧衍，阖宫欢庆。萧衍正室郗氏为丞相郗伯玉之女，骄横嫉妒，涉闹宫廷。众人逐一上前劝慰郗氏，不依不饶的郗氏见木已成舟，也只好作罢。

图 9-4　1988 年，沈铁梅获"梅花奖"后与沈福存（右）、竞华（左）合影

《三祭江》是竞华老师的代表作，也是她传承给铁梅的最重要的一出折子戏。这出戏是唱功戏，虽然做功平实，但很考验演员的嗓子和音乐表现力。经竞华老师的改革，《三祭江》只用胡琴与弹戏两种声腔演唱。孙尚香边唱边走，来到江边，满怀悲愤与激昂，投入滚滚长江。沈铁梅在表演中整体继承了竞派的声腔特点：善于使用快速连续、短促顿挫的小腔，用华丽装饰性的花腔进行润腔，使唱腔具有缠绵不绝的韵味。同时，她更是在父亲的建议下，设计新腔，逐渐形成自己的胡琴腔风格。

在沈铁梅的艺术道路上，竞华老师和父亲沈福存以各自的完美追求发挥着作用力。

沈福存是个从不满足于依循前人的演员，因此，在女儿的艺术道路上，他也在思考怎样让女儿将这出老折子戏唱出自己的特色来。他将京剧声腔技巧系统化地融入川剧演唱体系，突破了川剧胡琴和弹戏缺少力量感的短板，如一祭的首句唱词是【二黄阴调】"纸钱灰化蝴蝶随风飘荡"，沈福存在指导铁梅这句的时候，提议在"化蝴蝶"这儿可以加一个从京剧"样板戏"《龙江颂》里借过来的"小弯",吸收京剧青衣【反二黄】及【哭头】的旋律,让风格深沉哀婉,这个腔一下子就变得更好听了。再至"飘荡"二字时上扬放腔,到轻吟一声"皇叔啊",运用大过板的节奏处理改变了传统川剧此处无剧场效果的缺陷。沈福存还要求铁梅在演唱时要有骨头有肉,突出逻辑重音来,如唱"三国中恨曹操是第一奸党"时,沈福存就要求铁梅唱出"党"这一个字的语气来。他常常告诉铁梅,演唱的最高境界其实就是说话,所以在唱的时候要吐字清晰,口腔要松弛。沈福存把自己对行腔的理解注入女儿的表演中,在《三祭江》中沈福存给予铁梅的不落痕迹的影响,竞华都十分首肯。

《三祭江》后来也成为沈铁梅的代表作。在今天,我们听到的沈铁梅演绎的《三祭江》,既有竞华大师如"工笔、行书、狂草"的声腔布局,也有沈福存结合京剧西皮、二黄行腔的经验突破了川剧固有传统的唱腔方式。从一祭刘备【反二黄】的工笔勾勒,到三祭张飞【弹戏苦皮】的狂草泼墨,每个板式转换都暗合孙尚香的心理裂变。这些都源自竞华对沈铁梅的悉心传授。而沈福存在演唱节奏、力度、劲头,甚至乐队处理上的微调,使得沈铁梅的《三祭江》呈现出了与川剧别家旦角不同的感染力。

如果说,竞华师对铁梅川剧艺术的影响是精进深造,那么,沈福存对女儿最根本的塑造在于审美高度、端庄台风上,更是对人物内心情绪的把握上。据沈铁梅回忆,父亲常常提到一句话:"情绪对了,身段也就对了!"父亲"以情驭技"的表演哲学也深植在铁梅的心中。其实,沈福存传授给女儿的不仅仅是技法,更是如何将传统的程式美学转化成为人物服务的表演方法。

20世纪90年代初,沈福存正式宣告息演。意外的是,获"梅花奖"荣归的女儿也并未大展宏图,相反,无论是职称评定上,还是主演安排上都受到川剧院的排挤,女儿的遭遇令沈福存很痛心。沈铁梅的性格素来泼辣直爽,她没有逆来顺受,而是一气之下离开了重庆川剧舞台。

1989年至1993年,沈铁梅在重庆最是身处困境的阶段,她在北京的影响力却逐渐扩大,一扇一扇颇有诱惑力的"大门"向她打开。1990年,她参加了"双拥晚会"后,被总政歌剧团发现。随后,总政歌剧团向她抛出了橄榄枝，邀请她参演歌剧《党的女儿》，并希望铁梅能够调入。对于这样的中央大单位，沈铁梅肯定是心动的。重庆市文化领导闻风而动，纷纷来到沈家劝说铁梅不要走，与此同时，沈福存考虑到女儿在戏曲表演上的才能，也希望她能坚守在川剧事业上。他语重心长地对女儿说："我们是喝着两江水长大的，市里的领导给了你关怀，老师给了你指教，父老乡亲给了你掌声，你要对得起家乡。"[①]铁梅从小就极其尊重父亲的建议，于是，在父亲的循循善诱下，那一扇一扇的门关上了，最终，铁梅还是留在了家乡。今天的铁梅想起这一人生的插曲还略微有些遗憾，但是，现在她的生命已经被川剧填满了，当初的这个选择其实也是命运的安排。

当年离开了重庆市川剧院的沈铁梅很快就彻底无戏可演了。90年代初，"下海"是一个热词，没想到本来拥有似锦前程的沈铁梅也成了其中的一分子。她只能学习做点小生意，挣点钱打发时光、贴补家用。有一段时间她做起了碟片的生意，本来是戏曲氛围极其浓厚的艺术家庭却被盗版"打口碟"[②]充斥着，沈福存、许道美夫妇那时就成了女儿的大后方，在家帮衬着铁梅将这些碟片复制成一盒一盒的磁带，进行分类、出租。忙着进货的沈铁梅天南海北的，彻底与舞台绝缘了。但是这样的日子难道真的是曾经享受过舞台，感受过舞台美好的父女俩内心渴望的吗？当然不是！父女二人虽然身处的时代不同，但是他们所处的人文环境竟然惊人地相似，荣誉引来的只有嫉妒和无端打压，悟尽人世沧桑的沈福存不能接受年轻且前途无限量的女儿如此跌入人生低谷，他内心无比煎熬……二人唯一不同的是沈铁梅的泼辣性格与沈福存的隐忍性格。

舞台，时时在沈铁梅的心中闪现，朋友们也不断鼓励她重回舞台。于是，沈铁梅决定办一场个人演唱会。这个想法获得了父亲的支持，他希望女儿能够借此机会重新站起来！

1994年10月25日，在四川省会成都市的锦城艺术宫，"蜀调梅音"

---

① 重庆市川剧院、重庆市文化研究院：《沈铁梅川剧表演艺术研究》，中国戏剧出版社2018年版，第323页。

② 就是把外国正版没销售出去的碟片的包装盒子上打个切口，再由中国倒爷批量买入国内零售卖出。

沈铁梅个人演唱会成功举办。又站在了舞台上的沈铁梅，以川剧、京剧、评剧、安徽黄梅戏、湖南花鼓戏、四川民歌、曲艺清音，甚至歌剧唱段轮番展示自己。这场演唱会综合呈现了沈铁梅的演唱能力，同时也体现了一位戏曲演员在声腔艺术上积淀。许久不登台的沈福存，作为父亲，此时的支持是对女儿最大的鼓励，他与铁梅以一段京剧《武家坡》的反串表演唱响了锦城艺术宫的大舞台。那也是父女俩的首次公开合作，沈福存唱老生，沈铁梅唱京剧，将演出推向高潮，令全场观众听得热血沸腾。那一晚，沈铁梅内心压抑了许久的表演欲望再次被激起，演唱会结束后，铁梅回到了川剧院。可是，父女之间的关系却因为一件事陷入了冰点。

刚回去工作不久，铁梅正在团里排演魏明伦编剧的《潘金莲》。一天，沈铁梅在家中哼唱京剧，被来拜访沈福存的欧阳明①导演听到了，他正在为寻找自己新戏的女主角犯愁，顿时对铁梅很感兴趣，认定她就是新戏《神马赋》②的女主角李芳娘。《神马赋》是欧阳明导演为当时的重庆市京剧团排演的一台大戏，而铁梅的京剧唱得如此有味，令欧阳导演很是惊喜，于是盛情邀请铁梅加盟该戏。这对于沈铁梅来说也是难得的机会，她虽然从小就学京剧，但是粉墨登场还真的没有过，京剧的戏瘾被勾了起来，她很高兴地应承了下来。

可沈福存却不同意女儿出这个风头。其实，他的顾虑不无道理。其一，这是一部重庆市京剧团创排的戏，京剧团内向来人情复杂，各方力量牵扯，铁梅并非专业京剧演员，谨慎的沈福存担心女儿的行为会招惹不必要的麻烦。其二，沈福存对艺术的要求向来是高标准，女儿的唱功虽然是他一手调教出来的，但是京剧是一门唱、念、做、打的综合表演艺术，女儿真要粉墨登场，这可是巨大的挑战，绝非儿戏。其三，铁梅是自己的女儿，在

---

① 欧阳明，一级导演，毕业于湖北省戏曲学校，后在武汉市戏曲导演训练班进修。他参与编剧并导演的京剧作品多次获奖，如《洪荒大裂变》《神马赋》《歧王梦》等。

② 《神马赋》是重庆市京剧团 1995 年排演的一部作品，编剧郑怀兴，导演欧阳明，主演沈铁梅等人。该剧以神话为题材，展现人性弱点与文化冲突等。朱太公象征保守，神马、古钟寓意传统与创新。剧作呼吁抛弃落后，追求发展，展现人性善良与对美好生活的向往。在第四届中国戏剧节上，《神马赋》荣获了多个奖项，包括优秀表演奖，以及服装设计奖、灯光设计奖、编舞奖等。

戏曲圈外漂荡多年，现在终于重回舞台，他生怕女儿因这次的冲动再次断送了前程。

可铁梅有自己的想法，只要想干的事情从来不会瞻前顾后。她从小就有唱京剧的梦想，她觉得这个机会要抓住。而且，年轻气盛的沈铁梅的心中其实暗藏着一个不可明说的想法，她认为自己的行为可以为常年在团里受压制的父亲出口气。彼此各怀心事，父女俩竟然冷战了整整一个月。

上午，沈铁梅随《神马赋》剧组在楼底下京剧团的排练场排练，沈福存就在楼上默默地注视着她；下午，铁梅就会赶到川剧院的排练场排《潘金莲》。晚上，每每沈铁梅拖着疲惫且散发着汗臭的身体回到家中之时，总能发现在餐桌上早已备好了丰富可口的饭菜。沈福存不与女儿打照面，也不与女儿说话，但是他知道每天辛苦排练，营养是一定要跟上去的。父女之间的冷战，后来终于在铁梅的执着和刻苦排练的坚持下打破了，一个半月后，沈福存主动走进排练场跟铁梅说话并指导她的表演。父女俩的破冰，让他们在情感上更靠近了。最终，沈铁梅凭借这个戏获得了1995年第四届中国戏剧节优秀表演奖，这反倒成了沈福存到处跟朋友"炫耀"的一件美事。

直至今天，沈铁梅已经拥有了真正属于自己的川剧代表作——《金子》《李亚仙》和《江姐》。而她每个脚印的落下，身旁都少不了父亲沈福存的身影。（图9-5）

川剧《金子》在今天已经成为沈铁梅最重要的代表作之一，该剧最初的名字叫《原野》。当年的四川，在徐棻、魏明伦等本土编剧的努力下，川剧现代戏已经出现了很多优秀的作品。1997年8月，重庆市川剧院编剧隆学义[①]根据曹禺同名话剧改编，著名导演熊正堃担纲导演，沈铁梅担任女主角的川剧《原野》上演。当时那版基本依循话剧的人物关系和结构设定，与今天我们看到的《金子》的面貌有很大的区别。看罢《原野》的沈福存以他敏锐的艺术嗅觉和判断力，意识到这部戏很有矛盾冲突，有大前

[①] 隆学义，著名剧作家，曾任重庆市川剧院文学总监、一级编剧。其代表作品包括川剧《金子》、话剧《河街茶馆》、京剧《江竹筠》等，多次荣获中国戏曲学会奖、文华大奖等。

图9-5　沈福存与沈铁梅（右）合影

景。时间跨越到1998年，铁梅担任川剧院的副院长，而新院长蒋中佑走马上任，他再次征询了沈福存的意见后，决定重抓《原野》。此时，编剧隆学义有了新的思路，他对自己的原剧本进行了大刀阔斧的修改，他认为沈铁梅的演唱优势在之前的版本中并没有发挥出来，于是，他决定改以金子为主角，拉出了一条着力展现这一叛逆女性性格中善良美好，磨难中痛苦撕裂，迷茫中追求希望的心理主线，并为金子设计了核心唱段。新一版《原野》由胡明克[①]执导，蜕变成大家后来熟知的《金子》。川剧《金子》一炮而红，成了川剧历史上具有里程碑意义的作品。

在该戏创排之际，对沈铁梅最大的挑战是：她从没演过现代戏。因此，如何塑造金子这一人物，如何运用戏曲程式表演创造这一角色成为摆在她面前的难题，父亲沈福存依旧是她最坚强的后盾。可以说，沈铁梅在《金子》一剧表演上的突破，凝结着父亲沈福存的智慧。如：金子的脚步

① 胡明克，重庆人，重庆市川剧院艺术指导、中国戏剧家协会会员、一级导演。

问题，怎么样体现戏曲的快步、慢步，怎么样体现现代人的生活步法，这些现代戏创作中的一个个课题，沈福存都以他的创作思维给女儿做出了准确的示范，比如：出场时的脚步，先是两步放大的圆场，随后是几步放大的慢步。将两步戏曲步法和两步生活步法结合起来，这样达成的效果是既有了戏曲程式，又有了现代人走路的感觉，如此融合就解决了现代戏创作中步法"生活化"和"戏曲化"相结合的问题。再比如：第二场表现金子与情人仇虎之间干柴烈火般的爱情时，沈福存给她示范了一些脚步、撞肩和眼神、手势等微小的挑逗动作，一下子就把金子对欲望的渴求展现了出来。这些细节的处理可谓在对真实生活的观察之上，于戏曲的节奏中对程式表演的创造与生发，最终上升到情感的层面。

可以说，沈铁梅塑造的金子这一形象是川剧现代戏人物谱系中的一个界碑，这得益于沈福存在表演中对性别美的重视。他告诉女儿，演女人就要揣摩女性的情态，演男人，即使是小生行也要有男人该有的性别感。从步法到眼神，再如撞肩这些所谓体现女性情态的动作，都不是完全模仿现实生活的，相反要进行艺术夸张，要突出其趣味性和感染力，而这都是从戏曲程式中生发出来的，是在戏曲节奏和音乐性之中的。沈福存对铁梅的这些点拨，在后来的《金子》中被沈铁梅发挥得极其到位，一个大胆的、得理不饶人的、敢爱敢恨的女性被鲜活地表现了出来。

1999年4月22日，经过打磨修改，由《原野》正式更名为《金子》的川剧现代戏在重庆市文化宫剧场上演。1999年8月19日，《金子》参加庆祝中华人民共和国成立50周年全国优秀剧目献礼的开幕演出，大获成功。[①] 父亲，是沈铁梅艺术的一面镜子，还是一盏照亮她前行的明灯，时刻提醒铁梅走正道、敢创新。作为一名旦行演员，沈福存在塑造女性形象上很有方法，而在女儿的艺术道路上，无论是现代戏，还是新编古装戏，其实，把自己自传统戏中沉淀下来的细腻唱做信手拈来地喂给自己的女儿，

---

① 2000年，沈铁梅获得第十七届中国戏剧"梅花奖"的榜首，35岁的沈铁梅凭借精湛的表演与可靠的团队协作，绽放了"二度梅"。川剧《金子》也荣获了首届国家舞台艺术精品工程"十大精品剧目奖"、文化部首届优秀保留剧目大奖第一名等各类大奖35项（国家级18项）。

这对沈铁梅来说就是最宝贵的营养。

2007年，新编川剧《李亚仙》①上马，这是重庆市川剧院倾力打造的一部根据传统川剧《绣襦记》改编的新剧目。沈福存看了剧本之后，对这个戏很喜欢，于是，重庆市川剧院聘请他为这部戏的艺术顾问。

以古人照见今人，是川剧《李亚仙》的创作初衷，这个李亚仙在个人命运选择的决绝上是崭新的。基于需要全新地诠释人物，沈福存告诉铁梅："安静地演、冷静地演、细细地演，将动静处理，人物层次演出来。"在一些细节上，更是给予铁梅手把手的指点。比如：李亚仙和郑元和第一次见面时李亚仙的眼神处理。沈福存告诉女儿，要区别古代人和现代人的情态。古代女人看男人的时候，要先奓眼皮，由下往上看，对眼神，再奓眼皮，对眼前人表现出羞涩，然后思索、转身与观众交流，这一系列眼神的躲闪、对眼睛的遮挡，然后再回望的动作衔接其实是对生活的夸张和提炼，也体现出女性特有的情态。如果一见男性就马上露出笑脸，这样的表演缺乏层次，不能把女人一见钟情后内心的情绪变化过程体现出来。所以，在舞台上对性别美的强调是对生活细致观察后的艺术化表现。而这些都是在戏曲规律内的创新，可谓在平淡之处见波澜，都是沈福存作为男旦演员多年的经验总结。

在李亚仙的角色定位上，沈福存告诉沈铁梅，李亚仙虽然是妓女形象，但是定位一定是高级的，有大气风度的，可以借鉴京剧表演的派头。在唱腔音乐上，沈铁梅多用川剧高腔精髓——"徒歌"清唱，既回归了川剧的传统特色，又发挥了沈铁梅好嗓子的优势。沈福存时常提醒她："一些水平不够的演员，唱戏就像吵架，不停地洒狗血。梅儿，唱戏要娓娓道来，要轻松地唱，唱的最高境界就是说。"结合人物性格，《李亚仙》中的沈铁梅唱起"徒歌"来"高不刺耳，柔不矫作，腔随情变，以情带腔"②。

---

① 川剧《李亚仙》，当代著名剧作家罗怀臻任编剧，著名导演谢平安导演，唱腔设计为陈安业，重庆市川剧院"梅花奖"得主孙勇波出演郑元和，黄荣华领腔。自2007年川剧《李亚仙》首演以来，到2011年沈铁梅得"三度梅"的五年间，几乎每年都要大改一次，经过长期打磨，川剧《李亚仙》已收获大量戏迷粉丝。

② 重庆市川剧院、重庆市文化研究院：《沈铁梅川剧表演艺术研究》，中国戏剧出版社2018年版，第47页。

20 世纪 90 年代是沈福存人生的低谷期，内敛的他很少把自己的情绪表露在家人面前，但是一包一包的烟抽着，一杯一杯的酒独自饮着，有的时候，他还用打麻将的方法一天一天地消磨时间，他内心的苦闷好像一个巨大的黑洞笼罩着他。而 90 年代后期，随着女儿铁梅回归舞台，随着《金子》的创作，再到 21 世纪《李亚仙》的创作，沈福存把大部分注意力投注到了帮扶女儿上。沈铁梅从模仿到思考父亲为什么这样创作人物，经过舞台的淬炼后，也更懂得了无论演什么类型的作品都要从传统中找的道理。打通了现代戏与传统戏二者之间的壁垒，是沈铁梅在艺术上的成熟，也是父亲沈福存最大的满足。失之东隅，收之桑榆，沈福存的艺术之火没有熄灭！当他看到女儿一步步走向艺术的巅峰，走向"三度梅"的高塔，那个一向对艺术苛刻的父亲，也不由得在女儿面前由衷感叹："铁梅，的确唱得好！"听到此话的沈铁梅已经年近而立，坚强的铁梅因父亲的这句话而触动，不禁泪流不止。这是两代艺术家之间的默契。

除了对女儿的影响，进入 21 世纪后，沈福存把对戏曲的痴迷还用在了讲学和培养学生上，他也零星地回归舞台，因为，热爱他的观众无法忘记他。在他的晚年，最令他兴奋的应该是获得"中国金唱片奖"吧！

2010 年 1 月 23 日这一天，是第七届"中国金唱片奖"[①]的颁奖礼。北京奥体中心内灯光璀璨，观众的呼喊声、掌声不断，在众多获奖者里，有两个人是十分特殊的。在戏曲类"艺术家个人金奖"的获奖人名单上出现了一对父女的名字：75 岁的沈福存和 45 岁的沈铁梅！父女俩同时站在颁奖舞台上，这是"中国金唱片奖"有史以来第一次，而这张定格沈福存高光时刻的"金唱片"也是他人生中的第一张唱片。悲乎！

用一生在认真唱戏的沈福存，曾经多么希望获得社会的认可，但是，他的艺术生涯中总是磕磕绊绊，他不仅没有获得过任何的奖励，有的时候连舞台都被剥夺。他唯一一次与奖项擦肩而过是在 1983 年随京剧团全国巡

---

① "中国金唱片奖"是由中共中央宣传部批准设立的音乐类奖项，创办于 1989 年，由中国唱片总公司主办。该奖项旨在发展和繁荣民族文化，是我国唱片（音像）业文艺类节目评比中具有学术性和艺术性的高层次奖励活动。"中国金唱片奖"每两年举办一届，已有众多知名艺术家及作品获得该奖项，为丰富广大群众的文化生活和发展民族音乐文化事业起到了重要的推动作用。

演北京站后。当他以自己精湛的表演俘获了业内外观众认可时,北京戏剧界专家正在为首届"梅花奖"①运筹帷幄,当时的选拔规则是"演员要从各地进京演出的剧目中选拔,参照当地反映入围"。以沈福存当时在北京演出的火爆程度,在艺术上当得起入选"梅花奖"的资格,但是,当中国剧协的评委专家们调来他的资料时,却遗憾地发现沈福存超龄了。当年沈福存48岁,虽然仅3岁之差,却成为他永生的遗憾。是时代遏制了沈福存的辉煌,或许也是命运的捉弄,让沈福存一次次被抛弃,再挣扎,在痛苦中踯躅前行。所以,当75岁高龄的沈福存将这个"金唱片"奖捧在自己的胸前时,他像个孩童得到了心心念念的玩具一般,珍惜、激动,他内心的澎湃或许是同时站在领奖台上的铁梅无法真正理解的。(图9-6)

与父亲一同获得这个奖项,沈铁梅无疑也是激动的。只是,铁梅难以对父亲的心情感同身受,对于她来说,她是站在父亲的肩膀上成长起来的,全国的大小奖项皆入囊中,"金唱片"奖可能只是其众多国家级奖项中的一个而已。所以,当后来的沈铁梅回忆起父亲获奖回到重庆之后,再次遭遇重庆领导层冷遇的状态时,才真正体味到了父亲巨大的失落,其实,父亲要的就是那么一点点认可。

沈福存的一生,就是在贫瘠的土壤中奋力生长,他似乎从不缺观众的喜爱,但是他内心深处还潜藏着一颗孩童之心,这决定了他渴望被权威、主流认可,这是他一生存在的缺口!也许,这也是他性格中"阿喀琉斯的后脚踵"②。

沈铁梅另一部重要的代表作《江姐》首演于2018年,那时,83岁的

---

① 首届"梅花奖"开始于1983年,规则为参评者年龄须在45岁以下,演员要从各地进京演出的剧目中,参照当地反映入围选拔,为了防止非艺术因素的介入,维护评奖的公正性和纯洁性,同时还定了不照顾院团、不照顾行当、不照顾地区、不照顾剧种、不照顾名演员的"五不照顾"评奖原则。1983年第12期《戏剧报》发出通知:"本刊决定举办首都舞台中青年优秀演员评选活动。1984年春,将颁发'1983年首都戏剧舞台中青年优秀演员奖'。"
② 阿喀琉斯的后脚踵,原指阿喀琉斯的脚跟是其身体唯一一个没有浸泡到神水的地方,因此成为他的弱点。后来在特洛伊战争中,他被人射中后脚踵而致命。后引申为致命的弱点,要害。后人常以"阿喀琉斯之踵"譬喻:即使是再强大的英雄,他也有致命的死穴或软肋。

图 9-6　2010 年，沈福存与女儿铁梅（右）同时获得"中国金唱片奖"

沈福存已经身体有恙，但是，作为女儿艺术上的"拐杖"，他依旧每一场演出必到剧场观看。沈铁梅主演的新版《江姐》虽然是对川剧旧版《江姐》的复排，但是对江姐这一角色的塑造有显著的突破。父女的传承体现在戏中，也体现在大戏落幕之后。

在成都的一次演出谢幕之后，一位成都的大学生看到了台上的沈福存爷爷，他激动地流着眼泪告诉他："我从小就喜欢听沈爷爷的戏，看了不下10遍《玉堂春》，沈爷爷真的把苏三演活了。"这个小沈迷动情地说："戏中那些很小的细节最是打动我了，尤其是《三堂会审》里长跪后起身揉搓膝盖的动作，简直把我迷住了，这个苏三太娇媚了！"此刻，身形消瘦的沈福存的内心是丰盈的，他的一句"我再努力"承载了他对艺境攀登的无涯心态。有观众的认可，自己的女儿也终于成长为了大树，唱了一辈子戏的沈福存应该也是圆满的！

2022年在第十三届中国艺术节上,《江姐》荣获文华大奖,但此时的沈福存却已经永远离开了这个世界。

伶二代,能与前人的成就、影响持平的演员本就不多,超越者更是千载难逢。沈家父女二人,就是这样难得一见的奇迹。从"沈福存的女儿"的身份标识转换至"沈铁梅的父亲"的角色定位,这一过程不仅见证了沈福存与沈铁梅这对父女间身份的微妙更迭,更深刻地寓意着两代戏曲艺术家在京剧与川剧之间艺术血脉的承继与跨越。沈福存本不圆满的艺术生命因培养出当代川剧掌舵人的女儿而得以延续,并在新世纪焕发出更勃发的生机。回首沈铁梅从艺40余年的漫长历程,沈福存一直陪伴她成长,演罢后的转身处,铁梅总能看见父亲那殷殷希冀的注目。铁梅是该庆幸的,庆幸有父亲沈福存的珠玉在前为镜,她才能站在父亲的肩膀上,让自己在艺术的天空飞得又高又稳;反过来,沈福存又该庆幸女儿的存在,令他的艺术思维、艺术方法得以跨剧种传播,继续闪耀在剧场里、舞台上,并活在观众的心中。曾遭遇时代击打的戏曲人,将个体的生命体验与艺术智慧糅进表演,他们在台上的一颦一笑间尽情抒发着角色的喜怒哀乐。我们更应记住,除了角儿们的风光时刻外,还有他们对自我不屈的生命册的书写,戏剧美学与生命美学在此一方戏台上碰撞,绽放出历久弥珍的璀璨光芒,凝固于史书一页上。

当我们谈论沈福存与沈铁梅时,我们不仅仅是在谈论两位杰出的艺术家,更是在谈论一种戏曲的精神,一种将个人命运与艺术使命紧密相连,不断追求卓越与完美的戏曲精神。他们共同诠释了何为伶人家族传承的真正价值——不仅仅是精湛技艺与风格的延续,更是对艺术境界的无尽探索和薪火相传。这种精神,如同一股清流,滋养着戏曲艺术的土壤,让古老的戏曲在新的时代背景下绽放出更加绚烂的光彩。而他们的故事,也将激励着更多后来者,在这条充满挑战与机遇的艺术道路上,勇敢前行,创造属于自己的辉煌!

第二节　收徒传艺

在沈门中，除了女儿沈铁梅之外，沈福存最成功的"杰作"还有他的一众弟子们。万县市京剧团的当家旦角演员程联群[1]是沈福存在人生过半后正式收的第一个徒弟。这位1963年出生，13岁开始即在万县地区京剧团[2]学戏的女孩子，有着极强的韧劲。基层院团的演员需要强烈的生存意识，所以，程联群在掌握扎实基本功的基础上，为了适应基层演出需要，花旦、青衣、刀马旦各种行当的角色，甚至小生行的"张生"都拿得起，可谓文武兼备、全面发展。沈福存之所以最终决定收程联群为徒，正因为她的个头、扮相、嗓音条件兼优，以及其性格温良等。

程联群与沈福存的师徒缘分，要感恩于1985年剧团派她去上海戏校进修的经历。当时，上海戏剧市场较为繁荣，全国各地的优秀院团蜂拥入沪演出，这让22岁的程联群大开眼界。在那里不仅能看到厉慧良、童芷苓、薛亚萍、华文漪等京昆名家的表演，更有各方京剧表演艺术家为她授课。当年，程联群进修结业的汇报演出是梅派正工青衣戏《贵妃醉酒》，当她演出结束后，童芷苓、汪正华等老师来到后台，祝贺她演出成功并问她："你是四川的？你们那儿不是有个沈福存吗？你跟他学过没有？他太好了，太棒了！"令她惭愧的是，年轻的程联群对"沈福存"这个名字竟然全然陌生。但程联群是一个有心人，那时的她已经下定决心，回去一定要找这位老师学戏。

20世纪80年代末，沈福存的艺技越发驾轻就熟，但是，由于老一代演员在京剧团渐趋边缘化，沈福存无奈宣布息演。息演有些赌气的成分，但经过一年多的自我调整后，沈福存决定将工作重心转移到教学工作上。他意识到虽然不能继续登台表演，但艺术生命可不能就此断送！通过教学来

---

[1] 程联群，女，汉族，重庆开县人。曾荣获文化部文华表演奖；上海白玉兰戏剧表演艺术奖"主角奖"榜首。1988年1月23日，沈福存正式收其为徒。

[2] 万县地区京剧团，新中国成立前，著名京剧前辈潘月樵之子潘鼎新与来自京、沪、宁等地的京剧演员在万县组成荣联剧社，1951年成立万县市京剧团，20世纪60年代改名万县地区京剧团。

延续自己，为京剧事业培养人才，也不失为一件有意义的事情。

沈福存对艺术是有一套个人标准的，他一直对自己有着极高的要求，收徒弟当然亦是如此。他在等待，等待一个有缘人出现。终于，程联群的拜师帖送到了沈家。

1986 年，程联群一回到万县就通过院团的关系与沈福存取得了联系。可较真的沈福存，即使面对团领导直接推荐来的苗子，也没有一口应下，而是让万县团领导给程联群传话回去：条件是可以，挺喜欢的，但是还要再考察考察她。沈福存这句看似托词的话表明了他对待艺术向来不随意的态度。实际上，他是要再考察程联群的艺术可塑性和品行的。1987 年，中央电视台举行全国青年京剧演员电视大赛，程联群以一出《贵妃醉酒》荣获荧屏奖，沈福存透过电视荧屏观察着这位可能成为自己学生的年轻人。她个头高，扮相靓，嗓音甜，完全符合他对旦行的硬性要求，可直到两年后他才正式收程联群为徒，这是为什么？

因为，沈福存认为学生的自身条件仅是第一道门槛，真的能使艺术生命持续下去的，还少不了演员的德行，即使不能成为德艺双馨的艺术家，起码也要向此理想迈步。所以，沈福存对开山门徒程联群进行了漫长的考察。后来，他依旧不轻易收徒，都是靠机遇与缘分，而一旦收了，那就要履行传道授业解惑的责任了。这是沈福存对艺术的敬畏之心使然。当他终于决定收下程联群时，已是 1988 年。

20 世纪八九十年代之交，程联群每次从万县到重庆沈老师这里来学戏，至少都是十天半个月。慈祥好客的沈福存对待她就如自己的亲女儿一般，让她在家中，与自己的女儿们同吃同住。那时，虽然生活条件不算优越，但让他们的情谊更加深厚绵长。朝夕相处的时光，不仅奠定了程联群与沈老师的师徒情，也奠定了她与师母、铁梅、红梅、冬梅的情感链接。

20 世纪 90 年代，由于戏曲演出市场不景气，程联群所在的院团也处于转型状态，属于她的舞台机会戛然而止。1991 年，剧团为了能够延续，希望程联群去参加由中央电视台和各省、直辖市、自治区电视台联合主办的第二届全国中青年京剧演员电视大赛。她既兴奋又紧张，兴奋的是自己又能登上舞台了，紧张的是自己已经几年没有演出机会，她赶忙向师傅沈福存汇报商量。

那时，沈福存已经正式息演，当知道徒弟要参加比赛后立刻又铆上了劲，为程联群拍板敲定了张（君秋）派名剧《状元媒》【西皮导板】转【南梆子】"天波府忠良将宫中久仰"一段。在戏校的时候，程联群没有学过张派剧目，但她爱听爱看，这次得到恩师亲授，她很是珍惜。沈福存教学是一字一字地唱，一个动作一个动作地教，可贯穿全部过程的仍旧是他对人物极为细致的分析。今日的程联群回看当时的自己，也是比较满意的。在老师的精心教授下，她身段规矩得当，抓住了柴郡主作为郡主的那份大气尊贵，包括其围猎时颇显飒爽英姿的精气神，但在这段唱中女子动心后的羞涩妩媚又是不一样的层次。程联群回忆道："相比于张派，师傅教的有更多重的情绪。"是的，沈福存解剖人物的方法给程联群留下了深刻的印象，致使赛后很多评委与戏迷记住了这个来自西南的京剧新星。

比赛之后，虽然万县市京剧团暂时保住了，但是程联群的《状元媒》再无登台机会。90年代，戏曲人的惨淡是普遍的，无戏可演，戏曲江河日下成为不争的事实。

1996年，息演了将近五年的程联群再次接到了母团万县市京剧团领导的电话，原来因为重庆要成为直辖市了，重庆市要举办"舞台艺术之星"评选，希望她能回来继续演出。当时，已经荒疏舞台多年的程联群坚决拒绝："不会演了，不去丢人了。"是啊，五年时光未登台，一登台就肩负振兴全团的重任，任谁也不敢轻易尝试。程联群实在是没信心，而且她的火锅店生意兴隆正当时，她不想再唱了。无奈，拗不过母团所有帮助过她的老师和领导们的一声声拜托，最终还是师傅沈福存来电说"还是去吧"，这让这个小姑娘软了耳根，顶着巨大压力应承了下来。团里将沈福存接到了万县，给她指导排练，这次程联群要表演的是骨子老戏《白蛇传·断桥》一折。在万县待了一个月，沈福存不仅为程联群说戏，还将整个舞台调度、对手戏的排练、乐队拉练了一番。

当时的比赛，有着严格的时间限制，如果按照以前《断桥》演出的时长，那肯定超时，于是沈福存想了一个办法：为了整出戏的完整，又不因超时扣分，利用最后白蛇和许仙重归于好，相互搀扶下台的动作，巧妙地把最后的谢幕与剧情融合在一起。当最后一句唱完之后，演员带着剧情和人物状态谢幕。这样台上三人互相搀扶着，还在人物里边，看着快到台口的时候，就回到自我了，这亦是很自然的过渡。既表演完成，又完美谢幕，程联群的参赛时间把控是精准的，而且达到了很好的剧场效果。这一件事让程联群感受到师傅在舞台的表现力上既自由又不脱离艺术本身，实在值得自己学习。殊不知，死学活用历来就是沈福存秉持的艺术原则。而沈福存看着程联群每一次都能十分出色地完成任务，内心也是欣喜的。

1999年1月，程联群被调入重庆市京剧团工作，与老师的相处时间就更多了。（图9-7）2001年，程联群凭借着向沈福存求教的《春秋配》获得了文化部"全国青年京剧演员评比展演"一等奖。此后，程联群逐渐涉足现代戏的创作，如《江竹筠》《凤氏彝兰》《大足》《金锁记》《双枪慧娘》等作品。在现代戏的创作过程中，程联群时常会犯难，沈福存就从自己的现代戏经历出发来给程联群提供建议，让徒儿慢慢悟，自己创造。只有剖析人物、抓准人物、进入人物，才能避免程式的机械化、人物的脸谱化和角色个性的单一化。后来，程联群排演京剧《江竹筠》[①]时，她就认真解析了人物丰富斑斓的情感世界，运用了从老师身上学到的表演思维。她调动传统京剧中闺门旦、花旦、青衣、刀马旦、武生等行当的技巧，有变化、有层次地呈现了人物从妙龄少女到中年的生命状态。

从手把手教学传统戏，到指导程联群演出新编戏、现代戏，所谓"师傅领进门，修行在个人"。沈福存的成长经历同样启发了他授徒教学，对于前人留下的传统老戏，也在教学规范之余，也融入了自己对于人物的理解，走出了符合时代新意的路子；而针对新戏的创作，他又把处理传统戏的经验总结归纳，让学生自己来分析人物，他把关建议，却不直接示范，给弟子们留下发挥创作的空间。这种戏曲教育思想于目前来说都是很科学系统的。程联群就是这样在沈福存一步步的引导下成长为重庆市京剧团[②]独当

[①] 新编现代京剧《江竹筠》由剧作家隆学义创作，该剧开掘了历史人物人格的丰富性和斑斓的情感世界。2009年10月14日，由程联群主演，在重庆文化宫大剧院举办了首演仪式。

[②] 程联群于1999年1月调入重庆市京剧团工作至今。

图 9-7　2000 年 1 月 5 日，沈福存与学生李晓兰（左）、程联群（右）合影

一面的旦行领军人物，并获得了文华表演奖、白玉兰主角奖等多项荣誉和称号。

除了程联群，重庆市京剧团中对沈福存行过正式拜师礼的演员还有刘丹丹[①]。

相较于程联群，刘丹丹很小就从戏迷父亲那里频繁听到沈福存的名字。1983 年重庆市京剧团在天津的那次颇为轰动的巡演，使得刘丹丹的父亲刘明记住了沈福存这位演员。当时 20 岁左右的刘明，是个京剧戏迷，直至今日，他还对当日的盛况记忆犹新，他说："那一次沈先生到天津演出之后，给天津的观众，包括这个业内的专业演员带来了新鲜东西。天津卫，那是京剧演员实力测验的一个练兵场。京剧界有句戏言'北京学艺，天津唱红，上海赚包银'，其中的'北京学艺''上海赚包银'都很好理解，那什么是'天津唱红'呢？也就是说一个角儿只在北京唱红还不行，一定要

---

① 刘丹丹，女，汉族，天津人，工青衣、花衫。毕业于天津市艺术学校，上海戏剧学院。2005 年到重庆市京剧团工作。受业于佟秀兰、张冬霞、田玉珠、刘秀芳、杨健、李开屏、沈绮琅、李珠明、陈和平、厉慧敏、李慧娟、赵慧秋、程联群、沈福存等老师。

去天津闯荡一番。因为天津的戏迷观众爱戏，懂戏，会戏，甚至说天津的观众会得比专业演员还多，这也就造就了这里的戏迷十分刁钻，演员的一点失误、一个细节的错误，都可能会被天津戏迷叫倒好，轰下台去。沈福存却在这里得到天津观众的一致好评，足以见证他的艺术水平。"正是从父亲那儿对沈福存先生的了解，使得刘丹丹有可能与沈福存结缘。

刘丹丹7岁就开始在天津艺术学校学戏，从上海戏剧学院毕业之后，2005年，她成为重庆市京剧团的一名青衣演员。因为父亲经常在她耳边说起沈先生，刘丹丹就想与老师有更多的交流机会。在考试汇报演出前的提高训练中，沈福存都会来给年轻演员们指点。刘丹丹那时就觉得沈老师很和蔼，也很平易近人。沈福存深知这些孩子背井离乡来渝之不易，不仅在艺术上对他们精心指导，助力提升，还时刻关心孩子们的生活，他常买一些好吃的给他们。刘丹丹至今还记得，老师总是买筒子骨让食堂给他们炖汤，担心他们吃不惯没有体力，影响练功和演出，希望年轻的演员们能始终保持良好的身体状态。然而，在艺术面前，他又是一丝不苟的，他会不厌其烦地给孩子们抠细节，从唱腔到表演，不放过任何一个可能影响现场效果的瑕疵，只为让这群青春少年在戏曲这条不容易走的路上不断进步。若是在排练、表演时没有唱好、演好，沈福存立刻会变得严肃起来，严厉的面孔下是他对艺术的执着。

在刘丹丹看来，戏里戏外的沈福存是截然不同的。每次聚餐时，沈福存都会把自己成长中无论是成就还是坎坷，或是心底的苦楚，化作一个个故事或者轻松的玩笑讲给他们听。坎坷于沈福存而言，皆变成了有温度的传奇故事。他传递着坚韧乐观的积极力量，教学生们在求学路上视挫折为成长阶梯。2011年，刘丹丹参加了中央电视台全国青年京剧演员电视大赛。这场比赛是现场直播，刘丹丹又是第一次登上全国性质的大舞台，她的压力很大，内心不定的她拨通了沈福存的电话，告诉他今天晚上有比赛的直播，请他记得看电视。沈福存回道："一定会看的！不要紧张，紧张也很正常，和平时演出一样就行，也不要使劲铆上，仔细点认真一点就可以了，我会在电视前给你加油的。"刘丹丹的紧张瞬间被抚平，就好像无依的浮萍终于找到了着力点一般。

无论是艺术还是人格，沈福存都深深打动着这位后辈。于是，很早的时候，刘丹丹就想："要是能成为沈老师的弟子，那该多么幸运啊！"渐渐地，刘丹丹几乎演出的所有剧目都要向沈老师请教修正，在朝夕相处中，她更加坚定了拜沈福存为师的想法。但是，她也清楚沈老师收徒之严苛，她在向沈福存提出这一想法后就开始期盼正式拜师的那一天。其实在这中间，团里领导还向刘丹丹介绍过北京的老师，可刘丹丹比较专一，认定沈福存为师傅后就不再考虑其他老师了。小姑娘赤诚之心感动了沈福存，刘丹丹嗓子好，唱得不错，对沈福存夫妇很孝顺，特别是举家搬迁至重庆一事让他很是感动。终于，入团蛰伏等待十年，2015年1月，重庆市京剧团举行集体拜师仪式，刘丹丹如愿拜在沈福存门下，成为其第二个亲传弟子。刘丹丹至今回忆起来，都记忆如昨："当我终于磕头拜师的那一刻，泪水夺眶而出，那是多年梦想成真的激动。"[1]（图9-8）

沈福存教授刘丹丹学习的第一出戏是其代表剧目《春秋配》。同样是注意戏的细节，小到一个气口，大到情绪表达，他均严格要求。知道老师在艺术上要求高，刘丹丹养成了一个习惯，那就是每次去老师家里上课，都会在门口先复习一会儿才敢敲门。在为《春秋配》演出选配角时，沈福存也是细节至上、独具巧思，连演员体型搭配都有相应的设计，他为刘丹丹挑选了体格魁梧、底气十足且嗓音洪亮的花脸演员李彦波来饰演彩旦行当的继母角色。沈福存认为，花脸这样的身体条件和声音优势，能够在舞台上完美营造出继母虐待、拷打姜秋莲时那令人窒息的压迫感。至于小生角色，沈福存则选择了刚刚转小生行的李恒[2]与刘丹丹配戏。尽管李恒尚未学过这出戏，但沈福存毫不在意，他笑着安抚李恒道："这有什么难的？别忘了，我可是唱小生出身的，我来教你。"在传授刘丹丹《春秋配》期间，沈福存不仅亲自指导李恒，还同时肩负起了教授继母及乳娘戏份的任

---

[1] 刘丹丹：《师恩如光，照亮京剧艺术之路》，载尚长荣主编《说不尽的沈福存：京剧表演艺术家沈福存研究文集》，文化艺术出版社2025年版，第343页。

[2] 李恒，重庆市京剧团优秀青年演员，工小生。2006年3月进入重庆市京剧团工作，师承王宗龙、李宏图、沈福存。常演剧目有《吕布与貂蝉》《飞虎山》《平贵别窑》《玉门关》《穆桂英挂帅》《春秋配》，于2014年1月10日拜京剧名家李宏图先生为师学习叶派小生。

沈福存：科班最后的男旦

图9-8　沈福存夫妇与学生们合影。左起：李恒、周利、沈福存、许道美、程联群、刘丹丹

务。他一遍又一遍地为他们四人示范舞台调度和表演细节,每一个动作、每一个眼神都力求精准到位。

实际上,沈福存认为京剧艺术终归是综合艺术,还是得讲配合和默契,之后就是要对自己的技能有把握。不仅主角要有主角的魅力担当,配角也是演出不可或缺的一部分。在乐队方面,虽然沈福存不懂乐理,但他有一双灵敏的耳朵,能听出任何乐器在此戏理情境中不妥当的掉板或抢拍,并及时指出。他通过调动演出每个环节的协作能力,将观众的注意力吸引至舞台上,形成强劲的剧场效果。

做戏与生活是相通的,沈福存眼中的生活无处不与舞台相关联。刘丹丹谈起她与李恒婚礼时有这样一个趣闻。他们结婚时邀请了沈老师一家出席,沈福存却在后台和刘丹丹说婚礼的仪式不要太长,要注意节奏的把控,不要让客人分心走神,要有互动感,要有趣味性。从中可见,沈福存极善于站在观者的立场去体会他们的感受。演出和婚礼仪式其实本质上是一样的,为了让观众和来宾的感受达到最佳,作为主场的演员就需要掌握节奏,需要观察观者的神情,而决不能单方面忘乎所以地自嗨。沈福存总能从生活中为自己的艺术寻找灵感,同理,他也能从自己的舞台经验之中为生活寻找行为逻辑。

除却院团的收徒教学,沈福存还被重庆艺术学校特聘,来教导"新毛头"。1990年,重庆艺术学校为强化京剧学员班的教学,邀请了京剧界不少知名戏曲教育家到校集中教学。不仅有从外地请到重庆的京剧名家,还有重庆本土厉家班出身的前辈,如厉慧敏、厉慧森等,沈福存则是青衣组的主要授课者。

沈福存对任何事都是专注认真的,他把对艺术的严格转移到了教学上,尽管当时学校的条件很差,他还是坚持不懈地把那批学生教到了毕业。传统戏的教学注重规范,艺校的学生年纪小,对戏曲艺术的理解力尚不足,沈福存也就无法如教成年徒弟般教这群孩子,沈福存便采用因材施教、因地制宜的教学观念。他认为,孩子们首先要把路子走正,建立自己的程式工架是至关重要的。至于把握人物,那就是更高阶段的事情了。沈福存面对大多数学生时是示范与讲解并重,可年纪略小的学员对一些复杂情感的认知其实是一知半解的，所以即便是一折戏，沈福存也与他班上的学生们磨了将近一年。正是在这一年中，他发现了李晓兰[①]。

李晓兰，11岁起就在重庆市艺术学校京剧班学艺，一进学校就以出色的领悟能力得到了老师们的赏识，陈家庆初将李晓兰带到沈福存面前时，沈福存就很是喜欢。因为，李晓兰模样好看，特别是一双炯炯有神的大眼睛，颇有一种天生的灵气。

李晓兰跟着沈福存学的第一出戏是《春秋配·捡柴》一折。当时她的嗓子比较硬，皮黄韵味儿还出不来，沈福存就针对她的每一个辅音、每一个字细细地抠。《春秋配·捡柴》一折是青衣的歇工戏，比较闷，可沈福存却将身段、眼神、唱腔三者有机结合起来，把女主姜秋莲受逼迫上山拾柴，得遇男主李春发，通过双方几次问话，逐渐产生爱意的过程表现得好看好听，这是需要很强的表演能力的。对于少年时期的李晓兰而言，那时的学艺只是机械模仿，走进人物内心还是极有难度的。

沈福存从一开始就把姜秋莲这个人物复杂的心理分析给李晓兰：前面要表现出姜秋莲的柔弱和无奈，后面是感激李春发而生情，直至春心萌动，由此到爱慕之情的大爆发，这些感觉都要融入戏中进行表演。对这出戏的核心唱段【南梆子】"问君子因甚事荒郊来定"，沈福存教得极其细致，即使学生的唱和动作都到位了，他还是不满意，原因是神情不到，只表演了一段程式的空壳。沈福存无数次提道："要从前辈那里去学去听，在古画里去看，深入市井生活中去观察，而后加之数以千遍万遍地刻苦练习，最终呈现出舞台上的'神形兼备'。"[②] 一遍遍走戏，让晓兰都开始有些惧怕这位前辈老师了，她不敢有丝毫懈怠，唯有调动充沛的情绪去演绎人物。沈福存的教学不是只机械地教会学生一场戏，他格外重视演员表演潜能的激

---

① 李晓兰，女，彝族，工京剧花旦。1993年毕业于重庆艺术学校京剧班，同年被分配至重庆市京剧团工作。1995年考入中国戏曲学院大专班，1997年毕业后，入北京京剧院工作，后退出京剧表演事业。曾于1991年在全国中青年京剧演员电视大赛中获"优秀表演奖"；2000年在全国优秀京剧青年演员评比展演中获"一等奖"。其2000年主演的京剧《马前泼水》是小剧场戏曲的里程碑作品。

② 李晓兰：《怀念我的老师》，载尚长荣主编《说不尽的沈福存：京剧表演艺术家沈福存研究文集》，文化艺术出版社2025年版，第330页。

发，这种"授之以渔"的教育方法怎能不值得我们后来的师者学习呢？

　　李晓兰终于被沈福存调教得有了些感觉。第一，李晓兰的年龄本身就与姜秋莲这一角色的年纪相符，以少年人来演少年人，表演虽然略显稚嫩，但尽显浑然天成的青春气息，吸引了无数戏迷观众。第二，李晓兰的大眼睛是会"说话"的，这是她最有利的特征。京剧是表现人的艺术，中国人的内敛含蓄往往是通过眼睛传达的，沈福存的旦行艺术成就很大程度上源自其对眼神技法的运用。沈福存对眼神戏的深度挖掘使得李晓兰拥有了超越同辈人的艺术灵气，而这种灵气是他人模仿不来的。第三，则是沈福存长期以来的细致教学让李晓兰受益匪浅。李晓兰说道："沈老师给我分析，讲解，细抠不下百遍、千遍！自己完全是从朦胧中被老师一点一滴给点醒的，从中也慢慢懂得了什么是京剧，什么叫艺术。"[1]

　　1991年，中央电视台举办全国中青年京剧演员电视大赛，11月开赛，比赛要求演员满16岁才能报名。选拔时，李晓兰还不到16岁，当四川省电视台组织了专家组来重庆初选演员时，陈家庆向专家组推荐了李晓兰并说明了情况，专家组决定看看再说。李晓兰表演一结束，专家组的各位专家喜出望外，惊呼重庆市竟然出了一个这么好的小青衣，不但同意她报名，还当即决定让李晓兰5月到成都参加省里的比赛。在四川省的比赛中，李晓兰获得最佳表演奖，并被推荐至中央电视台专家组进行评选。中央电视台海选时，李晓兰获得了一致好评，专家们说："这个小机灵鬼，一双眼睛就把人物演活了。""这个丫头年龄最小，表演最好。""这么小的年纪能把人物复杂的心态掌握得如此准确表现得这么完美，实在难得。"[2]

　　11月，沈福存亲自带着刚满16岁的晓兰来到北京比赛，为其把场[3]。上场后，李晓兰紧张无比，但是每当用余光看到下场门的沈老师之后，就感到无比安心。最终，最小年纪的李晓兰凭借恩师沈福存亲授的《春秋

---

[1] 李晓兰：《老师总在看着我》，载安志强编著《水滴石穿：沈福存的艺术人生》，新星出版社2009年版，第200页。

[2] 陈家庆：《名师 明师》，载尚长荣主编《说不尽的沈福存：京剧表演艺术家沈福存研究文集》，文化艺术出版社2025年版，第276—277页。

[3] 把场，戏曲专业用语。指演员初登台，因经验不足，不谙舞台规律，其师长在旁照料、提示。

配·捡柴》一折荣获"优秀表演奖"。公布结果时，沈福存内心虽开心却并没有过多的夸赞她，而是告诉晓兰要戒骄戒躁，鼓励她再接再厉。成年后的李晓兰感慨，她是站在巨人的肩膀上了。

无论是拜过师的徒弟，抑或自己开蒙的学生，沈福存都乐于甘当人梯，托举着他们成长，看着他们取得好成绩。实际上，他是将自己壮志未酬的苦闷转移到了培养下一代上。要把学生教明白，自己就得下功夫弄懂，沈福存利用教学准备的时间沉淀了自己的前半生所学，使其得以学理性升华，教学相长使沈福存的表演有了更为深刻的丰富性和厚重感。从而，这也直接导致新世纪复出后，人们看到了一个更为稳健大气的"大青衣"——沈福存。

除了李晓兰，对于重庆市京剧团年轻演员邵晓白[1]、田琳[2]等，或是外省前来求学的青年演员，他都丝毫不吝啬，倾囊相助。弟子程联群谈到自己的师傅时说："你来学习，什么时候他都欢迎，无条件的、全心全意帮你。但是要拜师，他就考虑的很多。"

湖北省京剧院的"梅花奖"得主、当家旦行、张派名家万晓慧[3]也是沈福存的学生之一。2009年，经著名丑行表演艺术家朱世慧[4]院长引荐，万

---

[1] 邵晓白，重庆市京剧团二级演员，主工荀派花旦、花衫。毕业于中国戏曲学院，师承李艳艳、张艳红、宋丹菊、赵乃华、沈福存、许翠、程联群、周利等。2004年，拜京剧荀派表演艺术家龚苏萍为师；2014年，拜京剧荀派表演艺术家孙毓敏为师。

[2] 田琳，重庆市京剧团二级演员，工青衣，张派再传人。著名京剧表演艺术家薛亚萍弟子。毕业于上海戏剧学院。先后师从李雅芝、陈晓燕、赵群、沈昳丽、王芝泉、王继珠、沈福存。

[3] 万晓慧，女，湖北省京剧院一级演员，工青衣，师从薛亚萍、王婉华、于玉蘅、李金鸿、沈福存、阎桂祥、刘秀荣等名家。曾获第十四届文华大奖、第六届中国京剧节一等奖、中央电视台第七届全国青年京剧演员电视大赛青衣组金奖。2019年6月，荣获第十六届文华表演奖。

[4] 朱世慧，著名京剧丑角表演艺术家。全国政协第十、第十一、第十二届委员、全国先进工作者、国家级非物质文化遗产项目京剧代表性传承人、湖北省京剧院原院长。曾荣获梅兰芳金奖、二度"梅花奖"、文华表演奖、白玉兰奖、京剧节特别荣誉表演奖等，主演的《徐九经升官记》获文化部第二届优秀保留剧目大奖。2017年担任中国戏曲学院"全国京剧文丑中青年高端人才"研习班导师。

晓慧跟随沈福存在武汉学习《春秋配》，由此开启了长达10余年的师徒情谊。教学初期，沈福存以"基本功为根"的理念为其奠定基础。他要求万晓慧反复练习圆场、台步与身段组合，强调"戏曲程式是历代艺人的智慧结晶"，并亲自示范动作细节。例如，他指出台步需"脚尖绷直，腰劲上提"，抖袖要"自然含蓄，忌刻意卖弄"，手腕位置甚至精确到"胸前靠上一寸以显身段线条"。万晓慧回忆："沈老师常说'冬练三九，夏练三伏'，少一日功夫，戏就少一分魂。"

值得注意的是，沈福存教的学生很多，但是正式收的徒弟很少。在这方面，他和师兄厉慧良的观念不谋而合。甄光俊曾在《厉慧良与天津的四十年情缘》一文中记载过厉慧良关于收徒的看法：

> 1991年岁末，厉慧良应邀赴上海，参加当地几家单位联合举办的"厉派表演艺术研讨会"。天津的青年演员王平随他前去，在专场演出中登台献艺。王平唱、念、做身手不凡，而且戏路与厉慧良相仿，颇受上海观众欢迎。有爱惜人才的上海友人，劝说从不收徒的厉慧良破个例，收下王平做徒弟。厉慧良诚恳地向友人们解释说："王平是个很不错的演员，我很喜欢他。他想跟我学玩艺儿，可以随时找我，我一定毫无保留地教他。可是我不能收他做徒弟，这不是从我考虑，而是为王平的前途着想。因为他如果拜了我，就不想再学别人，见到别人的长处。他想学，人家碍着我的面子也不会教他。如果因为拜我为师造成他学艺不自由，他的艺术还怎么发展？"厉慧良唯恐别人误解，就用自己的从艺经历进一步现身说法："如今我之所以被人称作厉派，就是因为我当初没有拜师，谁好我学谁，张先生这点好，我学人家这点，李先生那点好，我学人家那点，不受一家一派的限制，我把这位、那位的长处综合到一块儿，天长日久便有了自己的东西。各位看我在台上表演，谁的东西都有，却又谁的都不是。如果当初我死学一家，即使学得再像，也只能是某位艺术家的影子，而不是我厉慧良。"[①]

师兄的一番话，深深影响了沈福存。沈福存觉得，师生关系皆是缘分，

---

① 甄光俊：《厉慧良与天津的四十年情缘》，《中国京剧》2019年第8期。

从不刻意，而是讲究自然而然，水到渠成。他总是对那些慕名前来拜师的学生说："你们拜师是为了学艺，但我在重庆，咱们远隔数千里，我不可能天天手把手教你们，那我不是浪得虚名吗？咱们不干收徒不传艺的事。"是啊，在沈福存看来，拜师是为了学艺，不是为了博名头的。

作为身处西南地区的戏曲教育家，他清醒地意识到区域文化资源分配的结构性局限，因而在收徒传艺时始终秉持审慎的"利他主义"原则——这种选择不仅源于其艺术传承的责任感与个人能力边界的理性认知，更折射出其对艺术教育公平性的哲理性思考：在文化资源相对匮乏的地缘语境中，盲目建立师徒关系可能加剧艺术再生产过程中的马太效应[1]。

但是，向年青一代传承自己的表演技艺，沈福存从来都是敞开的。（图9-9、图9-10、图9-11、图9-12）

2018年6月20日，由国家艺术基金资助、重庆市京剧团承办的艺术人才培养资助项目"沈福存京剧表演艺术之《玉堂春》研习班"正式开班。由沈福存和他在陕西省京剧团演《玉堂春》时的小生搭档——王筠蘅先生担任主教老师，程联群担任助教老师，对《玉堂春》一剧中的青衣、小生这两个行当进行细致的说腔、说戏。该项目被录取的青年青衣演员来自多家单位，除了本团的几位演员外，还有如天津京剧院的王艺臻、上海京剧院的蔡筱滢、云南省京剧院的胡小红、成都市京剧研究院的孙欣、青岛市京剧院的袁倩等20人。连北京京剧院已有名气的朱虹、湖北省京剧院的万晓慧等皆为了沈福存的名号而来，由此看来，耄耋之年的沈福存还在以教育的形式广泛传播着其艺术影响力。

这里就不得不再单独提到乾旦演员刘铮[2]了。2001年，初识于中央电视台京剧票友大赛的刘铮尚不知眼前这位幽默的重庆老爷子竟是名震西

---

[1] 马太效应（Matthew Effect），是社会学、经济学领域的重要概念，源于《圣经·新约·马太福音》中的寓言："凡有的，还要加给他，叫他有余；没有的，连他所有的也要夺过来。"这一现象揭示了社会资源分配中的"赢者通吃"规律，即优势者因积累的初始优势持续获取更多资源，而劣势者因资源匮乏进一步被边缘化，最终导致两极分化。

[2] 刘铮，国家京剧院二团二级演员，工青衣。师从梅派名家李玉芙及沈福存、吴吟秋，昆曲名家张毓文等。

第九章 沈门传承

图 9-9　2014 年，沈福存传授邵晓白（右）《玉堂春·嫖院》

图 9-10　2009 年，沈福存传授万晓慧（右）《春秋配》

图 9-11　2018 年，沈福存传授刘铮（右）《玉堂春》

图 9-12　2011 年，沈福存、许道美（右）、田琳（左）合影

南的"四川梅兰芳"。2006年刘铮"下海"①出演梅派名剧《凤还巢》，沈福存一句"你记得什么呀？我一直记得你这个事儿"，让他意外受到这位大师的倾囊相授。刘铮入职国家京剧院后，沈福存专程从重庆飞至北京，将沈氏"程雪娥"的细腻演绎技法悉数传授：沈福存并未停留于梅派程式的传授，而是引导刘铮思考程雪娥作为大家闺秀的"此时、此刻、此景"。例如，程雪娥的含蓄与苏三的隐忍有何差异？男性演员如何通过眼神、身段传递女性角色的心理张力？沈福存曾言："男性旦角必须下功夫观察女性，才能超越性别局限。"这种教学方式，让刘铮逐渐领悟到乾旦艺术的精髓，即通过男性视角来诠释解构传统女性形象，赋予角色更立体丰富的生命力。刘铮由此领悟到，乾旦表演既是技艺的挑战，也是性别再诠释的一个契机，男性视角的客观性与女性角色的细腻性需要在个人化的表演中达至平衡。②

2018年11月8日与10日，研习班分别于重庆市巴南区木洞沈福存剧场、渝中区洪崖洞巴渝剧院举行汇报演出，12位苏三和4位王金龙轮番上台，为观众们奉上了长达四个小时的全本大戏。剧场内掌声、叫好声迭起，不少戏迷直呼：沈福存先生的艺术终于传承下来啦！

沈福存具有革新的视野，也具有对艺术的永恒探索精神。即便年逾八旬，沈福存仍以"革新派"自居，不断修正表演细节。他常说："新与旧是相对的，好与坏才是根本。"在晚年教学中，他根据声带条件的变化，对《玉堂春》的唱腔进行了微调，这种终身学习的态度，深深地影响了他的学生们。程联群回忆道："每次探望老师，他总在琢磨新处理，仿佛艺术从未定型。"

实际上，沈福存的戏曲教育成就，不仅在于他培养出程联群、刘丹丹、李晓兰、万晓慧、刘铮、邵晓白等优秀的青年演员，更在于他构建了一套"以人物为核心，以情感为纽带，以观众为归宿"的教学体系。他将传统程

---

① 下海，戏曲专业用语，指业余戏曲演员成为职业演员。
② 参见刘铮《美好永驻：我与沈福存先生的交往》，载尚长荣主编《说不尽的沈福存：京剧表演艺术家沈福存研究文集》，文化艺术出版社2025年版，第332—334页。

式的艺术性与现代审美的开放性融为一体，使《玉堂春》《春秋配》等骨子老戏焕发出经典的魅力。正如其学生们所言："沈老师的戏里没有'死'的人物，只有'活'的灵魂。"这种"活"的灵魂，可能正是中国戏曲表演艺术能够薪火相传的根本。

第三节　粉墨重生

虽然于1988年宣布"息演"，沈福存其实并未彻底远离舞台。究其根本，还是沈福存身体内那无法抑制、溢出肉身的舞台之魂，他要起舞！他要高歌！在繁重的教学工作之外，各方民间组织纷纷向沈福存递来了特邀演出请帖。每一次接到邀请的时候，沈福存都像一个顽童一样开心。

1993年3月9—11日，东方茶楼的开幕庆贺演出要在北京的吉祥大戏院举行。东方茶楼的负责人马建江是个京剧戏迷，从前就经常自掏腰包组织戏曲演出，这次茶楼开幕，他更是要安排一场盛大的京剧演出了。沈福存是马建江很喜欢的一个男旦演员，于是，为了这次开幕演出专程把沈福存从重庆邀请了过来。第一天，沈福存与众多名家，如梅葆玖、魏喜奎等同台演出了名家演唱会。第二天的折子戏专场，沈福存贴出了《春秋配》。而第三天的折子戏专场，马建江想请沈先生贴个《武家坡》，可是，找谁来与他搭戏成了一个问题。原定的青年老生演员刚满33岁，沈先生当即摆手："这不成啊，这扮上之后，不像薛平贵，倒像我儿子啊，太年轻了，这可不成。"演出方改推年逾六旬的老旦演员李鸣岩（因为李鸣岩之前唱过老生），沈先生又摇头："这也不成，我是男旦，女老生调门高不太合适。"直至第三次提议45岁的安云武[①]时，沈福存才点头应允，决定先见个面看看。两人的初见颇具戏剧性：在东方茶楼二楼包厢，身形高大的沈先生打量着同样魁梧的安先生，拍案笑道："这才像薛平贵！"两位好酒之

---

① 安云武，京剧演员，工老生，毕业于北京市戏曲学校，马（连良）派传人。代表作有《四郎探母》《白蟒台》《乌龙院》《宝莲灯》《战长沙》《南天门》等。

人当即推杯换盏。"您这出《武家坡》唱西皮,唱二黄?"安先生借着酒意打趣,沈福存将筷子往桌上一拍:"缺德,哪有唱二黄的!"这般笑闹间,竟将对戏之事全然搁置。

演出当天,吉祥大戏院后台,沈福存抚着水纱网子突然发问:"小安啊,这调门怎么办啊?""听您的,我随着您唱。""那不给你压到了嘛。""压不着,没问题,我随您。"这段对话看似寻常,实则暗藏梨园规矩——作为"傍角儿"①的年轻演员,安云武深知必须将调门的主动权让与前辈。因为,在演出中,胡琴的调门是需要以主要演员的嗓音条件为标准的。

当晚的演出十分成功,马少波②先生更是即兴为沈福存题赠"梨园翘楚"(图9-13),全剧的实况录像至今还在电视台和网络上反复播放,点击量很高。安云武说:"和沈先生合作的《武家坡》是我们的'一戏之缘',

---

① 傍角儿,指为主角配戏或伴奏的人。
② 马少波,山东莱州人。原名马志远,笔名苏扬、红石等。曾任中国艺术语言研究会会长、中国戏曲学会副会长、中国京剧艺术基金会副会长、文化部振兴京剧指导委员会副主任、中国戏曲学院名誉教授,《中国京剧史》及《中国京剧百科全书》编辑委员会主任、中国京剧院副院长。

图9-13 1993年,马少波为沈福存题字"梨园翘楚"

因为意趣相投,我们之间的交往一直持续。"相差近乎 10 岁,但隔不断安云武先生对忘年交好友兼前辈沈福存的深切情意。正所谓:于台上,戏比天大;在台下,情比寿长。二人的真性情让他们友情的种子从此埋下。

到了 1997 年,重庆成为直辖市,要举办直辖大庆。按沈福存的说法是他"又不得不再一次打破誓言,清唱了一次。想着这是为重庆骄傲,为重庆祝福,也就心安理得了"[①]。打破誓言,是沈福存一句自嘲的玩笑话,意思是打破他不再登台的誓约。其实,作为土生土长的重庆本地人,沈福存哪能不珍惜这次回报家乡的机会呢?细细品来,这段话的背后隐藏着的是说不尽的无奈与辛酸。身为一名演员,嗓子有,还能登台,但机会少之又少,这对于一辈子与戏为伴的"戏痴"沈福存来说是莫大的屈辱,他憋着一口气,抓住所有力所能及的表演机会。"猛听得金鼓响画角声震,唤起我破天门壮志凌云",【西皮流水】的过门行弦声一出,沈福存就又找到了自己的容身之处,那便是舞台,也只有舞台。台上,沈福存唱的是《穆桂英挂帅》,更是他那随戏共生、誓与命运较量到底的执着精神。

在与戏迷徐重俊的采访中,一段 2009 年他与沈福存话往事的记录,可以为我们了解那些曾经发生在沈福存身上的辛酸苦楚打开一个通道。

据徐重俊回忆,那是一个夏天,重庆这座城市一如既往的似火炉般闷热潮湿。一天,他突然接到沈福存打来的电话,邀请他到家里玩儿。当时沈福存全家已经搬到了新居,一进门,徐重俊就看到简洁明亮的客厅里挂着《凤还巢》中程雪娥的大幅照片、"金唱片"奖牌等,屋子布置得很有艺术氛围。

这不由得令徐重俊想到 1981 年他第一次拜访沈福存时的情形。那时候沈家五口住在大阳沟附近的京剧团宿舍楼里,生活过得清贫艰难。沈福存爱喝酒,当年沈先生请他喝的是一瓶 53 度的江津老白干。将近 30 年过去了,那天的中午,沈福存笑言:"喝江津老白干的日子一去不复返了。"他拿出一瓶茅台带他到了一家火锅店,二人边吃边聊。日子变好了,徐重俊由衷地为他高兴。

[①] 安志强编著:《水滴石穿:沈福存的艺术人生》,新星出版社 2009 年版,第 231 页。

谈兴正浓时，徐重俊好奇地问他："沈老师，这一生当中，你觉得有没有遗憾的事情？"沈福存突然沉默了一会儿后打开了话匣子。

"我这辈子最看重脸面，行事向来谨慎周全。当年重庆市京剧团赴美巡演三个半月，名单里却没有我。我为剧团也算是立下过汗马功劳，不论从哪方面都不能这样对待我，任谁都难以接受。"

当年的徐重俊第一次了解此事，他问："你怎么会落选啊？你有啥子问题？"

沈福存委屈地说："我13岁就在剧团了，一天都没离开京剧，算是半辈子都献给京剧、献给重庆市京剧团了。可团里待我并不如意。20世纪50年代，我最想演的是旦行，但是不给我舞台，倒是1956年在秦岭慰问时，零下18摄氏度没人愿意演的环境下，才把《三堂会审》中的苏三留给我。而到了1959年的时候，团里的周慧江从外学习归来，要排张派剧目《西厢记》。当时团里的演员中，论嗓子、论个头、论扮相、论唱功，我都算最佳人选，但是最终只让我演张珙这一角色。浇了我一盆冷水！不仅如此，团里多次派人去中国戏曲学院、中国京剧院、北京京剧院进修学习，可我却永远轮不着这些学习机会，我的心里能不气吗？我太渴望学习机会了！"沈福存谈到激动处，声调陡然升高，徐重俊只得劝他想开点。

"我是'墙内开花墙外香'。1983年团里全国巡演，我是当时团里绝对的主力，也获得了观众无尽的掌声，但是，团里没有任何宣传，北京观众自发在《北京晚报》上发表了一篇写我的文章后，剧团还紧接着将宣传其他两位演员的文章发表了。这种在宣传上刻意回避我的做法很令我憋气。而最令我痛心的是，在我艺术生命旺盛的年纪，却偏偏将我束之高阁。1987年新疆克拉玛依的演出，团里派出'五八级'的阵容，邀请方却力邀我和厉慧兰，经过文化局斡旋，团里才只允许我俩各带一身行头去演出。"冰冻三尺非一日之寒，当这些尘封往事一件件从沈福存口中道出时，他脸上难过、无奈、不甘心的神情依旧那么浓烈。

"那您后来怎么打算的？您那时离退休还有7年……"

"是啊！所以正是从53岁开始，我决定彻底淡出舞台。"他忽然放轻声音,"但是,徐重俊,我和你讲,都说我在家赋闲,其实我还天天对着录像揣摩身段呢!全国各地观众的大量来信,有些人的电话都打到我这边来了,要求我出去演出!我啷个好意思出去演嘛?"沈福存的话音渐渐淹没在沸腾的火锅里。

表面强撑的豁达语气下,实则藏着沈福存作为名角儿被院团抛下的刺痛感。他声称"息演"绝非仅仅因为未能出国演出,这一件事其实是其多年积攒的不平情绪爆发的导火索。沈福存反复强调"最爱面子",其实是他用自尊构筑的保护壳。他无法接受被其引以为傲的剧团"舍弃"的难堪,更恐惧外界误解自己存在"问题"。那些积压的观众来信像无声的控诉,既证明着他艺术生命的存在,又加剧着他自我质疑的煎熬。他试图用"墙内开花墙外香"自我开解,可字字句句都在撕扯未愈的伤口。火锅蒸腾的热气里,一位老艺术家对舞台的眷恋、对认可的渴求、对命运不公的愤懑,最终化作杯中晃动的酒影,在体面与不甘的拉锯中归于沉寂。

千禧年后,已近古稀之年的沈福存竟然再次"翻红",参加了全国性质的多个演出活动。

2004 年,重庆市京剧团举办厉家班风雨七十年,五代同台演出,时隔多年沈福存正式地演出了自己的代表作品《春秋配》。9 月,香港再次邀请重庆市京剧团赴港演出[①],并一再强调要有沈福存的演出。(图 9-14)当 70 岁高龄的沈福存身着素褶子款款登台,以《春秋配·捡柴》中姜秋莲的【南梆子】婉转唱腔叩响沙田大会堂时,台下的戏迷们早已按捺不住心潮。这位阔别舞台 16 载的乾旦大师,竟将属于少女的娇怯与沧桑的韵致糅合得天衣无缝。香港观众用雷鸣般的掌声回应着这份艺术奇迹,香港知名主持人洪朝丰在散戏后久久不能平复自己激动的心情,提笔写下"硕果仅存一乾旦"的赞叹,而捧着鲜花涌向后台的戏迷们,眼中闪烁的不仅是惊艳,更饱含着对传统艺术重焕生机的欣慰。对于厉家班五代同台的演员们而言,这场跨越时空的聚首更别具深意。与沈福存几乎同龄的厉慧森抚着戏服暗叹厉家班似乎重现了曾经的盛况,年青一代的厉家班传承人周利、周应伟、

---

① "厉家五虎"之首厉慧良曾于 1985 年献艺香港。

童志良等则在侧幕屏息凝望，看着沈先生在聚光灯下将梅兰芳所言"移步不换形"的戏曲真谛化作可视的壮丽画卷。①

置身风暴之眼的沈福存，此刻却像个初踏氍毹的新人般忐忑。临行前重庆市京剧团将赴港成败系于己身的重托犹在耳畔，沙坪剧场复排时膝盖的隐痛尚未消散，可当《春秋配·捡柴》的【西皮慢板】从沈福存的喉间流淌而出时，70载春秋忽然凝成戏台上的一个转身。他在香港城市大学的讲堂上谈戏曲发声的共鸣位置，与粤剧名伶尤声普②切磋粤剧奥秘时的专注，全然不似古稀老者，倒似重回科班求艺的少年。最令沈福存动容的，是他看见诸多香港戏曲后辈眼里的星火。那夜，在德福酒楼观摩武生工架时，他突然明白，自己跨越香江不仅是为即将的谢幕，更是要将厉家班的火种播撒在此方热土上。那一声声从香港戏迷口中发出的"沈福存，好棒"的喝彩声重重地敲在沈福存的心弦之上。那时，他仿佛与十几年来的不公平和解了，因为观众还记得沈福存，京剧还记得沈

图 9-14　2004 年，沈福存在香港演出的报道

---

① 参见厉慧森著，唐少波整理《京剧厉家班小史》，中西书局 2015 年版，第 329 页。
② 尤声普，籍贯顺德，著名粤剧文武生、丑生、武生。其父尤惊鸿，原是粤剧男花旦。他年幼便跟随父亲在戏班学艺。1945 年抗日战争胜利后他回到香港，参加了多个香港粤剧团的演出，其间他曾随靓元亨到新加坡和马来亚，与关影怜等到美国登台献演。20 世纪七八十年代后，尤声普渐次成为香港大班的"六柱"演员之一，多演以丑生扮演的角色。参加演出《十五贯》《霸王别姬》《李太白》等重头制作的剧目，获得广大观众的欢迎和赞赏。

福存，厉家班还记得沈福存……只要戏迷还需要他，他的古稀"难为"也成了最甘愿的成全。

2005年的天津之行，同样让沈福存深切感受到沈门艺术血脉的生生不息。当他在重庆的剧场为天津京剧院《华子良》的到来热烈鼓掌时，或许未曾料到数月后自己会成为津门戏迷追逐的焦点。那次是他陪着女儿铁梅携川剧《金子》赴津演出，谢幕时，观众席大声喊出的"沈老师可好"的问询声将这位隐退多年的老艺术家再次推至台前。他登上了本属于女儿的舞台，即兴清唱《穆桂英挂帅》，那一瞬间，剧场中交织着两代戏曲人的艺术回响：既是父亲对女儿要站上艺术巅峰的无声托举，亦是观众对"四川梅兰芳"跨越剧种传艺的深情致意。

4月24日，沈福存应天津人民广播电台《京剧大戏院》栏目之约，走进直播间，与睽违已久的津门观众和听众进行了长达60分钟的交流。直播间内，七旬老人被炽热的电波灼红了眼眶。其代表作《玉堂春》《望江亭》《御碑亭》《凤还巢》中的经典唱段穿透电波，无数戏迷守着收音机追问他的近况，沈福存温声细语地一一应答。他在热线电话里哽咽着说"作为演员，我是幸福的"，殊不知无数收音机前的"沈迷"们早已泪落如雨。最令他慨叹的是天津戏曲市场用最直白的方式为他的艺术生命定价。"黄牛"竟然将"沈福存的女儿来了"作为《金子》的卖点，十倍票价仍被哄抢的情景令人难以想象，但这恰似对他的表演艺术得以传承给予了最隆重的加冕。

2005—2007年，沈福存主要奔忙于京津这样京剧市场比较活跃的地区。此外，他还到郑州出席六省市票友联谊会，演唱了《孔雀东南飞》等选段。2005年4月21日晚，由北京戏曲艺术发展基金会发起并主办的京剧男旦艺术演唱会在北京亚运村五洲大酒店举办，沈福存应邀参加。在中央电视台2006春节戏曲晚会的演播厅里，导演特意捧出梅、张两位宗师的蟒袍任其挑选，这份殊荣印证了他男旦"活化石"的艺术地位。最后，他还是选择了梅兰芳大师的女蟒。镜头前，他以《大登殿》中王宝钏经典【二六】

的端庄唱腔震撼了全场，与杜近芳①同被媒体誉为"春晚大师级的压轴人物"，而戏服内衬里梅派特有的暗纹，正贴着他那起伏跳动的胸膛。

那天演罢，卸妆后的沈福存夜行长安街，七旬老人恍若穿越了时空：40年前与张君秋踏雪论艺的白马少年，如今披着梅兰芳的战袍重走旧路。指尖残留的织锦触感尚未褪去，化妆间里轻抚女蟒时的震颤犹在心头——沈福存虽未亲见梅兰芳大师的风采，但当梅派蟒袍加身的刹那，他分明听见云端传来一声"好好唱"。从男旦专场与新生代演员的同台献艺，到重阳老艺术家演唱会的《穆桂英挂帅》获得满堂彩，这条浸透汗水的青衣之路，终在长安街的月光下凝成永恒的京剧图腾。

2006年5月5日晚，天津大剧院举办"'春满菊坛'——中国京剧乾旦表演艺术家专场演出"，又邀请了沈福存前来演出。71岁的沈福存与梅派传人梅葆玖②、荀派名家宋长荣③同台献艺，三位乾旦大师以耄耋之躯再现了旦角风华。（图9-15）偏居西南，常被称为"四川梅兰芳"的沈福存显然已跻身于当代著名乾旦艺术家之列。梅葆玖演唱了《太真外传》和《宇宙锋》选段，宋长荣表演了《勘玉钏》，沈福存则表演了《御碑亭·避雨》。

当沈福存以《御碑亭·避雨》登台时，观众惊叹于这位古稀艺术家的舞台掌控力。他饰演的孟月华，在雨夜偶遇书生时眉眼低垂的羞赧、拂晓跨过水洼时脚尖轻探的迟疑，将古代女性的心理褶皱层层剥开。尽管嗓音不复年少的清亮，但凭借对人物节奏的精妙把握，他以"演人物而非炫技"的理念，让一折情节简单的戏迸发出独特的戏剧张力。特别是他71岁的年

---

① 杜近芳，出生于北京，著名京剧表演艺术家、京剧旦角演员，第二批国家级非物质文化遗产代表性项目京剧代表性传承人，第六届世界青年联欢节金质奖章获得者。代表剧目有《谢瑶环》《白蛇传》《野猪林》《霸王别姬》等。
② 梅葆玖，著名京剧表演艺术家，男，祖籍江苏泰州，一级演员。梅葆玖是京剧艺术大师梅兰芳的第九个孩子，也是最小的一个。代表作有《霸王别姬》《贵妃醉酒》《穆桂英挂帅》《太真外传》《洛神》《西施》等。
③ 宋长荣，京剧表演艺术家，一级演员，荀（慧生）派传人。主演过70多出传统戏和现代剧目，尤以《红娘》一剧蜚声海内外，多次晋京，并赴中国香港、中国台湾及加拿大交流演出，被人们誉为"活红娘"。主演的《金玉奴》《红楼二尤》《霍小玉》和《鱼藻宫》等，先后被拍成电影、电视或被录音、录像。著有《活红娘——宋长荣自述》等。

图 9-15 2006 年 5 月 5 日，天津乾旦专场演出后，沈福存（立者右四）与梅葆玖（立者右六）等合影

纪，竟老当益壮，嗓子不塌，有金属般的磁性，这更是难得，其演唱技法之科学有效，正是对其"自成一格"艺术境界的最佳注脚。

适逢乾旦演员齐聚一堂，沈福存在演后的记者采访中阐述了他对乾旦艺术及其未来的看法。在沈福存看来，"女人演女人是一种真实的生活的美，男人演女人就是一种唯美的艺术的美"[①]。他痛心并担忧有才华的乾旦没有院团愿意接收，演出机会较少。提到社会对于乾旦的偏见、歧视现象，他认为很不公平："社会上有些人对乾旦误解，但却没有看到乾旦为京剧旦角艺术乃至整个戏曲艺术做出的贡献。近代京剧的'四大名旦'梅（兰芳）、程（砚秋）、尚（小云）、荀（慧生）全是乾旦，他们塑造的各具特色的女性形象，不仅丰富和发展了京剧舞台艺术，而且成了艺术上开一派之风的创始人。"[②]

---

① 吴秀萍：《沈福存：粉黛含情裹碧纱》，《重庆日报》2006 年 6 月 19 日。
② 吴秀萍：《沈福存：粉黛含情裹碧纱》，《重庆日报》2006 年 6 月 19 日。

沈福存的乾旦理念，其实深受川剧大师阳友鹤师的启发。1983年到成都拜访阳友鹤时，阳友鹤以虾喻艺："'你说真的好还是假的好？'他告诉我说，还是假的好。就拿虾来说，几十块钱就可以买一斤。可齐白石的虾，一只就得几万块钱。"此语点醒沈福存，乾旦的价值不在于模仿女性，而在于以男性视角重构艺术化的女性形象。后来，阳友鹤的"真假论"，成为沈氏乾旦艺术观的核心。正如齐白石的写意虾超越生物真实，乾旦表演应追求"艺术真实"的升华。

2006年元旦后，在北京一家医院的病房里上演了更令人唏嘘的"三重奏"。沈福存与宋长荣在青年演员常秋月[①]的陪同下，来探望肺癌晚期的筱派名旦陈永玲[②]，三位七旬老人执手相望，谈的仍是京剧的未来。陈永玲身披鲜艳毛衣，强忍病痛笑谈艺术，其"不把痛苦带给人"的艺德令人动容。谈及花旦艺术的式微，他痛心疾首："现在的道白听不出流派，脚步走得像彩旦！"这位曾以《打杠子》中纯念白表演而征服观众的大师，临终前仍在疾呼表演要回归"演人物"的本质。

这场对话同时暴露出乾旦传承的深层危机。一方面，社会对男旦的偏见仍未消散，年轻演员面临院团拒收、机会稀缺的困境；另一方面，流派特色的消弭与创新力的匮乏，使艺术陷入"千篇一律"的窠臼。一个多月后陈永玲的离世，预示着那个"一出《玉堂春》就能演多个版本"的黄金时代悄然落幕。三个月后，沈福存赴京送别老友，亦是为一个艺术时代写下挽歌。

面对乾旦艺术的式微，沈福存始终以清醒的思考捍卫其存在的价值。他犀利地指出："四大名旦全是乾旦，他们开宗立派的成就岂容抹杀？"他更以"标杆的力量"反诘社会偏见。既然梅兰芳、张君秋能铸就艺术丰碑，为何今日的男旦却要被边缘化？这种追问直指传统艺术在现代社会的生存悖论——既要求"原汁原味"地传承，又难以接纳其赖以生存的文化

---

① 常秋月，女，北京京剧院一级演员，工花旦，宗荀派、筱派、赵派，师从著名京剧荀派表演艺术家孙毓敏。2011年6月10日，获得第25届中国戏剧"梅花奖"。
② 陈永玲，男，著名京剧演员，工旦行。原名陈志坚，祖籍山东惠民，生于青岛。拜筱翠花为师。

土壤。艺术生态的多样性其实恰是文明进步的标志，这是沈福存发自心底的渴望。

2009年，对沈福存来说意义非凡，因为这年正值沈福存从艺60周年。（图9-16）

他前脚刚在国家大剧院"'09重阳节老寿星京剧演唱会"上献唱京剧《孔雀东南飞》，随后就得知自己和女儿一起荣获了中宣部第七届中国金唱片奖戏曲类"艺术家个人金奖"。奖项对于沈福存来说是珍贵的，也是他一生的"高光时刻"之一。

12月，重庆市委宣传部等单位联合举办"追梦60年——京剧艺术家沈福存先生舞台生涯60周年庆祝晚会"，文化宫座无虚席。晚会随着孙毓敏解析沈福存经典"三出半"剧目《玉堂春》《凤还巢》《王宝钏》《春秋配·捡柴》拉开序幕，74岁的沈福存以清朗嗓音演绎《凤还巢》，震撼全场。其徒弟及受教者，如程联群、刘铮、周利等展现新秀风采，尚长荣、李维康等近20位京剧名家献演《横槊赋诗》《龙凤呈祥》等经典选段，形成梨园盛会。次日，"沈福存表演艺术研讨会"在重庆人民大礼堂召开，中国剧协分党组书记季国平主持，尚长荣、刘厚生等50余位戏曲界权威人士齐聚，从唱腔创新、角色塑造、教学传承等多维度系统总结其60载艺术成就，全面盛赞了沈福存作为京剧乾旦艺术集大成者的历史地位与深远影响。

面对突如其来的诸多赞誉，沈福存坦言："今天尽说好的……但我还要进步。"这句谦辞背后其实藏着未被明言的苦涩。六十载偏居西南，他并非不知晓自己的价值，只是剧团的冷落、资源的匮乏，让他始终处于"自证"的困境中。而今理论界将他奉为"自由派先驱"，同辈称其为"未被封名的流派创始人"，后辈视其为标杆……这些评价固然令他感动，却也像一面镜子，映照出整个时代艺术生态的吊诡，实际上当今又何尝不是如此呢？一个因"远离"而保全艺术本真的人，最终又因"远离"险些被历史遗忘。当他笑着说"我还有嗓子，还可以唱"时，或许也在庆幸着一件事——至少在这个"发现"他的研讨会上，那个曾被剧团边缘化、因非领导身份而被轻慢的男旦，终于以纯粹的艺术之名，获得了迟到却郑重的

图 9-16　2009 年，"追梦 60 年——京剧艺术家沈福存先生舞台生涯 60 周年庆祝晚会"现场加冕。

　　进入 21 世纪后，沈福存的时间大部分是被教学占领着的。2003 年至 2010 年间，受中国戏曲学院邀请，先后为第三、第四、第五届中国京剧优秀青年演员研究生班举办专题艺术讲座。2006 年 7 月，上海戏剧学院戏曲学院重新组建上海青年京昆剧团①。2007 年，为进一步针对性地培养拔尖人才，学院在全国范围内请名家授名剧，沈福存就是首批特聘专家之一。

　　沈福存不仅演戏认真，在课堂上也是倾囊相授。沈福存的课堂极具感

---

① 上海青年京昆剧团，前"上海青年京昆剧团"于 1962 年 8 月正式成立。原先为上海市戏曲学校京昆实验剧团（1961 年 8 月 1 日成立），成员以上海戏校第一届京、昆演员，音乐，舞美四个班毕业生为主组成，分京、昆两个演出队，演员平均年龄 20 岁，生、旦、净、丑行当齐整，影响巨大。后因李炳淑、杨春霞、齐淑芳、朱文虎等一批艺术骨干被调去搞"样板戏"，1973 年 11 月剧团被撤销。后一"上海青年京昆剧团"成立于 2006 年 7 月，是上海戏剧学院成立的第一个青年演出团体。剧团集教学、实践于一体，立足上海，服务全国。上海青年京昆剧团集中了上海戏剧学院戏曲专业的拔尖学生与优秀教师，并面向全国引进优秀京昆人才。青春朝气、敢于创新、锐意进取是该剧团的特色。

染力，他讲课从不照本宣科，而是用亲身经历的故事串联理论。比如讲"舞台默契"时，他会分享早年与琴师临场改调的惊险经历；说到"人物塑造"，又能把《武家坡》中一个水袖动作拆解成三四种情绪层次。学生们常感慨"听他两小时的课，仿佛看了一台大戏"，甚至下课了还追着他问问题。这种将艺术经验转化为教学魅力的能力，让每一届学生都强烈要求他继续授课。

上海戏剧学院戏曲学院的名师选拔负责人童强[①]说起沈福存当时来教学和与其交往的情景很是激动："沈福存先生作为首批特聘专家为梅派青衣田慧[②]传授《春秋配》，其艺道精深令人叹服。他横跨老生、小生、旦行，熔梅、尚、张、荀诸派于一炉，尤以'三出半'经典《玉堂春》《凤还巢》《王宝钏》及《春秋配·捡柴》独步菊坛。教学时先生谦和如春风化雨，总以鲜活示范启迪后学，田慧与旁听的蔡筱滢[③]经其点拨后艺境精进。上海到重庆虽隔千里，我们始终以艺交心，先生常言对童家班[④]的敬重，我们共持'程式源于生活，人物当一人千面'的创演理念。2020年微信里他自嘲八旬嗓衰仍坚持吊嗓，戏称'抽风'录音求指正，那份耄耋之年仍求艺不倦的赤诚令我动容。"[⑤]

---

① 童强，一级演员，上海戏剧学院戏曲学院京剧系原主任，京剧表演教研室主任，上海青年京昆剧团团务委员，周信芳艺术研究会理事。专攻杨（宝森）派、麒（周信芳）派老生。

② 田慧，一级演员，工京剧梅派青衣。毕业于上海戏剧学院、中国戏曲学院。拜梅葆玖为师，受教于沈绮琅、陆义萍、夏慧华、李炳淑、李玉芙、李毓芳、李国粹、马小曼、杨春霞。擅演剧目有《玉堂春》《霸王别姬》《穆桂英挂帅》《白蛇传》《贵妃醉酒》《天女散花》《宇宙锋》等。

③ 蔡筱滢，上海京剧院二级演员，工张派青衣。毕业于上海戏剧学院戏曲学院。拜薛亚萍为师，受教于张学敏、王婉华、沈福存等。常演剧目有《状元媒》《望江亭》《诗文会》《春秋配》《王熙凤大闹宁国府》及小剧场京剧《一坛金》等。

④ 童家班，又叫"苓社"，成立于1939年，由童芷苓挑班。童家班的骨干成员是童家5位兄弟姐妹，他们分别是：大哥童侠苓、二哥童寿苓、大姐童芷苓、二姐童葆苓、小弟童祥苓。20世纪四五十年代，童家班在京剧界红极一时，深受戏迷追捧。

⑤ 据童强先生回忆沈福存录音整理。

而当时上海青年京昆剧团助教老师赵群[①]更是感激老师对她的指点，使她的艺术更上一层楼。那时的赵群已有一定影响力，1999年便拜师张派名家薛亚萍老师深入研修张派艺术，实践丰富，是青年张派演员的佼佼者。她说，跟沈福存老师的交往并不多，但通过两出折子戏，提升了自己的表演水平，且深化了她对京剧表演的认知。作为助教的赵群在身份上是老师，可在她心里，总觉得在沈福存面前还是个小学生。赵群总是这样赞叹沈先生："大师不愧是大师！总能在细节处给你挑出毛病来，一看一个准。"在上海青年京昆剧团班，赵群向沈福存请教了《御碑亭》中的《避雨》一折。赵群记得，自己在这段表演中，非常机械地使用程式把手往上抬，沈福存看后笑着问了句："这是避雨吗？雨水现在已经给你打湿透了吧？"赵群对着镜子看了一眼，明白了沈老师的意思。自己抬起的这只手确实很僵硬不美观，重点是不符合真实的避雨情境。赵群非常佩服沈福存老师于平静中见波澜的表演技术，觉得沈福存先生是个对生活有着丰富经验的艺术家。他的表演有层次、有人物、有生活，且遵循戏曲的形式大美。光《避雨》一折，沈福存就要赵群去体会黑夜雨中慌忙行路的感觉、踩上不平石子路要滑脱的感觉等，这都是赵群从前不曾思考的细处。因此，赵群认为，大师都是会演人物的，这是大师的共性。沈福存老师除了会表演人物外，还能清晰地说出这般表演的缘由，启发他人的表演思维，这是十分难得的。

沈福存还被邀请到华中科技大学、沈阳师范大学、西南大学等国内知名高校进行京剧艺术讲学，至晚年仍在为自己终其一生的京剧事业发光发热。

晚年沈福存的寓所，更是宛若一座永不落幕的戏园。客厅里常年摆满同行送的字画，茶几上堆着学生的手抄剧本，阳台上的茉莉与栀子随季节轮换——妻子许道美以鲜花装点生活的情致，与丈夫对艺术的痴迷相映成趣。沈福存每日雷打不动上下午各两个小时都会沉浸在自己的京剧世界里，

[①] 赵群，上海戏剧学院教授，研究生导师，工京剧青衣，一级演员。上海市第九届、第十届青年联合会委员，上海市戏剧家协会理事、上海市青年文学艺术联合会理事。复旦大学通识教育核心课程《中国戏曲·京剧》长聘授课教师，国家汉办（孔子学院）、上海音乐学院、上海科技大学外聘艺术教师。

吊嗓、研究剧本、教学等，几十年如一日地做着与京剧相关的事，家里人知道这个时候是不能打扰他的。

褪去戏妆的沈福存，毫无台上旦角的娇媚痕迹。他爱穿挺括的洋装，头戴礼帽，沈福存在生活中十分讲究服装的搭配，每次出门前他都会认真研究自己的穿着，急性子的许道美总是唠叨他磨蹭。（图9-17）学生们笑称其打扮似"归国华侨"。他痴迷摄像，常举着摄像机捕捉重庆巷陌的市井烟火，同时配上自己的解说。他与时俱进，用电脑手机上网、使用微信，他都十分娴熟。作为地道的重庆人，他尤嗜麻辣火锅，解放碑夜光杯火锅馆的老板娘至今还记得："沈老板涮毛肚要七上八下，涮菜的节奏和他台上的身段一样讲究，十分儒雅。"

2021年9月18日，病床上的沈福存仍在指导学生程联群《西厢记》的唱段。彼时他身形消瘦，却执意让女儿架起手机录制教学视频。程联群便含泪跟着他轻唱，沈福存枯槁的手指仍在被面上勾画身段。即便转入重症监护室，学生们仍坚持在病房外低声吟唱，从《望江亭》到《玉堂春》，他们试图用熟悉的旋律唤醒昏迷的老师。

2021年11月11日深夜，沈福存因病医治无效，在重庆去世，享年86岁。文化和旅游部、中国文学艺术界联合会、中国艺术研究院、中国戏剧家协会等机构纷纷发来唁电，著名戏曲表演艺术家尚长荣、裴艳玲、孙毓敏等纷纷哀悼。中国戏剧家协会主席濮存昕认为，沈福存先生是一位优秀杰出的老艺术家，对他的离去表示哀悼。在重温了沈福存表演《玉堂春》的视频后，濮存昕感叹："短短《玉堂春》视频便知精妙，叹为观止，顶峰高梅！"他还提到，沈福存的舞台表演具有"典范意义"，可以作为为将来开表演课的好教材，传统戏曲表演之经典就在于全身心地去创造角色性格。

沈福存的人生，总是路遇种种坎坷，但他一直在坚持走自己的路。他用自己的一生向我们证明了——真正的艺术不在镁光灯下，而在生活与舞台的交叠处。窗台上的栀子花依然盛开，仿佛那个爱戏如命的老人，只是换了种方式在人间续写着他永不落幕的青衣梦……

图9-17 晚年的沈福存

第十章 以何成己

第一节 天赋与悟性

沈福存（1935—2021）一生的艺术之路是跌宕且波折的，他的生命起伏、喜怒哀乐几乎是与20世纪下半叶时代变革下社会对男旦艺术的导向紧紧联系在一起的。他生于20世纪30年代中期，在民国京剧的繁华即将落幕的余晖中走进京剧旦行的瑰丽世界；在立志从事旦行艺术、并在福字科中迅速崭露头角之时，迎面遭遇时代变革对男旦艺术的边缘化击打；在自己的旦行艺术即将成熟之际再与"样板戏"狭路相逢，却又能够通过顺势而为，给自己开拓出一个老生艺术的舞台成长期。而一旦运动消歇、时代流转，他又能够毫不迟疑地抓住时机重回自己的旦行轨道，并迅速获得观众追捧，赢得业界认可。这种因为时代而不断归零，不断再出发的意志力绝非寻常。所以，沈福存的确是中国当代京剧界一个极特殊性的存在。

然而，如果深入他的经历，会发现沈福存的特殊性还在于他的旦行学戏之路。20世纪20年代，坤旦已经人才辈出，《北洋画报》已经以"男女八旦"之名，将梅兰芳、尚小云、程砚秋、荀慧生四位男旦翘楚与当时的章遏云、雪艳琴、胡碧兰、马艳云四位坤旦后起之秀相提并论，坤旦已经成为和乾旦一样受追捧的新风尚。在这样的情形下，梨园旧科班的厉家班于30年代崛起，又以"厉家五虎"之一的厉慧敏挂牌当家旦行，从未有培养男旦的先例。但是，称奇的是，作为普通科生被招收进来的沈福存，硬是凭借着自己超凡的灵性和悟性，以及坚持不懈的自学能力，有了一番逆风翻盘,成就自我的道路,成为厉家班中的一枝奇葩,这不禁令人唏嘘!
(图10-1)

　　说沈福存是梨园科班中的最后一个男旦,或许并不为过。1948年入科,作为福字科学员,他和其他同辈一样跟着戏班各位师傅学的是大通路,练的也是大路功。一开始也是以老生启蒙,小生打底的,要不是因为一次舞

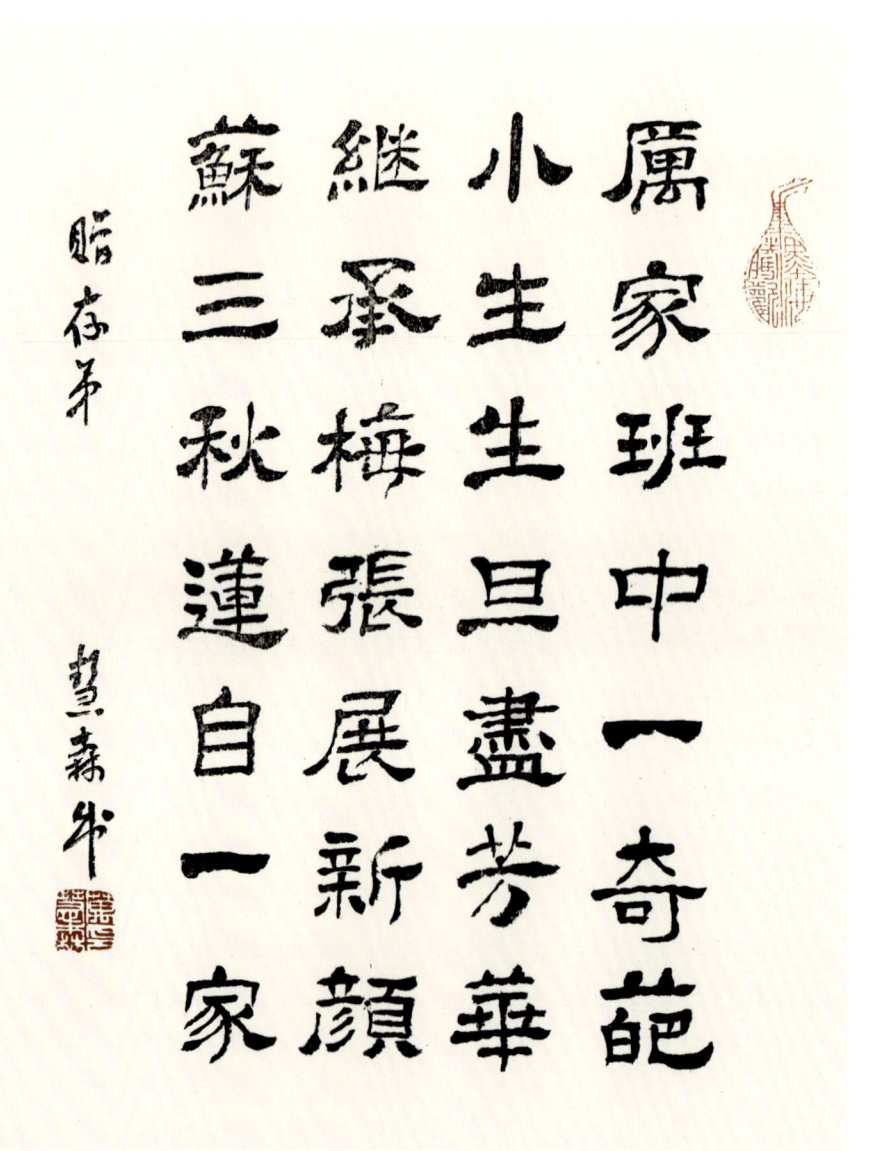

图10-1　"厉家五虎"之一厉慧森为沈福存题诗

台失误，慌乱中亮出那极具穿透力的小嗓，被厉彦芝发现了他这个可以唱旦角的宝藏男孩，或许他也只会和福字科其他跑龙套的学员一样。在戏班里，除了戴国恒夫妇教给他一些旦角戏之外，可以说他几乎全靠自学、自悟。在外靠与票友交朋友交换技艺；在剧院靠的是观察别人的表演偷艺；闲暇时靠的是在电影院看名家的戏曲片现场记谱、记唱腔和记身段；日常靠的是听着别人送的唱片，在家里不厌其烦地琢磨；甚至还靠在电线杆下听广播里的戏曲名家剧目学唱段，从街边摊上买到的照片来学表情，但唯独没有戏曲传承最正常的师徒之间的口传心授。在这样贫瘠的土壤下，没有卓越的天赋和悟性恐怕是学不好戏的，更何谈脱颖而出呢。沈福存的特殊性也正在于此，他不仅能够在旦行、小生的舞台上绽放，也能在老生的角色和行当之间切换，这在京剧界是稀少而珍贵的。

与关肃霜这般以沪上唱红之后落地于滇、偏居西南的京剧大家不同，沈福存的成长期、成熟期则彻彻底底扎根于重庆这片土地，独特的巴蜀文化是他身体里、血脉中挥之不去的印记。更重要的是，他对如何"做戏"有着自己的思考，这使得他的戏中总是透着一种趋近于生活本真的"活"，他具有把沉闷的青衣戏演活泛、演出趣味的能力，因为他说他"要把阳春白雪和下里巴人结合起来，争取更多的观众"[1]。他演的传统骨子老戏似乎与别人不同，看沈福存的戏，场子永远是热的，这也是沈福存的特殊性。重庆人天然的性格和在地的川剧土壤对他京剧艺术的影响不容小觑，而不可忽视之处还有他出身的科班——厉家班。因着赵瑞春、关盛明、戴国恒这些教戏师傅对学员在练功规范上的严格要求，也因着起于上海的厉家班，本身有着对新鲜事物和观众需求的敏感，还因为厉慧斌、厉慧良这样有思想的伶人对沈福存艺术观的影响，构成了沈福存更为自由的艺术观。随心所欲不逾矩是沈福存表演中很突出的特点，而落脚点一定是观众。

另外一个特殊性在于，因为远离京剧中心，因为师出无门，这些本不利于京剧演员发展壮大的客观条件，在沈福存这里却生出无限的正向价值。没有师门的"紧箍咒"，少有流派的藩篱，更无意于以"像"为学戏的最

---

[1] 安志强编著：《水滴石穿：沈福存的艺术人生》，新星出版社2009年版，第135页。

高标准，相反，万物皆备于我，饱学诸家流派而不为一家所拘，成为他最鲜明的标签。纵然是影响他最为深远的梅派和张派，他也自言"我学梅、张也学得不全像"[①]，而"不全像"三个字就是沈福存给自己留出的创造空间。作为很多戏曲演员最为缺乏的主体性和创造性，在沈福存这里反而是绝对自主且自觉的，这样的思维怎能不滋养出优秀的伶人。"自由派"是沈福存对自己的揶揄，而实际上，他用幽默一语中的道出了自己艺术观念的包容之道。他真正的成长轨迹是在长达大半生的道路上博采众长、融会贯通，由博返约、自成一格。这由少到多再到精的过程，又何尝不是众多京剧大家形成流派的成长道路呢？

虽然，在京剧伶界也有很多克服自身条件的局限成为大家者，但是，"祖师爷赏饭吃"始终是对伶人天赋的最高赞赏，更何况男旦，绝非任何男性能够轻松胜任，对嗓音、扮相、身形、气质的筛选相较于生行显然更为苛刻，而在这一方面，沈福存却是无懈可击的。

生得俊秀是男旦第一关，1.72米的沈福存，个头中等，但扮成古代女人站在台上刚刚好，加之五官剑眉星目、唇形端正，用"玉质翩翩、目如秋水"来形容他少年时的样貌并不为过。拿出沈福存年轻时的老照片就会发现，他永远是在众多男儿之中最俊秀的那一位。而扮上戏的剧照，旦角是风姿绰约，丝毫没有男相；小生则是玉树临风，丰姿挺拔；神奇的是，接近中年时的老生扮相竟然也是气宇轩昂的。一个男伶，既能妩媚柔美，又能英气十足，这在梨园行着实不多见。

当然最绝佳的还是他一条金属质感，且有穿透力的小嗓，这也是男旦由阳性向阴柔极限挑战的制高点。众所周知，男性的声带普遍偏向宽与厚，因而发出的声音更为低沉，更为粗犷，相较而言，女性的声带偏向窄而薄，因此声音高亢而尖厉。天然的生理构造决定了男女嗓音的不同，而沈福存却能在大嗓和小嗓之间游刃有余、自由切换。10多岁时，他便向女同学学了老生和青衣的两段京剧唱腔，发现自己能够毫不费力地驾驭大嗓和小

[①] 安志强编著：《水滴石穿：沈福存的艺术人生》，新星出版社2009年版，第229页。

嗓[1]，这种轻松切换使得他发现了自己的天然优势。沈福存对运用小嗓有了更多的体会之后，他发觉自己每当唱旦行的时候，头腔、鼻腔、胸腔仿佛是打通的，是舒服的，是气有盈余的，那份盈余实际上就是男演女相较于女演女的神秘空间。人们常说，男旦拥有着比坤旦更多的优势，因为在中气和肺活量上，女性是无法与男性相比的。力量感决定了男旦无论是在声音表现力上，还是在身段功法上都有更大的表现空间。正是如此，自清代以来，在女性不能登台的漫长岁月里，由一个男性群体创造了旦行艺术的盛世，乃至于后世的女性伶人几乎无法超越。

沈福存就出生于这个盛世的余晖之中。随着新中国的成立，他也成为中国旧科班中最后一位男旦。虽然，厉家班从不收男旦，他的独特小嗓却是厉家班班主厉彦芝留下他最关键的因素。因为，他知道沈福存是一块旦行的好材料。外在形象和嗓音天赋，是沈福存得以入行的第一道关，但是，光有天赋还不足以成长为我们今天看到的沈福存。悟性、灵性，甚至对人性的思考力则是让他达到艺术更高境界的第二道关。

沈福存说，他嗜好不多，最喜欢背戏。"坐在那儿背戏，上班坐车的路上背戏，日久天长养成了习惯。"[2] 别人的舞台在剧场里，沈福存则是把舞台"装"在了身上。背戏背的是什么？"就是熟能生巧，一背戏，人物形象、身段、表情都在我的脑子里闪现，等于演了一出戏，什么地方合适，什么地方不合适，都一目了然。将来真正演出可能就会更理想，就能演活了人物，表演就可以进入自由王国了。所以，静心默戏，是我的座右铭。"[3] 这虽是一段极其朴素的话，但是可以发现沈福存用心钻入角色体内的那根创作神经。揣摩人物、体验人物，而不是停留在对前辈的被动模

---

[1] 参见安志强编著《水滴石穿：沈福存的艺术人生》，新星出版社2009年版，第13页。文中提道：一位叫刘燕玉的同学会唱几段京剧，如《甘露寺》里的老生乔玄的"劝千岁"，《汾河湾》中的青衣柳迎春"儿的父去投军"唱段，沈永明向她学了这两段。

[2] 安志强编著：《水滴石穿：沈福存的艺术人生》，新星出版社2009年版，第119页。

[3] 安志强编著：《水滴石穿：沈福存的艺术人生》，新星出版社2009年版，第119页。

仿中,这是沈福存与今天的大多数戏曲演员最大的区别,也正是今天的青年后辈们不能超越前辈的最大症结。因为,只有创造,才是形成自我的最大动因。

所以,沈福存的代表作"三出半",虽然各家各派的演绎早已被观众熟知,但是他诠释的苏三、姜秋莲、王宝钏、程雪娥,还是会有那么多拥趸。无他,就是因为神、韵、意、趣是"沈氏"的。沈福存让自己的认知力始终参与角色创作,将自己一切情感体验、生活阅历、人生感悟注入所塑造的人物之中,再运用程式技艺规范将人物的情感收拢,当这些原本熟悉的女子形象突然生出了更细腻的内心依据,更丰富的潜台词,并且观众能够清晰捕捉到时,这种心领神会就是让剧场沸腾的爆点,也是沈福存最为独树一帜、令人疯狂之处。观众看传统戏究竟看的是什么?笔者以为,稳定框架下的越界之美或许是欣赏快感的来源之一,而沈福存的"三出半"均是在梅派和张派的基础上,加入了他的主体性创造,他的革新是用传统戏曲的美学表现方式去突破传统,而这种创造性发展,丰富了传统表演的程式与表演空间,既有时代性、程式性,又让传统戏有了稳健的突破,为传承与发展做出了典范案例,也让"四大名旦"的精神内核得以延续。正是沈福存在戏中对"己"的明确树立,才在以流派为宗、亦步亦趋、死守门户的当代戏曲生态环境中,为戏曲观众打开了想象空间,让人们发出"戏还可以这样演"的赞叹。

第二节　万宝归宗

一说起沈福存,"三出半"必然是最常提及的戏目,这几乎让诸多不是很了解他的人认为沈福存会戏甚少。而实际上,"三出半"观照出沈福存一生践行的表演观念,即"演戏一定得精,先是由少到多,再是由多到少……你一生只要有几出戏演得精美,就算成功了"。这是厉家班班主厉彦芝先生对他的教诲。任何事物的发展,都有一个由量变到质变,由质变到提纯的过程,"三出半"就是他将自己一生的艺术经验浓缩后精心打磨的结晶体,是沈福存为观众奉上的集大成之作,其中燃烧着他将自己淬炼成钢的心火。敢于选择以各家各派演熟、演精了的"三出半"作为自己的代表作,恰说明沈福存经历了博采众长、由博返约的过程,拥有了自成一格的自信。

旧戏班出身的沈福存,有着以演促学的丰富实践机会,据他晚年回忆少年时的自己:"反正是生旦净末丑、狮子老虎狗、风雨雷电、龙套上下手等。"[①] 从"戏补丁"开启自己的舞台生涯,少时的他还颇觉不甘,但是这样无所不用的舞台锤炼,他在成年后才意识到有多么珍贵。戏曲界有"百练不如一演"的说法,沈福存舞台上的松弛感是令今天的年轻戏曲演员最为羡慕的,这必然得益于科班这个环境。纵然1956年后厉家班改制为重庆市京剧团,在舞台上摸爬滚打的机会也是多的,在他半个多世纪的舞台生涯中,从龙套到配角,再到主角的攀登,是由他演出过的不计其数的大大小小的戏目堆积起来的。单论旦行戏,他就演出过《玉堂春》《秦香莲》《宇宙锋》《甘露寺》《王宝钏》《御碑亭》《祭塔》《春秋配》《锁麟囊》《状元媒》《望江亭》《凤还巢》《生死恨》《白蛇传》等;而小生戏则有《罗成叫关》《白门楼》《辕门射戟》《群英会》,甚至《玉堂春》中的王金龙等;老生戏则有《智取威虎山》中的少剑波,《红灯记》中的李玉和,《瑶山春》中覃世强,《闯王旗》中李自成等。这五花八门、跨越行当的舞台经历最终让沈福存把福字科的师兄弟们远远地甩在了后面,成为继"厉家五虎"之后足以挑班的旦行演员。可见,杂,是沈福存成就自己,并在未来能够引人瞩目的必经一环。

各个行当、各种角色,他都参与表演,并最终选择旦行成为自己的目标,更是积极创排旦行各流派的看家剧目,因为,在他面前的每一座高山都是他钻研的关卡。虽然并没有亲眼在剧场中看梅先生的机会,那就借助影片和唱片学梅腔,居然将梅派的戏路大致掌握,早期沈福存演过的梅派戏有《凤还巢》《生死恨》《起解》等,乃至梅派成为他旦行最重要的基底。

---

① 安志强编著:《水滴石穿:沈福存的艺术人生》,新星出版社2009年版,第43页。

而张派则是在梅派之后第二个令他着迷的,也促成了他成长阶段对唱腔的一次自我突破。张君秋为什么能在"四大名旦"之后形成新的流派?笔者以为,以王瑶卿和梅兰芳为师[①],在师者基础上广采博取、神而化之的创造力才是重点,同时兼尚派之高亢、程派之婉转、荀派之灵动,这种新综合最终使其获得了观众的赞赏。很显然,这种综合是契合时代审美的,也让20世纪50年代末期的沈福存为之倾倒。对于张派,沈福存不仅通过影片和唱片钻研《玉堂春》《梅龙镇》《打渔杀家》《望江亭》《状元媒》中的唱腔,而且通过创排上演和教学的方式来消化、感受、吸收,更幸运的是,在那一阶段他还能够向"偶像"张君秋先生面对面求教。从认真学到不死学,沈福存对张派的钻研从不以学"像"为终点,这需要悟性,也需要觉知。"理解了人家的好处,就可能有自己的发挥。《状元媒》柴郡主见杨六郎那一场,我就在人物表情细节上有点发挥,《望江亭》白仕(士)中看家书那场,我都根据自己的理解做了一些小处理。"[②]沈福存很真切地明白"移步不换形",然后形成自我的法则。京剧唱腔艺术的魅力不就是在行当化与个人化之间求得极致平衡吗?

梅派、张派打底,不意味着别家别派就不能涉猎,万宝归宗是沈福存不断蜕变的关键。沈福存的唱腔中还有程腔的韵味、尚腔的刚健,这都源于他对程派和尚派的近身观察。程砚秋在重庆演过《锁麟囊》《荒山泪》之后,沈福存很快也上演了《锁麟囊》,并创排了《荒山泪》,模仿能力强大的沈福存在表演初期的基本准则是依循,但是在后期的剧目中则深化为活学活用。他曾经说:"真正好的是他(笔者按,指程砚秋)的《武家坡》《大登殿》,我唱的【二六】用的就是程的,他的过门少,紧凑,少几个垫头。"[③]尚小云1958年在重庆的演出,让沈福存感受到了尚派唱腔的魅力。从声音条件上,沈福存与尚小云具备相似性,他们的嗓音都具有穿透力,

---

[①] 张君秋14岁时被"写给"李凌枫,李凌枫是王瑶卿的学生,而张君秋大多数戏实际是王瑶卿传授的。1937年,张君秋又在上海演出时拜了梅兰芳。

[②] 安志强编著:《水滴石穿:沈福存的艺术人生》,新星出版社2009年版,第81页。

[③] 安志强编著:《水滴石穿:沈福存的艺术人生》,新星出版社2009年版,第75页。

高中低音皆具有表现力，从而能够达到激越时高亢明亮，哀伤处低沉回荡，声到之处，情真意传的效果。所以，在沈福存的创作中，对尚派的吸收是潜移默化的，甚至尚长荣先生第一次聆听沈福存的《玉堂春》时，从中仿佛看到了其父的音容。沈福存的菁纯之作《武家坡》的行腔中也有诸多对尚派不着痕迹的杂糅，比如："寒窑内来了我王氏宝钏"一句，发挥了他高亢而刚劲有力的嗓音优势，有一种先声夺人之势，而中间的"我"和后面的"钏"字的行腔，糅进了尚派的"疙瘩腔"，"这军爷不相识怎好交谈"一句则用低腔，行腔时兼具尚派的浑圆刚健及程腔的低沉婉转，从而在唱腔的节奏变化之中突出了王宝钏苦守寒窑十八年的坚忍性格。沈福存通过吸收借鉴别家别派的行腔，去形取神，在变与不变之间递进，极细腻地表现出人物内心波涛起伏的情感。

当代荀派名家孙毓敏女士从不讳言自己对沈福存的崇拜，大概离不开在沈福存的"三出半"中，还有着与荀派艺术灵犀相通的观念链接。1962年，沈福存在贵州有幸得贵州省京剧团刘映华女士传授荀派的《嫖院》，这给沈福存未来得以出演全本《玉堂春》打下了基础，也让应工青衣的他在《嫖院》的表演中跨越行当，借鉴了荀派花旦活泼而生活化的表演方法。一个生动的例子是，刘映华传授给他《坐楼杀惜》之后，沈福存当即就上台表演了，在演到阎惜姣被宋江杀死，躺在地上的时候，沈福存即兴处理了一个阎惜姣临死前蹬腿的动作[①]，顿时引发观众一阵叫好声。这个动作其实并不在刘映华的教授之中，正是沈福存临时起意，将荀派表演的生活化、趣味化、人物的个性化发挥得淋漓尽致的结果。这种在表演规范之内的自由状态恰是荀派鲜明的特点，正如亲眼看过荀先生表演之后沈福存所言："他的表演已经进入自由王国了，一招一式自然，随心所欲，得心应手。"[②]而进入艺术的自由王国，也正是沈福存终生所追求的境界。（图10-2）

更为有意思的是，如果回溯过往，会发现早期的沈福存每一次站上主

---

① 安志强编著：《水滴视穿：沈福存的艺术人生》，新星出版社2009年版，第65页。书中记载："演到阎惜娇（姣）被宋江杀死后，我躺在地上，即兴在阎惜娇（姣）临死前一蹬腿，加了这么一个戏料，来了个可堂好。"

② 安志强编著：《水滴石穿：沈福存的艺术人生》，新星出版社2009年版，第77页。

图 10-2　晚年的沈福存做表演示范

角的舞台均是以救场的形式争取来的。比如《武家坡》1959年重庆市京剧团和贵阳市京剧团、太原市京剧团三团联合演出《王宝钏》，原定由厉慧兰和李慧娟担纲，结果演出前一晚李慧娟因为过度服用盐水导致第二天嗓子失声，于是，沈福存救场，从此，他才开始能够演这出戏。《玉堂春》更是如此，1955年之前，他主要是在《玉堂春》中给师姐或师妹配演王金龙这个角色，1956年之后，有了前文提到的赴秦岭观音山为铁路工人慰问演出，他在无人愿意演的情况下首演《三堂会审》的苏三，才开始以主角身份常演这出戏。1969年，同样是因为《红灯记》中的李玉和扮演者总是唱到"迈步出监……"的嘎调时很是吃力，沈福存再次以B角身份站稳了舞台，从此渐渐在"样板戏"中由B角到A角，重新拿到中心位置。这是一个现实环境并不优越的伶人抓住机会的唯一办法，看来，机会总是给有准备的人的。

如果说，在沈福存的一生中，由少到多，是他必经的积淀、积累的重要过程，这一过程是他在夹缝中求生存，是他没有条件自己创造条件，然后将一切的磨砺化作人生至宝的过程；那么，由多到少，则是他在对生活、对人物、对情感深度体验之后的觉醒过程，这一过程需要坚定不移的定力，需要对自己、对艺术有清晰的判断力。只有如此，才能够提纯出这些出于流派，却不模仿流派，独属于沈福存自己的"三出半"。

第三节　京川合流

沈福存的表演是自成风格的，这就是他的"三出半"尽管皆是传统戏，却丝毫不能湮灭其价值的关键因素。他塑造的苏三是一个"误落烟花"的少女，而非俗世所理解的风情妓女；他塑造的程雪娥，是善良与狡黠并举的庶出闺阁女，而绝非逆来顺受的苦情女；他塑造的王宝钏是一个苦守丈夫，深陷困顿、流于村妇之形却难脱高贵气质的宰相之女，是"武家坡"这一空间重塑了她；他塑造的姜秋莲，通过"八问"将一名女子对男子的爱慕心思层层剥开，从悲到喜，完全打破了过往《春秋配·捡柴》只唱少演的路子。这"三出半"的魅力，不仅仅在于行腔上的变化，更多的是沈福存在表演上对"活××"的追求。京剧常常被认为是类型化、行当化的，这使得寻常演员在表现不同的人物时常常走不出"一道汤"[①]的局面，而好的演员则会"蹚过"行当和程式，进入人物，最终进入观众心里，才能蜕变出一个"活"字。"活××"是一个戏曲演员表演人物的最高境界，是演员注入自己的魂魄、激活程式的结果。对于沈福存这个土生土长的重庆人来说，还有一个很重要的助力不容忽略，那就是他身处的巴蜀文化和川剧艺术土壤对他的滋养。一方水土养一方人，一方水土养一方戏，一方水土养一方观众，四川人天性中的乐观、幽默、包容和川剧的生活化、喜剧化、民间化的鲜活气息，缔造了他的京剧艺术风格。

京川合流是沈福存京剧表演的一个很重要的特点。正如他自己所言："我是个四川人呀！在重庆，只要有好的川剧演员演戏，我都去看，还结识了很多川剧名家。川剧是个生活气息很浓、地方性很强的剧种，我常常在京剧的演出中运用一些川剧的表演技巧。"[②]可以见得，川剧对沈福存的影响有多大。川剧大家阳友鹤先生是他极为敬仰的川旦名角儿。1956年，初登舞台的沈福存曾在一次四川省举行的戏曲青少年观摩演出中，以小生戏《罗成叫关》获得二等奖，当年在彩排之时，阳友鹤先生就断定这位新人未来必会成才、成角儿。从此，二人成了忘年交。沈福存在表演中对眼神、表情、水袖的运用尤为突出，或许就来自他对川旦表演艺术的汲取，在舞台上如何扬长避短，也离不开阳友鹤这位川旦大师的当面启发。长久以来，阳友鹤与沈福存可谓亦师亦友，同为男旦，二人经常在艺术上进行交流。川剧旦角艺术在潜移默化地影响着沈福存，阳友鹤先生也会在看了沈福存的戏后提出他的建议。

在川剧旦角的表演中，常有各种表现人物情感和心理活动的眼法运用。

[①] 一道汤，戏曲行话，指演员的表演千人一面，缺乏个性，没有特色，没有味道，互相雷同，犹如用一种汤料烹制不同菜肴，原料不同，味道却一样。

[②] 安志强编著：《水滴石穿：沈福存的艺术人生》，新星出版社2009年版，第144—145页。

沈福存注重眼法的运用，最鲜活的例子是沈福存在全本《玉堂春·嫖院》中的几次出场，他借助川旦的眼法生动表现了苏三的情绪变化。首次出场的苏三是不情愿迎来送往的苏三，眼神凝驻，眼珠不动，即所谓"定眼"，此时，苏三无奈地唱出"误落烟花终生恨，天涯何处觅知音"。而当看到王金龙的那一刻，苏三唱出"好一个风度翩翩俊俏的书生"，沈福存运用目光瞬间一瞥，然后回视胸窝的"情眼"法则，表现内心萌动的苏三，然后再以"暗帘微垂，含有羞意"的"笑眼"回收，突出了苏三的内心活动。当苏三说出"公子，明日你要早来"时，沈福存又用川旦中"回眸凝睇，目中含情"的"留情"眼法，活脱脱表现出16岁的苏三小鹿乱撞的情绪。第二次出场的苏三显然与首次出场的苏三有极大的不同，除了眼神之外，沈福存以水袖翻飞来表现她即将见到情郎的欢喜雀跃，而当王金龙问她芳名时，沈福存则以嫣然一笑，回首凝睇的"媚眼"法则表现苏三，并唱曰"小字苏三我叫郑丽春"。短短几分钟的表演，这种种活色生香的眼法运用和水袖运用，让沈福存的苏三呈现出与别家不同的生机。

川剧是一个颇具感染力的地方剧种，浓烈、火辣、直接、机趣常常是其女性形象的特点。沈福存家有三女，大女儿沈铁梅和妻子许道美皆是川剧名旦，生活中妻女的川女嗔怨之态和川剧中女性形象的张力都被他尽收眼底，让他在京剧中塑造的女性形象有着不一般的可爱与柔媚。（图10-3）在《凤还巢》中，程雪娥念"那日，朱千岁前来拜寿，也曾见过一面，那相貌长得十分丑陋，与我姐姐么……真可以称得是女貌男才"，此处，沈福存是用程式化的表情来处理程雪娥那狡黠的一笑，以突出此刻雪娥幸灾乐祸的小心思。在全本《玉堂春·监会》"三赔礼"一场戏中，一赔礼，王金龙拍肩，苏三用手拿下；二赔礼，王搂肩，苏三抖肩；三赔礼，沈福存为了表达苏三的委屈和痴怨，采用了光动嘴却不发声的小动作，表达出女人对爱人爱恨交织的情感。这正是沈福存从川剧中借用过来的表演方法，这种带有生活气息的表演既有层次感，又颇有趣味性。而在苏三念"在大堂之上，我说是你，嗯！果然就是你呀"时，沈福存更为生活化、撒娇地拉长鼻音"嗯"字的演绎，使人物形随声动，神从音出，活脱脱塑造了一个对王金龙尚有感情的娇嗔小女子形象。在《武家坡》中，王宝钏将认错之

图 10-3　晚年的沈福存享受着妻子的爱及三个女儿的天伦之乐

后的薛平贵扶起之后还用水袖掸掉丈夫膝上的土，这是从生活逻辑出发对水袖程式的应用，利用传统戏曲手段挖掘人物内心，通过演员的表现实现与观众的共鸣。沈福存这种从生活中来，又自然地将其融入戏曲身段表演的方法，在舞台上是醒目的，是符合戏曲塑造人物的逻辑的，也是符合观众观赏逻辑的。

从20世纪60年代开始沈福存就被四川观众称为"四川梅兰芳"，后又被称为"山城张君秋"，这是四川本土观众对沈福存京剧表演艺术的肯定。在笔者看来，地域性前缀的添加，从浅层看，是沈福存的艺术符合了四川观众审美的体现；而从深层看，无论是"四川"，还是"山城"的定语，都是对沈福存表演艺术的狭窄化，沈福存的表演艺术是独树一帜的。他的表演离不开他对观众的重视，这个"观众"不仅仅指四川本土观众，而是包含着任何地域的观众，这从20世纪80年代沈福存随团到全国各地巡演，由南到北引起广泛轰动可见一斑。实际上，沈福存的表演艺术最大化地实现了观与演的双向奔赴。他的奥秘在哪里呢？笔者以为，恰在于机趣和分寸的把握。

趣味性，绝非四川观众的独爱，而是挑起所有观戏者欣赏味蕾的法宝。沈福存工青衣，更多时候，青衣只要"抱着肚子唱"就算完成，然而，沈福存的青衣正工戏却截然不同，因为趣味而更加生动，因为生动而调动起观者多方面的感官体验，唱、做、念，还有对人心、人情的共情。这种趣味性不是惯常人们理解的插科打诨，而是落脚到情绪、情感的人趣、雅趣，这是由现实沈福存的情趣主导的。他的"三出半"的趣味性都十分显著，尤其是在《春秋配·捡柴》中，沈福存"八问"的每一问都有自己的独特处理，在与乳娘的配合之下展示出一套令人忍俊不禁的演法。这着实让人感到戏的"好看"，其实对于演者有无数创造空间，对于观者则具有无限想象空间。

沈福存是一个非常注重台上台下互动的演员，他常说："好演员把观众比作平静的燃油，演员的艺术火花一点，就燃烧，艺术就有爆发力。"[①] 而

---

① 安志强编著：《水滴石穿：沈福存的艺术人生》，新星出版社2009年版，第78页。

点燃观众这池平静的油,是需要能力的。演员该以怎样的方式来展现自己的表演呢?沈福存常常有自己的想法,他十分讲究舞台分寸感的把握。在舞台上,避免孔雀开屏式的表演、避免"洒狗血";在行腔上,善于运用低音,注重高低腔的对比,来传递人物的内心情感,甚至,在他看来唱戏就像说话,娓娓道来,松弛自如,仿佛大珠小珠落玉盘一般。这样的观念无疑受了川剧无伴奏徒歌以静制动的启发。通过声腔把控、眼神、脚步的配合吸引观众,而且并不会因为戏到下场时就有任何懈怠,这是抓住观众注意力的一种策略。沈福存曾说:"我这个人演戏,到结尾的地方也不放过,该有戏的地方一定要它有戏,要让观众想着你,给你鼓掌,下次他还来。"[①] 因为,沈福存知道,是观众决定了他的表演究竟能够走多远,而无论是阳春白雪,还是下里巴人,都是他的观众。

[①] 安志强编著:《水滴石穿:沈福存的艺术人生》,新星出版社 2009 年版,第 101 页。

尾　声

　　一个艺术人的成长、成才、成名是复杂的，他既会受到时代的影响，也会受到周围环境的影响，同时也会受到自身性格的影响，沈福存的一生离不开这三者对他的扬抑。男旦艺术的余响冥冥之中把他引入了戏界、梨园界，以假当真、以男扮女的艺术魅力让他看到了自己的生命之"光"，然而时代的动荡总是让他眼前忽明忽暗，当暗淡的时候，他往往又能以最快的方法适应大形势，但是，他心底对"光"的追求永远没有灭。他内心是坚韧的，同时，他的内心也是压抑的，时代和环境的打压并不曾减少他对艺术的狂热，相反，这些都成为他人生的智慧并传递给了女儿、学生和戏迷。

　　作为一名男旦演员，无论在怎样的环境之下，寻找自己笃信的，去做最大化的发挥，这或许是他对今天伶人的启示。其实，不同时代观众的审美也是在变化的，但是，借助突破性别局限，超越生理条件而创造出的阴阳合一的技艺美永远都不会褪色，无论西方，还是东方概莫能外。在中国，从男旦到男旦艺术，最为繁盛的是在18世纪后半叶至20世纪中叶，以秦腔花旦魏长生最为惊艳，这种反性别的表演经历了漫长的蜕变，最后形成了流派纷呈的"四大名旦"，缔造出了京剧旦行艺术的奇绝巅峰。无论是唱腔上，还是技艺上，以男性饰演的旦行由内而外深入女性的心理和外表特

图 11-1 沈福存（2020 年，华纳摄）

征的体验，成就了艺术创造的极致。这种跨越性别边界的美于当代依旧在延续，梅葆玖、杨荣环、宋长荣、陈永玲等一长串的名字说明了这一点，而沈福存的星芒同样璀璨。

　　沈福存是重庆山城京剧界男旦最后的辉煌，又何尝不可以说他是当今中国京剧界最后一位脱胎于科班的旦角的辉煌呢？他就像一枝从石缝中绽放出的最耀眼的花，把最灿烂、最美丽的样子留给了世人，而最艰难、最隐忍、最委屈的却藏在了暗而硕大的黑石之中……（图 11-1）

附录：沈福存艺事年表

童　航　沈冬梅　晏雯雯

1935 年

1月5日，出生于重庆市炮台街魏家巷（今洪崖洞附近），取名沈永明。

1948 年

9月19日，进入厉家班，排福字辈，取艺名沈福存。

1949 年

9月，重庆市特大火灾赈灾义演在一川大戏院举行，首次作为主要角色登台，在《举鼎观画》中饰薛蛟。

10月，斌良国剧社在一川大戏院上演神话剧《洛阳桥》（饰夏妻），与厉慧良、厉慧敏、厉慧兰、厉慧森同台合作。

1950 年

本年，主演《玉堂春·起解》，饰苏三，厉慧森饰崇公道。

1951 年

3月，程砚秋率秋声社著名演员于世文、李四广、贾松龄，鼓师白登云，琴师钟世章、任之林以及秘书杜颖陶等在重庆演出及考察。以厉家班作为班底，与程砚秋同台演出并向程砚秋学习。

本年，演出《云罗山》（饰方玉娇），厉慧良饰白士永，厉慧斌饰任彦虎；与厉慧敏合作演出《洞庭英雄》（饰张二嫂）。

1952 年

本年，以优异的成绩从科班出科。

本年，在厉慧森导演的《节烈千秋》中饰张春姑。

1953 年

3 月，在厉慧良导演的神话剧《宝莲灯》中饰三圣母，厉慧兰饰刘彦昌，李慧娟饰朝霞。

7 月，主演《龙凤呈祥》（饰孙尚香），厉慧良饰前乔玄、中鲁肃、后周瑜，厉慧斌饰前孙权、后张飞，重庆人民广播电台录制演出实况并播放。

1954 年

本年，主演《群英会》（饰周瑜），厉慧良饰前鲁肃、中诸葛亮、后关羽，厉慧斌饰曹操，厉慧森饰蒋干。

1955 年

本年，随重庆京剧团到成都、内江、自贡等地演出。

1956 年

1 月，随四川省慰问团赴宝成铁路秦岭观音山建设工地，与陈慧君、何友智、厉慧森等合作，首次主演《三堂会审》（饰苏三）。

5 月，重庆人民广播电台录制并播放沈福存演唱的《罗成叫关》《审头刺汤》《生死恨》唱腔选段。

11 月，参加四川省戏曲青少年观摩演出，演出《罗成叫关》（饰罗成），获青年演员二等奖。

1958年

周信芳带领由上海京剧院与上海市新民京剧团组成的班底赴中南、西南、西北、华北地区7个省11个城市巡回演出。3月，周信芳来渝演出时，观摩《萧何月下追韩信》《徐策跑城》等剧目。

4月，随重庆市京剧团赴武汉、株洲、柳州、贵州等地巡演。在武汉期间，向李蔷华学习程派戏《春闺梦》。

6月，尚小云率尚剧团来渝演出之时，观摩了《梁红玉擂鼓战金山》《峨嵋酒家》《武家坡》等剧目。

1959年

5月，太原市京剧团、贵阳市京剧团、重庆市京剧团三团在渝联合会演，与厉慧兰合作主演《王宝钏》，饰王宝钏。

11月27日，参加重庆解放10周年庆祝大会演出，与许福冠合作演出《罗成叫关》（饰罗成）。

1960年

3月，为重庆市京剧团"五八级"学员班青衣组上唱腔课，传授杨全才等人《二堂舍子》等剧目。

5月，参加重庆市专业影视表演团体青少年演员会演，主演《情探》（饰王魁），获一等奖。

6月，重庆市京剧团党支部提供了一台唱机供其使用，这为沈福存学习张派艺术提供了便利条件。

11月24日至12月5日，中共西南局召开四级干部会议，演出《白门楼》（饰吕布）。

本年，相继主演了张派《玉堂春》（饰苏三）、《望江亭》（饰谭记儿），并在《赵氏孤儿》中饰庄姬公主，王慧群饰程婴，朱福侠饰赵武。

1961年

2月，中共西南局在重庆召开干部会议，大会期间演出《罗成叫关》（饰罗成）、《辕门射戟》（饰吕布）、《三娘教子》（饰王春娥）。

12月，重庆举办纪念京剧大师梅兰芳"梅派戏专场演出"，演出《宇宙锋》（饰赵艳容）、《玉堂春》（饰苏三）、《生死恨》（饰韩玉娘）、《凤还巢》（饰程雪娥）。

1962年

8月至9月，随重庆市京剧团赴内江、自贡、宜宾、泸州巡回演出，主演《玉堂春》（饰苏三）、《凤还巢》（饰程雪娥），场场客满。

11月至次年1月，赴云南（昆明、个旧、昭通等地）、贵州（贵阳）交流演出。在昆明与关肃霜、裘世戎等名家同台演出（裘世戎《赤桑镇》、沈福存《三堂会审》、关肃霜《打樱桃》）。后又参加云南民盟会议演出，前《春秋配·捡柴》（饰姜秋莲），后《白门楼》（饰吕布），得到高度评价。昭通期间演出7场，个旧期间演出8场。在贵阳，与贵州省京剧团和贵阳市京剧团合作演出20多天，演出剧目有《玉堂春》《王宝钏》《望江亭》《锁麟囊》《奇双会》《生死恨》《春秋配·捡柴》《坐楼杀惜》等。另向刘映华学习《状元媒》《红娘》《坐楼杀惜》《玉堂春·嫖院》，与刘映华合作演出《红娘》（前饰红娘，后饰张生），刘映华饰后红娘。

1963年

1月1日，为中共贵州省委演出《望江亭》（饰谭记儿）。

5月，荀慧生率荀剧团来重庆演出，观摩了其主演的《红娘》《勘玉钏》《棒打薄情郎》等剧目。

5月，为重庆市京剧团"五八级"学员班学生法妮娜传授《望江亭》全剧，并配演小生白士中。

本年，在工资改革中，经重庆市文化局特批连升三级工资。

本年，排完《荒山泪》《诗文会》全剧，即将上演，后因"四清运动"而停演。

1964 年

本年，为《嘉陵怒涛》《阮八姐》《巴河渡口》剧组编创唱腔。

本年，为重庆市京剧团"五八级"学员班孙志芳等授课。

1965 年

2月27日，中共中央宣传部办公室致函重庆市委宣传部，称北京京剧团正在改编小说《红岩》为京剧《山城旭日》，该团薛恩厚将率参与这一工作的编剧汪曾祺、阎肃，以及演员赵燕侠、马长礼、谭元寿、刘秀荣等43人前往重庆参观、访问，修改剧稿，准备排演。3月至4月初（为期1个月左右），作为重庆市京剧团演员，和小说《红岩》作者罗广斌、杨益言，全程参与北京京剧团京剧《红岩》剧组，一同体验渣滓洞生活的活动。

12月至次年6月，和王慧群赴北京京剧团与李慕良、陆松龄一同设计现代京剧《嘉陵怒涛》唱腔，并负责旦角的唱腔设计工作。

本年，第一次见到张君秋，有机会当面求教。并在北京观摩学习张君秋的现代京剧《年年有余》。

1966 年

7月至12月，停止上台演出，在重庆市京剧团舞台美术队打灯光。

1967 年至 1969 年

参加"样板戏"《智取威虎山》《沙家浜》等剧目演出，扮演土匪、群众等龙套角色。

1970 年

本年，在重庆市京剧团排演的《红灯记》中饰李玉和（B组）。

1971 年

本年，在重庆市京剧团排演的《龙江颂》中饰阿坚伯。

1972 年

8月12日，京剧琴师、教育家、艺术家厉彦芝逝世，终年76岁。顶住压力，为缔造了厉家班、培养了无数京剧人才的老人穿衣服，送终，用自己的方式报答师傅的恩情。

1973 年

本年，在重庆市京剧团排演的《智取威虎山》中饰少剑波。

1974 年

10月，随重庆市京剧团赴广西南宁，向广西壮族自治区京剧团学习现代京剧《瑶山春》，返渝后由厉慧森执导，在剧中饰演覃世强。

1975 年

本年，《瑶山春》上演，饰覃世强。

1976 年

本年，在《开渠之前》中饰演老石匠，并担任唱腔设计。

1977 年

2月，与重庆市京剧团"七零级"学员训练班赴綦江、贵州遵义等地巡演。

本年，在悼念周总理的短剧中饰邢台老人，自编唱腔。

本年，为纪念毛主席逝世一周年，编腔自唱京剧选段"哀歌阵阵九月九"，由贵州人民广播电台录音并播放。

1978 年

4月，传统戏恢复演出，在重庆潘家坪为李井泉等领导演出《白门楼》（饰吕布）。

4月至5月，排练上演传统戏《大破天门阵》（饰杨六郎），重庆人民广播电台录制全剧演出实况。

10月，主演新编历史剧《闯王旗》（饰李自成）。同时，开始做恢复旦行演出的练功准备，整理《凤还巢》剧本及唱腔。

11月，由老生行当转回旦行，主演梅派名剧《凤还巢》（饰程雪娥），王宗龙饰穆居易，周应伟饰程雪雁，厉慧森饰朱千岁，此剧在重庆实验剧场连演3个月，共演百余场。同时还传帮带两位"五八级"青年演员陈开群、杨金枝，同台共演该剧，使她们表演技艺得到提高。

本年，参加重庆市歌咏比赛，创腔并演唱陈家庆作词的"长江要把金桥架"，四川省和重庆人民广播电台均录音，并在全省播放。

1979 年

4月，赴南方考察，路经沙市、武汉、南京、上海、成都，观摩童芷苓、汪正华、李蔷华、王婉华、李丽芳等人演出，途中为武汉军区胜利文工团授课。

12月，陕西省京剧团赴渝演出，在重庆市京剧团交流演出的《三堂会审》中饰苏三。

本年，重新加工整理、排演《王宝钏》（饰王宝钏），王慧群饰薛平贵，李慧娟饰代战公主，对《回窑》一折进行了新的创造。

本年，整理加工全本《玉堂春》（《嫖院》《投毒》《起解》《会审》《监会》《团圆》）（饰苏三），其中《嫖院》一折由朋友口述，后获得南充京剧团旧本，加之60年代贵阳演出的记忆，独自加工、修改、精简剧本，从人物唱腔到表演，进行了净化和创造性突破。朱福侠饰王金龙，厉慧森饰崇公道，王福在饰老鸨，戴福铸饰沈彦林，陈慧君饰红袍，王锦声饰蓝袍。

1980年

5月25日，《重庆日报》发表雷凌舫的《声情并茂　风采照人——记京剧演员沈福存》。

本年，重新整理并主演《春秋配·捡柴》（饰姜秋莲），朱福侠饰李春发，邹福金饰乳娘，刘成煌操琴。

本年，在重庆人民剧场演出《生死恨》，饰韩玉娘。

本年，与厉慧兰率团赴贵州演出，从此琴师固定为刘成煌。

本年，中央人民广播电台委托重庆人民广播电台，录制沈福存《望江亭》《玉堂春》《白门楼》《闯王旗》《辕门斩子》唱腔选段。

本年，应贵州省京剧团邀请赴贵阳，合作演出全本《玉堂春》及《凤还巢》。

1981年

1月20日，张镇亚在《通川日报》上发表《精湛的表演　细腻的刻划——看重庆京剧团演出一得》，文中称："当他在大段【西皮慢板】中的独思之中唱道：'命奴家在帘内觑郎君'一句，他激情内蕴，使我们看到一个少女内心世界的优美和对爱情的寻求的愿望。接着唱到'只见他美容颜神清骨俊'时，突然左手水袖上翻，右手兰花指轻轻指向远方，急速侧转回身，随着音乐的伴奏，鼓签子'挞挞挞'几下，这时台下观众掌声齐鸣。因为他使人看到这位未出闺阁的千金小姐竟然夸赞自己心上的情人那种羞答答的神情，刻划得那么细腻逼真，真可谓精湛的表演。"

4月2日，鲁夷在《重庆广播电视报》上发表《山城张派青衣——介绍著名京剧演员沈福存》，文中称："吐字纯正圆润，行腔委婉流畅，听起来既妩媚而深沉，俏拔而清新，声情馥郁，悦耳动听，很有张君秋唱腔的韵味。至于他的做工，在京剧青衣雍容大度的基调上，有时也闪露出川剧旦角妖艳娟巧的风韵，从而使他的整个表演显现出一种绚丽多彩、清新细腻的特点。"

4月9日，重庆人民广播电台《戏曲欣赏》栏目，播放沈福存《玉堂春》《凤还巢》《望江亭》《白门楼》《辕门斩子》《闯王旗》唱腔选段。

6月6日，《广播节目报》发表《山城名旦沈福存》，文中称："重庆市京剧团著名旦角演员沈福存，是山城艺坛很有影响的人物之一。他擅长旦角，又能演小生和老生，是个戏路很宽的多面手。沈福存13岁进厉家班'福'字科学艺，先学老生，后改学青衣兼小生，但他最喜爱的还是青衣，而且各派的戏他都能演。"

6月16日和17日，中央人民广播电台《演员与听众》栏目，播放沈福存《望江亭》《玉堂春》《白门楼》《闯王旗》《辕门斩子》唱腔选段。

1982年

4月至5月，随重庆市京剧团赴贵州巡演。

5月21日，力耘在《贵阳晚报》上发表《山城名旦——沈福存》，文中称："学习张派，全靠自学成材。他从不因循守旧，力求革新出新。如《凤还巢》程雪娥所唱的【西皮慢板】，在他的唱腔中，以较长的过门来抒发钟情少女欣悦和羞涩的微妙而复杂的细腻情感，在表演上他刻意求新，以轻翻水袖半遮羞颜的动作成功地体现了雪娥的内心世界。如今他很多优秀唱段被灌入唱片。他以精湛的演技留给观众强烈而深刻的印象。"

5月22日，陈泽恺在《贵阳晚报》上发表《长袖善舞　形神兼备——谈沈福存的水袖表演》，文中称："在传统剧目《凤还巢》的表演中，沈福存同志对水袖的运用，灵活多变，优美翩跹，自有其独到之处。无论是含羞时的洒袖掩面，'哭头'时的两袖搭肩，喜悦时的双袖翻飞，一举一动，无不给人以造型美。……沈福存的成功之处，我认为在于他所扮的角色的内心活动的表现上，其表演使人可懂、令人感动，仅此两点。作为一个戏曲演员来说，就已经难能可贵了。"

6月5日，木佳在《贵州日报》上发表《声情并茂——看沈福存表演的〈玉堂春〉》，文中称："沈福存的做工细腻，精于眼神运用，如苏三与王金龙初见面时先是不以为然，目光显得淡漠；继而见王金龙风流洒脱，目光便显得温和可亲；最后看出王金龙大方热情，目光便露出喜悦和爱慕。此时虽然面不动情，却目含笑意，把少女情窦初开时的分寸掌握得十分准确。沈福存同志告诉笔者，眼神运用，很讲究准确和优美，而且要做到眼神未到而心神先到，这样才传神、才美。"

10月下旬，赴北方考察，路经西安，应邀与陕西省京剧院合作，在西安民主剧场演出三场全本《玉堂春》（饰苏三），王筠蘅饰演王金龙，钮承华饰演沈彦林和崇公道，左文麟饰演刘秉义，史美强饰演潘必正，鼓师王万琪，琴师王君笙。

10月30日，丁电波在《西安晚报》上发表《"山城名旦"沈福存应邀来陕合作演出京剧〈玉堂春〉》。

11月3日，尚长荣、史美强在《西安晚报》上发表《"山城名旦"誉满长安——记沈福存来陕艺术交流》，文中称："沈福存，工青衣，宗张派，嗓音甜美，唱腔圆润，吐字清晰，表情细腻，善于刻划各种不同的人物，表演艺术有不少独到之处，被誉为'山城名旦'。"

11月中旬，在北京拜见尚小云夫人王蕊芳和张君秋。

在北京时，再次受邀返回西安，与陕西省京剧团合作，在人民剧场演出两场《凤还巢》、一场全本《玉堂春》。

12月3日，佑民在《陕西广播电视》上发表《"山城名旦"来陕献艺》，文中称："重庆市京剧团的著名京剧演员沈福存，享有'山城名旦'和'四川梅兰芳'之称，最近他应邀来陕，同省京剧团著名小生演员王筠衡和丑角演员钮承华等合演了京剧《玉堂春》，受到观众的热烈欢迎。"

12月12日，陕西省电视台播放全本《玉堂春》演出实况，陕西人民广播电台播放实况录音。

本年，在遵义市遵义剧场、贵阳市河滨剧场、安顺地区行署礼堂演出40余场，主演剧目《玉堂春》《王宝钏》《凤还巢》《春秋配》。并在遵义给当地剧团讲课。

本年，贵州人民广播电台录制《玉堂春》《王宝钏》《春秋配》演出实况。

1983年

1月23日，《重庆日报（增刊）》发表《沈福存在西安献艺》，文中称："陕西京剧团著名演员尚长荣（著名表演艺术家尚小云之子）在《西安晚报》发表文章，陕西省京剧团团长黄锡林还赠诗沈福存：山城名优首莅秦，长安艺坛添芳芬。登台巧扮苏三女，引吭高歌玉堂春。唱似张君有创新，演同尚辈情逼真。渝州花香陶人醉，交口齐赞沈福存。"

1月23日，沈福存本人在《西安晚报》上发表《携手梨园　共同前进——向西安广大观众致意》，文中称："在我最后一场演出中，许多观众和朋友都一再要求续演几场，但确因时间匆忙，用一句戏剧台词来说，就是'公务在身，不可久留'，只好与同志们匆匆惜别。观众的这种心情我是理解的，我一定不辜负观众的期待之情，今春，我团将来西安作巡回演出，到时候再与广大观众见面。"

3月20日至6月8日，重庆市京剧团开启成都、西安、北京、天津、南京、上海的全国巡演，此次巡演剧目有沈福存主演的全本《玉堂春》及《春秋配·捡柴》《凤还巢》，厉慧兰主演的《战太平》《三进士》，孙志芳主演的《谢瑶环》，童志良主演的《挑滑车》，胡正中主演的《八大锤》，等等。

3月20日抵蓉至4月8日离蓉，共演出19场。其间，在锦江剧场首场演出《战冀州》《万花亭》《春秋配·捡柴》《三进士》四个折子戏，既是公开演出，也是向四川省委做汇报演出。

3月21日，瑜生在《成都晚报》上发表《花繁叶茂 满台生辉——重庆市京剧团昨晚首场演出》，文中称："沈福存在《春秋配》中扮演的姜秋莲，一曲【南梆子】唱得低回婉转，韵味醇厚，以声传情，不失'张（君秋）派'唱腔的特点。沈福存做工也非常细腻，活画出人物在特定环境中含羞带娇的真切感情。沈福存的唱做并佳，博得观众阵阵掌声。"

3月27日，青舟在《成都晚报》上发表《优美细腻 唱做传神——记"山城名旦"沈福存》。

3月27日，艾芦在《四川日报》上发表《根深叶茂——看重庆市京剧团首场演出折子戏》，文中称："男旦沈福存主演的《春秋配》是令人赞赏的，在这折以青衣应工，以唱为主的戏里，他的唱、做均佳，很见功底；既有'张（君秋）派'的醇厚韵味，又有自己的某些特点。在回答李春发时的一曲【南梆子】，他唱得低回婉转、情真意切，把姜秋莲复杂而矛盾的心理作了细腻的披露。据说，他还是一位'多面手'的演员，近几年来，他扬长避短，专工旦角，对艺术自有更高的追求。"

3月28日至29日，在川剧中开创了旦角表演艺术的"阳派"的阳友鹤先生，观看了沈福存主演的全本《玉堂春》和《春秋配·捡柴》。

3月30日，沈福存在画家谭昌镕、评论家唐思敏的陪同下，专门去成都草堂疗养院拜访了阳友鹤。

4月1日，唐思敏在《成都晚报》上发表《沈福存拜访阳友鹤》，文中称："阳老也爽快地说：'我们相互学习嘛！演戏，要从人物出发。你演《春秋配》中的姜秋莲，很含蓄。你表演她对李春发的爱慕之情，是一层一层地流露出来的，有闺秀气。你演《玉堂春》里的苏三，把梅、程、荀、张各派的腔，融合得非常之好。苏三对王金龙的感情表现得非常动人，也有分寸。'"

4月2日，雨凡在《成都晚报》上发表《外华内实 功深艺湛——观重庆市京剧团来蓉演出》，文中称："他主演的《春秋配》，恰是青衣的'正工戏'。'戏里子'属于色淡味浓一路，符合传统戏曲藏中有露，露中有藏的美学原则。剧中人姜秋莲在继母面前，举止端重，是闺秀风范；眉眼间隐含冷冽锋芒，又微微表露出她不满继母虐待，又不敢形之于辞色的内心隐秘。特别是姜秋莲芦林拣柴，邂逅书生李春华，由敬生情，由情生爱时，演员的做表贴切、生动，那欲言又止的娇嗔，以袖障目的偷觑，双手拂脸的俏笑，急步下场又遽然返回，翩若惊鸿般地反顾流盼，将古代少女初恋时既喜且羞，乍露还藏的微妙心情，表演得曲尽其致，纤毫毕显。"

4月7日，《四川广播电视报》发表《重庆市京剧团演出〈春秋配〉》，文中称："被誉为'山城名旦''山城张君秋'的沈福存主演的《春秋配》尤为令人赞赏。他的唱腔优美细腻，唱做传神，很见功底，在演出中多次赢得观众的热烈掌声。"

4月8日，重庆市京剧团离开成都，前往西安演出。

4月9日，堂闻在《成都晚报》上发表《重庆市京剧团离蓉赴西安演出》，文中称："本报讯：重庆市京剧团从三月二十日至四月八日在蓉城共演出十九场，受到观众热烈欢迎。厉慧兰、孙志芳、沈福存等的演出技艺，深受观众喜爱。离蓉前夕，沈福存带着惜别之情说，他是党和人民培养下成长起来的演员。这次他随团来蓉献艺，得到了各方面和观众的关怀，这给了他很大的教育和鼓舞。他说，由于巡回演出的行程安排，不能更多地向敬爱的蓉城观众汇报。沈福存说，他将以不断努力提高艺术水平感谢观众的关怀，以后有机会再向蓉城观众作汇报。今日，重庆市京剧团离开成都，前往西安演出。"

4月10日，王为相在《四川日报》上发表《华美俏丽　韵味醇厚——听沈福存唱京剧〈春秋配〉》，文中称："欣赏一段优美的戏曲演唱，往往如嚼橄榄，如饮甘醇，令人回味，令人陶醉。听沈福存演唱的京剧《春秋配》，就有这种深切的感受。……沈福存是一位勤奋好学、刻意进取的优秀演员。他宗张派，而又博采众长，吸收各艺术流派的精华，以丰富自己的演唱艺术。在这出戏里，他除了用优美多姿的唱腔表现人物以外，还用精彩的表演展示人物的心灵。……一位优秀的演员，不但能有所师承，更难能可贵的是有所发展，有所创新，形成自己独特的艺术风格。听沈福存演唱的《春秋配》，即可见其不凡的功力。"

4月12日，四川人民广播电台播送《春秋配·捡柴》演出实况。

4月下旬抵达西安，在解放剧场演出全本《玉堂春》及《王宝钏》《凤还巢》《春秋配·捡柴》。

4月18日，黄锡林、尚长荣、史美强在《西安晚报》上发表《长安艺苑添春色——热烈欢迎重庆市京剧团首次莅陕》。

4月24日，《戏剧电影报》第17期发表重庆京剧团北京演出信息。

4月22日，抵达北京。

4月25日，在中和戏院的首场演出中演出《春秋配》（饰姜秋莲），朱福侠饰李春发，周小骥饰乳娘，鼓师吴福汉，琴师刘成煌。

4月26日，在中和戏院演出全本《玉堂春》（饰苏三），朱福侠饰王金龙，厉慧森饰崇公道，王福在饰鸨儿，陈慧君饰刘秉义，王锦声饰潘必正，鼓师吴福汉，琴师刘成煌。

4月28日，在中和戏院演出《凤还巢》（饰程雪娥），朱福侠饰穆居易，厉慧森饰朱焕然，王福在饰程雪雁，陈慧君饰陈浦，王锦声饰洪功，厉慧福饰周监军，鼓师吴福汉，琴师刘成煌。

同期，中央人民广播电台录制了《凤还巢》《起解》的演出实况。

同期，受中国唱片总公司邀请在中央电视台录音棚录制唱段。

5月13日，李明德、杨开明在《北京晚报》上发表《让人同情的苏三——看沈福存演出〈玉堂春〉》，文中称："该戏中的主人公苏三是由素有'山城名旦'之美称的沈福存同志扮演的。沈福存塑造的苏三表演认真，做戏入情入理，既有梅派（梅兰芳）的特点，又有所创新和改进。加之他嗓音甜美，嘹亮，行腔自如，将苏三的内心世界表达得淋漓尽致，不时博得观众的掌声和好评。"

5月21日，阳友鹤在《北京晚报》上发表《"山城张君秋"》，文中称："除了在改编上有独到之处外，更主要的是男旦沈福存饰演的苏三，别有一番味道。沈福存演来自然真率、清新可爱，有着自己的特色。他的嗓音清脆，刚劲明亮，圆润甜美。沈福存在四川，被称为'山城张君秋'，据说，他不仅从戏曲电影和唱片、录音中反复研究过张派唱腔，而且曾面聆过张君秋的指教，远隔千里而得其神韵，这是十分可贵的。"

5月22日，抵达天津。

5月24日，厉慧良在《天津日报》上发表《来自山城的京剧艺术》，文中称："男旦演员沈福存，今年四十八岁。他的可贵之处在于博采众长，自学成才。他的嗓音宏亮，表演细腻。他主演的《春秋配》本是一出比较'冷'的青衣戏，但他却能凭着自己的唱工和做工把这样一出戏唱'热'，获得京、津等地观众的欢迎。"

5月25日，在天津第一工人文化宫演出全本《玉堂春》（饰苏三）。

5月26日，演出《春秋配·捡柴》（饰姜秋莲），同场胡正中演出《八大锤》，厉慧兰演出《战太平》。

5月27日，在天津中国大戏院演出《春秋配·捡柴》（饰姜秋莲），同场胡正中演出《八大锤》，厉慧兰演出《定军山》。

5月28日，演出全本《玉堂春》（饰苏三）。

5月28日，李万春、周桓在《北京日报》上发表《去芜存菁　严谨治艺》，文中称："《春秋配》，本来是一出以唱取胜的青衣戏，可沈福存同志演出时，却不单注意唱腔的美感，还随着唱念的内容，从声音、面部表露出姜秋莲的复杂心情，惊惧、忧虑、羞涩都表达得鲜明动人。"

6月1日，演出《春秋配·捡柴》（饰姜秋莲），同场厉慧良演出《艳阳楼》，厉慧兰演出《三进士》。

6月2日，演出《三堂会审》（饰苏三），同场厉慧良演出《艳阳楼》，厉慧兰演出《三进士》。同期，天津电视台录制了《玉堂春》和《春秋配·捡柴》演出实况。

6月24日，之江在《新民晚报》上发表《依稀旧时厉家班——访重庆市京剧团厉家姐妹》。

7月10日，上海人民广播电台京剧节目播放重庆市京剧团沈福存的《春秋配·捡柴》、陕西省京剧团尚长荣的《黑旋风李逵》、厉慧良的《战太平》实况录音。

7月23日，《广播节目报》报道8月6日晚20：30分播送沈福存在首都演唱的京剧《玉堂春》。

8月6日，中央人民广播电台播放沈福存在北京演出的京剧《玉堂春》（《起解》《会审》《监会》《团圆》）120分钟。

11月22日，观摩上海第二届上海戏剧节演出。

本年，尹廉钊在《广播电视杂志》第9期上发表《山城名旦沈福存》。

本年，栋青在《戏剧与电影》第11期上发表《绰约多姿　流光溢彩——记沈福存演〈玉堂春〉和谈艺》，文中称："我到他家里去拜访时，刚巧他正在拆读听众们的来信。天津一群京剧爱好者在信中说：'……福存同志，你的唱腔，既有梅兰芳庄重圆润的特色，又充满张君秋委婉俏丽的韵味，真不愧有'四川梅兰芳''山城张君秋'的美称，我们热忱欢迎你北上献艺演出……'；北京一位京剧迷听了沈福存的唱腔，激动不已，把自己珍藏的梅兰芳先生的剧照，寄赠给他作为感谢；上海一位听众在信中恳求沈福存收她为徒弟，并寄来了一大包磁带，请沈老师把唱的戏录音寄给她，以便她日夜揣摩学习；……观众们边走边谈，议论纷纷：'演得真是惟妙惟肖！''不，简直是惟妙惟绝！''比女人演女人还要像女人，不露一点男相，真演绝了！'我回过头去，但只见人头攒动，赞美之声，不绝于耳……"

1984年

1月5日，前往北京。

1月12日至16日，参加中国戏剧家协会等单位联合举办的"尚小云诞辰八十五周年纪念演出",主演尚派名剧《御碑亭》(《归宁》《碑亭》)两场(饰孟月华),常延忠饰柳生春,齐世钧饰孟员外,叶萍饰孟夫人,鼓师王万琪,京胡钱启明,二胡张茂来。

1月15日,赵晓东在《戏剧电影报》上发表《云蒸霞蔚 尚派大观——尚小云诞辰纪念演出侧记》。

1月17日,在北京民族文化宫参加尚小云诞辰85周年纪念座谈会,会上翁偶虹先生谈到沈福存唱尚派《御碑亭》:"一句【二六】三个好。"

1月25日,随团赴四川绵阳为中国科学院演出,主演《断桥》(饰白素贞),朱福侠饰许仙,赵福鸿饰小青。

1月28日,芳子在《团结报》上发表《桃李满园春常在 刚劲妩媚风犹存——记尚小云诞辰八十五周年纪念首场演出》,文中称:"《御碑亭》中之《归家》《碑亭》两折。沈福存扮演孟月华,素衣素裙,清淡稳雅,不失青衣正旦风格。他嗓音高亢,音域宽,音量浑厚,音质圆润;行腔力度强,抑扬有节,顿挫有力。每句唱词终了,掌声经久不息。这不由让人联想到尚小云先生得天独厚的那一副刚亮的铁嗓。《御碑亭》是具有代表性的尚派剧目之一。唱做并重,尤其是'跑雨'的表演,既要细步防跌,又要急步赶路,跑跑跌跌,跌跌起起,十分形象。当年尚小云先生创造性的表演独具一格。这次沈福存饰孟月华,唱工做工均能表现尚派艺术特色,实属难能可贵。"

4月29日,李明德在《戏剧电影报》上发表《探索·创新》。

10月27日,雷大兴在《南昌晚报》上发表《声情并茂 形神兼备——沈福存同志来赣艺术交流》。

10月,《江西日报》第12797号发表《著名旦角沈福存应邀来昌演出》。

10月至11月,受江西省京剧团邀请,在江西南昌、吉安等地巡演一个月,演出20余场,主演剧目有《玉堂春》《凤还巢》《武家坡》《春秋配·捡柴》,合作演员有王锦声、邓薇薇、涂少昆等。

11月10日，纪方在《井冈山报》上发表《探索创新见功力——看著名（男）旦角沈福存演出》。

11月10日，江西人民广播电台在《戏剧报》第11期上发表《为一位京剧艺人赠别》，文中称："这位艺人朋友的表演显示丰富的艺术魅力，引起许多美的回忆与联想，让我屡屡怀想梅兰芳、程砚秋、尚小云、荀慧生、张君秋等许多京剧男旦艺术大师的深湛表演，让我沉湎于往昔的欢乐，甚而是一种可喜、奇妙的艺术欣赏的补偿。……他的扮相、身段、唱腔、眼神、手势、风韵让我清楚地看到许多京剧名家青年、盛年时期身影、仪容的再现。圆润甜嫩、游丝婉转、脉脉传情的歌唱，始终那么楚楚动人；刻画细微、幽怨喜怒，描摹古代美人的谈吐举止始终那么舒卷自如、大方熨贴。借助轻灵的水袖、婀娜的舞姿、嘹亮的丝弦，构成一种温文雅静的台风，一种妩媚悦人的韵律，一种端丽凝重的角色造型。以他才华四溢的演技来说，很擅长处理潜台词，善于用细小的动作表现没有传导出来的台词，善于在间隙闲空之处，夹缝做戏，填充很多传神之笔，延续、疏通了剧艺的筋络与血脉；善于和剧中人交流应对，动作贴切得体；乃至善于运用婉转悦耳的低音花腔，善于处理静场，透着大家风范，收到'此时无声胜有声'的功效。从音乐形象的声腔塑造来说，俏丽柔婉为主，加以低回顿挫，一波三叠，贻荡摇漾。高亢委婉的长歌，令人引起兰蕙之芳出于幽谷的遐想。此时此刻人物进入角色，角色入于美的化境。知音的观众对他美妙的演唱，准确得当地给予波涛起伏的掌声与喝彩。……品位得出，这位艺人朋友的深湛表演，是有其规范，有其渊源，而又'运用之妙，在乎一心'的。这种人才实在难得，造诣能够如此的演员实在太少。他们每到一处，观众怎么能不报以热烈的感谢和掌声呢。……观众带来平素少有的亢奋。炽烈的舞台照明使整个大厅笼罩团团光的雾气。沸腾的观众中很有些行家。他们低声耳语：'功夫真是到家了'；'神态不亚当年的梅郎'；'风度极像张君秋'；'有些身段简直是尚小云再生'；'梅派、尚派、张派，他都有'；'都融汇自己的东西了，可以自成一派'。"

11月17日，沈福存在《井冈山报》上发表《江南望郡结友情》。

11月24日，王海玲、肖江华在《南昌晚报》上发表《"二八"佳丽沈福存》。

12月2日起，在云南与个旧京剧团合作演出《玉堂春》《王宝钏》《凤还巢》《春秋配·捡柴》《桂芝写状》。在个旧演出期间，对个旧京剧团的青年演员进行艺术辅导，上表演课，讲授表演理论，为其培养戏剧人才。

12月8日，成闻在《红河报》上发表《沈福存，锡都欢迎你——谈沈福存的京剧表演艺术》，文中称："十五六岁就登台演大戏了。他在学习中，既有所师承，又能正确处理师承和发展创新的关系，不拘于一派，博采众长，吸收各艺术流派的精华，用以丰富自己的演唱艺术。他的演唱，既有张派的艺术风格，又糅合了梅、程、尚各派的特点，并化为己有。他以京剧表演艺术家梅兰芳说的'学我者生，似我者死'为座右铭，决不死学，并要求自己有所创新。如《玉堂春》原本中'嫖院''关王庙'有些黄色的东西，他作了大胆的删改舍弃，使苏三在观众眼中的形象得到改善。沈福存同志的好学不仅表现在师宗名家，还表现在连一般的从重庆路过的演出，或业余京剧爱好者的演唱，他都不放过学习切磋技艺的机会，这些，使他自觉受益不浅。刻苦学习，勇于创新，使沈福存同志技艺长足进步，蜚声大江南北，有'山城梅兰芳，重庆张君秋'之誉。他在北京演出，有的青年人在台下高喊：'沈福存，北京欢迎你！'在上海，演出结束了，观众等着他签字，使剧场无法关门。在江西南昌，他的演出座无虚席；还有人找南昌京剧团联系，愿自己拿出一千元钱作接待费，请沈福存到吉安演出（我们的艺术家去了，但谢绝了那位同志的好意）。"

12月12日，个京在《红河报》上发表《梅花香自苦寒来——记山城名旦沈福存》，文中称："二十二年前，一个从山城重庆到云南献艺的青年男旦，曾经轰动昆明、个旧、昭通等地，他就是近年来被中央人民广播电台向广大观众介绍的'山城名旦'沈福存同志。……在表演技巧方面，沈福存坚持从人物出发，对每一个身段、水袖、眼神设计，都非常讲究。他所扮演的苏三、王宝钏、程雪娥等角色，虽然都是古代妇女，但决不雷同。他把这些人物刻划得惟妙惟肖，令人叫绝，观众反映沈福存的表演能够'使人看懂，令人感动'。"

12月30日，申思在《重庆日报（增刊）》上发表《发挥演员特长　促进艺术交流——沈福存搭班演出赢得赣滇观众喝采（彩）》，文中称："沈福存出省搭班，得到了江西省文化厅和我市文化局、市京剧团大力支持。他在赣、滇共演出二十三场戏，观众达二万一千多人次。演出的是有流派特色的剧目《玉堂春》《春秋配》等拿手戏，并结合自己独特的表演风格，以极大的艺术魅力赢得了广大观众的热烈欢迎和高度评价。"

1985年

1月31日，徐孝坤、张天授在《当代戏剧》第1期发表《在沈福存家里串门》，文中称："（沈福存说）：'一个演员，不能满足于别人称赞你的演工好，做工好，或者扮相好。要紧的是你在台上演的人物演活没有？有没有血肉？有没有灵魂？在舞台上是不是创造出活生生的艺术形象？这个艺术形象要有爆发力，在观众观看演出时，能点燃观众心灵的火花，能激起观众强烈的共鸣，能使观众与戏中人物同哭、同笑、同呼吸；使观众既受到艺术魅力的强烈感染，又受到艺术潜移默化的教育作用……'"

5月16日，张镇亚、王宝宜在《中国戏剧》第9期发表《山城名旦——沈福存》。

6月，中国艺术研究院1983年为沈福存、朱福侠、周小骥、王福在录制的《春秋配·捡柴》VCD光盘出版发行。

6月11日，孟繁琳在《锦州日报》上发表《做戏认真　功底坚实——看重庆市京剧团演出》。

7月到8月，随团赴东北大庆、锦州、沈阳、哈尔滨巡回演出。

7月11日，《大庆日报》发表《艺贵于新——记重庆市京剧团著名旦角演员沈福存》，文中称："沈福存的表演艺术，功底深厚又别致清新，关键在于他好学善用和演唱入实。这个'实'就是生活。他认为，戏曲的表演程式，是先辈们为了艺术的展现生活而凝炼创造出来的表演手段，我们后辈们在承继和运用这些程式的时候，要理解其一招一式的生活依据与一颦一笑的真实感情，并结合自身对生活的认识和体验，加以丰富和发展，这样京剧艺术才能不断向前发展。"

7月12日，在哈尔滨松拖文化宫演出《春秋配·捡柴》（饰姜秋莲），朱福侠饰李春发，周小骥饰乳娘，王福在饰贾氏，鼓师吴福汉，京胡刘成煌，京二胡黄一凡，同场胡正中演出《八大锤》，童志良演出《战冀州》，厉慧兰演出《三进士》。

7月16日，演出《春秋配·捡柴》。

7月18日，演出全本《玉堂春》。

7月19日，演出《武家坡》。

7月26日，《生活报》发表《"山城张君秋"——记著名京剧男旦沈福存》，文中称："许多行家认为沈福存可谓是我国当今男旦演员中屈指可数的人物，深得张派艺术的真谛，不愧'山城张君秋'的美称。"

7月，路经北京，受吉祥大戏院邀请，在北京演出《玉堂春》。

8月，在青岛延安剧院，与青岛市京剧团合作演出了《王宝钏》《玉堂春》《春秋配·捡柴》。

同月，改编创作的《玉堂春》中的两段唱腔"见三郎不由我悲喜不尽""幸遇三郎定姻缘"曲谱，被收入人民音乐出版社出版的《京剧著名唱腔选》（中集）。

同月，慰问国防科工委第九院核工业之父邓稼先等科学家进行演出，深受欢迎。

9月1日，李明德、杨开明在《工人日报》上发表《山城名旦沈福存——全部〈玉堂春〉观后》，文中称："素有'山城名旦'美称的沈福存，在全部《玉堂春》戏中扮演苏三，他理解人物深刻，做戏入情入理，嗓音甜美嘹亮，行腔自如，既有张（张君秋）派的优美特色，又有新的创造和发展。……全部《玉堂春》唱工味足，做工传神，观众反映沈福存的演出能够使人看懂，令人感动。"

10月，应贵阳市剧协和贵阳市京剧团邀请，12日与贵阳市业余爱好者联欢。

10月20日，在贵阳云岩剧场与贵阳市京剧团合作演出《凤还巢》。

10月21日，演出《薛平贵与王宝钏》（饰王宝钏），陈少卿饰薛平贵。

10月22日，演双出，前《春秋配·捡柴》（饰青衣姜秋莲），后《辕门斩子》（饰老生杨延昭）。

10月27日，李宗繁在《贵阳晚报》上发表《热情辅导　认真表演——京剧名旦沈福存在贵阳》，文中称："记得六二年看他的《罗成叫关》，留下了深刻的印象。那段唢呐二簧，其高亢的嗓音，似乎至今还萦绕于我的耳际哩！"

同月，参加重庆"雾季艺术节"，演出《断桥》（饰白素贞），朱福侠饰许仙，赵福鸿饰青儿，曹禺、李玉茹观看演出后高度赞扬。

1986年

9月，应贵阳市剧协邀请赴贵阳演出和教学。

本年，代表重庆市京剧团与重庆特殊钢厂赴攀枝花"攀钢"慰问演出，生病回渝住院手术。

1987年

本年，随重庆市京剧团赴新疆克拉玛依油田慰问，演出《起解》。

1988年

此年至2004年，息演，主要从事艺术交流与教学工作。

1月23日，在重庆市政协礼堂收程联群为徒，重庆文艺界众多艺术家到场祝贺。

1月24日，肖鸣锵在《重庆日报》上发表《京剧名旦沈福存收徒　青年新秀程连群拜师》。

1月24日，姜春勇在《重庆晚报》上发表《名师育高徒　先约法三章——"山城名旦"沈福存收开山弟子》。

1989 年

4月18日，王抡楦在《重庆日报》上发表《沈福存委员的哭和笑》，文中称："他阔别41年的二哥沈永厚清明时节从台湾回重庆来了。……接着在首届中国戏剧节中，（女儿铁梅）一曲《三祭江》，震惊四座，被誉为川剧唱腔的头名'女状元'。北京为沈铁梅组织了专场演出，她为重庆首次夺得梅花奖。"

9月，郑洪泉等主编《重庆古今风云人物》由重庆大学出版社出版发行，书中称："在多年的艺术实践中，他广采博取，刻意求新，能演梅派戏《凤还巢》《生死恨》，程派戏《状元媒》《望江亭》等。他吸取各派之长，借鉴中外姊妹艺术之精华，形成了自己独特的风格。《玉堂春》《春秋配》是他独特风格的代表作，唱工味足，做工传神，融技艺于刻划人物中，他到全国许多省市演出，所到之处，受到专家、观众的高度赞赏和热烈欢迎。……专家评论'沈福存数次改行都任主角，梨园史上堪称罕见'。"

11月24日，撰写个人自述，文中称："'文革'中，我的'旦角'艺术不能发了，在那种特定的环境下，我得生存，只有横下一条心，改唱大嗓，经过坚苦的磨炼，又从新走上'生角'艺术，在'样板戏'中，塑造李玉和、少剑波、阿坚伯等英雄形象及《闯王旗》李自成。《天门阵》杨六郎等老生均受到山城观众热情欢迎！七九年传统戏从新开放，有许多朋友及同行得知我又要回归本行（青衣）时，都来劝说我不要再改回去唱青衣啦，唱老生不是非常受欢迎吗？我的喜爱和理想的追求，好心的朋友们是不知道的。我最爱京剧的旦角艺术！我的理想要成为一个全国知名的演员！七九年十月还在演出《闯王旗》中的李自成，在短短的一个多月，就恢复上演了梅派戏《凤还巢》，演出百余场，盛况不衰。给我奔向全国献艺增强了信心，打下了基础。又着手加工整理了《王宝钏》《玉堂春》《春秋配》等优秀剧目，将梅、程、尚、荀、张五派艺术融为一体成为自己的艺术风格，八三年随团到北京、天津、南京、上海、西安、成都等地献艺，演出盛况空前。谢幕达七次之多，首都观众高呼'沈福存，北京欢迎您'。有关人士说中国京剧院出现了一大批'沈迷'。全国几十家报刊、杂志都登载了我的评论文章，被誉为'四川梅兰芳''重庆张君秋''山城名旦'等美称。"

1990 年

本年，被选入《中国戏曲音乐集成·四川卷》"人物条目"，其《武家坡》《玉堂春》选段曲谱亦载入该卷。

本年至 1993 年，受邀于重庆市艺术学校，为"八七级"京剧班授课。

1991 年

本年，学生李晓兰以《春秋配·捡柴》一折，荣获中央电视台举办的全国中青年京剧演员电视大赛"优秀表演奖"。

1992 年

7 月 15 日，在重庆实验剧场示范演出《凤还巢》，饰程雪娥。

1993 年

3 月，受邀参加北京东方茶楼开幕活动，在北京吉祥大戏院演出。9 日，参加《名家演唱会》，清唱《凤还巢》"日前领了严亲命"。参加晚会演出的有（按姓氏笔画排序）于魁智、邓沐玮、朱宝光、孙毓敏、沈福存、吴吟秋、李鸣岩、辛宝达、张火丁、梅葆玖、梅葆玥等，主持人魏喜奎、杜澎。10日，演出《春秋配·捡柴》（饰江秋莲），孙振泉饰乳娘、张威饰李春发，同场邓沐玮演出《探皇陵》，于魁智主演《上天台》，李浩天、王永泉、翟岗、夏韵龙、宋元斌、茹元俊、翟韵奎、李庆春、钮荣亮、张韵斌、郎石昌、周云明、李卜春、张春明、孙亚洁、魏喜奎、关学曾演出《大溪皇庄》。11日，演出《武家坡》（饰王宝钏），安云武饰薛平贵，同场李庆春、钮荣亮、宋元斌、秦雪玲、钮连贵、张威演出《一匹布》，高牧坤主演《挑滑车》，吴素秋、李庆春主演《拾玉镯》。北京电视台录制演出实况。

3月27日，晓棣在《重庆晚报》上发表《山城名旦 梨园翘楚——沈福存再次艺动京华》，文中称："老舍夫人胡絜青，不顾高龄，连看三场，赞不绝口。京剧表演艺术家李万春的夫人李砚秀说：'这个《武家坡》，值得北京好好学学。'表演艺术家吴素秋、孙毓敏直言不讳地说：'我们都是沈迷，是你的义务宣传员。'出身京剧世家的名武生茹元俊更是感慨地说：'自看了沈先生的戏后，他就成了我们和高层次的票友界的热门话题。'著名戏剧理论家、剧作家马少波先生看了沈福存的演出后，兴奋不已，欣然提笔，写下了'梨园翘楚'4个大字，赠与沈福存，并风趣地说：这是我对你的评价和奖励。"

4月10日，东居在《重庆日报》上发表《"沈味"再把戏迷醉——我市京剧名家沈福存北京复出叙谈》，文中称："梅葆玖、沈福存、李世济、孙毓敏、关素秋、于魁智、高牧坤等京剧界当演'大腕'，争奇斗艳，悦人耳目，堪称足与热闹异常的'梅兰芳金奖大赛'比肩一番的'群英会'。近年来，沈福存在许多演出活动中少有亮相，且颇露退隐之意。这次在北京的复出，可算是有备而战，再度一鸣惊人。首场'名家名腔演唱会'，一段《凤还巢》启口，久违多年的'沈味'便搅得场内四座不能平静，掌声喝彩一阵盖过一阵。及至第二场他主演《春秋配》，第三场主演《武家坡》，剧场的热闹劲更是一发不可'收拾'"。

10月，黄蜚秋写作《男旦艺术与京剧兴衰》，文中称："上次福存来京在吉祥戏院演出《春秋配》时，我和梅葆玥坐在一起观摩，她在我耳边悄悄地说了一句'真漂亮'。以我的理解，她这句话的内涵不仅仅是夸福存扮相漂亮，而指的是他的台风以及演唱的完美，也不是葆玥客套的捧场话，而是作为一个内行的客观评价。好，就是好，忠于艺术的人，应该求实。"

1994 年

10月，参与"蜀调梅音——沈铁梅个人演唱会"的组织筹备，在成都锦城艺术宫与女儿沈铁梅首次合作演唱京剧《武家坡》选段。

1995 年

本年，指导沈铁梅排练京剧《神马赋》、川剧《潘金莲》。

1997 年

本年，指导重庆市川剧院排演川剧《金子》，并持续参与《金子》的修改工作。

2000 年

1月7日，参加在北京长安大戏院举办的"纪念荀慧生、尚小云诞辰100周年纪念晚会"，演出了尚派名剧《御碑亭》唱段。

1月25日，傅煦在《中国京剧》第1期上发表《忆重庆"厉家班"的克拉玛依之行》。

1月，戴祖贵在《重庆文化》第1期上发表《刚健柔美 俏丽清新——谈沈福存的艺术风格》。

8月18日，安志强在《中国戏剧》第8期上发表《又见沈铁梅》，文中称："沈铁梅有两个好老师，一个是她的从业老师、川剧名家竞华，一个是她的爸爸、京剧名家沈福存。竞华是以唱情生动名扬戏曲界的，她的演唱十分讲究气息的控制，沈铁梅向她学艺，打下了很好的传统基础。而沈铁梅的父亲沈福存又是一位创新意识极强的老师，沈铁梅五六岁的时候就开始向父亲学京剧，七岁便能在胡琴的伴奏下演唱《龙江颂》里面的'手捧宝书满心暖'【西皮原板】唱腔。沈铁梅学戏是'川剧、京剧两门抱'。沈铁梅告诉我，竞华老师从不强迫她死学老师的东西，而她的爸爸对她却十分严格，无论是一段唱，或是一出戏唱下来，沈福存总要把它录下音来，事后放给铁梅听，一边听一边讲，这个音太强了，应该如何如何；这个腔如果那样处理会好听得多；某一个字要唱圆了，要唱得美，唱得大家静下心来，静得连掉下一根针的声音都能够听见……铁梅练唱，父亲在一旁听；铁梅演戏，父亲躲在侧幕条边看。铁梅在用声音唱，父亲在用心唱，时不时地用眼神、手势提醒铁梅注意哪个地方。时间久了，铁梅能从父亲的眼神、手势中了解父亲对她是什么要求。"

2002 年

8月，沈福存、沈铁梅、程联群参加庆祝《重庆日报》创刊50周年盛典演出。

2003 年

4月15日，邹越滨在《红岩春秋》第4期上发表《传奇女儿与传奇父亲》。

12月20日，厉慧森在《中国戏剧》第12期上发表《善于应变和勤于耕耘的沈福存》。

本年，应邀为中国戏曲学院中国京剧优秀青年演员研究生班讲座，为国家京剧院讲座。

2004 年

1月17日，王洋在《重庆晨报》发表《沈福存56年京剧人生》，文中称："沈福存是一位具有卓越建树的艺术家，他横跨小生、旦角、老生三个不同行当、不同性别的领域，著名戏剧家、评论家马少波看了他的演出后，即兴挥笔'梨园翘楚'相赠。……的确如此，据票友说，沈老先生过去演出，观众排队买票都不一定看得到他的戏，现在也一样。……一些沈老的忠实票友告诉记者，沈老演的女人一点看不出是男人，他的一个眼神、一句唱腔、一个手势，都能激起热烈叫好。前不久，沈老到北京演出《玉堂春》，就一句8个字的唱腔：'十六岁开怀是那哇——'不到两分钟的戏，竟然听到台下叫了六个好！……'我也受了很多委屈，但我很看得开，只要观众满意，我就高兴，所有的委屈都在掌声中化解了。'沈老很豁达，对坎坷的岁月，他微笑着一笔带过。1978年恢复传统戏后，沈福存又回到青衣本行，他开始视青衣表演艺术为一门科学，按照时代步伐的审美要求，大胆进行探索和革新。沈老告诉记者：'我的戏最大的特点就是有时代气息。从前，看戏实际上是听戏，说看戏会被人瞧不起的。那些文绉绉的秀才、文人闭着眼睛，一边听一边晕□味儿，听到好唱腔时才叫一声好。现在时代不同了，既有收音机，还有电影电视，除了唱，还着重表演。我的戏就比较讲究声、色、艺，打破了常规。……在《春秋配》中，他突破传统以唱工为主的形式，不拘于演唱上的一腔一式，对剧情、人物作出新的处理，使这出戏的演唱和表演别具一格。《春秋配》被制成VCD全国发行。……我常常告诫我的学生是枚象牙，不努力，充其量是一个饭桶。我们不要当象牙饭桶，我们要做象牙上刻着精美图案的艺术品'。"

8月16日，阔别舞台16年后首次亮相，在重庆沙坪坝剧院参加"厉家班风雨七十年、五代同台"访问香港前预演。

8月18日，香港《大公报》发表《一台川味京剧带出一个古老戏班的传奇——延绵五代承传绝艺再显辉煌》。

8月31日，香港《文汇报》发表《重庆京剧团首度来港，厉家班五代传人同台演出》。

9月5日，在香港沙田大会堂参加"厉家班风雨七十年、五代同台"演出，主演《起解》《春秋配》。

9月11日，达达在香港《新报》上发表《厉家班香港首演幕后风雨飘摇》。

10月，赴香港城市大学做讲座。

10月10日，曾祥明在《中国京剧》第10期上发表《氍毹又闻王者香——看沈福存先生演〈春秋配·拣柴〉》。

10月11日，在武汉华中科技大学举办京剧艺术讲座。

10月12日，《武汉晨报》发表《高校票友热捧"四川梅兰芳"——京剧名家亮嗓华科大》。

2005年

1月，戴祖贵在《戏剧春秋》第1期上发表《沈福存"三出半"之〈玉堂春〉》，文中称："沈福存唱《三堂会审》是'梅''张'兼并，五十年代唱'梅'的路数，六十年代糅入'张'的声腔。他讲究唱情，以情带声。他经常说：'演员的唱自己不动心，那怎么能使观众动心呢？'这句话深入浅出阐明了唱戏要用心来唱，它需要对人物的精到理解，对感情的准确把握。最近，著名京剧表演艺术家刘长瑜谈起沈福存的《玉堂春》，十分赞赏地说：'他的戏太好了，他是用心在演戏'。"

2月28日，台湾《弘报》发表《山城梅兰芳——沈福存》。

3月30日，安志强在《中国戏剧》第3期上发表《巴蜀名旦沈福存》。

4月，应北京市戏曲艺术发展基金会邀请，赴京参加"京剧男旦艺术演唱会"。

4月，应天津人民广播电台《京剧大戏院》栏目之约，走进直播间，与津门听众进行了长达60分钟的空中交流。

4月，为中国戏曲学院第四届中国京剧优秀青年演员研究生班授课。

5月25日，刘宇在《京剧票界》发表《"山城梅兰芳"津门会知音》，文中称："1983年5月，沈福存至天津，在中国大戏院、第一工人文化宫演出拿手杰作全部《玉堂春》《春秋配》，场场爆满，甚至出现了一票难求的局面。他那真实、俏丽的表演和优美动听的声腔，至今依然深深铭记在天津观众心中。久慕沈福存先生盛名的天津戏迷们，与阔别天津22年后的沈先生，通过电台现场热线电话进行了热情洋溢的交谈。在与听众交流互动过程中，电台插播了沈先生《玉堂春》《望江亭》《御碑亭》《凤还巢》的精美唱段。戏迷们都十分关心沈先生的近况，温文尔雅的沈福存先生很耐心的为关爱他的听众们做了解答与沟通。他说：'我的生活、身体都非常好。去年还应香港戏剧界之约，在香江沙田剧场演出了两场，效果十分理想，且应邀在当地讲学，反响非常强烈。'"

本年，随女儿沈铁梅所在《金子》剧组至天津演出，演出结束后应观众邀请清唱《状元媒》"到此时顾不得抛头露面"选段，再次引起剧坛轰动。

本年，文化部院团评估演出，彩唱《穆桂英挂帅·捧印》选段。

2006年

1月，参加中央电视台戏曲春节晚会录制，彩唱《大登殿》（饰王宝钏）。

4月18日，厉慧森在《戏剧春秋》第4期上刊载《厉家班之九不易（四）》。

4月，厉慧森在《今日巴南》上发表《巴南出了个沈福存》。

5月5日，赴天津大剧院参加"'春满菊坛'——中国京剧乾旦表演艺术家专场演出"，演出《御碑亭·避雨》，同台参演的有梅葆玖、宋长荣等。

5月6日，何树青在《今晚报》上发表《情系津门知音——访京剧名家沈福存》。

5月25日，应邀赴郑州出席六省市票友联谊会，彩唱《孔雀东南飞》《春秋配·捡柴》《苏三起解》。

6月19日，吴秀萍在《重庆日报》上发表《沈福存：粉黛含情裹碧纱》。

11月5日,《名人坊信》上发表《沈福存:男人演女人要执着》,文中称:"沈(福存说):我的戏最大特点是有时代气息。……1978年恢复传统戏后,我又回到青衣本行,我开始视青衣表演艺术为一门科学,按照时代步伐的审美要求,大胆进行探索和革新。从前,看戏实际上是听戏,说看戏会被人瞧不起的。那些文绉绉的秀才、文人闭着眼睛,一边听一边品味儿,听到好唱腔时才叫一声好。现在时代不同了,既有收音机,还有电影电视,除了唱,还着重表演。我的戏就比较讲究声、色、艺,打破了常规。……拿《玉堂春》来说,我去掉了'嫖院'中不必要的场次,重点丰富'监会''团圆'两场戏,我通过那些传情会意的眼神、手势、身段、水袖,把苏三的娇媚、羞怯甚至有些稚气的特点都表现出来了,让人感到苏三的真挚、纯真,让人唏嘘、同情。比如《武家坡》,当演到薛平贵给王宝钏跪下认错时,王赶紧上前用手将薛平贵扶起来。这里边有一个很小的动作,在搀扶的同时,我用水袖掸掸土。这么一个细微的动作,台下马上就有反应。这个就是生活。在《春秋配》中,我突破传统以唱工为主的形式,对剧情、人物做出新的处理,使这出戏的演唱和表演别具一格。……我常常告诫我的学生,就算是枚象牙,不努力自我雕琢,充其量是个象牙饭桶,我们不要当象牙饭桶,我们要当象牙上刻着精美图案的艺术品。……铁梅小时候学戏我是逐字逐句地审,她小时候没少挨我的板子。可以说她会一出川剧我就会一出,因为每天她一回家就帮她磨戏。她的《金子》,我也是一个眼神、一个动作地帮她锤炼的。后来,铁梅另拜了一位川剧艺术家为师,我送给她的座右铭是:尊重老师,团结同学,刻苦锻炼。让我欣慰的是,铁梅的确这样做了。"

12月21日,《重庆晨报·娱乐周刊》发表《重庆最后一个男旦原来是沈铁梅老爸》。

2007年

3月1日,林永蔚在《中国京剧》第3期上发表《福存巴渝 联群菊香——重庆京剧名家沈福存、程联群师徒印象》。

3月，担任上海戏剧学院戏曲学院京昆团首批特聘专家，为田慧等学生传授《春秋配·捡柴》。

6月，赴沈阳师范大学授课并受聘为客座教授，在该校传授全本《玉堂春》。

9月，受三峡集团邀请授课。

10月，在北京参加2007年全国京剧老艺术家重阳节演唱会。

10月至12月，在北京京剧院给张笠媛传授《春秋配》。

2008年

本年，参与重庆市川剧院川剧《李亚仙》的创排工作，并担任艺术顾问。

2009年

7月至9月，受邀为武汉大学讲学，传授湖北省京剧院万晓慧《春秋配》。

9月16日，周立在《重庆晚报》上发表《沈铁梅父亲的双重人生》，文中称："戏曲是相通的，日常工作中，沈铁梅总爱向父亲请教，包括名动海内外的《金子》中几处出彩的地方，就是父女俩一起完成的。"

10月，在重庆接受安志强先生的采访。

11月，赴京参加2009年全国京剧老艺术家重阳节演唱会。

12月，安志强编著的《水滴石穿：沈福存的艺术人生》一书由新星出版社出版发行。

12月，为中国戏曲学院第五届中国京剧优秀青年演员研究生班授课。

12月11日，王琼在《重庆晚报》上发表《京剧艺术家沈福存从艺60周年晚会 赵忠祥做旁白》。文中称："为纪念重庆京剧表演艺术家沈福存从艺60周年,由重庆市委宣传部、重庆市文化局、本报主办的'追梦60年'庆祝晚会将于本月23日在文化宫剧院举行,届时,来自全国的近20名京剧大师将齐聚山城,为沈福存送来祝福。据悉,这次晚会将由中央戏曲频道主持人白燕升担当主持人,旁白配音则是前央视著名主持人赵忠祥。"

12月12日,文青在《中国文化报》上发表《沈福存:追梦60年》。

12月20日,王琼在《重庆晚报》上发表《角色——沈福存》。

12月20日,康延芳在《重庆晚报》上发表《沈福存签名送书　受高校学子热捧》,文中称:"沈福存坦言,自己最希望能有更多的大学生喜欢上祖国的戏曲艺术,希望传统文化能在大学中生根发芽。来自西南大学文学院的女生小张刚拿到沈老先生签过名的书,就高兴坏了。'从小我就受外公的影响,喜欢看京剧。没想到还能得到沈老先生这样的京剧名家的签名。'"

12月20日,裘晋奕在《重庆晚报》上发表《京剧大腕沈福存赠书　大学生排长队追捧》。

12月21日,康延芳在《重庆晚报》上发表《"追梦60年"晚会将上演京剧名段　沈福存尚长荣哥俩要分饰虞姬和霸王》。

12月23日,由重庆市委宣传部、市文广局、中国戏剧家协会、中国文化报社等联合主办的"追梦60年"——京剧艺术家沈福存先生舞台生涯60周年庆祝晚会在重庆市劳动人民文化宫举行。时任中国剧协主席尚长荣,中国文联、中国剧协副主席李维康,以及孙毓敏、李鸣岩、李炳淑、耿其昌、张建国、宋小川、程联群、张军强、姜亦珊、张笠媛、周利、刘铮等参加演出。中国剧协分党组书记、秘书长季国平,中国剧协副主席、著名戏剧评论家刘厚生,市政协主席邢元敏,市委常委、宣传部部长何事忠,市人大常委会副主任陈雅棠和卢晓钟出席并观看了演出。

12月24日,召开沈福存表演艺术研讨会。

12月24日,李平在《重庆晨报》上发表《沈福存父女同台演

出　名角名嘴齐来捧场》，文中称："在中国京剧界，人人都知道沈福存的'三出半'支撑起了他作为一位杰出表演艺术家的高度和分量，昨晚，已经年过七旬的他虽然没有体力再一一呈现他的这'三出半'，但是在其弟子和女儿沈铁梅的'支援下'，还是让现场观众品味到了三出半的无穷魅力。昨晚，'追梦60年——京剧艺术家沈福存先生舞台艺术生涯60周年庆祝晚会'在市文化宫大剧院隆重上演。昨晚，一曲《凤还巢》后，让大家看到了沈福存魅力不减当年的表演。"

12月25日，《重庆晚报》上发表《"沈福存艺术研讨会"昨举行　众多大腕为沈福存惋惜》。

12月26日，胡芳在《中国文化报》上发表《水滴石穿的追梦人——京剧艺术家沈福存舞台生涯60周年庆祝活动举办》。

12月27日，李平在《重庆晨报》上发表《沈福存60年追梦》。

本年，匡丽娜在《重庆日报》上发表《京剧艺术家沈福存舞台生涯60周年庆祝晚会举行》；王琼、康延芳在《重庆晚报》上发表《古稀沈福存：扮相赛娇娥》。

2010年

1月2日，江妙春在台湾《弘报》发表《沈福存追梦六十年（一）》。

1月7日，在国家大剧院参加纪念尚小云先生诞辰110周年演出，演出《武家坡》片段，饰王宝钏。

1月8日，《光明日报》发表《沈福存——"梨园翘楚"从艺一甲子》。

1月21日，徐馨在《人民日报》上发表《差一点被错过的梨园传奇》。

1月23日，与爱女沈铁梅双双荣获第七届"中国金唱片奖"，戏曲类"艺术家个人金奖"。

2月15日，沈铁梅在《中国戏剧》第2期上发表《本真父亲》；刘厚生在同期发表《独树一帜沈福存》；钮骠在同期发表《兼收并蓄你中有我》；马也在同期发表《发现沈福存》；孙毓敏在同期发表《天才的艺术家庭》；龚和德在同期发表《沈福存先生的启迪》；罗怀臻在同期发表《满江红——贺沈福存先生舞台生涯60年》。

4月，为中国戏曲学院第五届中国京剧优秀青年演员研究生班授课。

10月，在京参加2010年全国京剧老艺术家重阳节演唱会。

2011年

3月，在湖北省京剧院传授万晓慧《凤还巢》。

6月26日，李明德、杨开明在《中国演员》第3期上发表《京剧名家沈福存的艺术人生》。

11月25日，陈培仲在《四川戏剧》第6期上发表《京剧流派断想》。

12月3日，在上海参加中国京剧艺术基金"京剧艺术传承与保护工程——老艺术家谈戏说艺"录制，并为上海戏剧学院戏曲学院青年教师赵群传授《御碑亭》，为在校学生付佳、张娜、田琳等授课。

2012年

1月，在上海戏剧学院戏曲学院授课。

3月20日，程联群在《中国戏剧》第3期上发表《走近曹七巧塑造曹七巧》，文中称："为了曹七巧，沈福存老师教导我，仔细观察体会传统戏里的一些彩旦、花旦的表演，并从川剧的泼辣旦中得些启发。"

3月20日，安志强在《中国戏剧》2012年第3期上发表《程联群在京剧〈金锁记〉中个性张扬》，文中称："程联群有个好老师，就是山城著名的男旦艺术家沈福存先生。据我所知，现在的戏曲界有不少青年演员学沈福存，同这些青年演员相比，程联群有一个得天独厚的条件就是她正式拜了沈福存，成为他的入室弟子（可能是唯一的一个正式拜师的入室弟子）。沈福存的艺术，师法多门，主攻梅（兰芳）、张（君秋），兼学程（砚秋）、尚（小云）、荀（慧生），由于地处偏远，无法得到通常所讲的'实授'，但他用心学戏，我曾经用'大处着手，小处着眼'八个字来概括沈福存的艺术，'大处'即弄清戏的内容、时代、人物性格、身份，以及人与人之间的关系；'小处'即在戏剧发展过程的细节上找戏，细微之处，要来得快，去得快，恰到好处，达到传神写意的艺术效果。所以，沈福存教程联群，不仅一招一式地教，而且时常和她一起看录像，一边看一边讲，启发她演戏的要领、诀窍。程联群排戏时，沈老师总要在场指导她，甚至还对乐队的伴奏提出要求。程联群告诉我，学戏靠积累，这么多年的积累，到了沈老师那里，才懂得了什么叫演戏。"

3月23日，赖永勤在《渝中报》上发表《人生如戏　精彩绝伦——访著名京剧表演艺术家沈福存》。

本年，荣获中国戏曲学会颁发的京昆艺术"终身成就奖"。

2014年

6月21日，"国韵承传——国家级非物质文化遗产京剧代表性传承人"成就典藏精选录制"沈福存教学专辑"。

11月，入选第四批国家级非物质文化遗产（京剧）代表性人物。

2015年

1月，收重庆市京剧团刘丹丹为徒。

本年，正式退休继续从事教学工作，并担任重庆市京剧团终身艺术顾问。

2016年

5月6日，参加庆祝重庆市京剧团建团60周年暨厉家班80周年纪念演唱会。

本年，指导学生程联群复排全本《玉堂春》，录制名家传戏。

2017 年

本年，指导重庆市川剧院排演川剧《江姐》，并担任艺术顾问。

2018 年

5月至11月，参加国家艺术基金资助项目"沈福存京剧表演艺术之《玉堂春》研习班"，授课并汇报演出。

2019 年

4月，周昊在《重庆文艺》第4期上发表《守正与发展：重庆京剧"传统"中长出"新传统"》。

5月，重庆市文化和旅游研究院在重庆市京剧团召开"京剧厉家班的优秀传统"研讨会，在会上讲话。

本年，赴天津，指导学生程联群参加"像音像"工程京剧《王宝钏》录制。

2021 年

11月11日，病逝于重庆，享年86岁。

后　记

　　看着摆在自己面前这摞厚厚的书稿，此刻终于有了一种如释重负的感觉。

　　或许在别人看来，这本《沈福存：科班最后的男旦》是终于替沈家人完成了对父亲的纪念，而其实，它对于我的意义也是非凡的。一字一句完成它的过程，也是我的心从万念俱灰到重燃心火的生命旅途。

　　2023年3月，我人生的至暗时刻。一天早晨，突然接到了一个许久未谋面的编辑朋友的电话，一番寒暄后，询问我愿不愿意写川剧名家沈铁梅父亲的传记。我几乎没有考虑就一口回绝。因为，那正好是一段对我而言生命中极为特殊的时期，记得那段时期最爱的是刷剧，以此来打发时光，写文章对于我来说都是一件极为困难的事情，更别说写一本自己完全陌生的传记书稿了。所以，拒绝是当时心境下，我最不由分说的选择。可没想到的是，一个多月后，朋友又打来电话，还是希望我能接下这个任务，并搭配着一番长辈对晚辈的肯定，这给了我一种非我莫属的错觉。向来最不善于拒绝别人的我，就是在这样的情形下稀里糊涂地答应下来的，并决定一年内完成书稿。

　　"沈福存"是谁？今天，更多的人习惯用当代川剧名家沈铁梅的父亲来介绍他，这当然也是我接触先生时最初的标签。而其实，他更主体的标签应该是京剧表演艺术家，男旦大家。不得不说，作为晚辈的我，虽然在戏曲圈浸染10多年，对沈先生的名声也是有些陌生的，更无缘在剧场观赏先生的表演，这当然是我最大的遗憾。幸好，沈家女儿们很快就将父亲的所有文字资料和视频、音频汇总后发给了我，期待我能够更全面地了解她们的父亲。当我真正进入状态后，知道仅靠别人撰写的书面资料并不足以真正深入这位享年86岁、一代京剧大家丰富的人生之中。于是，走进沈福存,第一步即是走入重庆。

长久以来被外界称为"四川梅兰芳""山城张君秋"的沈福存,究竟是被怎样的山水洗礼?重庆这一方独具特色的水土,在他的艺术道路上究竟如何滋养着他?地域性,究竟是成就了他,还是限制了他?作为一名在男旦艺术上卓有成就的京剧演员,过度强调他的地域性,这种窄化需不需要去打破?就是揣着这些问题,我走进了沈福存的故地——重庆和他的家乡木洞。当长江边、两江水、朝天门、洪崖洞、木洞这些地理坐标夹杂着20世纪30年代到40年代末的重庆陪都时代、快乐地躲警报、帮父亲进货、早年丧父等幼年、少年经历涌入我的脑海之时,我想象着那一个少年,虽然出身贫苦,却有着乐观开朗、聪明伶俐的性格,这是重庆这座城市赋予他的,而多亏了这些生命底色,也成为他未来艺术道路上最大的支撑力。

走进重庆,是和走进沈福存周围的人紧紧联系在一起的。不得不说,重庆这座城市蕴藉着沈福存最难以割舍的乡土情怀,他生于斯、长于斯,重庆市京剧团的前身厉家班培养了他,让他更深地眷恋这片土地、离不开这片土地。然而,从另一方面来讲,这片远离京剧核心地带的巴渝山城也成了他长久以来被遮蔽的重要因素。因为,每一次走出重庆,沈福存都会迎来他前所未有的高光时刻,然而,一回到重庆,他的光芒又被迅速压抑黯淡下来。地利,在他的艺术道路上始终是亏欠的。

可以说,他的影响力所及与他所处的时代、所在的地域,以及重庆市京剧团的小环境深度捆绑。这其实是沈福存难以言说的一个痛点。

沈福存于1948年9月进入厉家班学戏,但是,厉家班以家族成员为主体,起初,沈福存仅被作为龙套培养,随着班主厉彦芝发现了他的小嗓天赋,才渐渐让其归行小生、青衣两门抱,但并没有专门师傅。就在他立下志向,专注旦行之际,新中国成立,"戏改"开始,作为旧科班科生的沈福存自然成为被改造的对象。更具致命打击的是,男旦,这一艺术不事声张地被打入另册,这突如其来的拐点一下子斩断了沈福存的梦想。一个对"四大名旦"最高扬的时间段,也是他艺术最好的年华,他却不能唱旦角了,沈福存只能从两门抱退守小生行。可谓,天时不顺遂。

错位的人生还在变幻莫测的时代下上演,现代戏一枝独秀的时代来临,沈福存那条本来就变得逼仄的小生之路也被彻底堵死，一个拥有小嗓天赋的男伶原本是极其稀罕的天选之才，却突然就这样变得无路可走。悲哉！试想，当时的沈福存内心是怎样的煎熬。幸好，沈福存有着顽强的韧劲，唯有御风而行，他竟然做了令人出乎意料的选择——从小生、青衣行当跨界迈向老生行当，居然还一步步站稳"样板戏"老生的中心位置，从 B 角一步步变成了 A 角。这在京剧界绝对是个奇迹！

属于沈福存的时代是动荡的，他出身寒微，极度自尊，以及对纯粹艺境的坚守，一定程度上加剧了他的动荡。性格，有的时候就是命运。梨园生态历来是复杂的，更何况是在以厉家班为人文背景的小环境中。在沈福存的身上有着旧梨园人的性格特质，以艺为先，隐忍、克制、顺其自然是他的人生信条。在新旧时代更迭的巨变下，沈福存依旧将全部的精力都投注在了艺术上，没有半点其他心思，这导致他的艺术一遇上好的时代就迅速翻盘，迎来腾飞，而在不好的时代、没有好的机遇，他就只能得过且过，消极沉沦。

一个外表那么欢乐、那么喜欢说笑话、那么平和的沈福存，其实，他的压抑、他的悲伤、他的不甘远比我们看到的多得多。这些感触是在我落笔与之相交的时刻感受到的。他，就像一枝从石缝中绽放出的最耀眼的花，把最灿烂、最美丽的样子留给世人，而最艰难的、最隐忍的、最委屈的却藏在了暗而硕大的黑石之中……这令我为他的人生扼腕、悲悯、忧伤、感喟。

人的一生，究竟以怎样的轨迹走完，或许由很多因素决定，但是，人世间的那几十年是无比珍贵的，所以，以最大的积极和快乐面对周围的人和环境，无愧于心、无愧于世即是大善。沈先生即是如此，这也是在撰写本书时我最大的感受。

沈福存，是重庆土生土长的、在全国颇具影响力的京剧名伶。2023 年，重庆市委宣传部启动了"沈福存先生舞台表演艺术传承系列工程项目暨京剧名家沈福存先生诞辰九十周年纪念活动"，此项目由重庆市文化和旅游发展委员会牵头，重庆市文化和旅游研究院负责实施。项目开展后，由重庆市文化和旅游研究院组织团队落实项目的相关实施工作。从 2023 年 7 月

后 记

到 2024 年 8 月，我每一次赴重庆采访的各项事宜，都是由重庆市文化和旅游研究院的同仁组织并陪伴，在此感谢他们的不辞辛劳。

更要感谢的是沈先生的三女儿沈冬梅女士。她有着重庆女子的干练性格和运筹帷幄的能力，虽然自己的工作非常繁忙，却总是热情而周到地为我安排好一切，令我无比感动。直至今天，我们已经因为书缘结下了深厚的友情。

还要感谢文化艺术出版社的编辑刘颖和李梦希两位老师。书稿交付时间紧张，没有他们的认真负责，书稿不可能按时付梓。

一部写他人的文字，当你走进他内心世界时是可以照亮自己的。别人的苦难在生命停止的那一刻，似乎可以随风而散了，但它却通过文字感化了我自己，生命之痛，终将化为生活的动力，轻装而行。我知道，沈福存先生在天上也一定会笑着释怀自己的一生……

张之薇

2025 年 4 月 10 日